Coleção
Direito Penal e Criminologia

Direção
Íñigo Ortiz de Urbina
Ramon Ragués
Luís Greco

ELEMENTOS NORMATIVOS DAS LEIS PENAIS
E CONTEÚDO INTELECTUAL DO DOLO

Da natureza do erro
sobre o dever extrapenal em branco

FREDERICO HORTA

ELEMENTOS NORMATIVOS DAS LEIS PENAIS E CONTEÚDO INTELECTUAL DO DOLO

Da natureza do erro sobre o dever extrapenal em branco

Marcial Pons

MADRI | BARCELONA | BUENOS AIRES | SÃO PAULO

Coleção
Direito Penal e Criminologia

Direção
Íñigo Ortiz de Urbina / Ramon Ragués / Luís Greco

Elementos normativos das leis penais e conteúdo intelectual do dolo: da natureza do erro sobre o dever extrapenal em branco
Frederico Horta

Capa
Nacho Pons

Preparação e Editoração eletrônica
Ida Gouveia / Oficina das Letras®

CIP-Brasil. Catalogação na Publicação
Sindicato Nacional dos Editores de Livros, RJ

H811e

Horta, Frederico
Elementos normativos das leis penais e conteúdo intelectual do dolo: da natureza do erro sobre o dever extrapenal em branco / Frederico Horta. - 1. ed. - São Paulo: Marcial Pons, 2016.
(Direito Penal & Criminologia)

Inclui bibliografia
ISBN 978-85-66722-22-2

1. Direito Penal. I. Título. II. Série.

14-12620 CDU: 343.2

Av. Brigadeiro Faria Lima, 1461, Torre Sul, 17/8
Jardim Paulistano CEP 01452-002 São Paulo-SP
☎ +55 (11) 3192.3733
www.marcialpons.com.br

Impresso no Brasil [07-2016]

Para Marinana, como se já não fosse tão dela.

Digo: o real não está na saída nem na chegada:
ele se dispõe para a gente é no meio da travessia.

(Rosa, João Guimarães. *Grande sertão: veredas*)

NOTA PRÉVIA E AGRADECIMENTOS

O livro que finalmente apresento ao leitor é fundamentalmente a minha tese de doutorado, defendida em março de 2013 na Faculdade de Direito da Universidade Federal de Minas Gerais, sob o título *Do erro sobre os elementos em branco das leis penais: uma análise a partir do direito penal socioeconômico brasileiro.* A versão publicada, contudo, resulta de uma reestruturação e de alguns acréscimos ao texto original, promovidos para conferir maior sistematicidade à exposição, dar maior destaque e concretude aos problemas enfrentados, às premissas conceituais e teóricas estabelecidas e às soluções defendidas.

O período que separa esta edição da defesa pública da tese promoveu o amadurecimento de algumas das suas ideias centrais, que puderam ser melhor desenvolvidas, ilustradas e testadas, no curso de um paciente processo de revisão. Entre elas, destacamos a distinção proposta dos elementos em branco das leis penais, em face dos elementos normativos do tipo, e o ponto central da tese, que são as condições determinantes da inclusão ou impertinência do dever extrapenal infringido, ao tipo de injusto determinado por uma lei penal em branco. O texto incorporou, ainda, algumas contribuições de trabalhos pertinentes publicados a partir de 2013, bem como a análise de importantes precedentes dos Tribunais Superiores julgados desde então.

Trata-se, portanto, do resultado de um longo trabalho. E para ele foram decisivas as contribuições de algumas pessoas extraordinárias, que me estenderam a mão generosa, acreditaram nesta empreitada, e nela empenharam um pouco de si.

Desde o início pude contar com o incentivo, as intervenções precisas e sempre muito profícuas do Prof. Dr. Luís Augusto Sanzo Brodt, meu orientador, a quem agradeço também pela confiança depositada e pela permanente disposição para a leitura atenta e criteriosa do trabalho em elaboração.

Compuseram a banca examinadora da tese, para muita honra minha, também os Profs. Drs. Carlos Augusto Canêdo Gonçalves da Silva, Cláudio Brandão, Heloisa Estellita e Sheila Jorge Selim de Sales. A cada um deles devo valiosas correções, ponderações e sugestões, que me esforcei por incorporar ao texto e muito o favoreceram. Registro aqui um agradecimento especial à Professora Estellita, pela atenção e gentileza de me enviar, vez por outra nos últimos anos, julgados pertinentes à tese, os quais agora ilustram este livro.

Na revisão da tese para publicação, tive o privilégio de contar com o auxílio de Alaor Leite, que se dispôs à sua leitura com o rigor de um sexto examinador e o empenho de um verdadeiro cúmplice. Suas impressões e sugestões me ajudaram a conferir ao texto a estrutura e a cadência próprias de um livro, com orientações mais claras ao leitor sobre o caminho a ser percorrido e com maior destaque às ideias centrais. Permitiram-me, ainda, identificar quais delas careciam de reformulação ou mais clara demonstração. Jovem Senhor, estupendo penalista, meu amigo, muito obrigado!

Ao Prof. Dr. Luís Greco, agradeço primeiramente por ter me estimulado e encorajado a cumprir o desafio de perquirir um pouco das curvilíneas fronteiras entre o erro de tipo e o erro de proibição. Depois, pela permanente e generosa disposição ao debate. Finalmente, como se fosse possível expressar em palavras tamanha gratidão, pela distinção que concedeu ao meu trabalho, ao indicá-lo para publicação em sua virtuosa coleção *Direito Penal e Criminologia*, e por brindá-lo agora com um belo prefácio. Poucos feitos podem ser tão gratificantes na vida de um acadêmico como ser reconhecido pela sua principal referência. Francamente, não sei se sou digno do seu aval. Mas para honrá-la não poupei esforços; fiz o melhor que pude, Professor!

Este livro é fruto também da mais estreita e feliz parceria que eu poderia estabelecer; a que me une à Marinana. Agradeço a ela por ter conferido à sua elaboração todo o alimento, segurança, coragem, inspiração, sentido e prazer que o amor proporciona.

Agradeço ainda à editora Marcial Pons, nas pessoas de Marcelo Porciuncula, Ida Gouveia, Íñigo Ortiz de Urbina e Ramón Ragués, pelo zelo empregado nesta adição e por se manterem fiéis ao heroico propósito de publicar estudos monográficos como este.

A felicidade de publicar a tese de doutoramento, o trabalho da maioridade acadêmica, dedico e divido com meus pais, Maria Ignez e Paulo Tasso (*in memorian*), por todas as condições que me deram para enfrentar este e tantos outros desafios da vida.

Por fim, reverencio os meus Mestres da velha Casa de Afonso Pena, a Faculdade de Direito da UFMG, na pessoa daquele que tenho como um pai profissional; o Professor Dr. Hermes Vilchez Guerrero. E ofereço este livro, como minha humilde homenagem, à memória do Professor Dr. José Cirilo de Vargas, por sua contribuição e inspiradora devoção à Teoria do Delito.

Belo Horizonte, junho de 2016.

Frederico Horta

PREFÁCIO

Da mesma forma que, no Brasil, inicia-se uma objeção com um *data venia*, um prefácio se abre relevando a honra que ele representa para o prefaciador. Se fosse costume fazer uso de notas de rodapé em prefácios, o anterior ponto final mereceria ser adornado com um desses pequeninos números, que tanta importância acabam por ter na vida do jurista. Na minha, aos poucos já não tão curta carreira, não me recordo de ter feito uso do *data venia*; mas percebo que, ao menos uma vez, utilizei, sim, a mencionada fórmula de abertura de prefácios. O presente livro é a ocasião adequada para fazê-lo outra vez. A tese de doutorado de Frederico Horta é um trabalho de peso, que me honra em três dimensões: enquanto prefaciador, enquanto codiretor da coleção *Direito Penal e Criminologia* da editora Marcial Pons, em que o livro vem a lume, e enquanto amigo.

Falarei das duas primeiras dimensões no restante do prefácio; explicito, já agora, em que medida me sinto honrado enquanto amigo. A minha amizade com Frederico Horta data de janeiro de 2009, ocasião em que nos encontramos em Munique. Frederico Horta me contou de seus planos de doutorar-se com tese sobre os elementos normativos das leis penais; pouco me lembro dessa conversa, mas sei que devo ter advertido Horta da dificuldade do assunto, numa típica aplicação de minha pouco ortodoxa metodologia de motivação. Um ano depois, em agosto de 2010, revi Frederico Horta em um pequeno seminário que organizei no Rio de Janeiro. Horta ali apresentou, e os participantes discutiram, aquilo que era o embrião do presente livro. Tive, assim, a felicidade de estar presente na fase de concepção do livro que o leitor agora poderá ler. Qual não foi a minha alegria ao, depois de alguns anos, deparar com o resultado final!

O problema do erro sobre elementos normativos no direito penal carece ainda de uma solução definitiva, e isso não apenas no direito penal brasileiro como também no direito penal alemão. A legislação dos dois países distingue o erro de tipo do erro de proibição e declara que apenas o primeiro exclui o dolo (§

16 Strafgesetzbuch; art. 20 *caput* Código Penal). Com isso, a lei impõe à ciência do direito penal a tarefa de determinar que erros têm por objeto «circunstância que pertence ao tipo legal», na dicção do Strafgesetzbuch, ou «elemento constitutivo do tipo legal», na redação da lei brasileira. Essa tarefa é especialmente difícil no caso de elementos normativos, uma vez que estes, por sua natureza valorativa, guardam uma certa proximidade da valoração do fato enquanto proibido ou permitido; essa valoração, contudo, outra coisa não é que não a consciência da ilicitude, que tanto o Strafgesetzbuch, como o Código Penal declaram irrelevante para o dolo (§ 17 StGB; art. 21 CP). Age com dolo de sonegação fiscal (§ 370 Abgabenordnung; art. 1.º da Lei 8.137/1990) aquele que não sabe que o tributo sonegado era sequer devido? Ou se trata de mero erro de proibição? Observe-se que, à falta de modalidade culposa – como é o caso no exemplo dado – a conclusão de que se trata de um erro de tipo, excludente de dolo, significa que a conduta do autor ficará impune. A relevância prática do tema é, portanto, enorme.

Na Alemanha, o tema segue a interessar a doutrina, que, em seu contínuo diálogo com a jurisprudência, vê-se a todo momento chamada – por um julgado do Bundesgerichtshof (o tribunal alemão equivalente ao nosso STJ) – a manifestar-se sobre a existência ou não de dolo em uma (em geral) nova hipótese de erro sobre elemento normativo. No Brasil, apesar da mencionada relevância do problema, tem-se a impressão de que a doutrina permanece estagnada há um bom tempo, concretamente: desde o debate em torno da reforma de 1984, em que se abandonou o regime da clássica dicotomia entre o erro de fato (excludente de dolo) e o erro de direito (em geral irrelevante, *error juris nocet*), em favor da atual dicotomia entre erro de tipo e de proibição. No geral, dedicamo-nos mais a desenhar as linhas gerais da nova dicotomia erro de tipo/erro de proibição do que à árdua tarefa de traçar-lhe os exatos contornos. É justamente dessa tarefa que se ocupa o livro de Frederico Horta.

Um importante mérito do livro é recepcionar os aspectos essenciais dessa discussão na doutrina estrangeira, uma discussão que já de há muito foi além da fácil distinção entre elementos descritivos e elementos normativos do tipo. Hoje se diferenciam, principalmente, três espécies de elementos normativos: elementos normativos em sentido estrito, elementos de valoração global do fato e leis penais em branco. Frederico Horta cuida em certo detalhe da segunda categoria, os elementos de valoração global (Art. 151 CP: «Devassar *indevidamente* o conteúdo de correspondência fechada, dirigida a outrem...»), que são praticamente desconhecidos entre nós, resolvendo os problemas de erro quanto a esses elementos nos moldes do que propõe Roxin (erro sobre os pressupostos fáticos da valoração = erro de tipo; erro sobre a própria valoração = erro de proibição). O cerne do trabalho de Horta é, entretanto, a problemática da lei penal em branco; aqui, Frederico Horta não se limita a introduzir na discussão brasileira o caloroso debate internacional, que ainda é predominantemente travado em termos de soluções extremas (de um lado, a posição majoritária, defendida classicamente por Welzel, que considera o erro sobre o complemento um erro de proibição, de outro, autores como principalmente Tiedemann, mas também, desde 2008, Roxin, para quem haverá um erro de tipo). Horta também oferece uma interessante e original contribuição a esse debate, a saber (simplificadamente, os detalhes não interessam no momento): o erro sobre a norma extrapenal geralmente excluirá o dolo, em se tratando de delito de perigo abstrato, e constituirá mero erro de proibição, se o delito for de lesão ou de perigo concreto.

Um prefácio não é a ocasião adequada para avaliar se as ideias da obra prefaciada estão ou não corretas. O que me parece indiscutível é que Frederico Horta conseguiu enriquecer um debate do qual tantos autores reconhecidos já participaram, com uma ideia que merece ser levada a sério. Com isso, Horta conquista um lugar de destaque em um contexto que, noutro lugar, chamei de revolução silenciosa que vem paulatinamente ocorrendo na ciência do direito penal brasileiro.

Concluo estas linhas com um cumprimento e uma exortação. O cumprimento tem por objeto a obra, cujas qualidades tentei, em parte, relevar nas linhas anteriores, e que vem a lume quase que simultaneamente com o filho com que Deus abençoou o casal Frederico Horta e Marinana Andrade; a exortação é no sentido de que Frederico Horta não decepcione nem a mim, nem, estou seguro, os leitores do presente livro, uma vez que já nos postamos desde agora à espera da próxima obra.

Augsburg, 25 de junho de 2016.

Prof. Dr. Luís Greco, LL.M.

SUMÁRIO

1
INTRODUÇÃO

O presente trabalho se desenvolve a partir da controvérsia, que perpassa toda a evolução da teoria do delito, a respeito do conteúdo intelectivo do dolo e das consequências do erro sobre as características normativas do fato incriminado, cujo conhecimento coincide, em alguma medida, com a valoração da sua ilicitude. A investigação e a reflexão resultantes no texto que se segue foram motivadas pela persistente dificuldade em se definir e sistematizar as hipóteses de desconhecimento ou falsa representação dos requisitos do injusto, pelo agente, idôneas a excluir-lhe a imputação a título de dolo.

Excluiria o dolo, por exemplo, do crime de corte ilegal de árvores previsto no art. 45 da Lei 9.605/1998,[1] o desconhecimento de que a árvore cortada ostenta «madeira de lei»? E o equívoco sobre a conformidade da conduta às «determinações legais»? O dolo próprio do crime previsto no art. 71 da Lei 8.078/1990,[2] consistente em empregar, «injustificadamente», meio de cobrança que exponha o consumidor ao ridículo, resistiria ao erro do agente sobre o caráter injustificado do meio de cobrança empregado? Verificar-se-ia, ainda, o dolo correspondente ao crime de contrabando, previsto no art. 334A do CP[3] se o agente ignora a proibição da mercadoria importada ou exportada?

1. «Art. 45. Cortar ou transformar em carvão madeira de lei, assim classificada por ato do Poder Público, para fins industriais, energéticos ou para qualquer outra exploração, econômica ou não, em desacordo com as determinações legais: Pena – reclusão, de um a dois anos, e multa.»

2. «Art. 71. Utilizar, na cobrança de dívidas, de ameaça, coação, constrangimento físico ou moral, afirmações falsas incorretas ou enganosas ou de qualquer outro procedimento que exponha o consumidor, injustificadamente, a ridículo ou interfira com seu trabalho, descanso ou lazer: Pena – Detenção de três meses a um ano e multa.»

3. «Art. 334-A. Importar ou exportar mercadoria proibida: (Incluído pela Lei 13.008, de 26.06.2014) Pena – reclusão, de 2 (dois) a 5 (cinco) anos. (Incluído pela Lei 13.008, de 26.06.2014).»

Perguntas como essas são frequentes no âmbito do direito penal socioeconômico. E a dificuldade em respondê-las resiste às formulas dicotômicas de determinação do grau de censura ou de escusabilidade do erro, que variam conforme ele recaia sobre o fato ou sobre o direito, sobre o direito penal ou sobre o direito extrapenal, sobre os elementos constitutivos do tipo ou sobre a ilicitude do fato.

O caráter frequentemente problemático da natureza e das consequências jurídicas do erro no direito penal socioeconômico se deve, desde uma perspectiva formal, à peculiaridade dos tipos de injusto que o compõem, de serem geralmente determinados por elementos normativos jurídico-institucionais, elementos de valoração global do fato e referências à infração de normas extrapenais, geralmente administrativas, que são os chamados elementos em branco das leis penais.

Mas à frequente dificuldade formal de se separar, nos injustos socioeconômicos, a descrição do fato e a sua valoração segundo o direito, a consciência da ilicitude penalmente relevante e o conhecimento dos seus pressupostos jurídicos, soma-se, desde uma perspectiva material, a pálida coloração ético-valorativa de muitos desses injustos. Pois quando por seus pressupostos fáticos, naturais ou normativos, um injusto penal não inspira uma reprovação moral, ao contrário da que geralmente provocam aqueles injustos que compõem o direito penal clássico ou «de justiça», não se censura no grau mais alto, que corresponde à pena pelos crimes dolosos – ou não se vislumbra a necessidade de se punir com tal pena – o agente que o pratica sem consciência da sua ilicitude.

Essas peculiaridades, formais e materiais, do direito penal socioeconômico põem em xeque a adequação, neste âmbito, do modelo sistemático de delito e das correspondentes soluções para o erro que correspondem à chamada teoria da culpabilidade, consolidada historicamente na Alemanha sob a influência da doutrina da ação finalista, de Hans Welzel, e acolhida no vigente Código Penal brasileiro, desde a reforma da sua parte geral, operada em 1984. Pois segundo essa teoria, só é relevante para excluir o dolo o erro que recaia sobre os elementos constitutivos do tipo legal de crime, na sua versão estrita, ou sobre os pressupostos em geral, naturais ou normativos, do injusto, na sua versão limitada, enquanto o erro sobre a ilicitude do fato relevará apenas para a apuração ou para a medida da culpabilidade, conforme a sua evitabilidade.

Ocorre que a teoria da culpabilidade, por sua fórmula que distingue o erro excludente do dolo, como erro de tipo, do erro que releva apenas para a culpabilidade, como erro de proibição, pressupõe uma distinção precisa, em cada tipo de delito, entre as propriedades do fato penalmente relevante, e o juízo de ilicitude que sobre tal fato recai. Pressupõe, ainda, por seu fundamento na responsabilidade pelo conhecimento acessível da ilicitude, que o conhecimento dos pressupostos determinantes do caráter injusto do fato, por parte do agente que o realiza voluntariamente, seja em regra suficiente para reprovar no nível mais grave, que corresponde ao dolo, a sua resolução ilícita de vontade, ainda quando o agente não reproduza subjetivamente o seu desvalor social objetivo.

Consequentemente é problemática, desde a teoria da culpabilidade, a determinação da natureza do erro que recai sobre os elementos normativos comumente empregados nas leis penais socioeconômicas, pois em muitos desses elementos coincidem a determinação dos pressupostos fáticos do injusto e a sua valoração jurídica. E em razão da pálida coloração valorativa de certos fatos puníveis como crimes socioeconômicos, é muitas vezes questionável a responsabilização por dolo, de quem os realiza sem consciência da ilicitude, ainda quando tal erro seja evitável, conforme impõe essa teoria.

Por meio das análises que se seguem, pretende-se contribuir para o deslinde da problemática distinção entre o erro de tipo e o erro de proibição, precisamente nos casos em que o desconhecimento ou o equívoco do autor de uma conduta objetivamente típica recaia sobre a existência, ou sobre o comando, das normas extrapenais que complementam as leis penais em branco, tão comuns no direito penal socioeconômico.

Tal ocorre, por exemplo, quando um fabricante ou comerciante vende uma mercadoria embalada «em desacordo com as prescrições legais»,[4] desconhecendo ou tendo se equivocado sobre o conteúdo das prescrições infringidas. Mas também se dá um erro sobre o dever extrapenal referido pela lei penal em branco quando um industrial causa poluição atmosférica, pelo lançamento de resíduos gasosos «em desacordo com as exigências estabelecidas em leis ou regulamentos»,[5] sem saber que descumpre uma exigência regulamentar no funcionamento de sua fábrica, ou tendo se equivocado sobre o seu conteúdo.

Como a natureza do erro em casos como os mencionados, pelo menos segundo a teoria da culpabilidade, depende da resposta que se dê sobre a pertinência ao tipo daqueles deveres extrapenais desconhecidos, procurou-se determinar o conteúdo e o alcance dos tipos de injusto correspondentes às leis penais em branco. Procurou-se, precisamente, responder se, e em quais condições, esses tipos comportam, para além das características da conduta proibida ou ordenada segundo a norma extrapenal complementar, também o próprio dever que tais normas impõem.

Pois, concretamente, se o tipo correspondente à lei penal em branco prevista no art. 54, § 2.º, V, da Lei 9.605/1998, devidamente integrado pela norma complementar, compuser-se apenas por menção das específicas medidas profiláticas ou compensatórias exigíveis dos agentes econômicos poluidores segundo a lei ou os regulamentos vigentes, e omitidas pelo autor, o desconhecimento da obrigato-

4. Art. 7.º, II, da Lei 8.137/1990: «Constitui crime contra as relações de consumo: [...] II – vender ou expor à venda mercadoria cuja embalagem, tipo, especificação, peso ou composição esteja em desacordo com as prescrições legais, ou que não corresponda à respectiva classificação oficial; [...] Pena – detenção, de 2 (dois) a 5 (cinco) anos, ou multa.»

5. Art. 54, § 2.º, V, da Lei 9.605/1998: «Causar poluição de qualquer natureza em níveis tais que resultem ou possam resultar em danos à saúde humana, ou que provoquem a mortandade de animais ou a destruição significativa da flora: [...] § 2.º Se o crime: [...] V – ocorrer por lançamento de resíduos sólidos, líquidos ou gasosos, ou detritos, óleos ou substâncias oleosas, em desacordo com as exigências estabelecidas em leis ou regulamentos: Pena – reclusão, de um a cinco anos.»

riedade de tais medidas só pode ser um erro de proibição, que não exclui o dolo. Mas em se considerando, pelo contrário, que o próprio dever legal ou regulamentar infringido pelo agente, o seu caráter vinculante, faz parte do tipo como um elemento «imperativo», tal como se dá no tipo do crime de desobediência (art. 330 do Código Penal – CP),[6] o desconhecimento desse dever, ou o equívoco quanto ao seu sentido e alcance, corresponderá a um erro de tipo, excludente do dolo.

Da mesma forma, em se considerando que o tipo correspondente à lei penal em branco prevista no art. 7.º, II, da Lei 8.137/1990, uma vez integrado pelas normas legais pertinentes à embalagem, peso, composição e etc. das mercadorias, não descreve mais do que a venda ou a exposição à venda destas, com determinadas características definidas em contraste com a norma complementar, o erro sobre o caráter vinculante das especificações prescritas por estas normas será mero erro de proibição, relevante apenas para a apuração da culpabilidade. Mas em se admitindo que a própria prescrição legal desobedecida integre o tipo em referência, o desconhecimento do dever de conferir a determinado produto, certo tipo de embalagem especificada em lei, por exemplo, será erro de tipo, por força do qual não se concretiza a forma dolosa do injusto.

A partir desse específico problema, pôde-se medir a maleabilidade da teoria da culpabilidade, isto é, se a adequação das suas soluções se restringe aos ilícitos de marcado sentido ético, que caracterizam o direito penal clássico, ou se a partir dos seus pressupostos sistemáticos e soluções correspondentes é possível tratar de forma igualmente adequada os erros sobre os ilícitos valorativamente neutros, que abundam no direito penal socioeconômico, conforme se tratem de erros de tipo, ou apenas de erro sobre a proibição.

Inicialmente, o texto cuida de diferenciar os elementos em branco das leis penais, entre os demais elementos normativos empregados na sua redação. Procura-se, então, responder o que distingue expressões legais como «determinação do poder público» (art. 268 do CP) e «dever legal ou contratual» (art. 68 da Lei 9.605/1998), de outras como «repartição federal competente» (art. 22 da Lei 7.492/1986), «instituição financeira» (art. 16 da Lei 7.492/1986) ou «tributo» (art. 1.º da Lei 8.137/1990), e ainda de um terceiro grupo, no qual se incluem expressões como «injustamente» (art. 98 da Lei 8.666/1993), «ilicitamente» (art. 174 da Lei 11.101/2005), «indevidamente» (art. 195, V, da Lei 9.279/1996) ou «sem justa causa» (art. 154 do CP).

Para tanto, analisam-se os conceitos de elemento normativo do tipo, de elemento de valoração global do fato e de elemento em branco das leis penais, investigando as propriedades essenciais de cada um. Confrontam-se as classes determinadas por esses conceitos, demarcando-lhes as fronteiras recíprocas. E pela distinção apresentada, verifica-se que os elementos em branco das leis penais não se confundem com os elementos normativos do tipo e nem com os elementos

6. «Art. 330. Desobedecer a ordem legal de funcionário público. Pena: detenção, de quinze dias a seis meses, e multa.»

de valoração global do fato, mas configuram uma classe autônoma de termos ou expressões legais, com repercussões próprias sobre o conteúdo do tipo penal.

Depois, o texto se dedica à justificação dos limites estabelecidos para o problema, bem como ao levantamento e aprofundamento dos argumentos teóricos que se manejou para resolvê-lo. Traça-se, então, um panorama evolutivo da doutrina do erro no direito penal, destacando-se as soluções apresentadas para o equívoco ou ignorância do agente a respeito dos elementos normativos do tipo, os elementos de valoração global do fato e os elementos em branco das leis penais.

Pelo panorama traçado, demonstra-se que a teoria da culpabilidade incorpora as contribuições da concepção neoclássica de delito sobre o alcance intelectivo do dolo em relação aos elementos normativos do tipo, e não representa qualquer obstáculo para o adequado tratamento do erro sobre os elementos de valoração global do fato. Não obstante, verifica-se uma persistente controvérsia quanto à natureza do erro sobre os elementos em branco das leis penais, especificamente quando este diz respeito ao comando das normas extrapenais que os complementam.

Embora a doutrina dominante acompanhe a proposta de Welzel, segundo a qual nesses casos o erro é sempre de proibição, tal solução tem sofrido consistente oposição, inclusive por parte de adeptos da teoria da culpabilidade, como são Klaus Tiedemann, Ingeborg Puppe e Wolfgang Frisch. Pois estes autores admitem, ainda que por diferentes razões e em maior ou menor amplitude de casos, que o comando extrapenal complementar da lei penal em branco seja elemento integrante do tipo e, como tal, deva ser alcançado pelo dolo.

Certamente, o problema da relevância do erro sobre o dever extrapenal que complementa as leis penais em branco é complexo, admitindo soluções variadas. Afinal, se por um lado merece rejeição a tese de que esses deveres sejam sempre e exclusivamente elementos da ilicitude, também não convence a de que todos eles pertençam ao tipo, como seus elementos normativos, simplesmente por estarem referidos na lei penal. Restam, pois, em aberto, justamente as razões justificantes da exclusão ou pertinência desses deveres ao tipo, bem como os critérios dogmáticos que as determinam.

Ao esclarecimento dessas razões e critérios, dedica-se o último capítulo do trabalho. Nele se investiga, inicialmente, os motivos da ocorrência de leis penais em branco no direito penal socioeconômico brasileiro, âmbito no qual elas ocorrem de forma endêmica.

Verificam-se, então, as relações existentes entre os objetos de tutela próprios do direito penal socioeconômico, as incriminações de perigo abstrato e a edição de leis penais em branco. E dessas relações se extraem as razões materiais do emprego de leis penais em branco, bem como as diferentes funções que as normas extrapenais complementares desempenham para a determinação dos ilícitos socioeconômicos penalmente relevantes.

A partir dessas funções, e com base também nas concepções de tipo e de dolo assumidas ao logo do trabalho, apresentam-se razões determinantes da inclusão ou da impertinência do dever extrapenal referido pelas leis penais em branco, aos tipos que lhes correspondem. Propõem-se, assim, critérios de determinação da natureza do erro sobre a existência ou sobre o comando, da norma complementar de uma lei penal em branco. Critérios que observam os pressupostos sistemáticos da teoria da culpabilidade, consagrada em sua versão limitada nos arts. 20 e 21 do Código Penal brasileiro,[7] mas que são ao mesmo tempo sensíveis à densidade ético-valorativa de cada tipo de crime. Pois determinam soluções diversas conforme o conhecimento do dever extrapenal infringido seja necessário ou dispensável para se vislumbrar o sentido social da conduta típica.

7. «Erro sobre elementos do tipo

Art. 20. O erro sobre elemento constitutivo do tipo legal de crime exclui o dolo, mas permite a punição por crime culposo, se previsto em lei.

Descriminantes putativas

§ 1.º É isento de pena quem, por erro plenamente justificado pelas circunstâncias, supõe situação de fato que, se existisse, tornaria a ação legítima. Não há isenção de pena quando o erro deriva de culpa e o fato é punível como crime culposo. [...]

Erro sobre a ilicitude do fato

Art. 21. O desconhecimento da lei é inescusável. O erro sobre a ilicitude do fato, se inevitável, isenta de pena; se evitável, poderá diminuí-la de um sexto a um terço.

Parágrafo único. Considera-se evitável o erro se o agente atua ou se omite sem a consciência da ilicitude do fato, quando lhe era possível, nas circunstâncias, ter ou atingir essa consciência.»

2

ELEMENTOS NORMATIVOS DO TIPO, ELEMENTOS DE VALORAÇÃO GLOBAL DO FATO E ELEMENTOS EM BRANCO DAS LEIS PENAIS: LIMITES CONCEITUAIS E RELAÇÕES ENTRE ESSAS CLASSES

2.1 DOS ELEMENTOS NORMATIVOS DO TIPO: ORIGEM DOUTRINÁRIA E ELABORAÇÃO CONCEITUAL

2.1.1 O conceito adotado

A investigação sobre o erro quanto aos elementos em branco das leis penais pressupõe o estabelecimento da relação lógica entre essa categoria e a dos elementos normativos do tipo, bem como a sua delimitação em relação à classe dos elementos de valoração global do fato. Pois da relação entre esses conceitos depende o alcance das nossas conclusões, bem como a seleção dos dados e argumentos válidos para o posicionamento sistemático da norma de complementação da lei penal em branco e para a determinação do alcance intelectual do dolo em relação a ela.

Parte-se, pois, da definição e análise da classe mais ampla, que é a dos elementos normativos do tipo. Os elementos normativos, segundo Karl Engisch, citado por Jorge de Figueiredo Dias, são «todos aqueles elementos do tipo que só podem ser representados e pensados sob a lógica pressuposição de uma norma (ou valor), seja especificamente jurídica ou simplesmente cultural, legal ou supralegal, determinada ou a determinar».[1]

Assim, são exemplos corriqueiros de elementos normativos do tipo, a circunstância de ser «alheia», da coisa subtraída no tipo de furto (art. 155 do Código Penal brasileiro: CP); o «cheque» emitido sem suficiente provisão de fundos, em uma forma especial do tipo de estelionato (art. 171, § 2.º, VI, do CP); e a condição de «funcionário público» do agente nos crimes funcionais (arts. 312 *et seq*. do CP). Citem-se, ainda, a qualidade de «instituição financeira», da empresa operada sem autorização, no crime contra o sistema financeiro previsto no art. 16 da Lei 7.492/1986; a «autoridade competente» para receber a comunicação omitida pelo fornecedor, sobre a periculosidade de produto colocado no mercado, no crime contra o consumidor previsto no art. 64 da Lei 8.078/1990; as «Unidades de Conservação» danificadas no crime ambiental previsto no art. 40 da Lei 9.605/1998; ou a condição de «devedor em recuperação judicial», da vítima do crime falimentar previsto no art. 170 da Lei 11.101/2005. Esses elementos, como tantos outros, só podem ser concebidos e verificados concretamente a partir de normas jurídicas, que lhes conferem o significado.

Mas também são elementos normativos a qualificação de um ato, escrito ou objeto como «obsceno», nos tipos dos arts. 233 e 234 do CP, e a caracterização de uma pessoa como «viciosa» ou «de má vida», no crime de abandono moral (art. 247, I, do CP). Estes, por sua vez, são determinados por normas culturais, consagradas pelo costume. Há ainda elementos normativos determinados por normas morais ou éticas. Assim o «relevante valor social ou moral» do motivo, no chamado «homicídio privilegiado» (art. 121, parágrafo único, do CP), ou a sua «reconhecida nobreza», no parto suposto privilegiado (art. 242 do CP).

2.1.2 Antecedentes: as definições mais amplas de Mezger e de Welzel e suas origens na doutrina de Mayer e no dualismo metodológico neokantista

Embora essa concepção de elementos normativos conte com as adesões de Claus Roxin,[2] Figueiredo Dias[3] e, no Brasil, de Miguel Reale Júnior,[4] tradicionalmente tais elementos são definidos de forma bem mais ampla.

1. ENGISCH, Karl. «Die normativen Tatbestandselemente im Strafrecht». *Festschrift für Mezger*. 1954, p. 127 *et seq*., *apud* DIAS, Jorge de Figueiredo. *O problema da consciência da ilicitude em direito penal*, p. 464.

2. ROXIN, Claus. *Derecho penal: parte general – fundamentos – la estructura de la teoría del delito*, t. I, p. 307.

3. DIAS, Jorge de Figueiredo. *O problema da consciência da ilicitude em direito penal*, p. 464.

4. Com efeito, Reale Júnior bem observa que «os elementos normativos constituem elementos de conteúdo variável, aferidos a partir de outras normas jurídicas, ou extrajurídicas, quando da aplicação do tipo ao fato concreto [...] completam o quadro da ação considerada delituosa, sendo, ao lado dos elementos objetivos e subjetivos, um índice revelador do valor tutelado» (REALE JÚNIOR, Miguel. *Teoria do delito*, p. 50).

Edmund Mezger se refere aos elementos normativos como todos os «pressupostos do injusto típico que só podem ser determinados mediante uma especial valoração da situação de fato».[5] De forma semelhante, na doutrina brasileira, os elementos normativos são conceituados por Aníbal Bruno,[6] Luiz Luisi,[7] José Cirilo de Vargas,[8] Luiz Regis Prado[9] e Cezar Roberto Bitencourt.[10]

Hans Welzel, por sua vez, distingue-os como aqueles elementos que, por seu significado, não podem ser verificados pela mera percepção sensorial, mas

5. MEZGER, Edmund. *Tratado de direito penal*, t. I, p. 388.

6. Segundo Bruno: «Aos elementos puramente descritivos se juntam, em certas construções típicas, elementos normativos, elementos para entender os quais não basta o simples emprego da capacidade cognoscitiva, mas cujo sentido tem de ser apreendido através de particular apreciação por parte do juiz. Podem apresentar-se sob a forma de termos ou expressões propriamente jurídicas, como *documento*, *funcionário*, *função pública*, *coisa alheia móvel*, para cuja compreensão o julgador se vale de concepções próprias do domínio do Direito, ou termos ou expressões extrajurídicas, como *mulher honesta*, *saúde*, *moléstia grave*, *dignidade*, *decoro*, em que são influentes ideias e conceitos de sentido cultural, mas não propriamente jurídicos» (BRUNO, Anibal. *Direito penal*: *parte geral*. t. I, p. 217, grifo do autor).

7. Na definição de Luisi, «Os elementos normativos são aqueles para cuja compreensão o intérprete não pode se limitar a conhecer, isto é, a desenvolver uma atividade meramente cognitiva, subsumindo em conceitos o dado natural, mas deve realizar uma atividade valorativa. Não são, portanto, elementos que se limitam a descrever o natural, mas que dão à ação, ao seu objeto, ou mesmo às circunstâncias, uma significação, um valor. As expressões "honesto", "indevidamente", "sem justa causa", e mesmo "cruel", "insidioso", para qualificar os meios, são exemplares de elementos típicos normativos» (LUISI, Luiz. *O tipo penal, a teoria finalista e a nova legislação penal*, p. 57).

8. Ao introduzir o tema, Vargas adverte que: «nem sempre é possível encerrar em esquemas puramente objetivos a estrutura de uma conduta humana, motivo pelo qual é necessário, às vezes, introduzir no tipo elementos para cuja interpretação se exige uma posição valorativa». E prossegue, exemplificando: «Tais são chamados elementos normativos, como, por exemplo, funcionário, documento, coisa móvel, mulher honesta, dignidade, decoro, que são empregados na elaboração de diversos tipos» (VARGAS, José Cirilo de. *Do tipo penal*, p. 44). No mesmo sentido, Vargas cita Giuseppe Bettiol, para quem «Os elementos normativos são aqueles elementos que postulam, para poder existir, uma valoração especial por parte do juiz; fora da valoração específica, eles não existem como elementos de facto, que possam ser tomados em consideração para os fins de determinação dos elementos característicos de uma fatispécie» (BETTIOL, Giuseppe. *Direito penal*. Tradução de Fernando de Miranda. Coimbra: Coimbra Editora, 1970, vol. 2, p. 74 *apud* VARGAS, *Do Tipo*..., p. 45).

9. Nas palavras de Regis Prado, elementos normativos são «aqueles que exigem um juízo de valor para o seu conhecimento». Classificam-se em elementos normativos de valoração jurídica, dentre os quais Regis Prado cita «cheque», «documento», «funcionário público», «casamento» etc.; e de valoração extrajurídica ou empírico-cultural, dentre os quais cita «ato obsceno», «perigo mortal», «dignidade», «decoro», e até «saúde mental», «epidemia» e «moléstia contagiosa». Ainda segundo Regis Prado, os elementos normativos e descritivos muitas vezes se entrelaçam, tornando-se necessário um juízo cognitivo. Seria esse o caso dos elementos «logo após o parto» e «coisas de pequeno valor» (PRADO, Luiz Regis. *Curso de direito penal brasileiro*: *parte geral*, p. 223).

10. Para Bitencourt: «*Elementos normativos* são aqueles para cuja compreensão é insuficiente desenvolver uma atividade meramente cognitiva, devendo-se realizar uma *atividade valorativa*. São circunstâncias que não se limitam a descrever o natural, mas implicam um *juízo de valor*.» Cita como exemplos característicos de elementos normativos expressões como «indevidamente», «sem justa causa», «sem permissão legal», entre outras de sentido semelhante, mas também «funcionário público», «coisa alheia», além de «documento» e «decoro» (BITENCOURT, Cezar Roberto. *Tratado de direito penal*: *parte geral*, vol. 1, p. 263, grifo do autor).

que para tanto demandam uma compreensão intelectual. Segundo Welzel, o que é «alheio», «falso», «documento» e «lascivo» apenas parcialmente se pode perceber pelos sentidos. A maior parte do seu significado só se pode captar intelectualmente. Por isso Welzel os cita como exemplos «das chamadas circunstâncias normativas do fato».[11]

A pretensão de distinguir os elementos normativos dos demais elementos do tipo, ditos descritivos, por demandarem uma especial valoração, segundo Mezger, ou uma compreensão intelectual, conforme Welzel, para além da mera percepção sensorial do fato descrito como crime, está diretamente relacionada à origem epistemológica do reconhecimento de tais elementos pela dogmática penal.

Enquanto a teoria do delito procurou se desenvolver obedecendo aos cânones metodológicos impostos às ciências em geral pelo positivismo naturalista, não havia lugar para juízos de valor ou quaisquer atribuições de sentido que extrapolassem os aspectos meramente empíricos da realidade, na recém-concebida categoria do tipo penal. Segundo essa corrente epistemológica, o único modelo válido de ciência era aquele imperante entre as ciências naturais – a química, a biologia, a física – que consistia basicamente na observação das manifestações particulares de um determinado objeto de estudo, visando identificar seus traços comuns e, sucessivamente, as regras gerais de causa e efeito que determinam sua existência, suas modificações e interações com o universo circundante.[12]

Sob esse prisma, a teoria do delito procurou separar completamente, no conceito sistemático de crime, o juízo de ilicitude que o caracteriza, da conduta sobre a qual recai esse juízo. À conduta caberia o papel de substrato fático do crime, e, como tal, de objeto neutro, passível de ser descrito e identificável independentemente da sua relevância jurídica. Serviu a este propósito a definição de conduta formulada por Franz von Liszt, que a concebeu como uma mudança no mundo exterior referível à vontade do homem.[13]

Sendo a conduta definida de forma neutra, sem qualquer referência a juízos de valor, o tipo penal igualmente não os abarcaria. Afinal, na definição estrita

11. WELZEL, Hans. *Derecho penal alemán*, p. 110.

12. Segundo Karl Larenz, «Com excepção da lógica e da matemática, o conceito positivista de ciência só admite como científicas as disciplinas que se servem dos métodos das ciências da natureza, ou seja, de uma pesquisa causal que assente na observação, na experimentação e na recolha de factos» (LARENZ, Karl. *Metodologia da ciência do direito*, p. 125).

13. LISZT, Franz von. *Tratado de direito penal*, t. I, p. 217. Como bem observa Jesús-María Silva Sánchez, não se pode classificar Liszt como adepto de um positivismo formalista sem incorrer em uma simplificação. Pois, embora adote o método do positivismo jurídico, na elaboração conceitual Liszt parte de uma ontologia naturalista, dominada por um causalismo mecanicista. Para Liszt, segundo Silva Sánchez, as proposições jurídicas e os conceitos mais gerais delas extraídos são produto de uma abstração a partir de fenômenos reais da vida jurídica, e a esses fenômenos devem se referir. Sendo assim, e considerando que a realidade, para Liszt, corresponde ao modelo causalista do positivismo cientificista, é lógico que o delito e seus elementos, como máximo nível de abstração conceitual, estão em seu sistema determinados pela noção naturalista de causalidade (SILVA SÁNCHEZ, Jesús-María. *Aproximación al derecho penal contemporáneo*, p. 53).

de Beling, o tipo (*Tatbestand*) propriamente dito, ou o delito-tipo, é apenas um quadro descritivo das características e propriedades objetivas em função das quais uma conduta é incriminada, segundo a lei.[14] Para Beling, o tipo não envolve mais que uma particularidade do comportamento corporal, as circunstâncias de tempo e de lugar desse comportamento, o objeto em relação ao qual se deu o fato corporal, bem como a ocorrência de um evento ou estado que se dê posteriormente ao comportamento, como seu resultado.[15]

Embora tenham sido criados para expressar as formas puníveis de ilicitude, segundo o ideal liberal de legalidade, os tipos apresentam uma imagem representativa que, considerada em seu particular caráter de «tipo» pode figurar em ambas as metades do Direito: no lado do antijurídico e no lado do não antijurídico. Portanto, prossegue Beling, os delito-tipos são de caráter puramente descritivo, e

14. O termo alemão *Tatbestand* teve inicialmente um sentido bem mais amplo. Como bem lembra Luis Luisi, seu uso na linguagem jurídica remonta ao século XVIII, no campo do processo penal, como tradução germânica da expressão latina *corpus delicti*, compreendida como o «fato objetivo» do qual deriva a pretensão punitiva. Consequentemente, como conceito de direito penal substantivo, *Tatbestand* significava, para os penalistas gerânicos do século XIX, o próprio delito. Sua conotação compreendia todos os requisitos constitutivos do crime. Foi justamente Beling quem conferiu um novo sentido ao termo, ao empregá-lo para designar apenas «a descrição dos dados materiais que configuram objetivamente o crime», nas palavras de Luisi (Luisi. *O tipo penal...*, p. 13-15). Ao fazê-lo, em sua obra *Die Lehre vom Verbrechen* (A doutrina do crime), de 1906, Beling concebia a categoria sistemática do tipo penal (*Tatbestand*), abrindo caminho para a inclusão da tipicidade (*Tatbestandsmässigkeit*) no conceito analítico de crime, com anterioridade e autonomia em relação aos demais juízos que o compõem: a ilicitude e a culpabilidade. Segundo Cláudio Brandão, a clara diferenciação entre o conceito de tipo e o juízo de tipicidade só teria sido concluída por Beling décadas mais tarde, em *Die Lehre vom Tatbestand*, de 1930. Neste trabalho, motivado pelas críticas que a sua teoria recebeu, Beling caracteriza o tipo como moldura reitora (*Leitbild*), um quadro representativo que descreve de forma objetiva o que é punível, segundo a lei, como crime. E como moldura ou figura reitora (*Leitbild*), o tipo não se confunde com a tipicidade, que é a adequação da conduta a esta moldura (*Tatbestandsmässigkeit*) (Brandão, Cláudio. *Tipicidade penal*: *dos elementos da dogmática ao giro conceitual do método antimemático*, p. 88-90). Mas vale ressaltar que, para Brandão, a melhor tradução da expressão *Tatbestand*, no sentido conferido por Beling, seria «tipicidade», conforme Jimenez de Asúa, e não delito-tipo, conforme Sebastian Soler (Brandão, Cláudio. *Tipicidade penal...*, p. 39-40). Não se adere, contudo, a essa orientação. Pois seguindo a trilha de Soler, como Luisi (*O tipo penal...*, p. 13, nota 1 e p. 15, nota 9), compreende-se por *Tatbestand*, no sentido restrito empregado por Beling, o mesmo que «tipo», ou «delito tipo», em contraste com o termo *Tatbestansmässigkeit;* que parece ser a mais precisa expressão germânica para o que se entende por tipicidade.

15. Beling, Ernst von. *Esquema de derecho penal*, p. 44-45. Embora se possa afirmar, desde a concepção de Beling, que o tipo se refere à conduta, como descrição objetiva que é das circunstâncias em função das quais se lhe pune, Cláudio Brandão observa que a conduta em si, enquanto conceito geral do delito, não é incluída por Beling no *Tatbestand*. Para Beling, segundo Brandão, «os elementos que transformam uma conduta em crime não se localizam no conceito de ação, pois ela é um "fantasma sem sangue", um conceito incolor, que, repita-se, tem a função fundamental de excluir do Direito Penal o que não for composto concomitantemente pela vontade, pela modificação no mundo exterior e pelo nexo de causalidade, que une os dois conceitos anteriores» (Beling, Ernst von. *Die Lehre vom Verbrechen*. Aalen: Scientia, 1964, p. 17 *apud* Brandão. *Tipicidade...*, p. 82-83). Assim compreendida, como categoria «incolor», que apenas cumpre a função sistemática preliminar de excluir a relevância penal do comportamento involuntário ou que nada causa, a ação não é para Beling, nas palavras de Brandão, «um elemento que se estude na tipicidade, pois o conteúdo da ação, enquanto conceito geral, está acima dela» (Brandão. *Tipicidade...*, p. 86).

por eles não se responde à questão da antijuridicidade ou da ilicitude das condutas que lhes correspondem.[16]

O tipo penal só perdeu sua neutralidade, incorporando assim plenamente os elementos normativos, no bojo das sensíveis modificações operadas na teoria do delito por influência da filosofia neokantista da Escola de Baden ou Sudocidental Alemã. Com efeito, o neokantismo sudocidental alemão[17] lançou as bases de uma reorientação metodológica fundamental entre as áreas do saber que classificou como ciências da cultura, dentre elas a Ciência do Direito.

O pioneiro representante dessa particular orientação do neokantismo no campo da filosofia da ciência, Heinrich Rickert, demonstrou, reportando-se às ideias de Wilhelm Windelband sobre a História, que não se pode compreender toda a realidade suscetível de experiência apenas a partir do método das ciências naturais. Rickert investigou as bases epistemológicas das ciências históricas e depois das que chamou ciências da cultura em geral, contribuindo decisivamente para lhes restituir «a consciência metodológica de si mesmas», nas palavras de Karl Larenz, em face das ciências da natureza.[18]

Considerando como cultura tudo o que ganha sentido e significado para o homem pela sua referência a valores reconhecidos como tais, Rickert distingue materialmente as ciências da cultura das ciências da natureza. Caracteriza como ciências da cultura aquelas cujo objeto é referido a valores, e por eles dotado de significação; e como ciências da natureza, pelo contrário, as que consideram seu objeto livre de valores e de sentido.[19] Segundo Rickert, citado por Larenz, valores, sentido e significação não são em si objetos de percepção, mas apenas de compreensão, pela interpretação dos objetos percebidos por nós. Então, enquanto cultura «é o ser significante e suscetível de compreensão», natureza é «o ser livre de significação, que somente é suscetível de percepção e não de compreensão».[20]

A reorientação metodológica da Ciência do Direito, baseada nessas ideias, foi esboçada já no início do século XX por Emil Lask,[21] que a reconhece como «um ramo das ciências empíricas da cultura». Esse ramo, segundo Lask, compreenderia a Teoria Social do Direito, que dele se ocupa como um «fator cultural

16. Beling. *Esquema...*, p. 54-55. Cita-se Beling na décima primeira edição de seu Esquema de Direito Penal, editada 24 anos após *Die Lehre von Verbrechen* (A doutrina do crime). Na obra citada, de 1930, Beling não desconhece a classe dos elementos normativos do tipo, já então identificada e analisada por Mayer e Mezger. Todavia insiste que tais elementos, como os demais, só tem no tipo uma função meramente descritiva; apenas estreitam o campo no qual se formula o problema mesmo da ilicitude da ação; mas não o resolvem (Beling, *Esquema...*, p. 55-56).

17. Assim chamado em contraposição ao «neokantismo de Marburgo», que teve por representante principal Hermann Cohen (Cf. Larenz. *Metodologia...*, p. 126, nota 9).

18. Larenz. *Metodologia...*, p. 126.

19. *Idem, ibidem*, p. 130.

20. Rickert, Heinrich. *Kulturwissenschaft und Naturwissenschaft*. 6. ed., 1926, p. 20 *apud* Larenz. *Metodologia...*, p. 131.

21. Na sua *Rechtsphilosophie*, publicada em 1905 na *Festschrift für Kuno Fischer*, vol. 2, segundo Larenz (*Metodologia...*, p. 131), que cita a reimpressão das obras completas de Lask.

real», e a Dogmática Jurídica, que encara o direito enquanto «complexo de significações» independente dos acontecimentos.[22]

Lask atribui à Dogmática Jurídica o papel de «organizar sistematicamente o conteúdo de pensamento das normas que são reconhecidas como "Direito" com base num juízo de "Teoria Social"». E aplicando a premissa neokantista segundo a qual são justamente os valores que conferem sentido e significado ao direito como fator cultural, Lask defende que o «conteúdo de pensamento» das normas resulta da referência destas últimas a valores sociais e a fins socialmente reconhecidos. Chega, assim, às conclusões de que «tudo o que floresce no domínio do Direito perde o seu caráter naturalístico, de algo isento de referência a valores» e, consequentemente, de que a construção jurídica de conceitos tem sempre uma «coloração teleológica».[23]

As modificações operadas na teoria do delito pelo reconhecimento da imprescindibilidade dos valores na seleção e compreensão dos fenômenos que interessam ao Direito se verificam em todos os seus níveis. Sob a influência do neokantismo sudocidental alemão, a conduta, o tipo e a culpabilidade passam a ser compreendidos na sua essencial dimensão valorativa, e o próprio juízo de ilicitude deixa de ser puramente formal, mera ilegalidade, vindo a adquirir o conteúdo material que caracteriza o injusto.

A doutrina de Wilhelm Sauer, seguindo a trilha aberta por Max Ernst Mayer, é um bem acabado exemplo de aplicação da perspectiva epistemológica das ciências da cultura à teoria do delito. Embora reconheça que desde uma perspectiva processual e lógica de verificação do delito, a identificação da conduta precede à de sua antijuridicidade, e dela se distingue como o objeto em relação à sua medida, Sauer assevera que do ponto de vista da teoria do conhecimento, a ordem inversa é a verdadeira.[24]

Em primeiro lugar está a medida da antijuridicidade, a ideia, uma vez que um objeto da vida social só se destaca para o Direito, e especialmente para a Dogmática Jurídico-Penal, por sua «suprema adequação à lei». Somente assim, argumenta Sauer, pode-se, por exemplo, tratar jurídico-penalmente a omissão, que sob uma investigação meramente natural é um nada, e só configura um objeto positivo para uma ciência social.[25] A introdução da referência a valores no conceito clássico de conduta se completa, em Sauer, pela constatação de que também a causalidade, a conexão entre ação e resultado, só pode ser conhecida e fixada com relevância jurídica sob a perspectiva do justo e do injusto.[26]

No mesmo sentido, Erick Wolf, um dos mais incisivos tradutores para a dogmática penal, do dualismo metodológico entre ciências naturais e ciências da cultura, demonstra que uma atuação típica da vontade não tem caráter puramente

22. Cf. Larenz. *Metodologia...*, p. 131.
23. *Idem, ibidem*, p. 131-132.
24. Sauer, Wilhelm. *Derecho penal: parte general*, p. 95-96.
25. Sauer. *Derecho penal...*, p. 96.
26. *Idem, ibidem*, p. 96.

naturalístico, pois não pressupõe nem depende exclusivamente de uma enervação muscular. Para além desse aspecto, que Wolf não nega, a conduta se caracteriza pelo sentido normativo da atuação da vontade: o sentido de ataque a um objeto de proteção jurídica.[27]

Pois bem, na exata medida em que a conduta é caracterizada com referência a valores – os objetos de proteção jurídica contra os quais o comportamento naturalístico se dirige –, o tipo penal os incorpora. Assim, se para Sauer a conduta, como ação executiva, é um elemento do injusto material,[28] e como tal um «atuar» ou «omitir» com sentido geral de negação da ideia do Direito,[29] o tipo para este mesmo autor só pode ser «antijuridicidade tipificada».[30] Contrariando frontalmente a versão inicial naturalista de Ernst von Beling, que concebe o tipo penal como uma categoria puramente descritiva do substrato fático do crime, neutra em relação à ilicitude, para Sauer o tipo representa uma «reunião típica dos elementos desvalorizados, juridicamente relevantes e socialmente prejudiciais».[31]

Essa concepção valorativa do tipo penal, fundamentalmente compartilhada por Mezger e Wolf, tem nos elementos normativos uma incontornável evidência. Bem o revela a análise pioneira que dos elementos normativos fez Mayer, a quem se atribui o reconhecimento dessa classe de elementos no tipo legal de crime, e a sua introdução na dogmática penal.[32]

Na doutrina de Mayer se pode surpreender toda a crise do modelo teórico de delito construído sob a influência do positivismo naturalista. Pois embora ele compartilhe de uma concepção naturalista de conduta, e compreenda o tipo como categoria anterior e essencialmente independente da ilicitude, o pensamento de Mayer é marcadamente influenciado pelo neokantismo sudocidental alemão. Bem se verifica essa influência na sua conceituação de cultura, na sua teoria das normas

27. WOLF, Erik. *Las categorías de la tipicidad*: estudios previos sobre una doctrina general de la parte especial del derecho penal, p. 33-36.

28. SAUER. *Derecho penal...*, p. 117. Distinguindo a ação executiva da sua expressão pelo tipo, isto é, da conduta típica, Sauer afirma que a ação executiva *procede inmediatamente del obrar como carácter general del delito y es un elemento del injusto material. Ambas pueden naturalmente coincidir. La conducta típica es a menudo más reducida; a veces hay varias de ellas que están en relación alternativa* [...], *están coordinadas cumulativamente* [...], *o aparece en la forma de medio y fin* [...] (*Derecho penal...*, p. 117).

29. Segundo Sauer, *El injusto material es la negación de la idea del Derecho.* (*Derecho penal...*, p. 96) Em outra parte, conceitua a antijuridicidade material como «*un obrar que en su tendencia general generalizada procura a la comunidad estatal más daño (ideal, cultural) que utilidad; acarrea a ella más desvalores culturales que valores*» (*Derecho penal...*, p. 101).

30. SAUER. *Derecho penal...*, p. 111.

31. SAUER. *Derecho penal...*, p. 111.

32. Não obstante, Maximilian Herberger (Die deskriptiven und normativen Tatbestandsmerkmale im Strafrechts. In: KOCK, Hans-Joachim (Org.). *Juristische Metodenlehre und analytische Rechtsphilosophie*, AAVV. Kronberg/Ts.: Ed. Athenäum, 1976, p. 124, *apud* SUAY HERNÁNDEZ, Celia. «Los elementos normativos y el error». *Revista Peruana de Ciencias Penales*, p. 285) aponta como origem da expressão «elemento normativo» na dogmática penal um trabalho de Eduard Kohlrausch, intitulado *Über deskriptive und normative Elemente im Vergeltungsbegriff des Strafrechts*, publicado em 1904, em um livro coletivo em memória do centenário de Kant.

de cultura, e na conceituação material que faz da ilicitude com referência a essas normas.

Em consonância com Rickert, Mayer define a cultura como «o cultivo de um interesse comum e da situação resultante, situação que está matizada com um acento de valor».[33] Como cultivo de interesses sociais, a cultura exerce um poder crítico que separa e ordena valores segundo o caminho e as finalidades coletivamente perseguidas. Dentre os objetos dessa crítica cultural está a conduta humana, que pelo prisma da cultura é classificada e avaliada como conduta social, adequada aos interesses comuns, ou conduta antissocial, contrária a esses interesses.[34] O padrão dessa crítica à conduta humana corresponde, segundo Mayer, justamente à norma de cultura, à qual ele se refere como «forma pela qual a cultura ou a sociedade (como criadora de cultura) estabelece suas exigências de comportamento dentro da comunidade».[35] Nesse conceito, Mayer abarca as normas da religião, as normas da moral e dos costumes, as normas do comércio, as normas profissionais e, naturalmente, as normas do direito.[36]

Mas as normas jurídicas não são para Mayer normas culturais quaisquer. Afinal, é norma de cultura até aquela cultivada por um bando de ladrões, que os determinam a aportar ao monte comum, para repartição, tudo o que cada um individualmente subtraiu.[37] As normas jurídicas são o produto de mais um filtro crítico, dessa vez exercido sobre as próprias normas de cultura pelo Estado, que por meio de suas leis reconhece algumas e rechaça outras. As normas jurídicas são, então, aquelas normas de cultura reconhecidas pelo Estado e que se prestam como padrão específico para distinguir as condutas jurídicas das contrárias ao direito.[38]

Compreendendo as normas jurídicas como espécies de normas de cultura, que das demais se distinguem apenas por terem sido reconhecidas pelo Estado, por meio das leis, Mayer define a ilicitude como contrariedade a essas normas.[39] Trata-se, portanto, de um conceito material de ilicitude, prenhe do requisito de contrariedade aos interesses sociais consagrados pelo Estado, por meio do direito.

Ao caracterizar a ilicitude com referência às normas de cultura, Mayer carreia para aquele conceito todo o conteúdo valorativo que atribui a esta expressão. Com efeito, Mayer rejeita a expressão «regras sociais», em favor de «normas de cultura», porque falta à primeira a síntese de realidade e valor

33. Mayer, Max Ernst. *Filosofia del Derecho*. p. 79-80, tradução nossa. Por isso, para Mayer, «a cultura não é só realidade nem é só valor, mas a unidade de um e outro. A cultura é uma realidade transformada em realidade valiosa, um valor convertido em real» (Mayer. *Filosofia del Derecho*, p. 80-81, tradução nossa)

34. Mayer. *Filosofia del Derecho*, p. 86-88.

35. *Idem, ibidem*, p. 89, tradução nossa.

36. *Idem, ibidem*, p. 90.

37. *Idem, ibidem*, p. 89.

38. *Idem, ibidem*, p. 91-92.

39. Antijurídica, para Mayer, é aquela conduta que está em contraste com as normas de cultura reconhecidas pelo Estado (Mayer. *Derecho penal: parte general*, p. 225).

que se dá especificamente na cultura; porque a expressão «regras sociais» não corresponde à divisão fundamental de ciência à qual Mayer se vincula; porque a expressão «regras sociais» não tem conexão ética e porque seu valor sentimental é nulo desde o ponto de vista político.[40]

Por seu conceito material de ilicitude, a doutrina de Mayer já se distingue da de Beling, na qual esse requisito do crime é definido apenas formalmente, como contradição entre o direito posto e uma determinada modificação voluntária do mundo exterior e, portanto, sem qualquer referência aos valores ou interesses que estariam a determinar essa contradição. E se, apesar disso, Mayer também concebe a tipicidade com anterioridade e independência da ilicitude – o delito, segundo Mayer, é um acontecimento imputável, que corresponde a um tipo legal e contraria uma norma de cultura reconhecida pelo Estado –,[41] é devido ao seu apego à distinção, que remonta a Karl Binding, entre as normas jurídicas e as leis penais.[42]

Pela célebre doutrina de Binding, a norma cuja desobediência é punida pelo direito penal é um imperativo imotivado, que existe independentemente da previsão de sanção pelo seu descumprimento, à moda do decálogo (não matarás; não furtarás...), e que por isso não nasce do direito punitivo e nem se confunde com a lei penal.[43] Esta última, segundo Binding, só estabelece a pena e seus pressupostos, mas não a norma que os fundamentam. Atendo-se ao sentido imediato das leis penais, Binding verifica nelas apenas o estabelecimento de um dever estatal de punição, ou um direito penal subjetivo cujo titular é o Estado, mas não um comando dirigido ao autor do fato punível.[44] Daí decorre a famosa máxima

40. Mayer. *Filosofia del Derecho*, p. 89-90.

41. Mayer. *Derecho penal: parte general*, p. 71.

42. Como bem lembra Brandão, a doutrina de Binding foi também inspiração para Beling. Pois este, ao conceber a tipicidade, como um juízo anterior e autônomo em relação ao de ilicitude, na verificação do delito, «supunha estar desenvolvendo a teoria de Binding, que já apontava ser o *Tatbestand* um dos elementos da lei penal». Não obstante, ainda segundo o autor citado, como a proposta de Beling representava um rompimento com a concepção teórica de delito até então dominante, «as críticas a Beling foram bastante ácidas, advindas, sobretudo, de Binding. E, certamente, sua teoria teria caído no esquecimento se Max Ernst Mayer não tivesse partido dela para desenvolver uma nova fase conceitual da tipicidade» (Brandão. *Tipicidade...*, p. 84-85).

43. Binding, Carlo. *Compendio di diritto penale*. Trad. Adelmo Borettini. Roma, 1927, p. 112, *apud* Luna. *Estrutura jurídica...*, p. 174-175.

44. É o que se extrai da clara síntese de Alaor Leite, elaborada a partir de trechos extraídos da obra magna de Binding, «As normas e sua infração». Segundo o autor consultado «As leis penais, "a forma solene de uma manifestação de vontade do Direito", são "toda aquelas proposições jurídicas que regulam o nascimento, conteúdo e extinção de deveres estatais de punição". Tarefa das leis penais é fundamentar um direito penal subjetivo cujo titular é o Estado, e não construir pautas ou diretrizes de comportamento aptas a influenciar os cidadãos. Ou seja, os cidadãos não são destinatários da lei penal, e por isso mesmo não a podem violar. As leis penais "encontram sua origem na ideia de violação de um dever: elas possuem natureza acessória, como todas as proposições com natureza de coação jurídica. Elas não conferem ao Estado um direito à obediência contra todos, mas sim um direito à coação jurídica e um direito penal subjetivo exclusivamente contra o culpado; elas não fundamentam deveres de ação e omissão por parte dos

segundo a qual o criminoso não infringiria a lei penal ao se comportar conforme a descrição nela contida, mas sim a norma, que lhe é anterior e distinta.

Em face da lei penal, para Binding, fica estabelecido o que é delito, mas não o que é contrário ao direito.[45] A contrariedade ao direito e, portanto, a ilicitude, se verificaria apenas em face das normas, as quais proviriam dos outros ramos do direito, como o constitucional, o civil, ou o administrativo. Ao direito penal, portanto, Binding não reserva um papel constitutivo da ilicitude, mas meramente sancionador.[46]

Como bem observa Everardo da Cunha Luna, a teoria das normas de cultura, de Mayer, toma como ponto de partida jurídico a teoria das normas de Binding, ainda que para seguir caminho distinto.[47] De fato, Mayer não compartilha do formalismo de Binding, e dele se afasta ao estabelecer correspondência entre as normas jurídicas e as normas de cultura.[48] Mas assim como Binding, Mayer não compreende a lei penal como imposição da norma jurídica violada pelo criminoso, e sim como instrumento da sua proteção, isto é, como um preceito sancionador de um ilícito constituído em outros ramos do direito. Por essa exata razão é que Mayer não vê no tipo penal um fundamento da ilicitude, e nem na tipicidade de uma conduta as suas razões ou requisitos essenciais.

Não obstante, segundo Mayer, a incriminação da violação à norma de cultura seria a etapa conclusiva do seu reconhecimento pelo Estado, que por meio da legislação penal a protege, dotando-a de maior força persuasiva.[49] Os tipos legais, portanto, moldados a partir dessas normas, guardariam suas impressões e sugeririam seu conteúdo, pode-se dizer, tal como as pegadas na areia sugerem o caminhante. Funcionariam, os tipos – segundo as expressões de Mayer para traduzir a relação entre o tipo e a ilicitude – como *ratio cognoscendi* das normas de cultura, e representariam indícios daquelas condutas que se praticam contra o direito.[50]

Ressaltando a diferenciação entre os juízos de tipicidade e ilicitude, Mayer, assevera que, «nada há de mais enganoso do que indícios». A confirmação da ilicitude que a tipicidade insinua dependeria ainda, segundo Mayer, da verificação, ora pela interpretação das normas jurídicas em conjunto, ora pela interpretação de uma norma em particular, se realmente aos tipos legais correspondem

---

súditos"» (Leite, Alaor. *Dúvida e erro sobre a proibição do direito penal*: *a atuação nos limites entre o permitido e o proibido*, p. 43).

45. Binding. *Compendio*..., p. XVIII *apud* Luna. *Estrutura jurídica*..., p. 175.

46. Cf. Luna. *Estrutura jurídica*..., p. 175.

47. *Idem, ibidem*, p. 167.

48. Citado por Rodrigo Alflen da Silva, Binding contesta a teoria das normas de cultura de Mayer justamente por considerar que «nenhum fenômeno jurídico significativo pode em qualquer lugar ser compreendido de outro modo que pela regulação jurídica da vida comum: nem pela "cultura", nem pela "moral"» (Binding, Karl. *Grundriss des Deutschen Strafrechts*: AT. Neudruck der 8 Aufl. Leipzig: Scientia Verlag Aalen, 1913, p. 64 *apud* Silva. *Leis penais*..., p. 33).

49. Mayer. *Derecho penal*: *parte general*, p. 61 *et seq*.

50. *Idem, ibidem*, p. 64 e 231.

ações ilícitas, o que equivale a verificar se a fumaça que anuncia o fogo se faz acompanhar de fato pelo fogo.[51]

Mas, para além da atribuição de sentido material ao conceito de ilicitude, o reconhecimento da dimensão cultural da realidade que interessa ao Direito levará Mayer a identificar, ainda que como curiosidades excepcionais, os principais pontos de conflito entre o modelo teórico então dominante e a conformação legal do delito. Por sua vinculação ao dualismo metodológico neokantista, o apego de Mayer às concepções procedentes do modelo teórico de delito forjado por Liszt e Beling não o impediu de constatar que a lei não corresponde em absoluto à pretensão de separar totalmente a tipicidade da sua valoração, e de conceber o tipo livre de valores, como a descrição neutra de um acontecimento no mundo exterior.

Como bem ressalta Wolf, mesmo subscrevendo a teoria da ação naturalista, Mayer não pôde subtrair-se à verificação, no próprio Código Penal alemão, de tipos «que tinham por premissa ações sem manifestações naturalísticas de vontade ou sem o correspondente resultado físico no mundo exterior, ou sem ambos».[52] Assim, podem-se apontar os crimes omissivos e os de mera atividade. Justamente por reconhecer a existência de crimes «que se praticam sem ação», no sentido naturalístico do qual compartilha, Mayer emprega o termo acontecimento, em vez de ação, no seu conceito de crime.[53]

E finalmente, como elementos normativos, Mayer reconheceu no próprio tipo legal de crime, aspectos que não se verificam no mundo exterior, mas apenas no «mundo jurídico»;[54] aspectos não naturalísticos, mas verdadeiros objetos de uma ciência do espírito, referidos a valores e por eles dotados de significação. Assim, segundo Wolf, analisando a doutrina de Mayer, o caráter alheio da coisa, no tipo legal de furto (§ 242 do *Strafgesetzbuch*: StGB, o Código Penal alemão),[55] o mau tratamento corporal, referido no tipo legal de lesão corporal (§ 223 do StGB),[56] e a honestidade da jovem, no tipo legal de abuso sexual tal qual era previsto na redação original do §182 do StGB.[57]

Por sua significação, Mayer vislumbra nos elementos normativos uma peculiar antecipação, na verificação da tipicidade, de valorações jurídicas que, segundo a concepção tradicional de delito também por ele cultivada neste ponto, não seriam próprias desse juízo – essencialmente empírico –, mas reservadas ao juízo autônomo de ilicitude. A partir dessa característica, Mayer distingue os

51. Mayer. *Derecho penal: parte general*, p. 12, 64-65.

52. Wolf. *Las categorias de la tipicidad...*, p. 34.

53. Mayer. *Derecho penal: parte general*, p. 16.

54. Wolf. *Las categorias de la tipicidad...*, p. 111.

55. «*§ 242. Hurto. (1) Quien sustraiga una cosa mueble ajena a otro en la intención de apoderarse antijurídicamente de ella para si o para un tercero, será castigado con pena privativa de la libertad hasta cinco años o con multa.*»

56. «*§ 223. Lesión corporal. (1) Quien inflija a otro malos tratos corporales o dañe su salud, será castigado con pena privativa de la libertad hasta cinco años o multa.*»

57. Wolf. *Las categorias de la tipicidad...*, p. 111.

elementos normativos dos demais elementos dos tipos legais de crime como se fossem verdadeiras degenerações do sistema.[58] Pois, para Mayer, enquanto os elementos em geral do tipo, tomados em conjunto, não conformam mais que um indício da ilicitude do comportamento por eles descrito, os elementos normativos individualmente, por sua referência ao direito – às normas violadas pelo criminoso, protegidas pela lei penal – não só apontam como fundamentam essa ilicitude. Os elementos normativos não compõem a *ratio cognoscendi* da ilicitude, mas são sua *ratio essendi* e, portanto, pertencem à ilicitude mesma, como sua essência. Mayer ilustra essa constatação afirmando que enquanto na subtração há um indício de apoderamento ilícito, o caráter alheio da coisa é sua parte essencial; se falta a subtração, exclui-se o tipo de furto, mas se falta o caráter alheio da coisa, exclui-se desde logo a ilicitude do apoderamento.[59]

Sem abrir mão da diferenciação entre esses dois juízos, mas reconhecendo entre eles uma interseção que a relativiza, Mayer diria que os elementos normativos têm um pé na tipicidade e outro na ilicitude, segundo expressão Wolf.[60] Pois para Mayer esses elementos são «inautênticos elementos do tipo» ou «autênticos elementos da antijuridicidade» que, contudo, não são características apenas desta, posto que estão estreitamente vinculados às demais circunstâncias do fato.[61]

Essa peculiaridade que Mayer atribui aos elementos normativos, embora tenha a virtude de revelar a incorporação, pelo tipo, do desvalor jurídico que preside a incriminação da conduta por ele descrita, não será compartilhada como tal – como peculiaridade – por outros autores igualmente influenciados pelo neokantismo, como Sauer e Wolf, para o fim de defini-los. Pois esses autores compreendem todos, e não apenas os elementos normativos do tipo, a partir desse desvalor. Dentre esses, Mezger, que compreende o tipo como a expressão legal da ilicitude, e, portanto, não apenas os elementos típicos normativos, mas todos os demais, como seus requisitos positivos e conformadores da sua *ratio essendi*.[62]

58. Cf. Wolf. *Las categorias de la tipicidad...*, p. 111.

59. Mayer. *Derecho penal*: parte general, p. 228-229.

60. Wolf. *Las categorias de la tipicidad...*, p. 111.

61. Mayer. *Derecho penal*: parte general, p. 230-231. Como bem sintetiza Celia Suay Hernandez, «*para Mayer la tipicidad siegue siendo ratio cognoscendi da la antijuridicidad: el tipo da a conocer qué normas de cultura y en qué ámbito han sido reconocidas jurídicamente. Esa función indiciaria la da el tipo como un todo, es decir, la antijuridicidad del comportamiento la muestran la totalidad de los elementos típicos. Y es frente a esta regla donde aparecen los elementos normativos como excepción: en tanto, generalmente, la antijuridicidad es señalada por la totalidad de los elementos típicos, hay tipos que contienen elementos que no contribuyen a la función indiciaria, sino que más allá de esto, fundamentan la antijuridicidad. Estos son los elementos normativos del tipo. Para Mayer son parte, ratio essendi, puros elementos da la antijuridicidad, y por tanto impuros elementos del tipo, cuerpos extraños en él*» (Suay Hernández. «Los elementos normativos...» *Revista Peruana...*, p. 287).

62. São palavras de Mezger: «*El tipo en el propio sentido jurídico-penal significa más bien el injusto descrito concretamente por la ley en sus diversos artículos, y a cuya realización va ligada la sanción penal*» (*Tratado...*, t. I, p. 366). E mais à frente esclarece: «*El que actúa típicamente actúa también antijurídicamente, en tanto no exista una causa de exclusión del injusto. El tipo jurídico-penal que describe dicho actuar típico posee, por tanto, la más alta significación en orden a la existencia de la antijuricidad penalmente relevante de la acción: es fundamento real y de validez ("ratio essendi") de la antijuricidad,*

Persistirá, todavia, no conceito de Mezger, a referência dos elementos normativos a um juízo de valor que lhes confere significação. Embora concorde com a constatação de Wolf, de que por tal critério todos os elementos do tipo são no fundo normativos, já que são conceitos jurídicos e, portanto, valorativos e teleologicamente determinados, Mezger insiste nele por razões «de Direito público (político)». Pois, tendo em vista a indeterminação e o subjetivismo que os juízos valorativos conferem ao tipo, Mezger pretende por seu conceito, e «dentro do possível», destacar os elementos normativos dos demais, ditos descritivos, que haveriam de ser comprovados caso a caso pelo juiz cognitivamente e em relação aos quais se deveriam rechaçar as perigosas valorações.[63]

Neste ponto, a doutrina de Mezger nos remete ao dualismo estabelecido por Rickert ao dividir os diversos aspectos da realidade entre os que são objeto das ciências da natureza e os que o são das ciências da cultura. Pois assim como Rickert define os objetos das ciências da natureza como os que podem ser considerados independentemente de valores e de sentido, e podem assim ser verificados pela mera percepção, Mezger pretende destacar no tipo os elementos descritivos como os que podem e devem ser «apreciados pelo Juiz mediante a simples atividade de conhecimento (cognitivamente)».[64] E assim como Rickert define os objetos das ciências da cultura como aqueles cuja consideração não requer apenas a percepção, mas a compreensão a partir dos valores a que fazem referência, Mezger define os elementos normativos como aqueles para os quais as valorações são «totalmente indispensáveis para a determinação do que se há de considerar como ação típica».[65]

Ao mesmo dualismo de Rickert, que caracteriza o neokantismo sudocidental alemão, nos remete a concepção de Welzel sobre os elementos normativos do tipo. Afinal, mesmo não destacando neles os valores aos quais são referidos, Welzel os distingue dos demais pela compreensão intelectual que demandam, para além da mera percepção sensorial.[66]

Essa demanda da compreensão, da atribuição de sentido, é também mencionada por Mezger ao distinguir os «puros elementos normativos» dos elementos descritivos e, ainda, de uma classe intermediária à qual ele se refere como a dos «elementos do juízo cognitivo». Segundo Mezger, «de pura índole normativa são os elementos nos quais o Juiz há de captar-lhes o verdadeiro sentido nos delitos de exteriorização (injúria, perjúrio, ameaças, delitos de engano, etc.)».[67]

Pois bem, pela mesma razão limitadora do poder punitivo com a qual justifica destacar os elementos descritivos, Mezger julga absolutamente necessário

aunque a reserva, siempre, de que la acción no aparezca justificada en virtud de una causa especial de exclusión del injusto. Si tal ocurre, la acción no es antijurídica, a pesar de su tipicidad» (*Tratado...*, t. I, p. 376).

63. Mezger. *Tratado...*, t. I, p. 388-389, tradução nossa.
64. *Idem, ibidem*, p. 386-387, tradução nossa.
65. *Idem, ibidem*, p. 389, tradução nossa.
66. Welzel. *Derecho penal...*, p. 110.
67. Mezger. *Tratado...*, t. I, p. 389, tradução nossa.

indicar o «valor a valorar» por cada um dos elementos normativos do tipo, em vez de esconder essas valorações por trás de figuras «criptonormativas».[68] Assim, tendo em vista a natureza das valorações que demandam, ou o âmbito normativo que lhes servem de parâmetro, Mezger classifica os elementos normativos como de valoração jurídica, de valoração cultural, e ainda de valoração quantitativa.[69]

Entre os elementos normativos «com uma valoração jurídica», cita o caráter «alheio» da coisa, os conceitos de direito mercantil, as referências a «tutor», «funcionário», «documento público», e até ao «caráter punível da ação», em diversos tipos legais de delito previstos à época no Código Penal alemão (StGB). Entre os elementos normativos «com uma valoração cultural», baseada em «determinadas normas e concepções vigentes que, todavia, não pertencem à esfera mesma do Direito», Mezger cita a ação «impudica» e as referências à «honestidade», na antiga redação que tinham os crimes sexuais no StGB. Cita também os maus tratos e até a «saúde», no crime de lesão corporal (§ 223 do StGB), pela valoração biológica que esta supõe, além daquilo que seria depreciativo, no crime de difamação (§ 186 do StGB).[70] Finalmente, como exemplo dos elementos que demandam do juiz uma valoração quantitativa, em função da qual seriam também considerados normativos, Mezger cita o caráter crônico de uma doença, que caracterizava uma das modalidades de lesão corporal grave no § 226 do StGB.[71]

Já como elementos do juízo cognitivo, que ocupariam uma zona intermediária entre os elementos descritivos e os puramente normativos, Mezger se refere às características típicas que dão ensejo «a um determinado juízo baseado na experiência e nos conhecimentos que esta proporciona».[72] Assim, os elementos típicos determinados pelo juízo sobre a verdade ou falsidade de uma afirmação, ou sobre a periculosidade de uma conduta.[73]

68. Mezger. *Tratado...*, t. I, p. 389, tradução nossa.

69. *Idem, ibidem*, p. 389-390.

70. «*§ 186. Difamación. Quien en relación con otro afirme o difunda un hecho para hacerlo despreciable, o para desprestigiarlo ante la opinión pública, cuando éste hecho no se prueba como cierto, será castigado con pena privativa de la libertad hasta un año o con multa y cuando el hecho haya sido cometido públicamente o por medio de la divulgación de publicaciones (§ 11, inciso 3), será castigado con pena privativa de la libertad hasta dos años, o con multa.*»

71. Mezger. *Tratado...*, t. I, p. 389-390, tradução nossa. Não se vislumbrou, contudo, no dispositivo em referência, menção expressa ao caráter crônico da doença, mas à enfermidade (*Siechtum*), sem qualquer qualificativo, que na versão espanhola é traduzida como «padecimiento físico habitual». Nos termos das fontes consultadas: «*§ 226 Schwere Körperverletzung (1) Hat die Körperverletzung zur Folge, daß die verletzte Person [...] 3. in erheblicher Weise dauernd entstellt wird oder in Siechtum, Lähmung oder geistige Krankheit oder Behinderung verfällt, so ist die Strafe Freiheitsstrafe von einem Jahr bis zu zehn Jahren*; *§ 226. Lesión corporal grave (1) Si la lesión corporal tiene como consecuencia que la persona lesionada [...] 3. quede desfigurado permanentemente de manera considerable o caiga en padecimiento físico habitual, paralización o enfermedad mental o discapacidad, entonces la pena será de uno a diez años de prisión.*»

72. Mezger, *Tratado...*, t. I, p. 389, tradução nossa.

73. *Idem, ibidem*, p. 389.

2.1.3 Da insuficiência dos conceitos de Mezger e Welzel para demarcar a classe dos elementos normativos, distinguindo-os dos elementos descritivos do tipo

A referência a elementos normativos de valoração quantitativa e até a um grupo intermediário entre os elementos puramente normativos e os descritivos – o dos elementos do juízo cognitivo – por si só revela o que o próprio Mezger já adiantara: que seria ingrata a tarefa de distinguir os elementos normativos dos elementos descritivos do tipo, com base apenas na demanda por um juízo de valor. Por melhor que fosse sua intenção, de evitar o subjetivismo das valorações pelo menos em relação aos elementos descritivos, segundo o ideal de certeza e determinação da lei penal, Mezger nada apresenta que possa contrastar a constatação, já na sua época acolhida pela doutrina penal, de que todos os pressupostos do crime, como elementos que são da norma incriminadora, estão referidos aos valores que ela consagra e que orientam sua aplicação, e têm seu sentido e alcance definido a partir deles. Essa constatação, que remonta à concepção neokantista do Direito como ciência da cultura, desenvolvida por Lask, foi bem demonstrada por Wolf, e não escapou sequer à Beling.

Ao refutar a tese de que a apreciação judicial dos fatos, como matar e lesar, e das coisas, como um cão ou uma construção, pode se dar independentemente de juízos de valor, Wolf ecoa a conclusão já citada de Lask, segundo a qual «tudo o que floresce no domínio do Direito perde o seu caráter naturalístico, de algo isento de referência a valores», incluindo os conceitos jurídicos de coisa ou pessoa, cuja construção tem sempre uma «coloração teleológica».[74] Categórico, Wolf afirma que todos os fatos empíricos relevantes para a aplicação da norma penal «não são decididamente nada "dado"; são fatos jurídicos», isto é, diríamos nós, definidos em função dos valores e finalidades que orientam essa aplicação.[75] Afinal, a incerteza e as contradições a respeito dos fatos remontam à própria experiência deles e se verificam também no sentido supostamente objetivo que se lhe atribuem, cabendo ao juiz, por meio da ponderação e da valoração, defini-lo para o fim da atividade normativa.

Wolf bem o ilustra, ao lembrar que uma declaração pode ser entendida de forma distinta por diversos grupos sociais, e que o juiz, ao atribuir-lhe consequências jurídicas, deve eleger um desses sentidos para a declaração, ou atribuir-lhe outro, segundo os valores que o orientam. E acrescenta que os «conceitos aparentemente inalteráveis, como o de cão ou de construção flutuam», ao sabor da «teleologia da lei e da aplicação do direito». Pois a decisão sobre a inclusão de um ser resultante do cruzamento de cão com lobo em um preceito relativo à tributação dos cães não depende da determinação zoológica, mas das finalidades de tal preceito, e do sistema ao qual ele pertence.[76]

74. Lask, Emil. Rechtsphilosophie. In: *Festschrift für Kuno Fischer*. vol. 2, 1905 *apud* Larenz. *Metodologia...*, p. 131-132.

75. Wolf. *Las categorias de la tipicidad...*, p. 114, tradução nossa.

76. *Idem, ibidem*, p. 114-115, tradução nossa.

Até mesmo Beling, célebre representante do positivismo na dogmática penal, que concebia o tipo como a reunião dos aspectos empíricos do fato incriminado, e, portanto, como um objeto independente e anterior ao juízo que o caracteriza como ilícito, admite que as referências legais aos pressupostos do crime que compõem o tipo não estão imunes à interpretação, aqui entendida como a determinação jurídica do seu sentido e alcance. Com efeito, em sua Doutrina do Delito tipo, de 1930, Beling confere destaque à dimensão hermenêutica dos preceitos jurídicos que determinam os contornos dos tipos, e acaba por concluir que estes estão permanentemente condicionados à resposta que se dê sobre o «tipo de ilicitude» que teria em vista o legislador na elaboração da norma incriminadora que os estabelece.

Beling adverte que o jurista deve sempre se perguntar em que sentido o legislador empregou determinado conceito que em um preceito jurídico aparece como objeto regulado. Pois o que significa «cão», «trem de ferro» ou «veneno», no sentido específico com o qual são empregados em um preceito jurídico, não pode o zoólogo, nem o técnico de trens de ferro, nem o químico responder. Essa resposta cabe apenas ao jurista, que para dá-la haverá de examinar «se o legislador tinha ou não presente, e em que medida, uma representação concordante ou distinta». Beling, então, livrando-se de qualquer injusta pecha de ingenuidade, afirma que «também se requer, pois, para esclarecer o conteúdo dos delitos-tipos, penetrar intuitivamente nos tipos de ilicitude».[77]

Justamente em vista das doutrinas de Wolf e Beling, e de suas concepções opostas sobre os elementos normativos do tipo, Mariano Jiménez Huerta bem demonstra a insuficiência do critério de Mezger para distingui-los dos demais. Segundo Jiménez Huerta, em se acolhendo a posição de Mezger, para quem os elementos típicos normativos são aqueles pressupostos do injusto que só podem ser determinados mediante uma especial valoração da situação de fato, ter-se-ía de dar razão tanto a Wolf quanto a Beling. Ora, enquanto o primeiro afirma que todo elemento do delito tem caráter normativo, pela inevitável transformação que sofre qualquer conceito ao entrar em contato com a norma jurídica, Beling nega a existência desses elementos, afirmando que os conceitos jurídicos contidos nos tipos penais carecem de essência normativa, apresentando-se simplesmente como matéria de regulamentação.

Caberia razão a Wolf, já que toda expressão gramatical guarda em si uma ideia e pressupõe em seu sentido um valor cultural. Mas também Beling estaria correto, já que tais expressões gramaticais, ainda que encarnem ideias e pressuponham um valor cultural, apresentam-se sempre como objeto de regulamentação

77. Traduções nossas, extraídas do seguinte trecho: «*[...] en todo caso el jurista debe preguntar-se en qué sentido ha entendido el legislador el concepto que en un precepto jurídico aparece como objeto regulado. Lo que significan «perro», «ferrocarril», «veneno» en el sentido de un precepto, no pueden contestarlo definitivamente ni el zoólogo, ni el técnico de ferrocarriles, ni el químico; es el jurista el que debe examinar si el legislador tenía o no presente, y en qué medida, una representación concordante o distinta. También se requiere, pues, para aclarar el contenido de los delito-tipos, penetrar intuitivamente en los tipos de ilicitud*» (Beling, Ernst. *La doctrina del delito-tipo*, p. 16).

jurídica, e, consequentemente, saber se determinada expressão seria ou não tida como normativa, dependeria apenas da maior complexidade, rareza ou especialização do conceito que a mesma encerrasse. E mesmo que isto pressuponha um maior esforço de valoração a ser pelo juiz efetuado, conceitualmente não representa nada diverso das demais valorações que ele normalmente faz para fundar seu conhecimento e juízo.[78]

Igualmente insuficiente para definir os elementos normativos, porque incapaz de distingui-los dos demais, é a concepção divulgada por Welzel. Esta, assim como a de Mezger, procura destacar o caráter cultural desses elementos, segundo o dualismo metodológico neokantista de Rickert. Mas em vez da necessidade de valoração, destacada por Mezger, Welzel refere-se à demanda por compreensão, pela atribuição de sentido, como a característica determinante dos elementos normativos.

Assim, enquanto os elementos descritivos seriam «sensorialmente perceptíveis», para Welzel, os elementos normativos seriam apenas intelectualmente compreensíveis.[79] Ocorre que, por um lado, muitos elementos normativos, como o «funcionário público», a «duplicata» ou o «território», têm suas propriedades sensorialmente perceptíveis, e por outro, como bem observa Figueiredo Dias lembrando a filosofia de Immanuel Kant, até os elementos mais caracterizadamente descritivos, como o «homem», a «idade», a «coisa», a «noite», supõem «do agente a sotoposição das percepções sensíveis às categorias do entendimento e da compreensão».[80]

Recorrendo à linguística, verifica-se que a pretensão de distinguir uma classe de elementos do tipo, formada afinal por termos ou expressões significantes, pelo método cognitivo dos objetos por eles referidos, confunde a intenção com a extensão ou, respectivamente, a conotação com a denotação desses termos ou expressões.[81] Pois ainda que se possa identificar apenas sensorialmente os objetos

78. Huerta, Mariano Jiménez. *Derecho penal mexicano: Introducción al estudio de las figuras típicas*, p. 47.

79. Welzel. *Derecho penal...*, p. 110.

80. Dias. *O problema...*, p. 465.

81. Bem elucidativa do que se entende por conotação ou intenção de um termo é a seguinte explicação de Rosa Maria Cardoso da Cunha, segundo a qual: «As palavras gerais ou termos de classe possuem, também, um significado intencional ou conotativo, quer dizer, elas têm seu significado delimitado pelas propriedades em função das quais se constitui uma classe. A conotação de um termo é, portanto, o conjunto de propriedades que determinam a aplicação de uma mesma palavra a um conjunto de objetos. A conotação do termo livro corresponde à série de características que nos fazem utilizar tal palavra para designar um livro de história e, também, um de filosofia» (Cunha, Rosa Maria Cardoso da. *Do caráter retórico do princípio da legalidade*, p. 134-135). No mesmo sentido é a lição de Luis Alberto Warat e Roberto José Vernego, para os quais: «*las notas, características distinguibles, o propiedades de un objeto, en función de las cuales se le puede aplicar el correspondiente término de clase, constituyen su intensión o connotación. [...] Definir es explicitar la connotación del término*» (Warat, Luis Alberto; Vernego, Roberto José. *El significado de los términos generales y sus problemas*, p. 13-15). Já a denotação, ou o significado referencial dos termos, segundo Cardoso da Cunha, «seria o conjunto de objetos aos quais se aplica uma mesma palavra» (Cunha, *Do caráter retórico...*, p. 134). Assim, por exemplo, tome-se este

que compõem o campo denotativo, a extensão de um termo qualquer, o uso desse termo para designá-lo pressupõe o conhecimento da sua intenção, conotação, ou significado. Não se requer, de fato, mais que a visão para se identificar o que se chama árvore. Mas é claro que a definição de tal objeto como árvore pressupõe o conhecimento da intenção desse termo, segundo a qual o objeto será incluído ou não em sua extensão; será compreendido ou não como árvore.

Então, a verificação de qualquer elemento do tipo, descritivo ou normativo, num fato concreto, demanda uma conexão entre a expressão e o objeto nela denotado, uma relação semântica de referência que nada mais é que uma compreensão do objeto referido. Isso fica ainda mais claro quando se tratam de termos conceituais, que são definidos em função do lugar que ocupam em uma teoria, como a energia nuclear e os raios ionizantes. Justamente citando esses dois termos, Urs Kindhäuser rejeita o critério da percepção sensorial ou da compreensão intelectual para diferenciar os elementos normativos dos descritivos.[82]

A inidoneidade da dicotomia entre percepção sensorial e compreensão social do fato, isto é, a inidoneidade de uma tipologia do processo cognitivo como critério de delimitação dos elementos normativos em relação aos descritivos do tipo é igualmente constatada por Werner Georg Tischler. Segundo Tischler, o problema consiste em, por um lado, os elementos normativos conterem certos momentos de realidade reconhecíveis sensorialmente, isto é, aspectos descritivos. Por outro lado, os elementos descritivos assinalam também conteúdos que vão mais além da pura cognição, de modo que seu significado social não pode ser compreendido mediante uma mera percepção dos fatos. Isso leva Tischler à conclusão de que todos os elementos do tipo são mais ou menos descritivos ou normativos; que entre eles não haveria qualquer diferença fundamental, qualitativa, mas tão somente quantitativa, já que os elementos normativos não se distinguem dos descritivos quanto à classe, mas tão somente quanto ao grau da compreensão que demandam.[83]

2.1.4 A remissão semântica a normas como predicado distintivo dos elementos normativos em relação aos demais elementos do tipo penal

A dificuldade ou impossibilidade de delimitação dos elementos normativos do tipo a partir das noções que remontam a Mezger e Welzel, contudo, dissolvem-

excerto da obra de Chico Buarque: «ê quero-quero/ oi tico-tico / manum, pardal, chapim / xô cotovia, xô ave fria, xô pescador martim / some rolinha, anda andorinha, te esconde bem-te-vi / voa bicudo, voa sanhaço, vai juriti / bico calado, muito cuidado, que homem vem aí [...]» (Holanda, Chico Buarque. «Passaredo.» In: *Caros Amigos*, lado 2, faixa 3). Nele, o poeta faz constar uma rica parte da denotação ou extensão da palavra «pássaro».

82. Kindhäuser, Urs. «Rohe Tatsache und normative Tatbestandsmerkmale». *Juristische Ausbildung*, p. 465 *et seq. apud* Suay Hernández. Los elementos normativos.... *Revista Peruana...*, p. 290.

83. Tischler, Werner Georg. *Verbotsirrtum und Irrtum über normative Tatbestandmerkmale. Dogmengeschichte aines Abgrenzungsproblems*. Berlim: Duncker & Humboldt, p. 34 *et seq. apud* Suay Hernández. Los elementos normativos... *Revista Peruana...*, p. 290.

-se diante do já citado conceito de Engisch, que define os elementos normativos como os que só podem ser representados e pensados sob o pressuposto lógico de uma norma. De fato, é por terem o seu significado referido a uma ou mais normas, variando em função dessas normas, que alguns elementos se destacam como classe dentro do tipo, em relação aos demais, ditos descritivos.

É certo que a aplicação dos termos em geral dos tipos pressupõe a compreensão da intenção, conotação de cada um, e que essa intenção por sua vez oscila em função de juízos de valor orientados pelo tipo de ilicitude incriminada. Mas ocorre que a compreensão e a valoração que presidem a aplicação de alguns desses termos isoladamente também variam em função de normas. Normas que os determinam em qualquer contexto e sem as quais eles simplesmente careceriam de sentido. Estes termos compõem a peculiar classe dos elementos normativos do tipo. Uma classe que se justifica dogmaticamente pela singularidade dos problemas que determina, especialmente os relativos à legalidade das incriminações e à configuração do dolo.

Há que se reconhecer que o conceito formulado por Engisch não contradiz as contribuições de Mayer, de Mezger, nem as de Welzel para a identificação dos elementos normativos do tipo. Antes as incorpora, permitindo se afirmar que as propriedades designativas desses elementos não são produto da natureza, não brotam da terra, não se esgotam na sua massa, volume ou outras características sensíveis, mas são o reflexo do espírito humano sobre a realidade a que lei se dirige, da capacidade humana de transcender a existência ordinária ou natural das coisas, conferindo-lhes um sentido cultural ou valorando-as. A partir de Engisch, contudo, determina-se que a valoração ou compreensão cultural de coisas, pessoas, condutas ou outras circunstâncias, enquanto referidas por elementos normativos, dá-se especificamente com base em normas, jurídicas ou não.[84]

Com efeito, desde Mayer se identificou o que é essencial aos elementos normativos: que eles se referem a realidades criadas pela cultura, e que só por intermédio dela podem ser percebidos e compreendidos. Não obstante, Engisch contribui para aperfeiçoar-lhes o conceito e demarcar os elementos normativos, acrescentando à dimensão valorativa, destacada por Mezger, e ao caráter por assim dizer abstrato ou conceitual desses elementos, destacado por Welzel, a referência ou a orientação normativa. Ao fazê-lo, evidentemente, restringe a classe.

A partir do conceito de Engisch, não se pode classificar como elementos normativos termos ou expressões como «saúde» ou «doença crônica», assim consideradas por Mezger,[85] ou ainda «lascivo», assim considerada por Welzel.[86]

84. A orientação ou a natureza especificamente normativa, deontológica, das valorações determinadas pelos elementos normativos do tipo é destacada por Eugênio Raúl Zaffaroni, Nilo Batista *et alii*, que fazendo referência a Jürgen Baumann, Ulrich Weber e Wolfgang Mitsch, afirmam que esses elementos estão «presentes sempre que os tipos utilizam valorações éticas ou jurídicas» (ZAFFARONI, Eugênio Raúl; BATISTA, Nilo; ALAGIA, Alejandro; SLOKAR, Alejandro. *Direito penal brasileiro*, vol. 2, t. I, p. 170-171).

85. MEZGER. *Tratado...*, t. I, p. 390.

86. WELZEL. *Derecho penal...*, p. 110.

Pelo mesmo critério, não se consideram normativos os elementos «moléstia grave», como tal destacado por Bruno,[87] «cruel» ou «insidioso», assim destacados por Luisi,[88] nem tampouco «perigo mortal», «epidemia» e «moléstia contagiosa», assim destacados por Regis Prado.[89]

Pois ainda que esses termos sejam definidos em função de padrões valorativos, como o que determina o caráter grave de uma doença; de juízos estimativos, como «lascivo», «insidioso», «cruel» ou «mortal»; ou de conceitos tecnicamente elaborados, como «doença crônica», «moléstia contagiosa» e «epidemia», não são determinados por normas e nem demandam valorações baseadas em normas. São termos susceptíveis de uma constatação fática ou, como diria Hans Heinrich Jescheck, termos que não perdem «seu conteúdo de realidade».[90]

Partindo dos dualismos entre qualidades naturais ou convencionais, juízos teóricos ou juízos práticos, Kindhäuser alcança resultado semelhante ao de Engisch, ao distinguir os elementos normativos por sua alusão a padrões ou normas que lhes determinam o conteúdo assertivo.

Segundo Kindhäuser, citado por Suay Hernández, os elementos descritivos se referem a qualidades naturais do fato, assinalando seus objetos de referência sob o marco de juízos teóricos. Os juízos teóricos implicam a constatação e o esclarecimento de um fato «em bruto» (*factum brutum*), enquanto dizem o que é e expressam as qualidades que caracterizam o objeto no mundo. Já os elementos normativos se referem a qualidades convencionais do fato, assinalando seus objetos de referência sob o marco de juízos práticos. Os juízos práticos dizem respeito ao que deve ou não deve ser, em vez do verdadeiro ou falso que caracteriza os juízos teóricos. Expressam o que rege e está em vigor, apontando qualidades convencionais dos seus objetos. Qualidades que resultam das atitudes dos homens em relação às coisas ou aos outros homens; qualidades que devem sua existência a uma regra social.[91]

Paralelamente, seguem também Thomas Darnstädt, Björn Burkhardt, e mais recentemente, no Brasil, Robson Antônio Galvão da Silva, que procuram definir os elementos normativos do tipo recorrendo ao conceito de fatos institucionais, de John Rogers Searle.

Darnstädt procura distinguir os elementos normativos a partir da dicotomia, atribuída a Searle, entre fatos naturais e fatos institucionais. Os fatos naturais seriam aqueles que podem ser plenamente descritos a partir das suas qualidades intrínsecas, com referência a estados físicos ou psíquicos. Os fatos institucionais, por sua vez, segundo a interpretação que Darnstädt faz de Searle, resultariam da atribuição de relevância social a determinados fatos naturais. Valendo-se de tais

87. BRUNO. *Direito penal*..., t. I, p. 217
88. LUISI. *O tipo penal*..., p. 75.
89. PRADO. *Curso*..., p. 223.
90. JESCHECK, Hans-Henrich. *Tratado de derecho penal*: *parte general*, vol. 1, p. 365.
91. KINDHÄUSER, Urs. Rohe Tatsache und normative Tatbestandsmerkmale. *Juristische Ausbildung*, p. 465 *et seq*. *apud* SUAY HERNÁNDEZ. Los elementos... *Revista Peruana*..., p. 299-300.

pressupostos, Darnstädt conceitua os elementos normativos do tipo, em oposição aos elementos descritivos, como sendo aqueles referidos aos fatos institucionais, aos quais se atribui uma qualidade social, e que, portanto, não poderiam ser compreendidos com independência da sua dimensão social.[92]

Burkhardt, por sua vez, incrementa o conceito de elemento normativo se referindo especificamente às regras sociais que determinam os fatos institucionais, segundo a filosofia de Searle. Lembra, aproximando-se muito do conceito de Engisch para os elementos normativos, que as regras são pressupostos lógicos (quase condições de possibilidade) dos fatos institucionais, que não seriam definíveis ou especificáveis sem a existência delas. E o ilustra afirmando que se não houvesse regras sobre a propriedade, tampouco haveriam «coisas alheias».[93]

Finalmente, recorrendo a fontes mais recentes que as de Darnstädt e Burkhardt, Galvão da Silva revisita a doutrina de Searle destacando a introdução, por este filósofo da linguagem, das noções de *Status* e função no conceito de fato institucional.[94] Para Searle, os fatos institucionais, concebidos em oposição aos fatos naturais, são aspectos da realidade que só existem em relação aos seus observadores, pois são criados pelo consenso. Decorrem da atribuição coletiva, por meio de uma regra constitutiva – que pode ser inclusive estatal –, de certo *Status* a um determinado objeto de referência.[95]

Por sua condição puramente convencional, a constituição dos fatos institucionais pode ser expressa pela seguinte fórmula: uma vez que alguma coisa, pessoa, relação interpessoal etc., referida como «X», satisfaça os critérios impostos pela regra constitutiva «R», «X» passará a ostentar um *Status* «S». Ao chamado *Status* corresponde uma função social não decorrente das características naturais desse objeto (pessoa, coisa, relação interpessoal etc...), mas da intencionalidade coletiva dos seus observadores.[96]

Assim, por exemplo, o dinheiro é um fato institucional, na medida em que se lhe atribui coletivamente um valor de troca, não em função das características físicas do papel moeda, mas por força da regra constitutiva coletivamente aceita, que lhe confere o *Status* de dinheiro. Também é institucional o fato do casamento, pois este é um *Status* coletivamente atribuído a determinadas relações interpessoais, ao qual correspondem diversas funções que, todavia, não decorrem das características intrínsecas dessas relações, mas das regras constitutivas do casamento, coletivamente aceitas. Por força dessas regras constitutivas, cuja muta-

92. Darnstädt, Thomas. «Der irrtum über normative Tatbestandsmerkmale im Strafrecht.» *Juristische Schulung*, 1978, p 442 *et seq. apud* Suay Hernández, «Los elementos...» *Revista Peruana...*, p. 299.

93. Burkhardt, Björn. Rechtsirrtum und Wahndelickt – Zugleich Anmerkung zum Beschlub des BayObLG v. 15. 10. 1980, JZ 1981, 715. In: *Juristenzeitung*. 1981. p. 683 *apud* Diaz y Garcia Conlledo, Miguel. *El error sobre los elementos normativos del tipo penal*, p. 52.

94. Silva, Robson Antônio Galvão da. *Do tratamento jurídico-penal do erro no direito penal socioeconômico*, p. 46 *et seq.*

95. Searle, John R. Social Ontology: some basic principles. *Papers 80*, p. 57-59.

96. Searle, John R. Social Ontology... *Papers 80...*, p. 57-59.

bilidade se pode testemunhar atualmente em relação ao casamento, um homem e uma mulher que vivem em cidades distintas e mantenham, um em relação ao outro, plena independência econômica e até mesmo afetiva podem ainda assim ser considerados casados entre si, enquanto duas mulheres, mesmo dividindo a mesma casa e mantendo sólida união afetiva e econômica, podem não ostentar o mesmo *Status*, dependendo do direito vigente das famílias e da interpretação que se lhe confira os tribunais.

Ao cabo, pois, de um profícuo esforço analítico do conceito de elementos normativos do tipo, Galvão da Silva o reelabora, incorporando-lhe as noções de «regra constitutiva», «função» e «intencionalidade coletiva», extraídas da referida definição de fatos institucionais por Searle. Conclui, então, que os elementos normativos são os que existem «sob o pressuposto lógico de uma regra constitutiva, possuindo uma função atribuída, por meio de uma intencionalidade coletiva, que não pode ser realizada apenas em razão das características físicas do objeto».[97]

Essas definições dos elementos normativos do tipo, que incorporam elementos da filosofia da linguagem, representam uma sensível contribuição para o esclarecimento das propriedades significativas que os distinguem dos elementos descritivos. Todavia, não alteram os limites daquela classe, que se consideram suficientemente demarcados pelo conceito de Engisch. A partir das propriedades conceituais apresentadas por Darnstädt, Burkhardt ou Galvão da Silva não se exclui e nem se inclui na classe dos elementos normativos nenhum aspecto do tipo que nela estivesse incluído ou excluído segundo o conceito de Engisch.

Trata-se, pois, de conceitos convergentes, que não superam o conceito de Engisch, mas antes demonstram a possibilidade e a retidão da distinção dos elementos normativos como aqueles que só se podem conceber sob o pressuposto lógico de uma norma. Destacam-se, pois, ao lado do conceito sintético de Engisch, por sua utilidade analítica, demonstrativa do caráter normativo de um ou outro elemento do tipo, a qual se vislumbra especialmente no conceito de Galvão da Silva.

Em face da exitosa distinção dos elementos normativos do tipo por seu significado convencional, referido a normas jurídicas ou não, rejeita-se a conceituação defendida por Jiménez Huerta e também por Jiménez de Asúa, segundo a qual eles seriam apenas aquelas expressões legais, carregadas de desvalor jurídico, que se ligam ao injusto ou ressaltam especificamente a antijuricidade da conduta.[98] Trata-

97. Silva. *Do Tratamento...*, p. 55.

98. Jiménez Huerta. *Derecho penal mexicano...*, p. 47. Também Jiménez de Asúa parte da crítica ao conceito amplo de Mezger para chegar ao seu, tão restritivo quando o de Jiménez Huerta. Pois para Jiménez de Asúa, os elementos a que Mezger chama «típicos normativos» não representam mais do que estimativas jurídicas, empírico-culturais etc. São meramente valorativos e não se vinculam a estrita apreciação normativa. Ainda que obriguem o julgador a realizar um juízo de valor, tais elementos se referem simplesmente, assim como os demais, à situação de fato apresentada no tipo, descrevendo-a. Não se vinculam; não se ligam ao injusto. Assim, prossegue: «*Son, por tanto, a nuestro juicio, elementos normativos, vinculados a la antijuricidad, que constan en la descripción típica, y que, como veremos luego, obligan al juez instructor a sobrepasar su función propia meramente cognoscitiva, para entrar en*

-se de expressões como «contrariando determinação de autoridade competente» (art. 65 da Lei 8.078/1990), «injustificadamente» (art. 71 da Lei 8.078/1990), «sem autorização legal» (art. 22, parágrafo único, da Lei 7.492/1986), «contra disposição expressa de lei» (art. 23 da Lei 7.492/1986), «sem autorização» (art. 195, XI, XII, XIV, da Lei 9.279/1996) ou ainda «injustamente» (art. 98 da Lei 8.666/1993) e «injustificadamente» (art. 10, parágrafo único, da Lei Complementar 105/2000). Uma definição como essa dos elementos normativos do tipo, além de desnecessária, seria inconveniente e equívoca.

Seria desnecessária, pois pelo conceito mais amplo formulado por Engisch se pode distinguir os elementos normativos dos descritivos do tipo apenas pela forma, sem ir tão longe a ponto de atingir-lhes o conteúdo. Ao mencionar as normas como elementos de referência para a atribuição de sentido ou para a valoração que demandam os elementos normativos, Engisch logra diferenciá-los pela função de significação, pela variável que determina o significado, e não pelo significado em si.

Seria inconveniente, porque reduzindo os elementos normativos do tipo aos que se referem apenas ao desvalor jurídico da conduta incriminada, deixa-se de destacar muitos outros elementos típicos que, por sua significação variável segundo padrões normativos muitas vezes múltiplos, dinâmicos ou complexos, também vulneram o mandado de certeza e determinação das leis penais e tornam problemática a definição do conteúdo e a apuração do dolo nos crimes cuja configuração integram.

E seria equívoca a redução proposta por Jiménez de Asúa e Jiménez Huerta, porque confunde a expressão da lei com a forma do tipo. Inclui assim, indiscriminadamente, no tipo, como seus elementos normativos, expressões como «injustificadamente», a partir das quais se podem deduzir os pressupostos da conduta incriminada, certamente pertencentes ao tipo, mas que imediatamente se referem a um juízo que do tipo está sistematicamente apartado. Fala-se do próprio juízo de ilicitude da conduta típica, relativo a uma particular concretização desta.

Não obstante, dentre as expressões legais destacadas por Jiménez de Asúa e Jiménez Huerta, que vinculam total ou parcialmente os juízos de tipicidade e ilicitude, verificam-se exemplares de duas classes especiais: a dos elementos de valoração global do fato e a dos elementos em branco das leis penais. Certamente, importa diferenciá-los entre si e dos demais elementos normativos que compõem a lei penal, a bem do estudo e da sistematização das diferentes formas de erro que sobre eles recaiam. Pois, conforme se verificará a seguir, segundo as pecu-

---

valoraciones de carácter normativo. Estos tipos, por asumir naturaleza distinta, y por hacer que el juez de instrucción desvirtúe su genuino papel, han sido llamados por nosotros tipos anormales» (Jiménez de Asúa, Luis. *Tratado de derecho penal: el delito (primera parte)*, t. III, p. 779-780). Na doutrina brasileira, em trabalho especialmente dedicado ao tema, Luciano Santos Lopes assume essa restrição conceitual como definição dos «elementos normativos propriamente ditos», muito embora não deixe este autor de reservar especial destaque aos demais elementos típicos que demandam uma especial valoração (Lopes, Luciano Santos. *Os elementos normativos do tipo penal e o princípio constitucional da legalidade*, p. 56-61).

liaridades significativas e as funções desempenhadas por cada uma dessas classes de expressões legais, varia o alcance do dolo em relação a elas, nos crimes que determinam.

2.2 DOS ELEMENTOS DE VALORAÇÃO GLOBAL DO FATO

2.2.1 Conceito e posicionamento sistemático dos elementos de valoração global do fato segundo Claus Roxin

Como elementos de valoração global do fato, Claus Roxin trata das expressões empregadas pela lei penal que designam genericamente os pressupostos objetivos do fato incriminado e que, simultaneamente, também fazem referência à valoração concreta de uma realização particular desse fato como injusta ou ilícita.

Em seu *Tratado*, esse conceito é formulado a partir da análise da expressão «reprovável», empregada no § 240, II, do StGB para a descrição do crime de constrangimento ilegal. No inciso I do mencionado dispositivo, prevê-se pena privativa de liberdade para quem constranger uma pessoa ilicitamente, com violência ou por meio da ameaça de lhe causar um mal considerável, a uma ação, tolerância ou omissão. Tal proposição é complementada no inciso II, que estabelece ser ilícito o fato, quando a utilização da violência ou da ameaça se considere reprovável em vista do fim perseguido pelo agente da coação.[99]

Roxin observa que a reprovabilidade da coação exercida pelo autor não apenas designa o injusto típico, mas também, simultaneamente, o concreto caráter injusto de um constrangimento exercido em um caso particular.[100] Ou seja; a referência legal à reprovabilidade não apenas designa as condições do injusto na sua configuração geral e abstrata – isto é, o tipo –, como também a confirmação do caráter injusto de uma conduta típica de constrangimento concretamente realizada, em face da ausência de causas de justificação – isto é, a ilicitude.

De fato, quem pratica um constrangimento de forma reprovável não apenas atua tipicamente, concretizando o tipo de delito previsto no inciso I do § 240 do StGB, mas também, e de modo necessário, atua ilicitamente. Afinal, a reprovabilidade do constrangimento, em face dos fins perseguidos pelo agente, é critério determinador e sinônimo da ilicitude desse comportamento, nos termos

99. Tradução nossa do dispositivo, a seguir citado em versão espanhola: «*§ 240. Constreñimiento (1) Quien constriña a una persona antijurídicamente con violencia o por medio de amenaza con un mal considerable, a una acción, tolerancia u omisión, será castigado con pena privativa de la libertad hasta tres años o con multa. (2) El hecho es antijurídico cuando la utilización de la violencia o la amenaza del mal para el fin perseguido se considere como reprochable. [...].*»

100. Segundo Roxin: «*la adscripción al tipo de todas las circunstancias que fundamentan la reprobabilidad pone de relieve una peculiaridad que distingue el criterio de la reprobabilidad de otros elementos del tipo: se trata de un «elemento de valoración global del hecho», en cuanto que la reprobabilidad de la acción coactiva del autor no sólo designa el injusto típico, sino simultáneamente también el concreto injusto de las coacciones del caso particular*» (Roxin, Claus. *Derecho penal: parte general. Fundamentos. La estructura de la teoría del delito*, t. I, p. 299).

expressos no inciso II do § 240 do StGB. E ademais, inversamente, o constrangimento praticado sob o pálio de alguma causa de justificação não será considerado reprovável. E não sendo reprovável o constrangimento, além de justificado será atípico.

Os elementos de valoração global estabelecem um verdadeiro ponto de intersecção ou de superposição entre os juízos de tipicidade e de ilicitude, pois são conformados por expressões adjetivas do fato cujo sentido coincide exatamente com a sua valoração definitiva como injusto.[101] Como bem observa Roxin, ao empregar um elemento de valoração global como «reprovável», o legislador deixa de descrever pormenorizadamente um tipo delitivo abstrato, mas por outro lado impõe à punibilidade do fato esboçado na lei penal a verificação do que seria a sua antijuridicidade material, isto é, ainda segundo Roxin, da sua «intolerável nocividade social».

Com efeito, a disposição legal sobre o que se considera uma coação ilícita para fins de aplicação da norma incriminadora prevista no § 240, I, do StGB, baseada no critério da reprovabilidade do emprego da violência ou da ameaça em vista dos fins perseguidos pelo agente da coação, não é mais que uma consagração legislativa da «teoria do fim» para a definição do injusto em sentido material. Segundo essa teoria, o injusto ou sua negação correspondem à adequação ou inadequação da relação meio-fim verificada na atuação do autor do fato.[102]

Mas a despeito da superposição dos juízos de tipicidade e ilicitude promovida pelos elementos de valoração global do fato, Roxin não renuncia diante deles à diferenciação desses juízos, própria de uma concepção tripartida de delito. Para diferenciá-los, Roxin decompõe os elementos de valoração global em dois extratos: o dos pressupostos da valoração, sejam eles positivos ou negativos, que considera pertencerem ao tipo; e o extrato da valoração mesma, da valoração em si, que já não compõe o tipo, pois corresponde exclusivamente à ilicitude.[103] Dessa forma, voltando ao exemplo das coações, ficam adstritas ao tipo todas as circunstâncias que fundamentam a reprovabilidade da coação, incluindo a ausência dos requisitos das suas causas de justificação,[104] mas não a reprovabilidade como tal. Esta, assim como a valoração definitiva do comportamento como ilícito, não pertence ao tipo.[105]

Como Roxin bem sintetiza, nos delitos em geral o tipo é composto pelas circunstâncias materiais fundamentadoras de determinada classe de injusto, enquanto a verificação das causas de justificação e a comprovação do injusto no caso concreto ficam reservadas para o juízo de ilicitude. Mas, naqueles delitos

101. Segundo Roxin: «*el término "reprobable" no es una descripción típica, sino que significa tanto como "de modo socialmente nocivo en grado intolerable", o "materialmente antijurídico"; y contiene, igual que si únicamente se utilizara el requisito "antijurídicamente", una valoración definitiva del injusto relativa a la totalidad del hecho*» (ROXIN. *Derecho penal...*, t. I, p. 300).

102. ROXIN. *Derecho penal...*, t. I, p. 300.

103. *Idem, ibidem*, p. 300-301.

104. *Idem, ibidem*, p. 299.

105. *Idem, ibidem*, p. 300.

cujos tipos envolvem elementos de valoração global do fato, todas as circunstâncias materiais relevantes para a ilicitude, inclusive a ausência dos requisitos das causas de justificação, são elementos do «tipo global», ficando reservada ao extrato da ilicitude apenas a valoração definitiva do fato como injusto, aqui exemplificada pela conotação do termo «reprovável».[106]

Outros exemplos de elementos de valoração global do fato citados por Roxin são a referência ao abuso, no crime de abuso de chamadas de emergência, previsto no § 145 do StGB;[107] o ânimo de apropriação ilícita, que integra o tipo de furto, previsto no § 242 do StGB; e ainda a falta de um motivo razoável, referida pelo tipo do delito de matar um animal vertebrado sem motivo razoável, previsto no § 17, n. 1, da Lei de Proteção aos Animais (*Tierschutzgesetz* – TierSchG).[108] Consequentemente, para Roxin, as circunstâncias que configuram ou suprimem o abuso na utilização das chamadas de emergência são elementos do tipo de injusto respectivo, assim como o são as circunstâncias que fundamentam ou excluem a ilicitude da apropriação da coisa subtraída, no furto, ou a irrazoabilidade da morte causada a um animal vertebrado, no citado crime contra os animais. Mas dirão respeito exclusivamente ao escalão da ilicitude, a própria valoração de uma utilização de chamada de emergência como abusiva, da apropriação de uma coisa subtraída como ilícita, ou de um motivo para se matar um animal vertebrado como irrazoável.[109]

2.2.2 Antecedentes da teoria dos elementos de valoração global do fato: a teoria dos tipos abertos, de Hans Welzel, e os seus correspondentes elementos de dever jurídico

A formulação teórica dos elementos de valoração global, por Roxin, tem como antecedente a teoria de Welzel sobre os tipos abertos e as regras ou características especiais da ilicitude, que acompanham as formas mais agudas daqueles.

Tipos abertos, segundo Welzel, são os que só estão legalmente definidos em parte, cabendo ao juiz complementá-los, «construindo» a parte faltante.[110] Geralmente, a complementação judicial de um tipo aberto se baseia em um determinado critério, um «quadro reitor» extraído da lei, que deve permitir ao seu aplicador ao menos reconhecer as características complementares do tipo.[111] Como tipos

106. Roxin. *Derecho penal...*, t. I, p. 300.

107. «*§ 145. Abuso de llamadas de emergencia y perjuicio de medios de prevención de accidentes y de ayudas de emergência (1) Quien intencional o conscientemente 1. abuse de llamadas o señales de emergência [...] será castigado con pena privativa de la libertad hasta un año o con multa.*»

108. «*§ 17 Mit Freiheitsstrafe bis zu drei Jahren oder mit Geldstrafe wird bestraft, wer 1. ein Wirbeltier ohne vernünftigen Grund tötet [...].*»

109. Roxin. *Derecho penal...*, t. I, p. 301-302.

110. Welzel. *Derecho penal...*, p. 41.

111. *Idem, ibidem*, p. 82 e 119.

abertos que contam com esse quadro reitor complementar, Welzel menciona os tipos omissivos impróprios e os tipos culposos.[112]

Os tipos omissivos impróprios são abertos porque deles só se pode deduzir diretamente a conduta, consistente em não evitar determinado resultado, mas não as características objetivas do autor, que fundamentam o seu dever de agir. Estas haverão de ser elaboradas pelo juiz, num esforço de complementação do tipo, para o qual ele tomará por critério reitor outros tipos legais, omissivos próprios ou comissivos especiais – na falta de uma disposição de parte geral que o estabeleça, como o art. 13, § 2.º, do CP brasileiro – a fim de identificar os requisitos do dever de agir para evitar o resultado típico.[113]

Já os tipos culposos são abertos porque não determinam a conduta típica, mas apenas o resultado. Haverão de ser, portanto, complementados pelo juiz no caso concreto, observando o critério reitor geral segundo o qual atua culposamente quem não observa o cuidado requerido em um determinado âmbito de relação. Então, para verificar a adequação de uma determinada conduta a um tipo culposo, cabe ao juiz investigar qual seria o cuidado requerido ao autor na situação concreta em que atuou, para então, comparando a conduta verificada com o modelo reitor de conduta cuidadosa, orientada para evitar consequências indesejáveis, concluir pela observância ou não do cuidado devido.[114]

Mas Welzel identifica também tipos abertos que careceriam de um quadro reitor material para sua complementação. Destes, apresenta como especial exemplo justamente o tipo do delito de coação, previsto no § 240, do StGB, pois considera que dentre as modalidades de ações típicas descritas por tal disposição legal, uma se resumiria a constranger alguém a determinada conduta, mediante a ameaça de um mal grave.[115] Welzel observa que, da forma como está legalmente delimitado, esse tipo compreenderia modos de comportamentos tão comuns, que dificilmente poderiam ser matéria de proibição.[116] De fato, compreendido dessa forma o tipo do delito de coação, realizá-lo-ia até mesmo o credor que procurasse

112. Welzel. *Derecho penal...*, p. 82.

113. *Idem, ibidem*, p. 289.

114. *Idem, ibidem*, p. 185 e 187. Juarez Tavares, que compreende o tipo como «a descrição definitiva dos elementos que caracterizam a conduta proibida» e, portanto, como «tipo de injusto», critica a classificação dos tipos culposos como «tipos abertos», esclarecendo que: «a complementação pelo juiz de elementos normativos, contidos no tipo dos delitos culposos, isto é, da comprovação acerca da conduta perigosa, da violação do risco autorizado, da lesão aos deveres de cuidado e da imputação, não significa um juízo positivo da ilicitude, mas exclusivamente uma tarefa relativa à confrontação entre tipo e normas permissivas, que figuram como elementos objetivos de valoração. Isto, evidentemente, não conduz à conclusão de que se trate de tipos abertos, os quais o julgador se encarregaria de complementar segundo seus próprios critérios. Trata-se de tipos fechados, nos quais há, primeiramente, uma previsão legal sobre a forma da sua realização, se dolosa ou culposa; depois, a demonstração acerca da desautorização da conduta, aliada à verificação empírica de uma condição para a sua afirmação, resultante da análise das normas de cuidado e dos critérios normativos de imputação que delimitam a conduta perigosa» (Tavares, Juarez. *Teoria do crime culposo*, p. 279-280).

115. Welzel. *Derecho penal...*, p. 119-120.

116. *Idem, ibidem*, p. 119-120.

constranger o devedor a lhe pagar uma dívida vencida, mediante a promessa sumamente pertinente de protestar-lhe um título ou escrever-lhe na lista dos inadimplentes de um serviço de proteção ao crédito.

Como se vê, ao contrário de Roxin, Welzel não inclui nesse tipo as circunstâncias materiais fundamentadoras da reprovabilidade da coação. Antes, Welzel não reconhece na disposição do inciso II, do § 240, do StGB, segundo a qual a coação seria ilícita quando o emprego do meio coercitivo se considere reprovável em vista do fim perseguido, sequer um quadro reitor idôneo para a complementação judicial do tipo. Segundo Welzel, tal disposição contém apenas um juízo de valor puro, expresso no termo «reprovável», mas não um critério que permita deduzir quais ações lhe seriam pressupostas.[117]

Por tal característica, o tipo do delito de constrangimento e outros semelhantes seriam especialmente deficientes quanto ao seu conteúdo e, consequentemente, prejudicados nas suas funções de determinação e fundamentação positiva do injusto. Segundo Welzel, com base no princípio constitucional de determinação legal dos fatos puníveis, próprio dos Estados de Direito, o tipo deve conter a matéria da proibição, isto é, a descrição material da conduta proibida.[118] A satisfação desse ideal de «descrição exaustiva» caracteriza os tipos aos quais, em oposição aos abertos, Welzel se refere como «fechados».[119]

É certo que, como tipos abertos que são, os tipos culposos e os omissivos impróprios também não descrevem de forma exaustiva a matéria da proibição, deixando de indicar, respectivamente, a ação proibida e o âmbito da autoria. Estes, contudo, são passíveis de complementação pelo aplicador da lei, com recurso aos critérios reitores «do cuidado devido no âmbito de relação», no caso dos tipos de delito culposos, e da «posição de garante», no caso dos tipos de delito omissivos impróprios.[120]

Pois bem, segundo Welzel, a conduta que realiza um tipo fechado, ou mesmo um tipo aberto judicialmente complementado, concretiza aquilo que a norma penal incriminadora proíbe; está necessariamente em contradição com a exigência da norma, sendo por isso uma conduta «antinormativa».[121] Por força dessa necessária antinormatividade, a realização de todo tipo fechado ou judicialmente complementado seria indiciária da ilicitude da conduta que a promove.

117. Nas palavras de Welzel: «*El agregado del § 240, inc. 2, según el cual la coacción sería antijurídica cuando el empleo del respectivo medio coercitivo para la consecución del fin perseguido es reprobable, contiene un juicio de valor puro («reprobable»), pero no un criterio que permita deducir qué acciones se está mentando materialmente*» (WELZEL. *Derecho penal...*, p. 120).

118. WELZEL. *Derecho penal...*, p. 75, 76, 82 *et passim*. Nesse sentido, o seguinte trecho: «*El principio constitucional de que la punibilidad de un hecho tiene de estar «determinada por la ley» antes de su comisión, se asienta sobre la idea de que la ley misma tiene que describir de un modo exhaustivo la materia de la prohibición (el tipo), mediante la indicación de las diversas características de la conducta delictiva*» (WELZEL. *Derecho penal...*, p. 75).

119. WELZEL. *Derecho penal...*, p. 75.

120. *Idem, ibidem*, p. 75.

121. *Idem, ibidem*, p. 76.

A antinormatividade da conduta típica seria indiciária, e não desde logo determinante da sua ilicitude, como esclarece Welzel, por força dos preceitos permissivos que a autorizam em certos casos. Assim, por exemplo, o preceito que permite matar um homem em legítima defesa. Simplesmente em vista desses preceitos, que se conhecem por causas de justificação, é que Welzel distingue a antinormatividade das condutas típicas, como contradição a uma norma isolada, da sua dedutível ilicitude, que só se confirmará quando essas condutas não estiverem excepcionalmente permitidas e forem, por isso, contrárias ao ordenamento jurídico tomado em seu conjunto.[122]

Mas aqueles tipos de delito abertos para os quais a lei não oferece um quadro reitor material de complementação, como o de coação, previsto no § 240 do StGB, não determinam por si só qual é a matéria de proibição. Consequentemente, segundo Welzel, a adequação a eles de uma conduta concreta não seria capaz de indicar, indiciar a sua ilicitude. Nesses casos, portanto, a verificação da ilicitude da conduta típica dependeria de um juízo de valor autônomo do juiz, com enorme prejuízo para a segurança acerca do que está proibido.[123] Demandaria, em vez do procedimento meramente negativo, de exclusão da incidência de causas de justificação, um procedimento mais complexo, positivo, de identificação dos fundamentos da ilicitude da conduta, mediante a comprovação do que Welzel denomina «regras da ilicitude» e «características especiais da ilicitude».[124]

Equivale a dizer, retomando o exemplo do tipo do delito de coação, do § 240 do StGB, que uma conduta a ele adequada não ostentaria apenas por isso um indício de contrariedade ao direito, podendo inclusive ser valiosa ou juridicamente neutra. Não seria uma conduta antinormativa, simplesmente porque típica, já que o tipo correspondente não expressa a matéria da proibição. E dessa forma, o fundamento positivo da eventual ilicitude da coação não decorreria da sua tipicidade, mas da posterior afirmação da sua reprovabilidade.

Para determinar a pertinência ou não ao tipo, de uma expressão empregada na disposição legal punitiva, Welzel parte de um critério material, segundo o qual

122. Welzel. *Derecho penal...*, p. 76. No mesmo sentido, desta vez referindo-se expressamente à função indiciária que atribui à tipicidade em relação à ilicitude, e esclarecendo de que forma a compreende, é a seguinte explicação de Welzel: «*Si el autor ha realizado objetiva e subjetivamente la conducta típica de una norma prohibitiva, ha actuado en forma antinormativa. La tipicidad, y la consiguiente antinormatividad, es un "indicio" de la antijuridicidad. Pero, tal como señalamos arriba en el § 10 I, no se trata de dos cosas idénticas. La antinormatividad es la contradicción entre la realización típica y la norma prohibitiva individual (abstracta). La antijuridicidad es, en cambio, la violación del orden jurídico en su conjunto, mediante la realización del tipo. A las normas prohibitivas se oponen en ciertos casos disposiciones permisivas que impiden que la norma abstracta (general) se convierta en deber jurídico concreto, y que permiten, por eso, la realización típica. Tales disposiciones permisivas se denominan «causales de justificación». A ellas pertenecen, entre otras, la legítima defensa, la autoayuda, el consentimiento del ofendido, etc. Cuando entran a operar, la realización típica no es antijurídica. Por lo tanto, las causales de justificación no excluyen la tipicidad de una conducta, sino exclusivamente su antijuridicidad*» (Welzel. *Derecho penal...*, p. 117).

123. Welzel. *Derecho penal...*, p. 119-120.

124. *Idem, ibidem*, p. 120, 234-235.

só pertencem ao tipo os termos ou expressões da lei que participam da descrição da conduta proibida, isto é, que determinam o conteúdo ou a matéria da norma proibitiva.[125] Ao contrário do que decorreria de um método puramente formal de delimitação dos tipos, Welzel não confunde integralmente os tipos com a primeira parte das disposições legais correspondentes às normas incriminadoras – as que preveem as suas hipóteses de incidência. Antes, considera que o tipo não é «uma figura estilística casual», como o é a disposição legal punitiva, mas «puramente conceitual».[126]

Dessarte, Welzel não admite pertencer ao tipo, ainda que como seus «elementos negativos», qualquer referência legal expressa a alguma causa de justificação – que é uma disposição permissiva – ainda que prevista no mesmo parágrafo que define a conduta típica. Ilustrando-o, numa crítica incidental à teoria do tipo total de injusto e seus elementos negativos, Welzel adverte que, mesmo se a legítima defesa estivesse incluída no parágrafo que prevê o homicídio – por um modelo de redação como «matar alguém, salvo em legítima defesa...» –, esta não se converteria em característica «negativa» do tipo. Pois, como argumenta, de uma disposição legal como essa, só a parte «matar alguém» pertence à matéria da proibição, uma vez que a legítima defesa não a anula, não retira a antinormatividade de se matar alguém, mas apenas a sua ilicitude.[127]

Por força do mesmo critério material delimitador é que Welzel não inclui no tipo previsto no § 240 do StGB, a «reprovabilidade» da coação, indicada no seu inciso II como critério determinante da «ilicitude» referida no inciso I. Argumenta que a ilicitude não se converte em circunstância do fato simplesmente por estar assinalada na lei – «na maioria das vezes de modo supérfluo» – mas permanece sendo, embora expressamente referida, mera valoração do tipo, e não parte integrante dele.[128]

Ao contrário de Roxin, Welzel não distingue, para efeito de tratamento sistemático, o juízo em si de reprovabilidade da coação, das circunstâncias materiais que o fundamentam. E não o faz, simplesmente, por não vislumbrar na lei nenhuma indicação de quais sejam essas circunstâncias. Segundo Welzel, a referência à reprovabilidade da coação, como parâmetro fundamentador da sua ilicitude, no inciso II do § 240 do StGB, contém apenas um «juízo de valor puro ("reprovável")», mas não um critério que permita deduzir que ações esse juízo

125. «*Tipo es la descripción concreta da la conducta prohibida (del contenido o de la materia de la norma). Es una figura puramente conceptual*» (Welzel. *Derecho penal...*, p. 76). Observa-se que Welzel se refere à norma proibitiva em oposição ao preceito permissivo, ou causa de justificação. Emprega, pois, a expressão «norma proibitiva» em sentido amplo, como preceito primário (pauta geral de conduta) das normas incriminadoras, abarcando nesse sentido inclusive as normas mandamentais, correspondentes aos crimes omissivos próprios.

126. Welzel. *Derecho penal...*, p. 117.

127. *Idem, ibidem*, p. 117.

128. *Idem, ibidem*, p. 234.

pressupõe.[129] Assim sendo, tal expressão não participaria em nenhuma medida da descrição legal da conduta proibida e, portanto, do tipo, mas apenas do juízo de ilicitude, como uma regra geral performativa desse juízo.

Welzel estende a mesma conclusão para outras «denominações linguísticas da ilicitude», igualmente referidas pelas normas legais incriminadoras, como «ilegitimamente», no § 277 do StGB,[130] e «sem estar autorizado a fazê-lo», no já revogado § 341 do StGB, que equivale à expressão «sem autorização», presente no art. 14 da Lei 10.826/2003, que incrimina no Brasil o porte ilegal de arma de fogo de uso permitido. Essas, assim como o termo «reprovável», do § 240 do StGB, são chamadas por Welzel «regras da ilicitude».[131]

Tampouco são para Welzel circunstâncias do fato, integrantes do tipo, as expressões legais às quais ele se refere como «características especiais da ilicitude», como «válidas juridicamente» no também já revogado § 110 do StGB,[132] «conforme o direito», no § 113 do StGB,[133] «competente», como constavam nos §§ 110, 116 e 137 do StGB,[134] igualmente revogados,[135] e ainda «sem a permissão

129. *«El agregado del § 240, inc. 2, según el cual la coacción sería antijurídica cuando el empleo del respectivo medio coercitivo para la consecución del fin perseguido es reprobable, contiene un juicio de valor puro ("reprobable"), pero no un criterio que permita deducir qué acciones se está mentando materialmente»* (Welzel. *Derecho penal...*, p. 120).

130. *«§ 277. Falsificación de certificados de salud. Quien bajo la denominación de médico que no le corresponde, o como otra persona paramédica facultada para el ejercicio de la profesión o ilegalmente bajo el nombre de una tal persona, expida un certificado sobre su salud o sobre la salud de otra persona, o falsifique un tal certificado auténtico, y haga uso de él para engañar a una autoridad o a una compañía de seguros, será castigado con pena privativa de la libertad hasta un año o con multa.»*

131. Welzel. *Derecho penal...*, p. 234.

132. Expressão equivalente ao predicado «legal», atribuído à ordem de funcionário público na definição do crime de desobediência, previsto no art. 330 do CP brasileiro.

133. O que se verifica, pelo menos atualmente, no §113 do StGB, que incrimina a resistência, são referências à legalidade do ato funcional resistido, na terceira e quarta parte do segundo inciso, que dispõem sobre erro do agente a esse respeito, conforme versão espanhola dessas disposições, que se transcreve: *«3. El hecho no es punible según éste parágrafo, cuando el hecho de servicio no sea legal. Esto también tiene validez cuando el autor falsamente asuma que el hecho de servicio sea legal. 4. Si el autor supone erróneamente durante la comisión del hecho que el hecho de servicio no fuera legal y hubiera podido impedir el error, entonces el tribunal puede atenuar la pena según su criterio (§ 49, inciso 2) o prescindir del castigo de acuerdo con ésta norma en caso de culpabilidad más leve. Si el autor no pudo impedir el error, y tampoco le fuera exigible de acuerdo con las circunstancias por él conocidas, defenderse con acciones legales contra el supuesto hecho de servicio antijurídico, entonces el hecho no es punible según ésta norma. Si ésto le era exigible, entonces el tribunal puede atenuar la pena según su criterio (§ 49, inciso 2) o prescindir de un castigo de acuerdo con ésta norma.»*

134. Já no §153 do StGB, que incrimina as falsas declarações de testemunha ou perito não juramentados, e nos dispositivos seguintes, as referências à competência já não seriam, para Welzel, características da ilicitude, mas conceitos em branco. Supõe-se que estes, para Welzel, ao contrário das referências legais à competência citadas no corpo do texto, seriam integrantes do tipo e, como tal, relevantes para o dolo (Welzel. *Derecho penal...*, p. 120).

135. Se por um lado escasseiam no Código Penal alemão os exemplos de Welzel para o emprego legal do termo «competente», na lei penal brasileira a sua utilização é mais que corriqueira, especialmente quando se incrimina a violação ao poder regulatório e fiscalizador das condutas socioeconomicamente

da autoridade pública», no § 284, entre outros, do StGB.[136]

As regras e as características especiais da ilicitude, segundo Welzel, integram exclusivamente o juízo de ilicitude da conduta, de tal modo que a negação de qualquer uma delas no caso concreto não excluiria a tipicidade do fato, mas apenas o seu caráter de injusto.[137] Consequentemente, nos delitos previstos em função das expressões acima mencionadas, uma vez verificada a tipicidade, a ilicitude não dependeria apenas da negação de causas de justificação, mas de um juízo positivo, de comprovação dos pressupostos objetivos da ilicitude aos quais elas se referem.

Para Roxin, os tipos de delito relacionados a essas expressões estão igualmente abarcados, tal qual o tipo do delito de coação (§ 240 do StGB), no conceito de tipos abertos, de Welzel.[138] Com efeito, considerando que o juízo de ilicitude das condutas por eles previstas não dependeria exclusivamente de um procedimento negativo, de afastamento das hipóteses de justificação no caso concreto, mas da verificação positiva das chamadas regras gerais ou características especiais da ilicitude, então esses tipos não expressam a integralidade da matéria da proibição, o que faz deles tipos abertos, conforme o conceito de Welzel.

Ao empreender uma análise crítica da teoria dos tipos abertos, Roxin se refere às regras e características especiais da ilicitude sob a denominação mais abrangente de «elementos de dever jurídico», igualmente atribuída a Welzel.[139] Como elementos de dever jurídico, Roxin identifica na obra de Welzel, além das «regras gerais da ilicitude» e dos «elementos especiais da ilicitude», a falta de adequação social da conduta, o dever jurídico de atuar de determinada forma ou para evitar determinado resultado, nos crimes omissivos, e o dever jurídico de cuidado nos crimes culposos.[140]

relevantes, pela administração pública. Assim, só na Lei 9.605/1998, que prevê os crimes ambientais, o termo «competente» é empregado em diversos dispositivos, como os dos arts. 46, 50A, 51, 52, 55, 63 e 64.

136. Welzel, *Derecho penal...*, p. 234-235.

137. *Idem, ibidem*, p. 234-235.

138. Roxin. *Teoria del tipo penal*: *tipos abiertos y elementos del deber jurídico*, p. 6 *et seq.*

139. Roxin. *Teoria del tipo penal...*, p. 6. Com efeito, segundo Welzel, pode-se definir a ilicitude da conduta típica como a contrariedade ao *dever jurídico* de obedecer à norma penal proibitiva (ou mandamental, mas em todo caso abstrata), que se concretiza para o agente quando nenhum preceito permissivo incide, a justificar o descumprimento daquela norma nas circunstâncias específicas em que atuou. Ao tratar das causas de justificação, Welzel afirma que *su interferencia impide que la norma general (abstracta) se convierta en un deber jurídico concreto para el autor* (Welzel. *Derecho penal...*, p. 76). Nesse sentido, está de acordo com Welzel falar em «elementos de dever jurídico» como elementos determinantes da ilicitude da conduta concretamente realizada, ou como «elementos positivos» da ilicitude, que se conectam aos tipos abertos (Roxin. *Teoria del tipo penal...*, p. 6) para conformar um injusto. Expressamente, Welzel fala em «dever jurídico» como um «momento da ilicitude», nos delitos omissivos, culposos e funcionais: «*Por eso el error sobre el deber de denunciar o de prestar socorro en los §§ 138, 330 c (con conocimiento del plan delictivo o del accidente) y sobre el deber de cuidado conforme al ámbito de la relación en los delitos culposos, es un error de mandato o bien de prohibición; lo mismo vale para el error sobre el deber funcionario en los delitos funcionarios*» (Welzel. *Derecho penal...*, p. 234).

140. Roxin. *Teoria del tipo...*, p. 6-19.

Armin Kaufmann, discípulo de Welzel, também identifica na estrutura do injusto os «puros elementos de dever», como elementos que não integrariam o tipo. Este seria composto apenas pelos chamados «elementos da ação»: os «elementos objetivos do fato», o dolo e os propósitos, tendências ou motivos do autor. Mas entre os puros elementos de dever, diferentemente de Welzel, Kaufmann apresenta apenas dois grupos: o dos «elementos da autoria», nos delitos especiais, principalmente funcionais, e o dos «pressupostos de validade da norma», nos delitos configurados pela desobediência a «ordens administrativas», ou «contra ordens de funcionários».[141]

Kaufmann distingue as normas, em relação aos deveres que lhes correspondem, como sendo aquelas as formas ideais e abstratas das obrigações, e estes as suas concretizações. Para Kaufmann, toda norma é abstrata, por mais pormenorizada ou «próxima da vida» que seja a descrição do fato ao qual ela se aplica. Em sua abstração, a norma se dirige a todos, já que a princípio qualquer um pode vir a estar naquela situação para a qual a norma prescreve algo. O dever, por sua vez, é «a norma concretizada», que prescreve a um indivíduo perfeitamente determinado uma conduta concreta. [142]

Ao contrário da norma, o dever só se dirige a determinadas pessoas; aquelas que em determinada situação estão em condições de realizar o ato proibido pela norma. Apenas estas, como sujeitos do dever, estariam obrigadas pela norma. Nas palavras de Kaufmann, «embora a norma desenvolva sua validez permanentemente em relação a todos, só atua "obrigando" em relação aos capazes de ação *in concreto*».[143]

Assim, embora a norma que proíbe o homicídio se dirija a todos, ela só obriga aquele que em determinada situação está em condições de realizar o objeto da proibição, isto é, de matar alguém. Ou, conforme a inspirada ilustração de Kaufmann, «a oportunidade não apenas faz o ladrão, mas também cria deveres para o ladrão», deveres que no caso seriam os de não subtrair determinadas coisas de determinadas pessoas.[144]

Ao conjunto dos pressupostos físicos e psíquicos que conferem a alguém condição de levar a cabo, em circunstâncias e em momentos específicos, uma conduta proibida pela norma, Kaufmann se refere como «capacidade de ação».[145] A capacidade de ação é, portanto, para Kaufmann, um pressuposto da concretização da norma e, como tal, um pressuposto do dever de observá-la.

Assim como a capacidade de ação, os pressupostos de validade das ordens administrativas e os elementos da autoria são, para Kaufmann, elementos confor-

141. Kaufmann. Armin. *Teoría de las normas*: fundamentos de la dogmática penal moderna, p. 134, 210-212. Roxin, citando a edição original alemã dessa obra de Kaufmann, fala em «ordens oficiais», em vez de «ordens administrativas» (Roxin. *Teoria del tipo...*, p. 19 *et seq.*).

142. Kaufmann. *Teoría de las normas...*, p. 184-186.

143. *Idem, ibidem*, p. 185, tradução nossa.

144. *Idem, ibidem*, p. 186, tradução nossa.

145. *Idem, ibidem*, p. 185.

madores do dever jurídico de atuar conforme uma norma. Mas, enquanto a capacidade de ação é um pressuposto do dever correspondente às normas em geral, os pressupostos de validade das ordens administrativas e os elementos da autoria são necessários apenas para que se verifique a obrigação de acatar um mandado de funcionário público, ou de observar uma norma especial, respectivamente.

Como ordens administrativas, Kaufmann se refere às imposições dirigidas a alguém pelo funcionário ou autoridade competente, mencionadas pelas disposições penais que punem o seu descumprimento. Por exemplo, o art. 330 do CP brasileiro, que prevê o crime de desobediência, faz menção a uma ordem legal que tenha sido dirigida pelo funcionário público competente ao seu autor.[146]

Para Kaufmann, como bem observa Roxin, disposições penais como essa não tratariam de um autor que contraria um mandado do legislador, mas da contrariedade a uma «ordem oficial».[147] Por isso, ainda segundo Kaufmann, elas seriam motivadas por um juízo de valor a ser desempenhado pelo próprio funcionário público, e teriam sua existência válida condicionada à efetiva emissão de uma ordem funcional.[148]

Partindo da premissa de que as ordens administrativas também são normas jurídicas, posto que materialmente não se distinguem das demais,[149] Kaufmann dirá que a validade delas depende das normas legais que delimitam o seu conteúdo, mas também daquelas que determinam a competência do funcionário

146. Kaufmann, por sua vez, exemplifica as ordens administrativas recorrendo ao §153 do StGB, que prevê o crime de falso testemunho ou falsa perícia, por testemunha ou perito não juramentado, perante tribunal ou outro órgão competente. («*§ 153. Declaración falsa no juramentada: Quien como testigo o perito declare sin juramento en falso ante un tribunal u otra dependencia competente para interrogar bajo juramento a testigos o peritos, será castigado con pena privativa de la libertad de tres meses hasta cinco años*».) Pois a disposição ali contida pressupõe o mandado – a ordem administrativa – para que alguém se apresente como testemunha ou perito perante as autoridades competentes, e lhes diga a verdade (Kaufmann. *Teoría de las normas...*, p. 132-133).

147. Ainda segundo Roxin, debruçando-se sobre a mesma obra de Kaufmann já citada: «*Los § 153 y siguientes, p. ej., en la opinión de Kaufmann, juntamente con las disposiciones procesales que fundamentan la competencia, no obligan al individuo todavía a nada. Esas prescripciones únicamente otorgan facultades a las autoridades competentes para dictar mandatos en casos determinados, que son los que darán fundamento a los deberes jurídicos de los ciudadanos a quienes se dirigen*» (Roxin. *Teoría del tipo...*, p. 20). Com efeito, do § 153 do StGB, como já se disse, se extrai a obrigação de se apresentar e declarar a verdade perante os tribunais. Mas, segundo Kaufmann, «*este mandato comienza a existir sólo con la citación por parte del juez o del funcionario competente. Antes de este hecho, naturalmente, puede hablarse de un mandato "condicionado inicialmente" por medio de este acto del Estado*» (Kaufmann. *Teoría de las normas...*, p. 133).

148. «*Es el funcionario competente (la autoridad competente) quien pronuncia aquí el juicio de valor que se convierte en motivo de la norma. La norma existe como norma válida sólo en virtud del acto administrativo. Por lo tanto es la norma misma la que aquí está "condicionada" en su existencia*» (Kaufmann. *Teoría de las normas...*, p. 132).

149. «*También la "orden administrativa" es una norma, ya que desde el punto de vista material no se diferencia de otras normas*» (Kaufmann. *Teoría de las normas...*, p. 132).

ou autoridade pública que as emite, bem como das que determinam os requisitos do legítimo exercício do seu cargo ou autoridade.[150]

Por serem pressupostos de validade da ordem administrativa, as expressões legais «competente», empregada no § 153 do StGB,[151] que incrimina a declaração falsa não juramentada; «juridicamente válido», empregada no já revogado § 110 do StGB, que incriminava a instigação à desobediência; e também «em legítimo exercício de seu cargo», que segundo a fonte consultada se vislumbraria no § 113 do StGB, incriminador da resistência,[152] são também, para Kaufmann, pressupostos de validade das próprias normas incriminadoras correspondentes a esses dispositivos legais. E como pressupostos de validade da norma penal, a competência da autoridade, o legítimo exercício do seu cargo, e até – pode-se acrescer – a legalidade da ordem, não poderiam ao mesmo tempo integrá-la, como elementos determinantes do seu conteúdo.

Pois bem, se os pressupostos de validade da ordem administrativa não integram o conteúdo da norma incriminadora da sua desobediência, não compõem tampouco o seu objeto, segundo Kaufmann. Ocorre que o objeto das normas, para este autor, é o mesmo do juízo de valor a partir do qual elas se constituem: a ação; o exercício de atividade final.[153]

Especificamente das normas de obediência às ordens administrativas, o objeto é a ação que contraria a ordem ou a proibição do funcionário. Como argumenta Kaufmann, a ação que contraria a ordem do funcionário pode ocorrer ainda que inexistam os pressupostos de validade de tal ordem, e ainda que seja inválida a norma de obediência.

Então, considerando que o tipo compreende exclusivamente os elementos da norma empregados na descrição do seu objeto,[154] Kaufmann conclui não pertencerem ao tipo os chamados pressupostos de validade da norma. E consequentemente, o desconhecimento desses pressupostos pelo autor não impediria a realização do injusto, pois a consciência destes não seria necessária nem para

150. «*El mandato se halla con relación a estas reglas de competencia en la misma relación que la ley, de la cual derivamos la norma, con respecto a la constitución*» (Kaufmann. *Teoría de las normas...*, p. 133).

151. «*§ 153. Declaración falsa no juramentada. Quien como testigo o perito declare sin juramento en falso ante un tribunal u otra dependência competente para i nterrogar bajo juramento a testigos o peritos, será castigado con pena privativa de la libertad de tres meses hasta cinco años.*»

152. Cf. Roxin, que cita essas expressões como elementos caracterizados por Kaufmann como pressupostos de validade das «ordens oficiais» (Roxin. *Teoría del tipo...*, p. 20).

153. Kaufmann. *Teoría de las normas...*, p. 135.

154. «*La mayoría de los elementos de la norma describen solamente el acto prohibido o mandado. En las prescripciones legales de la ley penal estos elementos constituyen el supuesto de "hecho" abstracto ("Tat"-bestand), es decir, el tipo abstracto. A tales elementos pertenecen tanto el «matar» y el "hombre", como también la "sustracción" y la "cosa mueble ajena". Estos elementos de la norma son, por tanto, idénticamente, "elementos de la acción", elementos del acto, o sea, del objeto de la norma*» (Kaufmann. *Teoría de las normas...*, p. 178).

a capacidade de ação, nem para a vontade de praticá-la («vontade de fato» – *Tatvorsatz*).[155]

Os elementos da autoria, por sua vez, são os elementos de determinação dos sujeitos da norma, isto é, do autor da conduta proibida, nos delitos especiais.[156] Segundo o sistema conceitual de Kaufmann, enquanto as normas gerais são compostas apenas por elementos da ação, as normas especiais envolvem também requisitos peculiares relativos ao sujeito do ato proibido ou ordenado; justamente os elementos da autoria. O exemplo fornecido por Kaufmann é a qualidade de funcionário público, nos delitos funcionais.[157]

---

155. «*Con respecto a la competencia ya ha explicado Welzel de modo convincente que no se trata de un elemento del supuesto de hecho (Tatbestandmerkmal); lo mismo rige con respecto al requerimiento (concluyente) de la autoridad. Dado que se trata de elementos que «condicionan» la norma, no entran, por tanto, en consideración con relación a las "circunstancias de hecho ya existentes", cuyo conocimiento es requisito de la capacidad de acción concreta. No se trata, en suma, de elementos del acto, pues éste puede ser realizado aun sin la existencia de estos presupuestos. El conocimiento del cumplimiento de estas condiciones no es necesario ni para la capacidad de acción ni para la voluntad del hecho (Tatvorsatz)*» (KAUFMANN. *Teoría de las normas...*, p. 187). Em outra passagem, Kaufann ressalta que: «*la posición especial del grupo de delitos que violan estas normas, ha sido señalada por Welzel. A menudo están caracterizados por el hecho de que el concepto "competencia" aparece ya en la disposición penal. No es entonces ninguna "característica del tipo penal"; [...] Consecuentemente, la suposición errónea da la competencia es un error acerca de la validez de la orden administrativa, es decir, un error acerca de la norma*» (KAUFMANN. *Teoría de las normas...*, p. 134). Mas ressalte-se que, especificamente no § 153 do StGB, que incrimina as falsas declarações de testemunha ou perito não juramentado, e nos dispositivos seguintes, Welzel, ao contrário de Kaufmann, já não mais reconhece na referência à competência uma característica da ilicitude, mas um conceito em branco que, supõe-se, integraria o tipo (WELZEL. *Derecho penal...*, p. 120).

156. KAUFMANN. *Teoría de las normas...*, p. 178-179. Kaufmann faz distinção entre os destinatários e os sujeitos da norma. Os destinatários seriam todas as pessoas. Pois, conforme o argumento já suprarreferido, todos em algum momento, ainda que futuro, podem se ver em condições de realizar a conduta por ela proibida. Já os sujeitos da norma são os alcançados pelo dever, isto é; aqueles que numa situação concreta estão efetivamente em condições de observá-la ou não, e por isso estão concretamente obrigados pela norma. Em se tratando de normas gerais, esses sujeitos são determinados apenas pela «capacidade de ação», que Kaufmann define, conforme já supra mencionado, como o conjunto dos pressupostos físicos e psíquicos que conferem a alguém condição de levar a cabo, em circunstâncias e em momentos específicos, uma conduta proibida pela norma (KAUFMANN. *Teoría de las normas...*, p. 165-166 e 185). Já em se tratando de normas especiais, o surgimento do dever decorrente da norma não dependerá apenas da capacidade de ação do indivíduo, mas também de que ele reúna as condições que o qualifiquem como sujeito da ação proibida ou ordenada. Essas condições são justamente «os elementos da autoria» (KAUFMANN. *Teoría de las normas...*, p. 188). Mas mesmo as normas especiais, segundo Kaufmann, são ilimitadas quanto aos seus destinatários. Ninguém pode ser excluído *a priori* como eventual autor do ato normatizado. Afinal, as qualidades das pessoas mudam a todo tempo; de tal modo que quem hoje não é funcionário, amanhã poderá sê-lo, e estar em condições de por si próprio observar ou não a norma que estabelece um dever funcional. Até mesmo uma norma especial que se refira a uma mulher como autora do ato imposto ou proibido se dirige também aos homens, podendo obrigá-los indiretamente quando estes estejam em condições de induzir ou auxiliar uma mulher a praticar o delito especial que a tal norma corresponde (KAUFMANN. *Teoría de las normas...*, p. 176-178).

157. KAUFMANN. *Teoría de las normas...*, p. 180-181 *et passim*.

Embora sejam requisitos para a concretização da obrigação abstratamente prevista pela norma, elementos da autoria como a condição de funcionários nos delitos funcionais não são, para Kaufmann, elementos da ação que a contraria. São condições do ato proibido ou ordenado, mas que com ele não se confundem. Por isso, uma vez que o tipo, na concepção de Kaufmann, está composto apenas por aqueles elementos da norma que descrevem a ação, dele não participam os elementos que definem o seu autor.

Ao tipo pertenceria apenas o objeto da norma, a ação proibida ou ordenada, mas não as qualidades do sujeito capaz de contrariá-la. Por isso, assim como os pressupostos de validade das normas, os elementos da autoria, dissociados da conduta, seriam apenas «elementos do dever (jurídico)», e como tal requisitos da ilicitude, mas não elementos do tipo.[158]

Consequentemente, o dolo, como característica do ato, seria totalmente alheio à qualificação do seu autor. Segundo Kaufmann, o dolo, como vontade de ação, só pode se referir aos elementos que a compõem. E como não reconhece nos elementos da autoria uma característica do ato e, portanto, do tipo, mas um puro elemento da sua valoração como ilícito, Kaufmann sustenta que o conhecimento pelo autor, de uma qualificação especial sua, definitivamente não é um requisito do injusto pessoal.[159] Seria assim, indiferente para o dolo, que o funcionário

---

158. KAUFMANN. *Teoría de las normas...*, p. 198 *et seq.* Kaufmann chega a sugerir uma nova estrutura para o injusto, que reuniria os estratos da tipicidade e da ilicitude, em um abrangente «tipo de ilicitude». Este, por sua vez, já não seria formado pelas categorias estanques do tipo e dos demais requisitos da ilicitude, mas reuniria em um mesmo posto, duas classes de elementos: os elementos da ação e os puros elementos do dever jurídico. A ação (ou o ato) seria composta, como já supra mencionado, pelos elementos objetivos do fato, pelo dolo e pelos propósitos, tendências ou motivos do agente. Já os puros elementos do dever seriam os pressupostos de validade das normas – nos delitos de desobediência às ordens administrativas –, os elementos da autoria – nos delitos especiais –, e os fundamentos da justificação (ou causas de justificação). Mas Kaufmann pondera que em face de uma estrutura como esta seria inadequada a expressão «erro de tipo», posto que pertenceriam ao amplo tipo de ilicitude, não apenas os elementos da ação, que devem ser alcançados pelo dolo, mas também os puros elementos do dever, cujo conhecimento, segundo Kaufmann, é indiferente para o dolo. Então, acaba reconhecendo que para fins de tratamento dogmático do erro, mais adequada é a terminologia que isola a ilicitude na estrutura do injusto, separando assim o predicado de valor – ilicitude – do seu objeto – a conduta típica. Só, então, como sinônimo de injusto, categoria que compreende o objeto dessa valoração ao lado de tal predicado de valor, Kaufmann falará de «ilícito», ou mesmo de «tipo de ilicitude» (KAUFMANN. *Teoría de las normas...*, p. 210-211). Assim: «*Para el concepto de "tipo" (Tatbestand) quedaría siempre la significación originaria, es decir, ser lo que conforma el hecho (Tatbestand) y abarcar solamente los "elementos de la acción" como "elementos de lo que compone el hecho" (Tatbestandmerkmale). El concepto de "error de tipo" no sufriría entonces modificaciones y la "adecuación típica" representaría la existencia de los elementos del acto, que por regla– excepción hecha de los delitos especiales y la contradicción de la "orden de un funcionario"– importa por si misma lo ilícito. En los delitos especiales aparece otro "elemento de lo ilícito"* (isto é; outro elemento do injusto, ao lado, porém distinto da adequação típica, já que esta se verifica só pela presença dos elementos da ação)*: el "elemento de la autoría o del autor", que da lugar a la antijuridicidad especial. En los delitos contra "ordenes de funcionarios" habría que comprobar la "validez de la norma", es decir, la adecuación de la orden al derecho*» (KAUFMANN. *Teoría de las normas...*, p. 211-212).

159. KAUFMANN, *Teoría de las normas...*, p. 210.

tivesse ou não consciência dessa sua condição, ao praticar uma conduta típica de um crime funcional, como o abandono de função (art. 323 do CP), por exemplo.

Welzel também confere tratamento especial aos elementos da autoria, nos crimes funcionais e outros correspondentes a deveres especiais do autor. Segundo Roxin, Welzel não considera necessária uma consciência atual, mas meramente potencial – «reproduzível a qualquer momento» – do elemento da autoria, pelo autor, para a configuração do tipo subjetivo nesses delitos especiais.[160]

É que Welzel, em um primeiro momento, considerou os elementos da autoria como puras características da ilicitude. E quando depois reconheceu o pertencimento desses elementos, indistintamente, ao tipo objetivo, manteve-os, todavia, desvinculados da sua concepção de dolo.[161] Kaufmann, portanto, é mais coerente – porque radical – quanto ao ponto, ao sustentar que o desconhecimento de um elemento da autoria, como puro elemento de dever, tem relevância apenas para a culpabilidade, como um erro de proibição.[162]

Todavia, como Kaufmann mesmo adverte, limitando o alcance dessas suas conclusões, em muitas normas os elementos da autoria estão indissoluvelmente conectados aos elementos da ação proibida ou ordenada. Assim, por exemplo, a condição de parente é indissociável do objeto da proibição, na disposição que incrimina o incesto, prevista no artigo 173 do StGB.[163] O mesmo ele poderia dizer da condição de mãe, no crime de infanticídio, previsto no art. 123 do CP brasileiro, que decorre logicamente da descrição objetiva da ação proibida: «matar, sob a influência do estado puerperal, o próprio filho, durante o parto ou logo após».

Essa interdependência entre o objeto da norma e a qualificação de seu sujeito, segundo Kaufmann, se por um lado torna a norma especial – bem como o delito que lhe corresponde –, por outro faz da qualificação de seu autor um elemento também da ação.[164] Nesses casos, o elemento da autoria, ao contrário da qualidade de funcionário nos delitos funcionais, já não é um puro elemento do dever, e assim, mesmo na perspectiva de Kaufmann, tem relevância para o dolo.

160. ROXIN. *Teoría del tipo penal...*, p. 11.

161. Segundo Roxin: «*Más tarde Welzel dio a su teoría otro giro introduciendo los elementos de la autoría nuevamente en el tipo objetivo. El conocimiento de los elementos de la autoría se convirtió en un elemento del tipo subjetivo, dejando de ser solo un elemento cuya comprobación se requería a los efectos de la antijuridicidad, es decir, del surgimiento del deber jurídico, pero que de todos modos no es alcanzado por el concepto de dolo de Welzel, dado que en lugar de requerirse una conciencia actual en el momento del hecho, es suficiente con un conocimiento reproducible en cualquier momento*» (ROXIN. *Teoría del tipo penal...*, p. 11).

162. Para Kaufmann, afinal, «*el error sobre la existencia de los elementos del autor es siempre irrelevante para el nacimiento del deber concreto, o sea, lo ilícito*» (KAUFMANN. *Teoría de las normas...*, p. 203).

163. KAUFMANN. *Teoría de las normas...*, p. 183-184.

164. *Idem, ibidem*, p. 184.

2.2.3 Da crítica de Roxin à determinação conceitual e sistemática dos elementos de dever jurídico por Welzel e Kaufmann, e à teoria dos tipos abertos, de Welzel

Roxin elabora a sua teoria dos elementos de valoração global do fato a partir da crítica à teoria dos tipos abertos, de Welzel, bem como da crítica à caracterização dos «elementos de dever jurídico» como elementos alheios ao tipo, por Welzel e depois por Kaufmann. Essa crítica se desenvolve primeiramente sob um prisma conceitual, para ser finalmente concluída no plano sistemático.[165]

Desde o plano conceitual, Roxin logra êxito em refutar a caracterização dos elementos de dever jurídico em geral como elementos que não participam da descrição do fato incriminado. Para tanto, preliminarmente, Roxin pontua que uma condição qualquer do ilícito não deixa de ser uma circunstância do fato objeto desse juízo, e, portanto, um elemento do tipo, apenas por ser fundamento do dever jurídico infringido pelo seu autor. Antes, todas as circunstâncias do fato – ou, nas palavras de Hellmuth Von Weber citadas por Roxin,[166] todos os elementos do tipo penal – são fundamentadoras do dever jurídico. E não obstante, por serem circunstâncias do fato, têm de ser compreendidas pelo dolo.[167]

Adaptando o exemplo demonstrativo de Roxin, é evidente que o conceito de pessoa, que determina a expressão «alguém», do art. 121 do CP, fundamenta a proibição de não matar ali disposta, sendo, portanto, um elemento de dever jurídico. Apesar disso, não se pode negar sem soar absurdo, que a condição de pessoa da vítima pertença ao tipo, e concluir que alguém possa ser punido por homicídio doloso ainda que não soubesse que matava «alguém». Roxin então passa a demonstrar que muitos dos elementos destacados por Welzel como meros requisitos da ilicitude, nos tipos abertos, desempenham também um papel descritivo da conduta proibida, e não se diferenciam sequer por isso dos demais elementos do injusto que Welzel considera pertencentes ao tipo.

A tese segundo a qual as chamadas regras gerais e características especiais da ilicitude não compõem a descrição do fato, mas apenas assinalam na lei, na maioria das vezes de modo supérfluo, a sua ilicitude,[168] só se poderia compreender como uma dedução lógica de Welzel, observa-o Roxin, se Welzel fosse um representante da concepção de tipo penal composto apenas por circunstâncias sensorialmente perceptíveis.[169] Mas não é este o caso. Pelo contrário, Welzel nega veementemente que o tipo seja «a pura descrição, valorativamente indiferente,

165. Roxin. *Teoría del tipo...*, parte segunda, p. 87 *et seq.*

166. Weber, Hellmuth von. «Negative Tatbestandsmerkmale», *Festschchrift für Mezger*, p. 183-192, *apud* Roxin, *Teoría del tipo...*, p. 94.

167. Roxin. *Teoría del tipo...*, p. 94.

168. Welzel. *Derecho penal...*, p. 234.

169. Roxin. *Teoría del tipo...*, p. 95.

de um acontecimento fático», e sequer credita tal concepção à autoridade de Beling.[170]

Como já mencionado, Welzel reconhece no tipo (ou pelo menos nos tipos «fechados») a descrição da matéria da proibição; e na tipicidade de uma conduta, consequentemente, um indício da sua ilicitude.[171] Por isso, para Welzel, as circunstâncias legais do fato incriminado descrevem uma conduta humana em sua dimensão social, e não apenas natural ou sensorial. Em passagem de clara inspiração neokantista, Welzel explica que «o ser no qual essa conduta tem lugar não é a realidade das ciências naturais, carente de sentido, mas a realidade da vida social, carregada de significação e perpetrada de relações de sentido».[172]

Como se sabe, as circunstâncias legais do fato incriminado que «só parcialmente se podem perceber sensorialmente», mas que «em sua maior parte unicamente se pode captar intelectualmente» são identificadas por Welzel como circunstâncias normativas do fato. Essas são, para Welzel, tão reais quanto as circunstâncias sensorialmente perceptíveis; as descritivas, e são igualmente conformadoras do tipo penal. Por isso, ainda segundo Welzel, os elementos normativos hão de ser compreendidos pelo dolo, inclusive aqueles de conteúdo jurídico.[173]

Então, considerando que, para Welzel, a descrição da conduta incriminada, a cargo dos tipos penais, não é valorativamente neutra e envolve também elementos

170. Segundo Welzel, ao afirmar que o tipo não contém «nenhum juízo de valor», Beling pretenderia apenas dizer que, pela afirmação da tipicidade de uma ação não se afirma também, todavia, a sua ilicitude; proposição essa plenamente acertada. Welzel, então, prossegue desautorizando a concepção de que o tipo seja só a descrição valorativamente indiferente de um acontecimento fático: «*La frase de Beling, de que «el tipo no encierra ningún juicio de valor» ha dado pábulo, sin embargo, a la opinión de que el tipo sea sólo la descripción, valorativamente indiferente, de un acontecimiento fáctico, al que se añade únicamente un elemento formal en virtud del requisito de la tipicidad, inherente al Estado de Derecho. Esta interpretación del concepto de tipo, atribuida a Beling, desconoce su función esencial. La constatación de la tipicidad de una acción no es valorativamente neutral; selecciona, más bien, de la multitud de conductas humanas, aquellas que son relevantes para el Derecho Penal y precisamente en el sentido de que tienen que ser necesariamente antijurídicas o jurídicas, pero nunca "valorativamente neutrales".*» (Welzel. *Derecho penal...*, p. 79).

171. Welzel. *Derecho penal...*, p. 79-80.

172. Tradução nossa de: «*El ser en que tiene lugar esta conducta no es la realidad de las ciencias naturales, carente de sentido, sino la realidad de la vida social, cargada de significación y penetrada de relaciones de sentido*» (Welzel. *Derecho penal...*, p. 110).

173. Com efeito, analisando o elemento normativo «documento», Welzel ressalta que: «*en un documento sólo el papel y la escritura son sensorialmente perceptibles. En cambio, su carácter de documento, esto es, el significado probatorio de su contenido declaratorio, sólo se comprende intelectualmente. Para el dolo de un delito de falsificación documentaria no basta que el autor haya percibido las "cualidades de carácter sensorial" de un documento, sino que también haber adquirido conciencia, precisamente, de su función probatoria*» (Welzel. *Derecho penal...*, p. 110-111). Ainda segundo Roxin, na perspectiva de Welzel, «*las circunstancias espiritualmente comprensibles son tan reales como las sensorialmente perceptibles. Ellas son objeto del dolo de la misma forma que las otras y pertenecen al tipo penal. Esto rige para todos los elementos normativos, aun cuando tengan contenido jurídico*» (Roxin. *Teoría del tipo...*, p. 95-96).

normativos, Roxin não vislumbra as razões por força das quais a «competência», a «legitimidade do exercício de um cargo», ou a «reprovabilidade», por exemplo, não são incluídas por Welzel entre as circunstâncias do fato.[174]

Com efeito, a expressão «em legítimo exercício de seu cargo», que era empregada no § 113 do StGB na definição do crime de resistência, introduzia na descrição do fato todas as situações nas quais um funcionário está autorizado a intervir, segundo as normas pertinentes de direito público. Como bem nota Roxin, uma expressão como essa não se distingue quanto à sua função descritiva, de outra como «ato obsceno» à qual Welzel não nega pertinência ao tipo. Afinal, assim como o predicado «legítimo», dirigido ao exercício funcional do agente público que sofre a resistência, a qualificação do ato como «obsceno» representa uma abertura da descrição legal à complementação e à atualização valorativa da conduta proibida, promovendo a inclusão, no tipo, de uma quantidade indeterminável de comportamentos diversos.[175]

Ressalte-se que, não obstante ser considerada por Welzel como pertencente ao tipo, a obscenidade é uma qualidade da ação ainda mais imprecisa que a legitimidade do ato resistido, que Welzel considera uma característica especial da ilicitude da resistência. Pois enquanto a expressão «legítimo exercício de seu cargo» fazia remissão às normas jurídicas vigentes que dispunham a respeito da execução dos atos administrativos ou judiciais – indeterminadas, mas determináveis por um levantamento sistemático – a expressão «ato obsceno» só pode ser compreendida com base em padrões extralegais de comportamento, fundados na ordem moral e na mentalidade hegemônicas, de determinação tão mais difícil e problemática quanto mais conflituosa, pluralista ou multicultural for uma sociedade.

Essa função descritiva da matéria da proibição, que segundo os pressupostos conceituais de Welzel determina os elementos do tipo, Roxin identifica também no termo «reprovável», no § 240 do StGB, que incrimina o constrangimento. Pois como «reprovável» se descrevem as formas proibidas de coação, ainda que o conteúdo daquele termo – e, portanto, a determinação dessas formas – fique a depender de um juízo «baseado em regras não escritas da moralidade pública».[176]

A mesma conclusão se pode extrair a respeito de outras expressões legais classificadas por Welzel como regras gerais da ilicitude, dentre elas «ilegalmente»,

174. Roxin. *Teoría del tipo...*, p. 96.

175. *Idem, ibidem*, p. 97.

176. Roxin. *Teoría del tipo...*, p. 97, tradução nossa. Roxin ainda ressalta, para demonstrar que os elementos de dever jurídico participam da descrição do fato proibido, e não são supérfluos na disposição legal, a função que o termo «competente» desempenha no § 154 do StGB, que incrimina o perjúrio. Conforme bem observa Roxin, pela expressão «competente» se indicam todos os tribunais ou órgãos com autoridade ou atribuição para tomar declarações juramentadas, bem como as circunstâncias nas quais essa autoridade se impõe ou essa atribuição se verifica. E, sendo assim, o conceito de competência descreve o «objeto da ação» proibida da mesma forma que qualquer elemento normativo do tipo (Roxin. *Teoría del tipo...*, p. 97). Mas essa observação de Roxin já não atinge Welzel, que conforme supramencionado não mais reconhece elementos de dever jurídico, e sim «conceitos em branco», nas referências à competência presentes nos §§ 153 *et seq.* do StGB (Welzel. *Derecho penal...*, p. 120).

no § 123 do StGB,[177] que incrimina a violação de domicílio, e «ilicitamente», nos § 246 do StGB,[178] que incrimina a apropriação indébita.[179] Pois pelo uso dessas expressões a lei esclarece que, a despeito das garantias de inviolabilidade domiciliar e patrimonial, não está proibida toda entrada em casa alheia, nem toda apropriação, mas só aquelas que constituam violações do domicilio, usurpações ou esbulhos patrimoniais. Analiticamente, essas disposições só proíbem as entradas em casas alheias ou as aquisições de coisas móveis pelo seu possuidor ou detentor, quando essas condutas são empreendidas fora das condições, sem observar os requisitos ou as formalidades impostas pelo ordenamento jurídico.

Ocorre que expressões como «ilegalmente» e «ilicitamente» não apenas contêm um juízo de contrariedade ao direito como um todo, sobre a conduta à qual se referem, mas também conotam as características daquela conduta que são determinantes desse juízo. Assim, o uso de expressões como «ilegalmente» ou «ilicitamente», na determinação legal dos crimes de violação de domicílio ou apropriação indébita, respectivamente para qualificar a entrada em casa alheia e a apropriação de bens móveis, substitui a negação expressa de todas as condições em face das quais essas condutas não são sequer abstratamente proibidas.

Ora, dentre as condições que permitem a entrada em casa alheia, está justamente a autorização do possuidor. Esta, provavelmente por ser a condição mais frequente de tal conduta, é expressamente ressalvada pela lei alemã, como também pela lei brasileira, no dispositivo que prevê o crime de violação a domicílio. Mas nada impede, e o princípio da legalidade orienta, que outras circunstâncias igualmente limitadoras da proibição geral de entrar em casa alheia, como a execução de uma prisão em flagrante ou o cumprimento de um mandado judicial, também sejam referidas pelos correspondentes dispositivos legais incriminadores. Pois bem, essas referências podem se dar, como na lei penal alemã, ainda que sem qualquer vantagem de clareza, pelo uso do advérbio «ilegalmente», que no § 123 do StGB abarca a um só tempo, por exemplo, a destituição de um mandado judicial, pelo autor, e a inocorrência de um flagrante delito no interior do domicilio.

A demonstração, por Roxin, da função descritiva dos elementos de dever jurídico, encontra ainda na própria caracterização dos tipos abertos de Welzel, um último e decisivo argumento.[180] É que não por acaso, Welzel define os tipos abertos como deficientes em sua função descritiva; como tipos que por si só não

177. «*§ 123. Violación de domicilio. (1) Quien penetra ilegalmente o quien sin autorización permanezca en la vivienda, en los locales de negocios, o en la propiedad delimitada de otro o en espacios cerrados que estén destinados para el servicio público o para el tráfico y no se aleje a petición de quien le asiste derecho, será castigado con pena privativa de la libertad hasta un año o con multa*» (ALEMANIA. *Código Penal*).

178. «*§ 246. Apropiación indebida (1) Quien se apropie antijurídicamente de una cosa mueble ajena o la adjudique a otro, será castigado con pena privativa de la libertad hasta tres años o con multa si el hecho no esta castigado con pena más grave en otras disposiciones*» (ALEMANIA. *Código Penal*).

179. WELZEL. *Derecho penal...*, p. 234.

180. ROXIN. *Teoría del tipo...*, p. 97-98.

definem a matéria da proibição e cuja concretização, por isso, não seria sequer o indício da prática de um ilícito.

Esse déficit descritivo, que segundo Welzel os tipos abertos teriam em relação aos fechados, resulta justamente da exclusão de seu bojo, dos elementos de dever jurídico. Tanto é assim que o juízo de ilicitude da conduta adequada a um tipo considerado aberto demanda, antes de se indagar sobre a ocorrência das circunstâncias que a justificariam em concreto (causas de justificação), a confirmação daquelas (circunstâncias positivas, como a «competência», ou negativas, como «sem autorização») que fundamentariam a sua proibição em abstrato.

Mas em se concordando com Welzel que os elementos de dever jurídico são puros juízos de valor, e como tal momentos exclusivos da ilicitude, completamente alheios à descrição do injusto, chegar-se-ia à conclusão de que as circunstâncias que os fundamentam – a matéria da proibição, portanto – não estão referidas em nenhuma parte, e de que sua determinação é totalmente subjetiva, entregue ao arbítrio judicial.[181] Ora, uma conclusão como essa comprometeria definitivamente a validade dos tipos apontados por Welzel como tipos abertos em face do princípio da legalidade, em seu corolário de certeza e determinação dos crimes e das penas. E tamanho comprometimento certamente não faria justiça à determinação legal do crime de resistência (§ 113 do StGB), conforme Roxin, nem tampouco às igualmente citadas determinações dos crimes de violação de domicílio (§ 123 do StGB) e apropriação indébita (§ 264 do StGB), nas quais Welzel reconhece tipos abertos.

Igualmente rejeitados por Roxin, são os argumentos de Kaufmann para caracterizar os pressupostos de validade das ordens administrativas e os elementos da autoria como puros elementos de dever, alheios ao tipo. Com razão, Roxin nega que as ordens administrativas sejam condições de existência das normas legais que proíbem a sua desobediência, refutando assim a tese de que os pressupostos de validade daquelas não integrariam o conteúdo destas. E contra a separação entre os elementos da ação e os elementos da autoria, Roxin refuta a tese segundo a qual não seria próprio do dolo compreender as qualidades especiais do autor que fazem dele sujeito de um dever especial.

A teoria de Kaufmann sobre a natureza dos pressupostos de validade das ordens administrativas, nos crimes que se configuram pela sua inobservância, é fundamentalmente abalada pela constatação de que as normas legais correspondentes não dependem das ordens administrativas para existir, mas têm apenas sua aplicabilidade condicionada à existência válida dessas ordens.[182] Como bem

181. Ou nas palavras de Roxin: «*Aceptando con Welzel que los elementos del deber jurídico se sustraen íntegramente a la función descriptiva de lo injusto, se llegará al resultado de que el comportamiento prohibido no estaría descrito en ninguna parte, lo que desde el punto de vista constitucional daría lugar a pesadas criticas, y que para el caso de los §110, 113, 117 y 154, StGB, por cierto, nos es correcto*» (Roxin. *Teoría del tipo...*, p. 98).

182. Ainda contra o pressuposto conceitual de Kaufmann, segundo o qual as ordens administrativas seriam normas, e que destas dependeria o conteúdo, a «vida» e a motivação valorativa das normas legais correspondentes aos crimes em geral de desobediência, Roxin apresenta outros argumentos preliminares,

esclarece Roxin, o preceito dedutível dos dispositivos legais que incriminam as diversas formas de não acatamento das ordens oficiais não perde seu caráter de norma e nem é irremediavelmente indeterminado, simplesmente por que é formulado em função, e portanto na dependência de uma ordem oficial válida.[183]

Do dispositivo previsto no art. 330 do CP brasileiro, por exemplo, deduz-se uma norma que proíbe a desobediência – ou ordena que se obedeça – às ordens em geral emitidas por funcionários públicos, desde que legais em seus conteúdos e formas, isto é, desde que imponham um dever legalmente previsto e tenham sido emitidas por funcionários competentes para tanto. Ora, o preceito de obediência está plenamente formulado nesse dispositivo, com anterioridade e independentemente de qualquer ordem específica.

O valor que motiva o preceito de obediência não é pronunciado pelo funcionário público que eventualmente ordena algo, mas pelo legislador, que reconhece no acatamento geral da autoridade dos agentes da administração pública, em sua atuação legítima, uma condição indispensável de realização das funções do Estado e da promoção dos direitos dos cidadãos. Então, se as normas legais incriminadoras do não acatamento às ordens administrativas existem anteriormente e independentemente delas, os pressupostos de validade dessas ordens não o são também daquelas normas legais. Para a mencionada classe de normas legais incriminadoras, os pressupostos de validade das ordens administrativas são meras condições de aplicabilidade, assim como todos os (demais) elementos da conduta proibida.

Invocando as considerações do próprio Kaufmann sobre a capacidade de ação como condição de surgimento do dever e, portanto, de aplicabilidade das normas em geral, Roxin observa que os preceitos de obediência às ordens oficiais, por estarem sujeitos à validade destas, não são menos condicionados que outros, de cujo caráter de norma não se duvida, como aquele que proíbe matar. Pois se a contrariedade ao primeiro está condicionada à existência de uma ordem válida, a contrariedade ao segundo está condicionada à possibilidade concreta de se matar alguém, como a presença da vítima, a disposição de uma arma adequada etc.[184]

Com efeito, a aplicabilidade das normas que proíbem e cominam pena à desobediência, à resistência, ou ao falso testemunho, por exemplo, têm sua aplicabilidade condicionada à validade da ordem desobedecida, do ato resistido, ou à competência das autoridades que emitem a ordem, praticam o ato ou tomam o depoimento. Mas também são condições de aplicabilidade dessas normas, a

aqui citados em nota por não serem decisivos da controvérsia. Segundo Roxin, as ordens administrativas não são normas propriamente ditas, por carecerem de generalidade. E ademais, o princípio da legalidade das normas penais não se compatibiliza com a tese segundo a qual uma norma incriminadora só ganharia vida e razão de ser pela ordem de um funcionário. Afinal, por seus corolários da estrita legalidade e da anterioridade da norma penal, não se admite em face desse princípio que a punibilidade de uma conduta seja determinada por um funcionário público, na iminência da sua concretização (Roxin. *Teoría del tipo penal...*, p. 102-103).

183. Roxin. *Teoría del tipo penal...*, p. 103-104.

184. *Idem, ibidem*, p. 104.

emissão de uma ordem ou o início da execução de um ato administrativo qualquer, e, ainda, que o agente tenha contrariado o preceito, empregado violência ou ameaça para ao menos tentar impedir o ato funcional, ou que tenha faltado com a verdade em depoimento.

E já que essas condições são para Kaufmann elementos da conduta proibida, a serem compreendidos pelo dolo, não há razão para negar o mesmo em relação à «competência» do funcionário desobedecido, resistido, ou contrariado na sua ordem de emissão da verdade, à «legalidade» da sua ordem, ou em relação a outras circunstâncias semelhantes.

Já para justificar a separação dos elementos da autoria, como meros requisitos da ilicitude, em relação aos demais elementos da norma pertinentes à conduta proibida, Kaufmann não demonstra diretamente quais seriam os limites dessa conduta. Antes, Kaufmann desenvolve uma argumentação indireta, que primeiramente estabelece o que seria alheio ao conteúdo intelectivo do dolo, para só então determinar quais seriam os elementos da ação e, portanto, do tipo, nos delitos que envolvem violação de deveres especiais. Trata-se, pois, de uma argumentação às avessas, que procura comprovar o resultado, para dessa forma demonstrar a premissa.

Kaufmann até admite que o tipo, como hipótese fática abstrata (*Tatbestand*), possa ser concebido de forma «tão ampla» que os elementos da autoria sejam nele incluídos. Mas contra tal premissa – segundo ele admissível somente do ponto de vista terminológico – Kaufmann nega, por diversos argumentos, o que seria sua consequência necessária: que o dolo deva compreender os elementos da autoria.

Uma análise crítica de todos esses argumentos extrapolaria os objetivos deste trabalho e nem seria necessária, seja pela pouca repercussão que tiveram na teoria do delito, seja pelo evidente erro metodológico que os irmana. Fala-se aqui da equívoca pretensão de se limitar os elementos da conduta típica apenas a partir do conteúdo intelectivo do dolo, quando, pelo contrário, é o conteúdo intelectivo do dolo, como vontade ou consentimento com a realização do injusto, que se determina pelos elementos do tipo.

Mas dentre os argumentos pelos quais Kaufmann procura isolar os puros elementos de dever, e dentre eles os elementos da autoria, como circunstâncias indiferentes ao dolo, destaca-se a refutação, por Welzel e Paul Bockelmann, da teoria do *animus auctoris*, que era empregada para distinguir o autor no concurso de pessoas. Segundo essa teoria, desenvolvida pelo Tribunal Imperial da Alemanha (o *Reichsgericht* ou Tribunal do Reich) e apropriada por alguns doutrinadores como «teoria subjetiva», autor seria, dentre os cooperadores de uma empreitada criminosa, aquele que atua com «vontade de autor» (*Täterwille* ou *animus auctoris*); aquele que tem ou quer o fato como próprio (*als eigene*), enquanto partícipe seria aquele que atua com vontade de sê-lo (*animus socii*), que deseja contribuir para uma obra alheia.[185]

185. BATISTA, Nilo. *Concurso de agentes*: uma investigação sobre os problemas da autoria e da participação no direito penal brasileiro, p. 67. Conforme Luis Greco e Alaor Leite, para uma versão extrema

Kaufmann invoca a superação dessa teoria, em favor de sua tese, por supor que o *animus auctoris* equivaleria à crença ou à consciência de se possuir o domínio do fato. Assim, conforme o silogismo desenvolvido por Kaufmann, se o *animus auctoris* não é determinante da autoria como forma (tipo) de ilícito, tampouco o seria a consciência do domínio do fato. E uma vez que Kaufmann equipara o domínio do fato aos elementos da autoria, como condições indispensáveis do surgimento do dever contrariado pelo autor, Kaufmann deduz da suposta irrelevância da consciência daquele, para o dolo, também a irrelevância da consciência destes. Chega então, Kaufmann, à conclusão de que os elementos da autoria, como puros elementos de dever, não são elementos da conduta, e, portanto, do tipo, por não serem compreendidos no aspecto intelectivo do dolo correspondente aos delitos especiais.[186]

Esse edifício argumentativo, contudo, é posto abaixo por Roxin, que com precisão cirúrgica lhe suprime a base, ao demonstrar que na doutrina de Welzel a consciência do domínio do fato não equivale à noção de «vontade de autor» (*animus auctoris*).[187] Com efeito, a vontade do fato «como próprio» (*als eigene*), por seu caráter puramente subjetivo, não é para Welzel um elemento necessário da autoria, ao contrário do domínio do fato, que é um dado objetivo.

Por isso é que Welzel critica a solução, baseada na teoria do *animus auctoris*, de considerar partícipe quem, embora atuando com domínio do fato, o tinha por alheio, ou nutria vontade de partícipe (*animus sosii*).[188] Essa crítica é

da teoria subjetiva da autoria «seria possível até que aquele que realiza de mão própria todos os elementos do tipo – quem efetua o disparo que vem a matar a vítima – fosse punido como mero partícipe, no caso, como cúmplice, e não como autor do delito, se lhe faltasse a vontade de autor de que fala a teoria (o agente comete o delito a pedidos insistentes e no exclusivo interesse de outra pessoa)». Ainda segundo estes autores, essa forma extrema da teoria subjetiva não é mais defendida. Atualmente a jurisprudência alemã, muito embora ainda se valha de um ponto de partida subjetivo – «principalmente a existência de um interesse próprio na realização do fato», mitiga-o por meio de critérios de caráter objetivo, dentre os quais o domínio sobre o acontecer típico (Greco, Luis; Leite, Alaor. O que é e o que não é a teoria do domínio do fato sobre a distinção entre autor e partícipe no direito penal. *Revista dos Tribunais*, p. 61 *et. seq.*).

186. Com efeito, segundo Kaufmann: «*si el concepto del "hecho como proprio" quiere decir dominio del hecho, no se tratará de otra cosa que del puro "elemento general del deber" que llamamos la capacidad de acción*». Mais adiante, ao fim de uma exposição não muito clara sobre uma consequência dogmática da inclusão, no tipo, do domínio do fato ou das qualidades especiais do autor, Kaufmann invoca a refutação da teoria do *animus auctoris*, por Welzel e Bockelmann. Segundo Kaufmann, além de levar a uma falsa consequência, a inclusão do domínio do fato no tipo parte de uma falsa premissa: a refutada teoria do *animus auctoris*. Ele conclui, então, que pela negação da teoria do *animus auctoris*, nega-se também a sua consequência necessária: *la tesis según la cual el dolo debe extenderse también al autor*» (Kaufmann. *Teoría de las normas...*, p. 200-202). Como se vê, o silogismo exposto no corpo do texto permeia as considerações de Kaufmann de forma assistemática e um tanto implícita. Não obstante, é igualmente identificado e esquematicamente expresso por Roxin, em sua análise crítica (*Teoría de tipo...*, p. 115).

187. Roxin. *Teoría del tipo...*, p. 112-114.

188. Segundo Welzel, o próprio Tribunal do Reich, que desenvolveu a teoria do *animus auctoris*, acabou reconhecendo a imprestabilidade de sua fórmula e a impossibilidade de empregá-la, por ser demasiado subjetiva. Afinal, como indaga Welzel: «*¿qué significa querer el hecho como propio o como ajeno? ¿Reside quizás en el arbitrio del actor querer el hecho «como proprio» o «como ajeno»? ¿Puede alguien a través de su mera voluntad hacer el hecho «proprio» o deshacerse del hecho «como ajeno»*

aplicável, segundo Roxin, à decisão do Tribunal do Reich que, no famoso «caso da banheira», condenou como cúmplice a irmã da parturiente, que a seu pedido afogou o sobrinho numa banheira. Pois nesse caso o Tribunal, acolhendo uma inaceitável subjetivação da responsabilidade penal, considerou insuficiente o domínio consciente do fato para a caracterização da autoria, uma vez que a agente não queria o fato para si, tendo-o realizado em nome de outrem.[189]

Mas é por isso também que, ao contrário de Kaufmann, Welzel reivindica que o domínio do fato seja compreendido pelo dolo de quem o detém, para que se possa responsabilizá-lo como autor. Isso fica evidente, como lembra Roxin,[190] na análise que Welzel faz de um caso apresentado por Bockelmann, de divergência entre os aspectos objetivos e subjetivos das condutas dos envolvidos numa hipótese de participação.[191]

Trata-se da hipótese em que dois amigos, A e B, numa caçada, se aproximam de um inimigo comum; X. A, que o avistou, e supôs que também B o tivesse visto e reconhecido, sugere a B: «Dispare». B, que confundia o vulto de X com o de um animal entre os arbustos, dispara na sua direção, matando X. Neste caso, objetivamente, o domínio do fato pertence a A, que efetivamente dirige o curso dos acontecimentos, uma vez que B atua em erro quanto ao objeto da sua ação e, portanto, como uma ferramenta cega nas mãos de A. Mas como «A» desconhece o erro de «B», supõe estar nas mãos deste, e não nas suas próprias, o domínio do fato.

Certamente, se B não tivesse atuado em erro, A figuraria no crime como um mero partícipe, por induzimento. Pois bem, nesse caso Welzel nega a autoria de A, justamente por que A desconhecia o domínio que exercera sobre a realização do fato. Segundo Welzel, como A só tinha dolo de «instigar», deve ser punido por tentativa de participação, nos termos do § 30 do StGB.[192]

Assim sendo, em que pese ser mesmo indiferente o «animus auctoris», para a responsabilização do agente como autor de um delito, segundo Welzel, o mesmo não se pode afirmar sobre a consciência do domínio do fato, que para esse autor é coisa bem diversa. E também não se pode extrair da crítica de Welzel à teoria do *animus auctoris*, a pretendida irrelevância para o dolo, da consciência do domínio do fato, nem tampouco dos demais elementos determinantes do dever contrariado pelo autor, como a sua qualificação especial nos crimes próprios.

mediante la correspondiente voluntad del cómplice? Esto es imposible: el hecho debe ser realmente la obra del autor» (Welzel. *Derecho penal...*, p. 156-157).

189. Roxin. *Teoría del tipo...*, p. 114-115.

190. *Idem, ibidem*, p. 113.

191. Welzel. *Derecho penal...*, p. 176-177.

192. *Idem, ibidem*, p. 177. Conforme o mencionado dispositivo: «*§ 30. Tentativa de participación. (1) Quien intente determinar a otro a cometer un crimen o instigarle a ello, será castigado conforme al precepto sobre tentativa de crimen. Sin embargo, se debe atenuar la pena según el § 49, inciso 1. El § 23 inciso 3 rige en lo pertinente.*»

Como se vê, Kaufmann fracassa ao tentar delimitar o dolo com independência da conduta típica e não logra demonstrar, dessa forma, que a consciência dos elementos da autoria lhe seja indiferente. E quanto aos limites da conduta, compreendida como objeto da norma e do juízo de ilicitude, em relação aos elementos da autoria, o próprio Kaufmann vacila, admitindo não poder traçá-los em alguns delitos próprios.

Como se destacou acima, em alguns delitos próprios como o de incesto, previsto no § 173 do StGB,[193] Kaufmann reconhece a indissociabilidade entre o parentesco, que é uma qualidade do autor, e o objeto da proibição. Consequentemente, reconhece que nesses casos são indissociáveis os «elementos da autoria» dos elementos aos quais ele se refere como «da ação».[194] Com razão o faz. Kaufmann só não explica, e nem se pode compreender, o quê o impediria de estender essa constatação aos crimes próprios em geral.

Ocorre que, se o dever contrariado pelo autor nos crimes próprios só se concretiza em função de determinadas qualidades suas, essas qualidades fazem parte da proibição legal abstrata, na qual se funda esse dever específico, como suas condições essenciais. E dentre essas condições, que são os elementos da norma, não se pode dissociar as que comporiam o seu objeto, de outras que determinariam exclusivamente o seu sujeito, como pretende Kaufmann. Pois como ele mesmo reconhece, o objeto da norma é idêntico ao objeto do juízo de valor que a motiva.[195]

Ora, o juízo de valor determinante das incriminações de condutas praticadas por sujeitos qualificados não recai sobre essas condutas isoladamente consideradas. Recai igualmente sobre a condição do sujeito que as pratica. Assim como o desvalor do incesto depende essencialmente da condição de parente dos agentes, o desvalor da advocacia administrativa, por exemplo, depende da qualidade funcional do seu autor. Mesmo nos crimes próprios impuros, como o peculato, o extraordinário desvalor da conduta incriminada, em relação à forma comum do crime, deve-se à qualidade especial de funcionário do autor da ofensa patrimonial.

Então, por ser objeto do juízo de valor que motiva a proibição, a qualidade especial do autor integra o objeto da proibição mesma, em todos os delitos especiais. O objeto da proibição, afinal, é o fato, que não envolve apenas a conduta, compreendida como comportamento corporal voluntário, ou mesmo como exer-

193. *«§ 173. Acceso Carnal entre parientes. (1) Quien realice acceso carnal con un descendiente consanguíneo, será castigado con pena privativa de la libertad hasta tres años o con multa. (2) Quien practique el acceso carnal con un pariente consanguíneo en línea ascendiente, será castigado con pena privativa de la libertad hasta dos años o con multa; esto rige también cuando la relación de parentesco haya terminado. De la misma manera serán castigados hermanos consanguíneos que practiquen el acceso carnal entre si. (3) Descendientes y hermanos no serán castigados de acuerdo con este precepto, cuando ellos al tiempo del hecho no tuvieran 18 años de edad.»*

194. Kaufmann. *Teoría de las normas...*, p. 183-184.

195. Segundo Kaufmann: «*es correcta la proposición según la cual son idénticos el objeto del juicio de valor y el objeto de la norma. Por tanto, si se determina o es determinable el objeto del juicio de valor, tal objeto debe corresponder al objeto de la norma*» (Kaufmann. *Teoría de las normas...*, p. 135).

cício de atividade finalisticamente orientada. Envolve também o resultado, nos delitos materiais e, nos delitos especiais, a própria condição do autor, ambos indispensáveis para a determinação de qual ação ou omissão se proíbe.

É certo que o proibido como incesto não é apenas a conjunção carnal, mas a conjunção carnal praticada por parentes entre si. Mas, da mesma forma, o que se proíbe como advocacia administrativa não é qualquer intervenção junto a órgãos públicos em favor de interesses particulares, mas aquela promovida por um funcionário ligado ao órgão.

Não há razões, portanto, ante a crítica conceitual supra apresentada e complementada, para excluir do tipo e, pois, do alcance do dolo, nem os elementos de dever jurídico aos quais Welzel se refere como regras gerais e características especiais da ilicitude, nem aqueles destacados por Kaufmann como condições de validade das ordens administrativas e como elementos da autoria.

Quanto à teoria dos tipos abertos, dos quais os elementos de dever jurídico estariam apartados como requisitos positivos adicionais da ilicitude, a crítica de Roxin é formulada sob uma perspectiva sistemática. Roxin bem observa que, destituídos da matéria da proibição e da função indiciária da ilicitude, os tipos perderiam sua essência e já não desempenhariam nenhum papel no sistema de conceitos determinantes do delito.

Como elemento sistemático fundamental do direito penal, cabe ao conceito de tipo conferir uma base comum para a sua aplicação; apresentar uma característica que reúna todas as condutas que tenham relevância penal e que simultaneamente diferencie o conjunto delas, limitando-o em relação ao universo das condutas penalmente indiferentes. Destacando essas funções sistemáticas, Roxin se refere ao conceito de tipo como um elemento «fundamental» e «delimitador» do direito penal.[196]

Ocorre que o conceito de tipo aberto não acrescenta nenhuma característica comum ao conjunto dos comportamentos penalmente relevantes, e justamente por isso não funciona como parâmetro excludente da relevância penal dos comportamentos em geral. Quando se despoja o conceito de tipo, formulando-o com independência da «matéria da proibição», esse não mais aponta no conjunto dos crimes nenhuma característica diferente das que já decorrem do conceito de conduta, deixando exclusivamente a cargo dos conceitos de ilicitude e culpabilidade a função de definir as condutas criminosas.[197]

Com efeito, em se admitindo que o tipo não contenha a matéria da proibição, a verificação da prévia proibição legal de um comportamento, que é uma imposição do princípio da legalidade, haverá de ser incluída no juízo de ilicitude em lugar do juízo de tipicidade. Mas se assim for, poder-se-á eliminar a noção de adequação ao tipo sem nenhum prejuízo para a definição do crime, uma vez que esta nada significará que já não esteja implícito na noção de proibição legal.

196. Roxin. *Teoría del tipo...*, p. 264.
197. *Idem, ibidem*, p. 265-266.

Sequer desde a perspectiva de Welzel é possível vislumbrar qual seria a função sistemática desempenhada pelo tipo aberto, a justificá-lo como um elemento distinto da conduta e da ilicitude na estrutura conceitual do delito. Pois é o próprio Welzel quem critica a concepção de tipo como uma descrição valorativamente indiferente de um acontecimento fático, acusando-a de desconhecer a função essencial desse conceito. Também para Welzel, o tipo serve de parâmetro de seleção, dentre as múltiplas condutas humanas, daquelas que são relevantes para o direito penal, precisamente no sentido de que hão de ser «necessariamente lícitas ou ilícitas» – ilícitas ou toleradas, pode-se dizer – «mas nunca valorativamente neutras». Como Welzel sintetiza, a afirmação da tipicidade supõe a constatação da diferenciação valorativa de uma ação para o direito penal.[198]

Então, se o conceito de tipo só tem significado como elemento sistemático – e também como recurso de garantia, isto é, como parâmetro limitador do poder punitivo – enquanto abarca a matéria da proibição, o conceito de tipo aberto há de ser rejeitado como uma *contraditio in adjecto*, como um conceito que nega a si próprio, pelo menos enquanto se fala em «tipo sistemático» e em «tipo garantia».[199]

2.2.4 Dos elementos de dever jurídico aos elementos de valoração global do fato: compreendendo o alcance deste conceito

Embora rejeite a teoria dos tipos abertos e também a definição dos elementos de dever jurídico como regras ou características especiais da ilicitude, independentes do tipo, Roxin atribui importância sistemática à classe desses elementos. Pois mesmo os considerando elementos normativos do tipo, que como todos os demais hão de ser alcançados pelo dolo, Roxin identifica neles uma peculiar relação com a ilicitude, que se evidencia pelo conteúdo intelectivo do dolo que os alcança. É que a consciência dos elementos de dever jurídico do fato típico, diferentemente da que recai sobre os seus demais elementos normativos, coincide, na maioria das vezes e por imposição lógica, segundo Roxin, com a própria consciência da ilicitude desse fato.[200]

Como Roxin bem observa, o conhecimento dos elementos normativos do tipo geralmente não coincide com o da contrariedade do fato típico ao direito, nem acarreta por si só esse conhecimento. Assim, por exemplo, a compreensão pelo agente de que a empresa por ele explorada é uma instituição financeira não

198. WELZEL. *Derecho penal...*, p. 79-80.

199. Essa é também a conclusão de Juarez Tavares. Segundo este autor: «Se o tipo é hoje tomado como a descrição definitiva dos elementos que caracterizam a conduta proibida, só resta concebê-lo como tipo fechado, pois, do contrário, estaria praticamente afetada a segurança jurídica e descaracterizada sua função como elemento fundamentador de garantia. Também o que marca o tipo é precisamente o fato de ser *injusto tipificado*, isto é, injusto específico, legalmente consignado. Isto tem como consequência de que nele devam estar incluídos, sem exceção, todos os elementos caracterizadores do conteúdo de injusto de uma espécie de delito, que assinalam as delimitações das zonas do lícito e do ilícito» (TAVARES. *Teoria do crime culposo*, p. 279).

200. ROXIN. *Teoría del tipo penal...*, p. 131-132.

importa necessariamente no conhecimento de que seja ilícita essa exploração, quando não autorizada. Mas os elementos de dever jurídico poderiam ser destacados entre os elementos normativos como exceções a essa regra, uma vez que o seu conhecimento já proporciona a consciência do dever infringido por quem pratica a conduta típica. Conforme a ilustração de Roxin, aquele que resiste ao ato de um funcionário público reconhecendo que este funcionário atua «em legítimo exercício de seu cargo», jamais incorre em erro de proibição. Pois da consciência da legítima atuação do funcionário decorreria, como consequência lógica, a consciência da ilicitude da resistência oposta a essa atuação.[201]

Tomando por critério determinante as mencionadas repercussões sobre o dolo, Roxin identifica como elementos de dever jurídico, a maioria dos elementos que Welzel destacou como regras e características especiais da ilicitude. Assim a falta de autorização da conduta, a competência de uma autoridade ou a validade jurídica de uma ordem desobedecida. Também porque o seu conhecimento coincide com o da ilicitude da conduta, Roxin admite na classe dos elementos de dever jurídico o dever de agir nos crimes omissivos impróprios e ainda, como já se destacou, o legítimo exercício do cargo por parte do funcionário que sofre o crime de resistência.[202]

Pois bem, é a partir do reflexo subjetivo dos elementos de dever jurídico, verificável no espírito do agente que atua com dolo, e consistente na necessária ciência do seu dever jurídico de atuar de forma diversa, que Roxin vislumbra a «dupla face» objetiva desses elementos. Roxin bem sintetiza essa duplicidade constatada afirmando que, se por um lado os elementos de dever jurídico descrevem o fato, por outro, comportam o próprio juízo de ilicitude que sobre o fato recai. Por reconhecer essa «dupla face», mesmo discordando de Welzel e Kaufmann, que negaram aos elementos de dever jurídico o caráter descritivo do fato, próprio do tipo, Roxin confere a esses autores o mérito de terem sido os pioneiros a identificar neles a dimensão valorativa, própria da ilicitude.[203]

Em função dessa característica especial dos elementos de dever jurídico, dessa sua segunda face, que é a valoração do fato típico como um ilícito, Roxin introduz, já na obra especialmente dedicada ao tema, a designação deles como «circunstâncias valoradoras totais» ou «abarcantes da ilicitude».[204] Há, contudo, sensíveis divergências entre o rol dos elementos de dever jurídico, que Roxin determina em sua monografia de 1959, e o dos elementos de valoração global do fato, posteriormente mencionados em seu *Tratado*.

Dentre essas divergências, destaca-se a inclusão da expressão «reprovável», por sua função no tipo de constrangimento ilegal (§ 240 do StGB), entre os elementos de valoração global do fato, como um perfeito exemplar da classe,[205]

201. Roxin. *Teoría del tipo penal...*, p. 123.
202. *Idem, ibidem*, p. 123-130.
203. *Idem, ibidem*, p. 132.
204. *Idem, ibidem*, p. 131.
205. Roxin. *Derecho penal...*, t. I, p. 299 *et seq*.

sendo que a mesma expressão fora antes excluída do rol dos elementos de dever jurídico.[206] Isto se explica por um sutil aperfeiçoamento da caracterização dos elementos de valoração global em relação à dos elementos de dever jurídico.

Ocorre que os elementos de dever jurídico não foram definidos inicialmente por suas características imanentes, mas em função da consciência da ilicitude que se alcançaria, «na maioria dos casos», como decorrência lógica do seu conhecimento. Definidos assim, em função desse efeito sobre o dolo, os elementos de dever jurídico ficaram restritos a alguns elementos normativos de conteúdo jurídico, capazes de indicar precisamente a ilicitude formal da conduta típica. Ficaram de fora da classe os elementos que, embora contenham uma valoração total do fato, expressam apenas o seu caráter antissocial ou a sua reprovabilidade, sem, contudo, indicar a proibição do fato pelo direito.[207]

Já ao definir os elementos de valoração global do fato, Roxin adota uma perspectiva puramente objetiva, fazendo-o com total independência da variável consciência da ilicitude. Caracteriza-os desde logo, e apenas, pela «dupla face» que já havia vislumbrado nos elementos de dever jurídico; como aquelas circunstâncias que não apenas designam a forma típica do injusto, mas designam simultaneamente o caráter injusto da sua particular concretização.[208]

Com efeito, a diferença terminológica não é mero capricho, mas reflete uma distinção conceitual entre os elementos de valoração global do fato e os elementos de dever jurídico do agente. Enquanto estes são definidos por informarem ao agente que atua com dolo o dever jurídico que descumpre, aqueles são definidos por comportarem uma valoração do fato típico como um injusto. Trata-se de definições divergentes. Porque o caráter injusto do fato não se confunde com a proibição dele, embora seja a sua razão.

A injustiça de uma realização concreta do tipo pode ser compreendida no seu aspecto formal, isto é, como um evento proibido e não excepcionalmente permitido pelo direito, mas também no seu aspecto material, como um acontecimento socialmente intolerável ou reprovável ao seu autor. Assim sendo, são compreendidos como elementos de valoração global do fato, não apenas aqueles que indicam a sua ilicitude formal, mas também os que designam o valor que a orienta, isto é, a ilicitude material do fato.

Por isso é que a reprovabilidade que determina os crimes de constrangimento ilegal e de extorsão no Código Penal alemão é considerada por Roxin um elemento de valoração global do fato, apesar dele não a ter incluído entre os elementos de dever jurídico. Afinal, embora a reprovabilidade objetiva da conduta seja razão suficiente da sua ilicitude, porque conota o seu caráter antissocial e é incompatível com qualquer causa de justificação, o reconhecimento dela não determina logicamente a consciência de que a conduta reprovável seja juridica-

206. Roxin. *Teoría del tipo penal...*, p. 135.
207. *Idem, ibidem*, p. 135.
208. Roxin. *Derecho penal...*, t. I, p. 299.

mente proibida. O mesmo se pode dizer da falta de um motivo razoável para a morte dada a um animal, e do caráter abusivo da utilização de uma chamada de emergência, que também definem crimes na legislação alemã, e são destacados por Roxin como elementos de valoração global do fato.[209]

Mas se a definição dos elementos de valoração global do fato inclui entre eles algumas circunstâncias que não cabiam no conceito dos elementos de dever jurídico, também exclui outras que eram compreendidas por este conceito preliminar. É o caso da competência do funcionário ao qual se presta uma declaração falsa, do legítimo exercício do cargo pelo funcionário a cujo ato se opõe resistência, e da validade jurídica da ordem desobedecida.

Pois muito embora o conhecimento dessas circunstâncias acarrete para o agente a consciência de que a conduta típica é geralmente proibida, e por isso, na maioria das vezes, importe na consciência da ilicitude do fato, nenhuma delas contém em si a valoração definitiva do fato como um injusto. Mesmo conotando, por necessidade lógica, o que Welzel chamaria de antinormatividade da conduta típica,[210] essas circunstâncias são plenamente compatíveis com a ocorrência de causas de justificação, podendo caracterizar por isso um fato típico excepcionalmente permitido; lícito. Por essa razão é que, segundo Roxin, a consciência dos elementos de dever jurídico quase sempre, mas não em todos os casos, indica ao agente a ilicitude da sua conduta.[211]

209. Roxin. *Derecho penal...*, t. I, p. 301.

210. A ideia de antinormatividade remonta à Binding, cuja doutrina não contava com as noções de tipo e tipicidade, mas em todo caso inspirou a formulação delas por Beling. Segundo a teoria das normas, de Binding, como relembra Leite; «são as normas, e não as leis penais, que devem servir de orientação / diretrizes de comportamento (Richtschnur) para os cidadãos, os quais são, portanto, destinatários únicos das proibições contidas na norma». Consequentemente, em seu Manual de Direito Penal, Binding emprega a expressão «elementos da antinormatividade» (Normwidrigkeitsmerkmale), assim como elementos delitivos (Deliktsmerkmale), para se referir aos elementos que «compõem de forma essencial a contradição entre o comportamento delitivo e a ordem proibitiva da norma» (Leite. *Dúvida e erro...*, p. 42).

211. Roxin. *Teoría del tipo...*, p. 131. Há de se consignar que em seu trabalho sobre os elementos de dever jurídico, Roxin defende que esses elementos são incompatíveis, na maioria dos casos, com as causas de justificação. Afirma que a legitimidade do exercício do cargo, pelo funcionário, já não existe quando excepcionalmente a ordem jurídica permite que alguém lhe oponha resistência (Roxin. *Teoría del tipo...*, p. 124). Igualmente incompatível com as causas de justificação seria, para ele, o elemento de dever jurídico «falta de autorização». Segundo argumenta, a abertura de uma carta alheia empreendida para salvar a vida de alguém já não se consideraria desautorizada (Roxin. *Teoría del tipo...*, p. 127). Roxin só admite a convivência do elemento de dever jurídico com uma causa de justificação, excepcionalmente. Reconhece-a, por exemplo, entre a competência da autoridade para tomar declarações mediante juramento e o estado de necessidade, na incontornável hipótese em que alguém jura em falso perante tal autoridade para salvar a vida de outrem ameaçado de morte (Roxin. *Teoría del tipo...*, p. 130). Contudo, em que pese o esforço argumentativo que emprega para demonstrá-las, não se vislumbram as incompatibilidades apontadas por Roxin. Afinal, assim como as causas de justificação não invalidam, mas apenas excepcionam os preceitos cujo descumprimento autorizam, as permissões da resistência também não desconstituem a legitimidade da atuação funcional daquele a quem autorizam resistir. Tampouco as causas de justificação da violação de correspondência anulam a vontade da vítima. E por isso, uma violação de correspondência empreendida sem o seu consentimento terá sido em qualquer caso desautorizada pela vítima, mesmo quando excepcionalmente permitida pelo direito. E assim como o estado de necessidade, que justifica o

Portanto, o conceito de elemento de valoração global do fato não coincide com o de elemento de dever jurídico. Não são de valoração global do fato os elementos de dever jurídico que, muito embora denotem a proibição geral do fato, não apresentam sua valoração definitiva como um injusto, por serem compatíveis com eventuais causas de justificação. Diferentemente dos elementos de dever jurídico, os elementos de valoração global do fato não são necessariamente elementos normativos de conteúdo jurídico, podendo também ser de conteúdo moral ou ético, já que muitas vezes denotam a ilicitude material e não já a proibição jurídica do fato. Finalmente, e justamente por isto, a consciência dos elementos de valoração global do fato, diferentemente daquela que recai sobre os elementos de dever jurídico, não coincide necessariamente com a consciência da ilicitude formal ou, antes, da antinormatividade da conduta que eles descrevem e valoram.

Todavia, quanto à posição sistemática, não se distinguem os elementos de valoração global dos elementos de dever jurídico. Pois foi em relação a estes, por vislumbrar a sua «dupla face», que Roxin desenvolveu a tese que atualmente defende em relação aos elementos de valoração global do fato. Não se conformando com a inclusão da ilicitude no tipo, mas tampouco com uma concepção de tipo destituído dos elementos fundamentadores do injusto, Roxin propõe uma solução conciliatória. Considera que nos elementos de dever jurídico «se entrelaçam» elementos que servem à descrição do fato injusto, com outros que determinam esse caráter, e, portanto, entrelaçam-se elementos típicos com circunstâncias que têm uma função de valoração geral e que só pertencem à ilicitude.[212]

Sem alterar fundamentalmente essa solução, Roxin apenas a elabora com maior precisão e clareza em relação aos elementos de valoração global do fato. Pois em vez de analisá-los como um entrelaçado de elementos componentes, uns pertinentes ao tipo, outros à ilicitude, Roxin propõe uma decomposição dos elementos de valoração global em dois estratos: o dos pressupostos da valoração a que fazem referência, e o da valoração em si. Estabelecida essa estratificação, Roxin posiciona no tipo todos os pressupostos, positivos e negativos, da valoração global, reservando para a ilicitude apenas a valoração definitiva do fato que de tais pressupostos resulta.[213]

Essa solução se impõe, uma vez que os elementos de valoração global não apenas determinam a ilicitude de uma particular realização do fato, mas também os pressupostos objetivos da sua proibição geral. Portanto, considerando que a matéria da proibição é o conteúdo mínimo do tipo como elemento sistemático, e que por isso não pode haver tipos abertos, os pressupostos da valoração global do fato pertencem ao tipo, necessariamente.

---

falso testemunho, não ilide a competência da autoridade para exigir do agente a verdade, também não deixará de ser juridicamente válido um ato ordenatório, se em estado de necessidade ou em legítima defesa puder ser desobedecido. Vislumbra-se, por exemplo, uma desobediência à ordem legal de um agente policial, praticada em legítima defesa, quando o agente não acata a ordem de se recolher à sua residência, durante um período de estado de sítio, visando deter um ladrão que ameaçava lhe saquear o armazém.

212. Roxin. *Teoría del tipo penal...*, p. 212-213.

213. Roxin. *Derecho penal...*, t. I, p. 300-301.

Uma vez reconhecida pertinência ao tipo de todos os pressupostos da valoração global do fato, pode-se afirmar, como Roxin, que em vez de abertos, os tipos definidos em função dessas valorações se revelam os mais fechados que se pode conceber.[214] Com efeito, esses tipos não descrevem apenas a matéria da proibição, fixando os parâmetros de um juízo preliminar, condicionado, de ilicitude penal. Mais do que os pressupostos de contrariedade a um preceito isolado, eles contém em si todas as circunstâncias determinantes da contrariedade da conduta ao ordenamento jurídico tomado em seu conjunto.

Estabelecidos, assim, os limites conceituais, e definidas as funções sistemáticas desempenhadas pelos elementos de valoração global do fato, pode-se identificá-los amiúde, no Código Penal brasileiro e na legislação penal brasileira extravagante. No Código Penal brasileiro estão entre os elementos de valoração global do fato, o «sem justa causa» e o «indevidamente». Aquele descreve e valora, entre outros tipos de injusto, a violação de segredo profissional, no art. 154 do Código, e o abandono material, no seu art. 244. Este conforma, por exemplo, os tipos de injusto de violação de correspondência, no art. 151 do Código, e o de prevaricação, no seu art. 319.

Na legislação extravagante, são exemplos dos elementos de valoração global do fato o «injustificadamente», no art. 71 da Lei 8.078/1990,[215] o «sem justa causa», no art. 7.º, I, da Lei 8.137/1990,[216] o «ilicitamente», no art. 174 da Lei 11.101/2005,[217] o «indevidamente», no art. 195, V, da Lei 9.279/1996,[218] e o «injustamente», no art. 98 da Lei 8.666/1993.[219] O elemento «injustificadamente», no Código de Defesa do Consumidor (Lei 8.078/1990), descreve e valora a exposição típica do consumidor ao ridículo ou a interferência no seu trabalho, por um procedimento de cobrança empregado pelo fornecedor. O elemento «sem justa causa», na Lei 8.137/1990, descreve e valora como tipo de injusto contra a ordem econômica, o comportamento típico de favorecimento ou de preferência a determinado comprador ou freguês no mercado. O elemento «ilicitamente», na Lei 11.101/2005, descreve e valora como um tipo de injusto falimentar punível, a

214. Roxin. *Derecho penal*..., t. I, p. 301.

215. «Art. 71. Utilizar, na cobrança de dívidas, de ameaça, coação, constrangimento físico ou moral, afirmações falsas incorretas ou enganosas ou de qualquer outro procedimento que exponha o consumidor, injustificadamente, a ridículo ou interfira com seu trabalho, descanso ou lazer: Pena Detenção de três meses a um ano e multa.»

216. «Art. 7.º Constitui crime contra as relações de consumo: I – favorecer ou preferir, sem justa causa, comprador ou freguês, ressalvados os sistemas de entrega ao consumo por intermédio de distribuidores ou revendedores; [...] Pena – detenção, de 2 (dois) a 5 (cinco) anos, ou multa.»

217. «Art. 174. Adquirir, receber, usar, ilicitamente, bem que sabe pertencer à massa falida ou influir para que terceiro, de boa-fé, o adquira, receba ou use: Pena – reclusão, de 2 (dois) a 4 (quatro) anos, e multa.»

218. «Art. 195. Comete crime de concorrência desleal quem: [...] V – usa, indevidamente, nome comercial, título de estabelecimento ou insígnia alheios ou vende, expõe ou oferece à venda ou tem em estoque produto com essas referências;»

219. «Art. 98. Obstar, impedir ou dificultar, injustamente, a inscrição de qualquer interessado nos registros cadastrais ou promover indevidamente a alteração, suspensão ou cancelamento de registro do inscrito: Pena – detenção, de 6 (seis) meses a 2 (dois) anos, e multa.»

aquisição, o recebimento ou o uso de bens pertencentes à massa falida. O elemento «indevidamente», na Lei 9.279/1996, descreve e valora a utilização de nome comercial, título de estabelecimento ou insígnia, alheios, entre os tipos de injusto que caracterizam os crimes de concorrência desleal. E finalmente, o elemento «injustamente», na Lei 8.666/1993, descreve e valora como um injusto punível, a obstaculização ou o impedimento da inscrição em cadastro de fornecedores da administração pública, de qualquer interessado em com ela contratar.

Nesses dispositivos legais, como se vê, a conduta incriminada está definida em função de todos os pressupostos da ilicitude de suas particulares concretizações. Afinal, sempre que as condutas por eles previstas forem praticadas sob o pálio de qualquer causa de justificação, legal ou extra-legal, não se poderá dizer que tal se deu «sem justa causa», «indevidamente», «injustificadamente», «ilicitamente», nem «injustamente». Consequentemente, quando uma conduta é tipificada em função de um elemento de valoração global do fato, os juízos de tipicidade e de ilicitude coincidem, de tal modo que essa conduta já não poderá ser típica, se for excepcionalmente lícita.

Os elementos de valoração global do fato constituem corpos estranhos e perigosos em um direito penal orientado pela estrita legalidade, já que por meio deles a lei se omite de apresentar uma clara elaboração do tipo delitivo, substituindo-a por um juízo de valor, cujos pressupostos estão dispersos por toda a ordem jurídica. Não obstante, por mais imprecisos que sejam os parâmetros determinantes das valorações globais, esses parâmetros pertencem ao tipo, como seus elementos constitutivos.

Por isso, diante dessa corruptela do sistema que são os elementos de valoração global do fato, em vez de retroceder excepcionalmente a uma concepção de neutralidade do tipo, aceitando a existência de tipos abertos, o correto é admitir, como Roxin,[220] que eles promovem uma superposição dos juízos de tipicidade e ilicitude penal, anulando, assim, excepcionalmente, a tripartição sistemática das propriedades determinantes do crime.

2.3 DAS LEIS PENAIS EM BRANCO E DOS ELEMENTOS EM BRANCO DAS LEIS PENAIS

2.3.1 Origem do conceito de lei penal em branco e opção terminológica

O conceito de lei penal em branco é atribuído originariamente a Binding,[221] que segundo Kaufmann distingue nas leis penais em geral duas partes; uma descritiva e outra prescritiva.[222] A primeira descreve um comportamento contrário

220. Roxin. *Derecho penal...*, t. I, p. 301.

221. Cury, Enrique. *La ley penal en blanco*, p. 24; Silva, Pablo Rodrigo Alflen da. *Leis penais em branco e o direito penal do risco: aspectos críticos e fundamentais*, p. 37; Vega, Dulce María Santana. *El concepto de ley penal en blanco*, p. 15-16.

222. Kaufmann. *Teoría de las normas...*, p. 17.

a uma norma proibitiva ou mandamental,[223] e a segunda prescreve uma pena ao autor de tal comportamento.[224] Considerando essa estrutura, Binding observa que nem todas as leis penais têm ambas as partes plenamente determinadas. Dentre elas, destaca algumas que só estabelecem com precisão a sanção prescrita, ao passo que da infração à qual tal sanção corresponde só apresentam uma descrição parcial, para cuja complementação remetem a outro diploma legal, preexistente ou futuro.[225]

Os dispositivos penais assim caracterizados por Binding em *Die Normen und Ihre Übertretung* (As normas e sua infração), de 1872, e por ele designados como «leis penais em branco» (*Blankettstrafgesetze*),[226] conciliavam no então recente Código Penal do Império Alemão, de 1871,[227] a competência constitucional exclusiva da Federação (*Bund*) para legislar em matéria penal, com a necessidade prática de apenar a infração de normas locais. Por meio deles, a lei penal do Império delegava aos Estados (*Länder*), e por vezes até aos Municípios, a determinação do pressuposto fático correspondente a um determinado tipo de delito, para o qual estabelecia tão somente a pena.[228] Por isso, com razão, Binding afirma que as leis penais em branco são por si só destituídas de conteúdo e o procuram «como um corpo errante procura sua alma», especialmente quando a proibição para cuja violação cominam pena vem a ser exarada posteriormente à lei penal, pela legislação particular ou pela autoridade local.[229]

223. O comportamento contrário à norma é, desde a perspectiva de Binding, também – e justamente por isso – o comportamento contrario ao bem jurídico que a norma protege. Pois segundo a concepção de Binding sobre o bem jurídico, este é o objeto de proteção da norma, que não existe com independência dela, mas sim como um dos seus elementos; a sua finalidade ou a sua razão de ser. Ainda segundo Binding, o bem jurídico se dá a conhecer por meio da lei penal, que ao estabelecer pena para o comportamento que o viola, declara a vontade do Estado de lhe dirigir proteção (cf. Tavares, Juarez. *Bien Jurídico y función em Derecho penal*, p. 23-24).

224. Aníbal Bruno, em que pese não aderir à teoria das normas de Binding, e se referir aos dispositivos legais incriminadores como normas penais, reconhece neles a mesma estrutura verificada por Binding. Segundo Bruno, a técnica legislativa que hoje se emprega em oposição à das legislações da antiguidade, «constrói a norma penal segundo uma fórmula que supõe a infração do preceito e comina a respectiva sanção – *matar alguém, tal pena*; em vez de enunciar o preceito, constrói a figura típica do crime que constitui a sua transgressão» (Bruno. *Direito penal...*, t. I, p. 117).

225. É o que nos informa Enrique Cury, segundo o qual: «*Binding advierte que, mientras que la mayoría de las leyes penales son plenas o completas, porque en ellas tanto el precepto cuanto la sanción se encuentran totalmente determinados, existen otras que solo precisan la sanción, al paso que del precepto ofrecen una descripción parcial, remitiendo, para su complemento, a otro texto legal preexistente o futuro; a estas últimas las denomina leyes penales en blanco*» (Cury. *La ley...*, p. 24).

226. Cf. Vega. *El concepto...*, p. 15.

227. A proximidade temporal entre a primeira edição da obra na qual Binding cunha sua teoria das normas, e a elaboração do Código Penal do Império Alemão é destacada por Brandão, segundo o qual o Código só entrou em vigor em 1872, mesmo ano da publicação de «*Die Normen*» (*Tipicidade penal...*, p. 129).

228. Cf. Vega. *El concepto...*, p. 15; Silva. *Leis penais...*, p. 37-39; Vargas. *Instituições...*, t. I, p. 77.

229. Binding, Karl. *Die Normen und Ihre Übertretung*. Zweite Aufl. Erster Bd. Normen und Strafgesetze. Leipzig: Verlag von Wilhelm Engelmann, 1890, p. 162 *apud* Silva. *Leis penais...*, p. 40.

Reproduzindo no essencial a definição de Binding para as leis penais em branco, mas chamando por «normas» as disposições às quais Binding se refere como «leis», Aníbal Bruno define as «normas penais em branco» como «normas de tipo incompleto, normas em que a descrição das circunstâncias elementares do fato tem de ser completada por outra disposição legal, já existente ou futura». Ainda segundo Aníbal Bruno, nas normas penais em branco «a enunciação do tipo mantém deliberadamente uma lacuna, que outra disposição legal virá integrar».[230]

Supõe-se que Bruno se refira à «norma», em vez da «lei», como objeto da qualificação «em branco», para marcar sua posição contraria a teoria de Binding, que aparta as normas das leis penais correspondentes. Como bem pontua Bruno, a lei penal, ao estabelecer a correspondência entre uma sanção e um determinado comportamento que descreve, implicitamente enuncia o imperativo da proibição, que é o preceito.[231]

Não se ignora o reconhecimento, por Binding, de que a norma de conduta possa ser acessada por meio da lei penal, que a declara implicitamente. Como ele mesmo esclarece: «quando a Federação diz, eu vos puno, caso o faça, então com isso ela quer igualmente dizer, eu vos proíbo de fazer». Porém, Binding nega que a norma tenha sido enunciada «na forma legal», simplesmente por não estar expressa no dispositivo que comina a pena para o seu descumprimento.[232] Consequentemente, como já se consignou em menção anterior à sua teoria das normas, para Binding a lei penal não seria constitutiva da norma para cujo descumprimento comina pena.

Ao ordenamento jurídico, a lei penal só acrescentaria o dever do Estado de punir, mas não o ilícito correspondente à punição.[233] Este existiria independentemente da lei penal e lhe seria geralmente anterior, muito embora lhe pudesse excepcionalmente suceder, em se tratando de leis penais em branco. A proibição ou a ordem violada pelo delinquente jamais seria revogada por uma mera *abolitio criminis*, pois pertenceria a algum outro ramo do direito, ainda que geralmente não esteja expressa – pelo menos não na forma como Binding concebe a norma;

230. Bruno. *Direito penal...*, t. I, p. 122.

231. Bruno. *Direito penal...*, t. I, p. 118-119.

232. «*Wenn der Bund sagt, ich strafe Euch, falls Ihr diess tut, so will er damit zugleich sagen, ich verbiete Euch das zu tun. Er sagt, es aber nicht ausdrücklichen, folglich nicht in gesetzlicher Form*» (Binding, Karl. *Die Normen und Ihre Übertretung*. Zweite Aufl. Erster Bd. Normen und Strafgesetze. Leipzig: Verlag von Wilhelm Engelmann, 1890, p. 154 *apud* Silva. *Leis penais...*, p. 31, nota 110).

233. Muito ilustrativa desta conclusão, que é a consequência substancial da teoria das normas de Binding, são as seguintes afirmações de Beling, que expressamente adere à Binding quanto ao ponto: «*No se deduce, sin embargo, del derecho penal mismo cuándo y en qué medida es antijurídico (ilícito, contrario al Derecho, no permitido) el comportamiento humano; aquél sólo establece que el castigo debe infligirse siempre y cuando el comportamiento descripto en la ley penal sea antijurídico. La antijuridicidad de ese comportamiento dedúcese más bien de las restantes partes del Derecho, del Derecho Civil, del Derecho Administrativo, etc. Estos son los que el delincuente "lesiona", lo que quebranta, contra los cuales obra. La afirmación corriente de que el delincuente "lesiona" la ley penal, que la quebranta, que obra contra ella, es falsa (ver p. ej., C. P. 73); por el contrario, el delincuente obra según lo presupone la ley penal y, de este modo, más bien la 'realiza' (Teoría de las normas de Binding)*» (Beling. *Esquema...*, p. 22).

como um imperativo imotivado, tal como os do decálogo – em nenhum diploma legal.[234]

Assim como Bruno, rejeita-se a teoria das normas de Binding. Pois o preceito, implicitamente enunciado pelos dispositivos legais incriminadores, é a própria norma de conduta, consagrada como norma jurídica por meio da cominação de pena para o seu descumprimento. Em outras palavras: ao conferir coercitibilidade à norma, a previsão legal da pena correspondente à sua infração também confere autoridade jurídica à norma, independentemente dela já ter sido ou não anteriormente consagrada por outro ramo do direito, de ter sido ou não escrita.

É devido a Binding o mérito de lançar luzes sobre a distinção conceitual entre a lei penal e a norma de conduta cuja infração é punível. Mas não se admite que essa distinção vá além daquela que existe entre a forma e o seu conteúdo, entre o texto e o seu sentido. Com efeito, a circunstância de a lei penal ser formulada com referência expressa apenas à sanção e ao seu pressuposto, deixando assim implícito o preceito, não exclui em absoluto a autoridade constitucional e a suficiência da lei penal para estatuir o preceito, inclusive inovando por meio dele a ordem jurídica.

Faz-se coro, portanto, à afirmação de Bruno segundo a qual o direito penal não é um direito complementar, meramente sancionador, mas um direito constitutivo dos ilícitos que sanciona. Como esse autor bem pondera, seria difícil admitir que a ordem jurídica reservasse a mais grave de suas sanções para assegurar a autoridade de normas que sequer compõem o direito escrito. E mesmo quando o preceito implicitamente imposto pelo direito penal está expresso em outros ramos do direito, não é recíproca a coincidência entre eles, uma vez que o direito penal não o repete pura e simplesmente. O direito penal submete o preceito à sua própria elaboração, aos seus princípios regentes, ampliando ou reduzindo o seu conteúdo. E dessa forma, mesmo quando eleva certos bens já protegidos por outros ramos da ordem jurídica à sua tutela peculiar, o faz por meio de preceitos originários e autônomos, que são indissociáveis da sanção correspondente ao seu descumprimento.[235]

Vale ressaltar, em que pesem autorizadas opiniões em contrário,[236] que não se vislumbra incompatibilidade entre o caráter constitutivo do direito penal e o seu papel subsidiário na tutela de bens jurídicos, decorrente do princípio da intervenção mínima. Pois ao se afirmar que o direito penal é, também, constitutivo da ilicitude, nega-se apenas que o direito penal seja um direito secundário, exclusi-

234. SILVA. *Leis penais...*, p. 25-31.

235. BRUNO. *Direito penal...*, t. I, p. 119. Essa é também a posição de Luciano dos Santos Lopes, para quem: «o Direito Penal não é meramente sancionador de normas violadas em outros ramos do Direito (civil, empresarial, etc.). Tem autonomia na escolha do objeto de suas proibições, diante das possibilidades valorativas apresentadas pela Constituição. Certo é que existe uma adequada construção doutrinária sobre o conceito de bens jurídicos passíveis de tutela, em um Direito Penal constitucionalizado» (LOPES, Luciano Santos. *A relação entre o tipo legal de crime e a ilicitude: uma análise do tipo total do injusto*, p. 31).

236. Assim a de Nilo Batista, para quem «a subsidiariedade coloca a questão da autonomia do direito penal, que se resolve em saber se é ele constitutivo ou sancionador» (BATISTA, Nilo. *Introdução crítica ao direito penal brasileiro*, p. 87).

vamente sancionador de ilícitos constituídos anteriormente e independentemente dele. Mas o reconhecimento da idoneidade formal da lei penal para estatuir proibições e mandamentos não implica a conclusão de que essa possa ser empregada indiscriminadamente.

Não se questiona que o direito penal, como remédio extremo, só deva ser empregado para proteger bens jurídicos em face da ineficiência dos instrumentos coercitivos menos agressivos dos demais ramos do direito. Todavia, uma vez admitida a imperiosidade da intervenção penal para a tutela de um determinado bem jurídico contra certa modalidade de ofensa, nada impede que uma pauta de conduta dirigida a salvaguardá-lo seja direta e originalmente imposta pela lei penal, sem paralelo em qualquer disposição não punitiva.

Pois bem, mas mesmo sem aderir à teoria das normas de Binding, por se reconhecer na lei penal a própria norma de conduta, prefere-se a terminologia deste doutrinador para o objeto em análise, que qualifica a lei, em vez da norma, como sendo «em branco».[237] Prefere-se a expressão «lei penal em branco», pois quando se fala da remissão a outros dispositivos, legais ou administrativos, para determinar o pressuposto fático da pena, trata-se de uma peculiaridade da lei, formulada com emprego da técnica de remissão, e não do seu conteúdo; a norma. As normas correspondentes às leis penais em branco, ao contrário destas, são plenas de sentido, pois são determinadas pelos atos normativos complementares, legais ou administrativos, aos quais as leis penais em branco se referem.

A lei punitiva estabelecida em função de atos normativos distintos contém em si uma incógnita, um espaço vazio a ser preenchido por essas disposições, legais ou extralegais complementares, e por isso se lhe pode qualificar como «em branco». Mas o conteúdo dessa lei penal em branco, que é a norma de determinação da conduta e também do poder punitivo, resulta já da remissão que a lei penal determina e, por isso, nunca está em branco. Ou a norma penal incorpora o conteúdo da disposição complementar, ou, na falta desta, simplesmente não se perfaz, não existe.

2.3.2 Conteúdo e extensão da remissão característica das leis penais em branco

Superada a divergência terminológica, o esclarecimento do conceito apresentado e a consequente delimitação da classe das leis penais em branco demanda

237. Entre os lusófonos, empregam igualmente a expressão «lei penal em branco», Figueiredo Dias (*O problema...*, p. 405 *et seq.*), Alflen da Silva (*Leis penais...*, *passim*), Prado (*Curso...*, p. 95 *et seq.*), Cirino dos Santos (*Direito penal*: *parte geral*, p. 53) e Bitencourt (*Tratado...*, p. 199 *et seq.*). Por sua vez, preferem «norma penal em branco», além de Bruno, Vargas (*Instituições de direito penal*: Parte geral, t. I, p. 77), Toledo (*Princípios básicos de direito penal*, p. 42 *et seq.*), Tereza Pizarro Beleza e Frederico Lacerda da Costa Pinto (*O regime legal do erro e as normas penais em branco*, *passim*). Entre os autores de língua espanhola, «lei penal em branco» é também a expressão preferida. Empregam-na, por exemplo, Cury (CURY, Enrique. *La ley...*, *passim*), Vega (*El concepto...*, *passim*) e Miguel Diaz y García Conlledo (*El error sobre elementos normativos del tipo penal*, p. 427 *et seq.*).

ainda a determinação de quão extensa é a variável dependente de complementação que as caracteriza. Ocorre que, como se viu, por leis penais em branco Binding se refere tanto àquelas que simplesmente não descrevem a infração correspondente à pena que cominam, como às que apresentam uma descrição apenas parcial dessa infração. Ainda mais amplo é o conceito consagrado por Bruno e amplamente difundido pela doutrina brasileira, que inclui entre as leis penais em branco todas aquelas cujo comando ou proibição venha a ser integrado por outro ato normativo, ainda que apenas para dar-lhe «configuração específica».[238]

Com efeito, segundo Bruno, nas leis penais em branco a «quantidade do preceito ausente» varia desde o grau máximo, no qual todo o conteúdo da infração penalmente proibida se encontra previsto em outra lei ou regulamento, até o grau mínimo, no qual o dispositivo complementar apenas confere sentido a um dos elementos do tipo.[239] Ilustrando tal assertiva, poder-se-ia afirmar serem leis penais em branco tanto aquele dispositivo previsto no art. 268 do CP, que pune a infração de «determinação do poder público, destinada a impedir a introdução ou propagação de doença contagiosa», como também o do art. 33 da Lei 11.343/2006, que pune dentre outras muitas condutas alternativas, a fabricação, o transporte e a venda de «drogas». O primeiro dispositivo é uma lei penal em branco, como tal expressamente mencionada por Bruno,[240] por punir a infração de um preceito integralmente previsto em outra parte do ordenamento. E o segundo o seria, como comumente o reconhece a doutrina nacional,[241] por demandar complementação pelas disposições regulamentares que estabelecem quais substâncias se consideram «drogas».

Por outro lado, boa parte da doutrina alemã, amparada na jurisprudência do que seria o Superior Tribunal de Justiça da Alemanha (o *Bundesgerichthoff*, ou BGH), consagra um conceito de lei penal em branco restringido inclusive em

238. Bruno. *Direito penal...*, p. 122-123. Com a mesma amplitude de Bruno, Toledo define as leis penais em branco como sendo «aquelas que estabelecem a cominação penal, ou seja, a sanção penal, mas remetem a complementação da descrição da conduta proibida para outras normas legais, regulamentares ou administrativas» (Toledo. *Princípios...*, p. 42-43). Assim também o faz Regis Prado, para quem «a lei penal em branco pode ser conceituada como aquela em que a descrição da conduta punível se mostra incompleta ou lacunosa, necessitando de outro dispositivo legal para sua integração ou complementação» (Prado. *Curso...*, p. 96). Ainda segundo Bitencourt, as leis penais em branco são «normas de conteúdo incompleto, vago, impreciso, também denominadas normas imperfeitas, por dependerem de complementação por outra norma jurídica (lei, decreto, regulamento, portaria, resolução, etc.)» (Bitencourt. *Tratado...*, vol. 1, p. 199). Finalmente, Cirilo de Vargas parte de um conceito restrito, segundo o qual «são normas penais em branco aquelas incompletas por faltar-lhes o preceito ou a sanção», e o estende ao acrescentar que «lei penal em branco é também aquela cujo complemento se acha em outra lei», como é o caso da que prevê o crime de ocultação de impedimento, inscrita no art. 237 do CP (Vargas. *Instituições...*, p. 78).

239. Bruno. *Direito penal...*, p. 123.

240. Bruno. *Direito penal...*, p. 123.

241. Dentre outros, Paulo Queiroz considera em branco a lei penal incriminadora do tráfico, por demandar complementação quanto ao sentido do elemento «drogas» (Queiroz, Paulo. *Direito penal: parte geral*, p. 115). Assim também Guilherme de Souza Nucci (*Leis penais e processuais penais comentadas*, p. 317). Discorda-se, contudo, dessa classificação. Por razões adiante aduzidas se defende que o elemento «droga» está incluído entre os normativos do tipo, e não entre os elementos em branco da lei penal.

relação àquele atribuído à Binding.[242] Assim o faz Puppe, ao afirmar serem leis penais em branco, ao menos em sentido formal, apenas aquelas disposições que não contêm mais que uma ameaça de pena e, em vez do tipo, apenas a referência a mandamentos ou proibições dispostos em outro lugar.[243] Da mesma forma, Reinhart Maurach e Heinz Zipf,[244] Roxin[245] e Hans Heinrich Jescheck com Thomas Weigend. Estes últimos definem as leis penais em branco como as que só contêm uma cominação penal, e que quanto ao seu conteúdo proibitivo fazem remissão a outras leis, regulamentos ou inclusive a atos administrativos, que de forma independente vão sendo promulgados ou ditados em tempo e por entes distintos daquele que produz as leis penais.[246]

Um bom exemplo desse tipo de dispositivo penal no direito brasileiro, ao lado do já mencionado art. 268 do CP, é aquele previsto no art. 68 da Lei 9.605/1998, segundo o qual é punível com detenção de um a três anos, «Deixar, aquele que tiver o dever legal ou contratual de fazê-lo, de cumprir obrigação de relevante interesse ambiental». Pois tal dispositivo impõe, sob ameaça de pena, a observância de deveres que, todavia, não estabelece. As omissões puníveis nos termos desta lei penal só se podem vislumbrar quando se recorre aos dispositivos legais ou contratuais que determinam os omitentes – aqueles que têm o dever –, bem como às cláusulas contratuais, legais, ou mesmo regulamentares que estatuem as suas obrigações «de relevante interesse ambiental».

Não obstante, ao lado das leis penais em branco no sentido formal supra consignado, Puppe posiciona as leis penais em geral «que se referem a um dever estabelecido em outro lugar». Em relação a estas reconhece a mesma necessidade de integração pelos tipos correspondentes às normas complementares, própria das leis penais formalmente em branco. Pois, como bem observa Puppe, quando a lei penal faz referência a um dever estabelecido em outro lugar, não se pode extrair

242. Segundo Roxin, o BGH (em BGHSt 6, 40) fala de uma lei penal em branco quando o tipo e a cominação de pena «*están separados de modo tal que la integración de la conminación de pena mediante el correspondiente supuesto de hecho se lleva a cabo independientemente por otra instancia y en otro momento*» (Roxin. *Derecho penal...*, t. I, p. 466). Também se amparam em tal enunciado jurisprudencial, Jescheck e Weigend (*Tratado de derecho penal*: Parte General, p. 118).

243. Puppe. Ingeborg. Error de hecho, error de derecho, error de subsunción. In: Frisch *et alii*. *El error en derecho penal*, p. 111-112. Em todo caso, Puppe concorda que os «tipos» – aqui compreendidos como pressupostos fáticos – daquelas normas que completam a lei penal em branco devem integrar-se na norma penal para os efeitos de determinar o conteúdo da «representação dolosa típica» (Puppe. «Error de hecho...» In: Frisch *et alii*. *El error...*, p. 112).

244. Maurach e Zipf também divulgam esse conceito quando opõem às leis penais completas, que contém o tipo e a ameaça de pena, as leis penais em branco. Pois nestas: «*el legislador federal se limita a la determinación de una amenaza de pena, pero deja la formulación de los tipos, «el llenado del blanco», a otras instancias como, por ejemplo, a las autoridades centrales de la administración federal, a la legislación de los Länder o a sus autoridades administrativas y, excepcionalmente, también a autoridades extranjeras*» (Maurach, Reinhardt; Zipf, Heinz. *Derecho penal*: *parte general*. *Teoría general del derecho penal y estructura del hecho punible*, t. I, p. 134).

245. Roxin. *Derecho penal...*, t. I, p. 465.

246. Jescheck; Weigend. *Tratado...*, p. 118.

exclusivamente do tipo que lhe corresponde qualquer norma que tenha sentido, mas apenas uma tautologia.[247]

Dentre os exemplos que Puppe oferece dessas disposições penais que se reportam a obrigações estabelecidas em outra parte do ordenamento, está a do § 283b, inciso I, do StGB, que prevê como crime falimentar, punível com pena privativa de liberdade de até dois anos ou multa, a omissão de manter livros de comércio legalmente exigidos.[248] Com efeito, ao se tentar extrair uma norma de determinação exclusivamente a partir do teor desse dispositivo, só se pode obter um enunciado como: «não deixe de manter livros de comércio, quando legalmente estejas obrigado a manter livros de comércio». Trata-se, como se vê, de uma norma tautológica e, como tal, carente de sentido. Uma norma como essa não delimita a obrigação que impõe sob ameaça de pena e, segundo Puppe, é válida sob quaisquer condições.[249]

No direito penal brasileiro, um dispositivo legal com tais características é, entre outros, aquele do art. 34 da Lei 9.065/1998 (Lei dos Crimes Ambientais), que prevê como crime contra a fauna, punível com reclusão de um três anos e/ou multa, «Pescar em período no qual a pesca seja proibida ou em lugares interditados por órgão competente». É que, exclusivamente a partir de seu teor, tudo o que se pode deduzir como pauta de conduta é que não se deve pescar quando e onde for proibido pescar, segundo a lei ou o órgão administrativo competente. Como se vê, muito embora se refira a proibições, e não a deveres estabelecidos em outro lugar, desse dispositivo só se pode extrair uma norma que tenha sentido recorrendo-se ao conteúdo das outras normas, legais ou administrativas, restritivas do direito de pesca, às quais ele se reporta.

Pois bem, entre a amplitude conferida tradicionalmente pela doutrina brasileira e a restrição formal promovida por uma parte da doutrina alemã, qualquer tomada de posição quanto ao conceito de lei penal em branco, no que tange à extensão do complemento que ela demanda, deve levar em conta a utilidade teórica dessa classe. Há de se evitar distinguir por conceitos diferentes, fenômenos substancialmente idênticos, embora formalmente diversos, bem como

247. PUPPE. «Error de hecho...» In: FRISCH *et alii. El error...*, p. 112.

248. *«§ 283b. Violación de la obligación de llevar contabilidad (1) Con pena privativa de la libertad hasta dos años o con multa será castigado, quien 1. omita llevar libros de comercio, a que está legalmente obligado, o los lleve o modifique de tal manera que se dificulte la visión de conjunto sobre su estado patrimonial, [...]»*. Disposições semelhantes, no direito penal brasileiro, que são igualmente leis penais em branco, se verificam nos arts. 178 da Lei 11.101/2005 e 12 da Lei 4.792/1986, a seguir transcritos: art. 178 da Lei 11.101/2005: «Deixar de elaborar, escriturar ou autenticar, antes ou depois da sentença que decretar a falência, conceder a recuperação judicial ou homologar o plano de recuperação extrajudicial, os documentos de escrituração contábil obrigatórios: Pena – detenção, de 1 (um) a 2 (dois) anos, e multa, se o fato não constitui crime mais grave.»; art. 12 da Lei 7.492/1986: «Deixar, o ex-administrador de instituição financeira, de apresentar, ao interventor, liquidante, ou síndico, nos prazos e condições estabelecidas em lei as informações, declarações ou documentos de sua responsabilidade: Pena – Reclusão, de 1 (um) a 4 (quatro) anos, e multa.»

249. PUPPE. «Error de hecho...» In: FRISCH *et alii. El error...*, p. 112.

reunir sob um mesmo conceito fenômenos substancialmente diversos, ainda que formalmente semelhantes.

Sendo assim, não se deve distinguir conceitualmente as leis penais parcialmente ou totalmente destituídas da descrição da infração, quando nenhuma delas estabeleça o preceito com independência da disposição complementar, nem reunir sob um mesmo conceito essa classe de leis penais e aquelas cuja remissão se presta apenas a delimitar o sentido de um dos elementos do preceito, quando este se encontra integralmente estabelecido pela lei penal.

Rejeita-se, pois, para a delimitação do conceito de lei penal em branco, a distinção entre leis penais integralmente carentes de pressuposto fático e aquelas que, muito embora o descrevam parcialmente, referem-se a obrigações (ou proibições, acrescenta-se) estabelecidas em outra parte. Como se pode extrair dos exemplos coletados, a distinção existe apenas em função da técnica de redação legislativa, que algumas vezes se refere à infração da norma complementar por meio do verbo nuclear do tipo legal – «infringir», «violar» etc. –, e outras vezes se refere a tal infração como o modo, como uma circunstância descritiva da conduta, esta por sua vez expressa por um verbo concreto, como «pescar» ou «manter» livros. Mas o certo é que, sem recurso aos atos normativos complementares, de todos esses dispositivos legais supracitados só se poderiam extrair normas igualmente tautológicas. Portanto, todos esses dispositivos são substancialmente em branco.

A equivalência conceitual que se defende entre as leis penais que só contêm a sanção e as que descrevem parcialmente a conduta punível, mas também hão de ser complementadas por comandos mandamentais ou proibitivos extrapenais, é aplicada inclusive por autores que se alinham ao conceito mais restrito de leis penais em branco.

Assim, Maurach e Zipf dão como exemplo de leis penais em branco o antigo § 184a do StGB,[250] atualmente o § 184 e do StGB,[251] que prevê privação de liberdade de até seis meses ou multa para quem perseverantemente se oponha à proibição expedida por decreto de exercer a prostituição em determinados lugares ou em determinadas horas do dia.[252] Da mesma forma, Roxin, seguindo tradição da doutrina alemã sobre o tema, aponta como exemplo de lei penal em branco a que estabelece o crime de violação ao período de vedação da caça,[253] com estru-

250. «*§ 184a. Ejercicio de la prostitución prohibida Quien perseverantemente se oponga a la prohibición expedida por medio de decreto, de ejercer del todo la prostitución en determinados sitios o a determinadas horas del día, será castigado con pena privativa de la libertad hasta seis meses o con multa hasta de 180 importes diarios.*»

251. «*§ 184e Ausübung der verbotenen Prostitution. Wer einem durch Rechtsverordnung erlassenen Verbot, der Prostitution an bestimmten Orten überhaupt oder zu bestimmten Tageszeiten nachzugehen, beharrlich zuwiderhandelt, wird mit Freiheitsstrafe bis zu sechs Monaten oder mit Geldstrafe bis zu einhundertachtzig Tagessätzen bestraft.*»

252. Maurach; Zipf. *Derecho penal...*, t. I, p. 134.

253. Roxin. *Derecho penal...*, t. I, p. 466.

tura perfeitamente análoga ao suprarreferido crime de pesca irregular, previsto na legislação brasileira.

Em ambos os exemplos, a lei penal menciona parcialmente o conteúdo da proibição; exercer a prostituição, caçar, mas não estabelece as suas condições, remetendo para tanto a outras disposições legais ou regulamentares. Ocorre que, para a determinação do preceito, a descrição parcial da conduta incriminada equivale à completa ausência dessa descrição, quando em todo caso a lei penal se refere à inobservância de um imperativo formulado em outro dispositivo.

Ademais, como bem pontua Puppe, a distinção formal entre essas disposições legais é indiferente para a determinação do conteúdo do dolo, que em qualquer caso envolverá também os elementos do «tipo» correspondente à norma complementar.[254] Assim, por falta de razões sistemáticas para mantê-la, especialmente quando se indaga sobre o erro quanto ao conteúdo das normas de complementação cuja infração é punível, se fará referência a todas elas – as que contêm unicamente uma ameaça de pena e as que preveem parcialmente a infração – como leis penais em branco, ainda que se admita separá-las em subclasses desse mesmo conceito.

Por outro lado, tampouco se endossa a extensão do conceito de lei penal em branco para abarcar também, como pretende Bruno, aquelas cujo dispositivo complementar apenas dá sentido a um dos elementos do tipo. Pois em se conferindo tamanha amplitude ao conceito, haver-se-ia de admitir serem leis penais em branco todas aquelas cujos tipos contenham elementos normativos de conteúdo jurídico, e até mesmo aquelas das quais algum dos termos venha a ser definido por uma cláusula legal de interpretação autêntica.

De tal forma, o conceito perderia totalmente a sua idoneidade distintiva daquela classe especial de leis penais das quais isoladamente não se pode extrair a norma de conduta. E como de tal peculiaridade decorre uma série de problemas dogmáticos relevantes, no plano da validade, da aplicabilidade temporal e espacial da lei penal, e das consequências do erro quanto ao preceito infringido, há que se mantê-la como propriedade necessária das leis penais em branco.

2.3.3 O elemento em branco como parte da lei, mas não do tipo penal: conceito adotado

Compreendem-se, pois, como leis penais em branco todas aquelas que se reportam a obrigações ou proibições estabelecidas por atos normativos diversos, sem referência às quais não se pode extrair da lei penal o sentido do preceito cuja infração se pune. Abarcam-se nesta classe, além das leis penais completamente destituídas da descrição do fato incriminado, também as que o descrevem parcialmente, contudo sem estatuir a norma para cuja infração cominam pena. Segundo classificação empregada por Dulce María Santana Vega, a partir de Neumann,[255]

254. Puppe. «Error de hecho...» In: Frisch *et alii*. *El error...*, p. 112.

255. Neumann. *Das Blankostrafgesetz, Ein Beitrag zur Lehre und Reform des Reichstrafrechts*, 1908, p. 32 y segs. *apud* Vega. Dulce María Santana. *El concepto de ley penal en blanco*, p. 28-29.

as primeiras, estruturadas por proposições como «quem infringir a lei penal em branco será castigado», são as leis penais em branco gerais. E as últimas, correspondentes ao modelo segundo o qual «quem, contrariando a lei em branco faça isso ou aquilo será castigado», designam-se por leis penais em branco especiais.[256]

Assim sendo, os elementos em branco de uma lei penal são justamente as obrigações ou proibições estabelecidas por outra disposição normativa, já existente ou ainda por ser prolatada, à qual tal lei faz referência. Puppe os designa por «elementos em branco dos tipos penais» e os diferencia dos chamados elementos institucionais do tipo, no âmbito geral dos elementos normativos, por não serem quaisquer elementos legalmente definidos ou cujo significado se extrai de normas, mas elementos que fazem referência à própria obrigação cuja inobservância é punível.[257]

A compreensão, por Puppe, dos elementos em branco das leis penais como elementos do tipo é equívoca, embora não seja destituída de fundamento. Com efeito, desde que se conceba o tipo como o injusto descrito concretamente pela lei em seus diversos artigos, tal qual Mezger,[258] ou mesmo como a «matéria de proibição», isto é, como «a descrição objetiva, material, da conduta proibida», tal qual Welzel,[259] há que se concluir que o tipo correspondente às leis penais em branco compreende a descrição de uma infração à norma estabelecida pela disposição complementar e que, portanto, pelo menos os pressupostos de incidência dessa norma são seus elementos constitutivos.

Não obstante, discorda-se da expressão empregada por Puppe – elementos em branco dos tipos penais –, por não se reconhecer no tipo, mas apenas na lei penal, a condição variável ou incógnita das obrigações ou proibições cuja infração se pune. O tipo, como figura conceitual ou elemento sistemático da teoria do

256. Vega. *El concepto...*, p. 28-29. Antônio Doval Pais, que procura caracterizar as leis penais em branco a partir da sua função de conciliar a estabilidade da lei penal ao conteúdo normativo e consequentemente dinâmico de determinados bens jurídicos penalmente tutelados, delimita essa classe de forma coincidente com a que ora se propõe, determinando-as a partir da estrutura correspondente à daquelas leis penais em branco supra designadas como especiais. Assim: «*La estructura de la ley penal en blanco permite sua adaptación a estas necesidades porque el supuesto de hecho se encuentra solamente previsto de una forma parcial. Así, a partir de la alusión a la acción mediante un verbo típico de conteúdo, a menudo, «inocuo» o neutral (desde la perspectiva del bien jurídico), se requiere que el comportamiento se realice con desviación (contravención, infracción, falta de autorización, incumplimiento de deveres, etc.) de otras normas*» (Doval Pais, Antônio. *Posibilidades e límites para la formulación de las normas penales*: el caso de las leyes en blanco, p. 113-114).

257. Nas palavras de Puppe: «*Para caracterizar el elemento como elemento en blanco no es decisivo el criterio formal consistente en que para decidir la cuestión de si se ha cumplido objetivamente el elemento deban utilizarse otras leyes. Ello también ocurre tratándose de los elementos definidos legalmente y en los elementos jurídico-institucionales. También aquí es decisivo el sentido que tiene un elemento. Un elemento en blanco se remite a leyes positivas que determinan el contenido de la obligación misma protegida por la pena y no sólo sus presupuestos jurídicos*» (Puppe. Error de hecho... In: Frisch *et alii. El error...*, p. 113).

258. Mezger. *Tratado...*, t. I, p. 366.

259. Welzel. *O novo sistema jurídico penal*: *uma introdução à doutrina da ação finalista*, p. 48.

delito, não admite o vazio. Ao contrário da lei, que é forma ou meio de expressão, o tipo – assim como a norma cuja infração ele descreve – é conteúdo, é mensagem.

Como bem ressalta Welzel, ambos, «as normas proibitivas e o tipo (matéria das normas) pertencem à esfera *ideal* (espiritual-irreal)».[260] Portanto, ainda que a lei penal não expresse o tipo de modo exaustivo e ele tenha de ser completado pelo intérprete – por meio de outras disposições normativas ou em vista de todo o Direito, como ocorre em face dos elementos em branco das leis penais ou dos elementos de valoração global do fato, respectivamente – o tipo é sempre a plena descrição da conduta proibida, com todos os seus pressupostos, características ou condições gerais.[261]

Por isso, quando se emprega a expressão «elementos em branco» para designar as obrigações ou proibições estabelecidas por disposições diversas, que conferem sentido à norma penal incriminadora, fala-se de elementos da lei penal, e não do tipo. Pois só em face da lei, que contém apenas as referências a essas obrigações ou proibições, elas são variáveis desconhecidas. Já quando se fala do tipo, tem-se em vista o resultado da determinação dessas variáveis. Para o tipo, as obrigações ou proibições referidas pelas leis penais em branco estão pressupostas e, portanto, não estão «em branco», mas necessariamente definidas.

2.3.4 Elemento em branco e princípio da reserva legal: a delimitação conceitual das leis penais em branco como problema preliminar ao da sua validade

A definição das leis penais em branco como disposições que não determinam por si só o preceito cuja infração se pune, mas o fazem em função de uma norma estabelecida em outra parte, acentua a tensão existente entre as remissões que a

260. Welzel. *O novo sistema...*, p. 51.

261. A compreensão do tipo de injusto correspondente às leis penais em branco, como uma descrição completa da conduta incriminada, resultante do preenchimento da lei pela norma complementar, corresponde fundamentalmente às razões invocadas pela 5ª Turma do Superior Tribunal de Justiça, ao julgar o Recurso Ordinário em *Habeas Corpus* n. 64430/SP. Nesse julgamento, o Tribunal reconheceu a inépcia de uma denúncia que imputava ao Paciente a suposta pratica do crime previsto no art. 60 da Lei 9.605/1998; uma lei penal em branco que incrimina «Construir, reformar, ampliar, instalar ou fazer funcionar, em qualquer parte do território nacional, estabelecimentos, obras ou serviços potencialmente poluidores, sem licença ou autorização dos órgãos ambientais competentes, ou contrariando as normas legais e regulamentares pertinentes». Ocorre que a denúncia pedia a condenação do acusado por ter supostamente promovido queimada prévia de canavial, para colheita de cana de açúcar, «sem licença ou autorização dos órgãos ambientais competentes, contrariando as normas legais e regulamentares», sem indicar, contudo, quais normas legais ou regulamentares teriam sido infringidas por meio desta conduta. Segundo o voto condutor do acórdão, «no caso vertente, a denúncia não atende o disposto no art. 41 do Código de Processo Penal, pois não descreve, por completo, a conduta delitiva, já que apenas afirma genericamente que houve o funcionamento de atividade potencialmente poluidora sem autorização, deixando de mencionar o preceito administrativo que condiciona essa prática» (Brasil. Superior Tribunal de Justiça. 5ª Turma. Recurso Ordinário em *Habeas Corpus* 64430 São Paulo. Relator: Min. Gurgel de Faria, Acórdão de 19.11.2015. Publicado no *DJe* de 15.12.2015).

caracterizam e a exigência de certeza e determinação das leis penais, que é corolário lógico do princípio da legalidade, consagrado no art. 5.º, XXXIX, da CF, e no art. 1.º do CP. Pois, sendo a lei em sentido formal a única fonte constitucional do poder punitivo, a determinação do ilícito correspondente à pena em função de uma norma estabelecida por um ato administrativo, por exemplo, é um artifício legislativo de validade duvidosa.

Esse conflito é destacado por Vega, quando se manifesta sobre a proposta de distinção entre os elementos em branco das leis penais e os seus demais elementos normativos segundo o conteúdo da remissão a outras normas que por meio destes e daqueles se dá. Segundo Vega, a partir desse critério, Mercedez García Arán distingue as leis penais em branco das demais determinadas por elementos normativos considerando que aquelas demandam «remissões em bloco», e estas «remissões interpretativas» às normas extrapenais, dentre elas as administrativas.[262]

Conforme essa distinção, pelas remissões em bloco, a infração da normativa administrativa se converte em elemento do tipo, e pelas remissões meramente interpretativas a norma administrativa vem apenas esclarecer ou integrar o sentido de um elemento do tipo, este, todavia, predeterminado na lei penal. Assim, ao contrário das remissões em bloco, as remissões interpretativas são desnecessárias «para que se produza o injusto penal», ou para que se lhe vislumbre em seus contornos essenciais, pode-se dizer.[263]

Essa distinção dos elementos em branco das leis penais em face dos seus demais elementos normativos é rejeitada por Vega, justamente por considerar inadmissíveis as remissões em bloco à normativa extrapenal, que infringem o mandado constitucional de determinação das leis penais e ainda convertem o «tipo penal» – ou a norma penal, como se diria – em um puro ato de referendo do cumprimento da norma administrativa. Para Vega, não se poderia acolher como critério de delimitação um entendimento da técnica das leis penais em branco que contrarie o princípio da legalidade.[264]

Consequentemente, à falta de outro critério, Vega acaba abdicando de uma distinção qualitativa entre «leis penais em branco» e «elementos normativos», por não vislumbrar diferença material (legítima) entre as remissões que se verificam naquelas e as demandadas por estes.[265] Em lugar do critério material que rejeita, Vega se contenta com uma distinção formal das leis penais em branco, que apela para o caráter expresso das remissões que lhes são características, em oposição ao caráter tácito das remissões próprias dos elementos normativos.

Assim, por leis penais de remissão expressa, Vega se refere àquelas que mencionam a necessidade de completar o tipo com recurso à normativa extrapenal. Essas remissões ocorrem quando a lei penal faz alusão à infração de outras leis ou regulamentos sobre determinada matéria, e também quando restringe a

---

262. Vega. *El concepto...*, p. 51.
263. *Idem, ibidem*, p. 51.
264. *Idem, ibidem*, p. 51.
265. *Idem, ibidem*, p. 54 *et seq.*

punibilidade da conduta que descreve às hipóteses não permitidas pelas leis ou regulamentos. Os primeiros casos seriam de «leis penais em branco positivas», e os segundos de «leis penais em branco negativas». Já as leis penais de remissão tácita, segundo Vega, são aquelas cujos tipos contêm «elementos normativos propriamente ditos», como coisa alheia, bem móvel, advogado, benefício fiscal, subvenção etc., ou são determinados por «cláusulas normativas», como «sem autorização administrativa» ou «legalmente obrigados», os quais Welzel denominava «tipos abertos».[266]

O conflito entre a técnica de remissão em bloco e o princípio da legalidade, destacado por Vega, revela-se especialmente em face das chamadas leis penais em branco gerais, cujo pressuposto fático é determinado apenas como infração genérica a uma norma complementar, sem qualquer delimitação adicional quanto à natureza, circunstâncias ou consequências da conduta punível. Com efeito, em vista de disposição constitucional análoga à brasileira quanto ao princípio da legalidade, as jurisprudências espanhola e alemã consagram orientação segundo a qual só é aceitável a remissão a regulamentos administrativos pela lei penal quando nela mesma estejam suficientemente determinados os elementos essenciais da conduta criminosa.

Segundo Francisco Muñoz Conde e Mercedez García Arán, o Tribunal Constitucional espanhol estabeleceu que a observância do princípio da reserva legal pelas leis penais em branco depende de que elas estabeleçam, com independência da norma complementar, o núcleo essencial da conduta punível e seu conteúdo de desvalor relativo à lesão ou exposição de bens jurídicos a perigo.[267] Assim também, segundo Klaus Tiedemann, os precedentes do Superior Tribunal de Justiça alemão exigem, para reconhecer validade às remissões da lei penal às disposições administrativas, que a proibição penal seja já previsível a partir da própria lei, de modo que unicamente as questões de detalhe, as especificações, possam ser deixadas nas mãos do titular do poder regulamentar.[268]

No Brasil, embora ainda não tenha sido jurisprudencialmente consagrado, esse balizamento constitucional das leis penais em branco recebe franco reconhecimento doutrinário.[269] Assim, para Bitencourt, uma remissão total do legislador

266. Vega. *El concepto...*, p. 55.

267. Muñoz Conde, Francisco. García Arán, Mercedes. *Derecho penal: parte general*, p. 113.

268. Tiedemann, Klaus. «La ley penal en blanco: concepto y cuestiones conexas». *Revista Brasileira de Ciências Criminais*, p. 76.

269. Ressalva-se a postura crítica de Luis Greco, que bem demonstra o caráter vago de tal critério, a partir do qual se submete o princípio da reserva legal a um juízo de ponderação baseado em considerações quantitativas (tanto mais precisão quanto maior a pena) e de utilidade (evitar casuísmo e inflexibilidade na lei). Segundo este autor, a relativização da reserva legal implica desconhecimento da natureza do princípio da legalidade, que não é apenas um «mandato de optimização», mas uma barreira deontológica; «uma proibição absoluta que o estado simplesmente não tem o direito de desrespeitar, pouco importando que resultados positivos daí derivem (Greco, Luís. A relação entre o Direito Penal e o Direito Administrativo no Direito Penal Ambiental: uma introdução aos problemas da acessoriedade administrativa. *Revista Brasileirade Ciências Criminais...*, p. 166). Ponderação semelhante faz Helena Regina Lobo da Costa, para quem «a distinção entre elementos fundamentais e complementares do tipo penal é, evidentemente, um

penal a um ato administrativo, sem que o núcleo essencial da conduta punível esteja descrito no preceito primário da norma incriminadora, é inadmissível em face do princípio da reserva legal de crimes e respectivas sanções.[270] No mesmo sentido, Regis Prado ressalta, a partir da doutrina do espanhol Cerezo Mir, a indispensabilidade de que a lei penal em branco contenha «a descrição do núcleo essencial da ação proibida (ou ordenada)».[271]

Não obstante, a conceituação das leis penais em branco e, especialmente, a diferenciação delas em relação às demais leis compostas por elementos normativos, há de se fazer com independência de considerações sobre a sua validade. Precisamente, não se pode restringir a classe das leis penais em branco àquelas que explicitam a parcela essencial da conduta proibida, por obedecerem a uma técnica legislativa legítima, e desconsiderar a existência de leis penais em branco totalmente abertas à determinação pela autoridade reguladora, por violarem o princípio da legalidade.

Não se pode vincular a conceituação das leis penais em branco aos seus requisitos de validade, primeiramente, porque mesmo não observando a forma estabelecida na Constituição, uma lei penal em branco poderá ser invocada e gerará os seus efeitos, até que seja considerada inválida segundo o procedimento constitucionalmente previsto. Depois, porque a valoração de um objeto pressupõe, e não precede a determinação desse objeto. Uma lei penal é inconstitucional porque é totalmente em branco, e não o contrário.

Uma delimitação conceitual das leis penais em branco segundo seus requisitos constitucionais de validade seria ademais inconveniente, pois prejudicaria uma das principais, senão a mais importante função da classe, que é justamente a de alertar o aplicador da lei penal para o especial risco de inobservância do mandado constitucional de determinação dos crimes nesses casos, quando o ilícito penal é estabelecido em função da inobservância de uma proibição ou obrigação estatuída por outro ato normativo, geralmente emanado da autoridade administrativa.

Sendo assim, em que pese a vulneração que promovem da garantia de certeza e determinação dos crimes e das penas, e da reconhecida dificuldade de se compatibilizá-las com o princípio constitucional da reserva legal, compreende-se como leis penais em branco todas aquelas cujo preceito incorpora uma obrigação ou proibição prevista por outro ato normativo, independentemente do papel aces-

---

critério falho, pois indeterminado, e não se presta a fornecer respostas seguras à questão» (Costa. Helena Regina Lobo. *Proteção penal ambiental: viabilidade, efetividade, tutela por outros ramos do direito*, p. 73).

270. Bitencourt. *Tratado...*, p. 200.

271. Prado. *Curso...*, p. 96-97. Também Tarcísio Maciel Chaves de Mendonça, em sua tese de doutorado, enfrenta o problema dos limites de validade das leis penais em branco, segundo a amplitude da complementação delegada às normas de fonte diversa, concluindo que não deve ficar a cargo da norma complementar, a definição das circunstâncias determinantes da ilicitude da conduta proibida (Mendonça, Tarcísio Maciel Chaves de. *Lei penal em branco*, p. 203).

sório ou principal desempenhado pela norma complementar na determinação da conduta punível.

Distinguindo-se dessa forma o problema conceitual, do problema da validade das leis penais em branco, aufere-se dupla vantagem metodológica. Primeiramente, quando a elaboração conceitual, como questão preliminar que é, vê-se desvinculada do juízo de validade das leis penais em branco, torna-se possível diferenciá-las com segurança das demais leis penais determinadas por elementos normativos.

É que, para tanto, há de se reconhecer sem pudores que o elemento em branco das leis penais corresponde ao conteúdo estritamente imperativo – proibitivo ou obrigacional – das normas que lhe são complementares, e se distinguem, portanto, pelas chamadas remissões em bloco. Os outros elementos normativos das leis penais, por sua vez, correspondem ao conteúdo meramente conceitual, aclaratório ou concretizante das outras normas que as complementam, e se verificam, portanto, quando a remissão a essas normas é meramente interpretativa.

Com efeito, a distinção das leis penais em branco pela forma expressa da remissão, que Vega acolhe em lugar de distingui-las pela remissão em bloco, mal disfarça a diferença de conteúdo efetivamente existente entre as chamadas remissões expressas e as demais, designadas como tácitas. Pois aquelas, tal como Vega as caracteriza – por alusão à infração de leis ou regulamentos sobre a matéria, ou por remissões de caráter negativo aos casos permitidos pelas leis ou regulamentos –,[272] não expressam simplesmente a necessidade de complementação do tipo por outra norma, mas precisamente a contrariedade entre a norma complementar e a conduta típica, que é afinal a matéria da remissão, por sua vez constitutiva do injusto penal.

E além de não ser puramente formal, a distinção das leis penais em branco pela forma expressa da remissão é equivoca. Pois, muito embora a disposição prevista no art. 269 do CP[273] não o mencione expressamente, o tipo penal que lhe corresponde só se configura por infração das normas extrapenais que estabelecem o dever do médico de comunicar um diagnóstico, dispondo sobre as enfermidades de comunicação obrigatória, a forma, o prazo de tal comunicação e as autoridades sanitárias que devam ser comunicadas.

Depois, quando se determinam as leis penais em branco com independência do princípio da reserva legal em matéria penal, reserva-se a este princípio o profícuo papel de instrumento da crítica dogmática e da elaboração hermenêutica de toda essa classe de leis, que se desempenha paralelamente e sem prejuízo dos mecanismos institucionais do controle de constitucionalidade. Com efeito, desde o princípio da reserva legal se pode deduzir um conteúdo mínimo de algumas leis penais em branco, especiais e gerais, que é o da incriminação da desobediência.

272. Vega. *El concepto...*, p. 55.

273. «Art. 269. Deixar o médico de denunciar à autoridade pública doença cuja notificação é compulsória: Pena– detenção, de 6 (seis) meses a 2 (dois) anos, e multa.»

E desse conteúdo mínimo extraem-se importantes consequências dogmáticas, especialmente em matéria de erro, como adiante se verá.

2.3.5 Instância normativa e âmbito material de complementação dos elementos em branco das leis penais

Finalmente, cumpre delimitar o conceito de lei penal em branco segundo a fonte formal e o âmbito material dos seus elementos em branco. Isto significa manifestar-se sobre a possibilidade de se caracterizar como lei penal em branco, primeiramente, uma disposição penal incriminadora cujo complemento esteja também estabelecido por uma lei federal e, sucessivamente, uma disposição penal que remeta a outra, igualmente definidora de crimes ou cominatória de penas.

A controvérsia em torno desses aspectos do conceito de lei penal em branco se estabelece a partir da extensão que lhe promoveu Mezger, em relação à formulação originária do conceito, conferida por Binding. Pois se na concepção de Binding as leis penais em branco se limitavam àquelas que demandavam complementação por normas hierarquicamente inferiores, emanadas – por delegação – dos Estados Federados e dos Municípios, Mezger admitiu como tal também as que hão de ser complementadas por disposições previstas em leis distintas, mas emanadas da mesma instância normativa, ou até no bojo da própria lei penal, em outra parte de seu texto.[274] Contudo, Mezger não reuniu indistintamente toda essa gama de leis penais incompletas. Antes, classificou como «leis penais em branco em sentido estrito», apenas aquelas cujo complemento provenha de normas extrapenais, emanadas de fonte hierarquicamente inferior à lei penal, admitindo designar as demais como leis penais em branco apenas em um «sentido amplo».[275]

Essa ampliação do conceito de leis penais em branco, segundo a fonte de complementação, ecoa em boa parte da doutrina. No Brasil, acolhem-na Bruno,[276] Vargas,[277] Prado[278] e Bitencourt.[279] Em estudo monográfico, Pablo Rodrigo Alflen da Silva destrincha a classificação proposta por Mezger, dividindo as leis penais em branco em sentido amplo em dois grupos: o das leis de remissão externa, ou heterovitelíneas, que remetem a outra lei em sentido formal, e o das leis de remissão interna, ou homovitelíneas, que remetem a outros dispositivos contidos na mesma lei penal.[280]

274. Doval Pais, Antonio. *Posibilidades y limites para la formulación de las normas penales: el caso de las leyes em blanco*, p. 100.

275. Mezger. *Tratado...*, t. I, p. 396-397.

276. Bruno. *Direito penal...*, t. I, p. 123.

277. Embora ressalte ser mais de acordo com a natureza da lei em branco que a integração seja feita por ato de autoridade inferior àquela que editou a norma penal, Vargas admite ser também dessa classe aquelas cujo complemento se acha em outra lei (Vargas. *Instituições...*, t. I, p. 77-78).

278. Prado. *Curso...*, p. 97.

279. Bitencourt. *Tratado...*, v. 1, p. 199-200.

280. Silva. *Leis penais...*, p. 68-69.

Eugênio Raúl Zaffaroni e José Henrique Pierangelli empregam com ressalva a acepção ampla de lei penal em branco. Segundo esses autores, «Chamam-se leis penais em branco as que estabelecem uma pena para uma conduta que se encontra individualizada em outra lei (formal ou material)».[281] Assim, se por um lado admitem que o complemento das leis penais em branco pode advir de uma lei em sentido formal, assim como de decretos, resoluções ou portarias – leis em sentido material – afirmam que, de todo modo, a norma penal em branco se completa por lei diversa; «outra lei». Excluem da classe, dessa forma, as chamadas leis de remissão interna ou homovitelíneas.

Por outro lado, Jescheck com Weigend,[282] Maurach com Zipf,[283] Klaus Tiedemann[284] e Tereza Pizarro Beleza com Frederico Lacerda da Costa Pinto[285] mantêm-se fiéis aos limites originários do conceito de lei penal em branco quanto à fonte da norma de complementação, insistindo que esta provenha de instância diversa daquela que produz a lei penal. Dentre esses, Tiedemann rejeita expressamente a ampliação conferida por Mezger, com o intento de restringir a classe das leis penais em branco em face daquelas determinadas por elementos normativos, dentro do espectro geral das leis correspondentes aos «tipos penais abertos».[286]

Segundo Tiedemann, a necessidade de recorrer a outros artigos da mesma ou outra lei para a interpretação de certos tipos ou elementos do tipo não é decorrência de uma técnica legislativa singular, mas se impõe em geral pelo emprego de elementos típicos normativos ou valorativos. E a distinção precisa das leis penais em branco, dentre todas as que se valem desses elementos, para Tiedemann, seria justamente a técnica de «remissão externa», expressão por meio da qual ele se refere às remissões a normas complementares procedentes de instâncias normativas distintas daquela que estabelece a cominação penal.[287]

281. Zaffaroni, Eugênio Raúl; Pierangeli, José Henrique. *Manual de direito penal brasileiro*: *parte geral*, p. 449.

282. Segundo Jescheck e Weigend, as normas de complementação das leis penais em branco podem ser determinadas por leis, regulamentos, ou inclusive por atos administrativos, mas que em qualquer caso tenham sido promulgadas ou ditados em outro tempo e por um órgão diferente daquele que emitiu a lei penal (Jescheck; Weigend. *Tratado...*, p. 188).

283. Maurach; Zipf; *Derecho penal...*, t. I, p. 134.

284. Tiedemann. «La ley...». *Revista Brasileira...*, p. 73-74.

285. Para Tereza Pizarro Beleza e Frederico Lacerda da Costa Pinto, não se deve considerar «norma penal em branco» a remissão a outras disposições da mesma instância legislativa (Beleza, Tereza Pizarro; Pinto, Frederico Lacerda da Costa. *O regime legal do erro e as normas penais em branco*: ubi lex distinguit, p. 31-32).

286. Tiedemann. «La ley...». *Revista Brasileira...*, p. 73-74. Segundo Tiedemann: «*Se califican de leyes penales en blanco en sentido amplio todos los tipos penales "abiertos", los cuales no describen enteramente la acción y/o la materia de prohibición y se encuentran, por conseguinte, necessitados de complementación. En un examen más pormenorizado, sin embargo, deben realizarse dentro del amplio espectro de los tipos penales abiertos diferenciaciones terminológicas y de contenido que conducen, en definitiva, a un concepto de ley penal en blanco en sentido estricto* [...]» (Ibidem, p. 73).

287. Tiedemann. «La Ley...». *Revista Brasileira...*, p. 73-74. Em outra obra, Tiedemann insiste que, por razões de clareza, a classe das leis penais em branco em sentido estrito, que remetem a uma instância normativa distinta daquela do legislador, deve ser destacada daquelas que só o são em sentido amplo; as

Contudo, uma vez estabelecido que o elemento em branco característico das leis penais não é um elemento normativo qualquer, e sim uma obrigação ou proibição estabelecida em outra parte, fica afastada a confusão conceitual, que Tiedemann pretendeu evitar, entre as leis penais em branco e as demais dependentes de complementação. Afinal, um elemento juridicamente definido, seja por cláusulas de interpretação autêntica ou por normas diversas que estabelecem um instituto qualquer referido pela lei penal, não é apenas por isso um elemento em branco dessa lei.

Um elemento normativo só será também um elemento em branco da lei penal, independentemente do escalão da norma que o defina, quando seu sentido venha a ser especificamente conferido por um imperativo, isto é, quando por meio dele a lei se referir ao próprio preceito ou a parte do preceito cuja inobservância se pune. Assim o período de defeso da pesca, na determinação legal do crime previsto no art. 34 da Lei 9.605/1998, que se refere aos limites temporais de uma proibição legal ou administrativa de pescar, ou os documentos de escrituração contábil obrigatórios, na determinação legal do crime previsto no art. 178 da Lei 11.101/2005, que se referem às obrigações contábeis do empresário, fixadas em leis ou regulamentos.

Consequentemente, não se vislumbra uma necessidade epistemológica de se restringir a classe das leis penais em branco àquelas que fazem remissão a normas de distinta fonte. Pelo contrário, tal restrição se mostra inconveniente para a elaboração teórica do erro quanto aos elementos em branco das leis penais. Pois já que as leis penais em branco em sentido estrito e em sentido amplo são igualmente carentes do preceito, a desconsideração destas em favor daquelas configuraria uma limitação arbitrária do objeto de análise, a princípio irrelevante para a determinação do conteúdo do dolo nos crimes por elas definidos.

Como bem observa Antônio Doval Pais, as divergências conceituais em torno da fonte formal de complementação das leis penais em branco não se justificam por uma imposição lógica, mas se devem muitas vezes à mera conveniência didática ou argumentativa dos teóricos, que varia segundo o problema do qual venham a se ocupar, nesta seara. Então, quando se pretende destacar o problema da validade da lei penal em branco, em vista da garantia política da reserva legal, é comum reservar tal nomenclatura para aquelas disposições penais incriminadoras referidas a normas de distinta fonte, em função das quais esse problema se apresenta. Já quando se enfrentam problemas que não variam segundo a fonte de complementação da lei penal em branco, como os relativos à aplicabilidade dessas leis no tempo e ao tratamento do erro, geralmente se acolhe um conceito mais amplo.[288]

---

leis penais que fazem remissão a atos da mesma instância que estabelece a norma. Pois no caso das leis penais em branco em sentido amplo, surge o difícil problema da sua delimitação em relação aos elementos normativos do tipo. Em suas palavras: «*Para la delimitación se han propuesto diversos criterios, los que sin embargo, no son útiles para todos los casos*» (Tiedemann. *Derecho penal económico: introducción y parte general*, p. 130).

288. Doval Pais. *Posibilidades y limites...*, p. 101-102.

Ainda assim não se reconhece no conceito de lei penal em branco a mesma extensão que lhe conferiu Mezger, pois só se admite a «brancura» de uma lei quando a determinação do preceito que ela estabelece dependa de outro ato normativo, e não quando a incompletude de um dispositivo se resolve em vista de outro inscrito na mesma lei. Ocorre que se um dispositivo remete a outro pertencente à mesma lei, que lhe complementa o sentido, não se lhe pode considerar com independência do dispositivo complementar, pois eles fazem parte do mesmo texto.

Nos casos de remissão interna, o estabelecimento da norma por meio de dois ou mais dispositivos é mero capricho redacional; peculiaridade da técnica legislativa empregada na elaboração de um determinado diploma, que não compromete a unidade significativa do todo que esses dispositivos compõem. Por isso o dispositivo remissivo não é incompleto quanto à sua disposição, se é posto juntamente com o dispositivo ao qual remete, e a lei penal que a ambos abarca não se pode considerar em branco, quando por meio de ambos estabelece o preceito e a sanção que corresponde ao seu descumprimento.

A completude dos dispositivos caracterizados pela remissão interna é claramente demonstrada por Maurach e Zipf, que dessa forma opõem as leis penais compostas por tais dispositivos àquelas, incompletas, que se podem designar como «em branco». Segundo esses autores é indiferente que «a ameaça de pena formule o tipo» («quem furtar será castigado») ou que remeta a outra norma contida na mesma fonte, criando dessa maneira um tipo de maior complexidade «externa», isto é, formal («quem infrinja a proibição contida no § «x», será castigado»). Pois em qualquer desses casos o legislador estabelece na mesma fonte legal – ou no mesmo ato normativo, como se diria – o tipo e a ameaça de pena.[289]

Considera-se, portanto, como lei penal em branco, não apenas aquelas cujo complemento provém de instância normativa diversa, como os atos regulatórios da administração pública e, no caso brasileiro, as leis estaduais ou municipais, mas também as que remetem a outra lei em sentido formal, que tal como a lei penal resulte do devido processo legislativo federal. Em todo caso, como é a ausência do preceito o que caracteriza a lei penal em branco, esta só se dá quando a determinação daquele estiver total ou parcialmente delegada a outro ato normativo, regulamentar ou legislativo, e não quando a mesma lei, embora por disposições diversas, estabelecer tanto a sanção quanto a infração que lhe corresponde.[290]

Mas se, por um lado, a fonte formal da disposição complementar é indiferente para o conceito de lei penal em branco, o mesmo não se pode dizer do âmbito material dessa disposição, que será necessariamente extrapenal. Pois as leis penais complementadas por outras igualmente definidoras de crimes ou cominatórias de penas não estabelecem novos tipos de ilícitos penalmente relevantes

---

289. MAURACH; ZIPF. *Derecho penal...*, t. I, p. 134, tradução nossa.

290. Compartilha-se, assim, da conclusão de Vega, segundo a qual «*la peculiaridad de las leyes penales en blanco no se encuentra sólo en el dato de la delimitación de la reserva legislativa, sino en el carácter foráneo de las disposiciones que van a ser integradas para completar el tipo penal*» (VEGA. *El concepto...*, p. 36).

e, por isso, não compartilham da complexidade teórica e nem da funcionalidade própria das leis penais em branco.

É comum uma lei penal se reportar a outra. Isso ocorre, por vezes, para determinar a hipótese de incidência de uma lei penal a partir dos elementos determinantes de outro crime; para determinar a sua aplicabilidade, condicionando-a à não configuração de crime mais grave; ou ainda para estabelecer a própria pena cominada, em função daquela prevista em outra lei para uma infração diversa. Mas em nenhum desses casos a remissão se presta a determinar o preceito da lei penal incompleta, pois não faria sentido buscá-lo em uma norma igualmente incriminadora da sua inobservância.

Uma lei penal que buscasse em outra o próprio preceito seria a inútil repetição da lei penal complementar, a menos que lhe modificasse a pena prevista ou previsse uma forma qualificada do crime definido naquela. Ainda assim, não se destacaria das demais, pois o emprego da técnica da remissão só se torna problemático para a teoria da lei penal e para a teoria do delito quando por meio dela, nas precisas palavras de Vega, «normas extrapenais, não regidas formal e materialmente pelos princípios informadores do Direito penal, incorporam-se ao tipo para complementar o sentido do mesmo».[291] Quando, pelo contrário, uma lei penal é referida a outra igualmente determinante de crimes ou cominatória de penas, sua incompletude não gera qualquer dificuldade adicional para a verificação da sua validade, para a sua aplicação, interpretação, ou para o tratamento do erro quanto ao injusto que prevê.

Por fim, quando se caracterizam as leis penais em branco a partir da peculiar função sistemática delas, ficam igualmente excluídas do conceito aquelas que demandam complementação por outras leis igualmente penais. Por esta via segue Doval Pais, definindo as leis penais em branco como as que oferecem tutela penal a bens jurídicos altamente formalizados, cuja integridade depende da uma série de condições estabelecidas em termos de «não transgressão» de outras normas. Trata-se, ainda segundo Doval Pais, dos bens jurídicos de natureza supra-individual ou coletiva, dentre os quais a ordem socioeconômica, a ordenação territorial e o meio ambiente.[292]

Com efeito, quando se comina pena para a ofensa a bens jurídicos concebidos normativamente, como as condições decorrentes da não transgressão de determinadas pautas de comportamento, a definição da ofensa punível só se pode fazer com referência a outras normas, cujo conteúdo a disposição penal incriminadora não menciona. E como o direito penal não é um jogo de espelhos, essas normas referidas hão de ser extrapenais.[293]

291. VEGA. *El concepto...*, p. 36, tradução nossa.

292. DOVAL PAIS. *Posibilidades y limites...*, p. 107-108.

293. Posição plenamente coincidente, quanto à fonte e a matéria do elemento em branco das leis penais, é defendida por Doval Pais para quem: «*desde la la perspectiva funcional que sugere el tratamiento de las leyes penales en blanco a que se ha hecho referencia, debe acogerse la concepción relativamente amplia (o intermedia) de las mismas y entender que cabe aplicar esta denominación tanto a los casos de*

2.3.6 Classificações relevantes das leis penais em branco

Recapitulando as classificações já antes expostas, nos limites conceituais supradeterminados, as leis penais em branco podem ser desdobradas segundo a extensão e segundo a fonte formal do seu complemento, respectivamente, em leis penais em branco gerais e especiais, em sentido estrito e em sentido amplo.

Quanto à extensão do complemento, são leis penais em branco gerais aquelas nas quais a determinação da conduta proibida fica plenamente delegada à norma complementar, e leis penais em branco especiais aquelas que delimitam em alguma medida o conteúdo da proibição, delegando à norma complementar apenas parte dessa determinação. As leis penais em branco gerais definem o crime simplesmente como infração à norma complementar, sem referência ao conteúdo desta ou sequer à forma da conduta que a contraria. Já as leis penais em branco especiais indicam o núcleo do tipo, definindo a forma da ação ou omissão proibida, mas remetem à norma complementar para a determinação do âmbito ou das condições da proibição.

No direito penal brasileiro, a bem da garantia de determinação das incriminações, a imensa maioria das leis penais em branco são especiais, e as gerais são prolatadas muito excepcionalmente. Destas, são exemplos as já citadas disposições do art. 268 do CP, que incrimina a infração de determinação do poder público destinada a impedir a introdução ou propagação de doença contagiosa, e do art. 68 da Lei 9.605/1998, que incrimina a inadimplência de obrigação legal ou contratual de relevante interesse ambiental. Já para ilustrar as leis penais em branco especiais, cita-se a disposição do art. 12 da Lei 10.826/2003,[294] que incrimina, entre outras modalidades de conduta típica, a posse de arma de fogo de uso permitido no interior da própria residência, em desacordo com determinação legal ou regulamentar. Como se vê, esta disposição legal determina as forma da conduta proibida e até as circunstância típicas de lugar, mas não o conteúdo do injusto punível, que pressupõe a infração de determinação legal ou regulamentar.

Quanto à fonte formal do complemento, a aceitação de um conceito relativamente amplo de lei penal em branco não impede que se destaque, dentre elas, as que o são em sentido estrito. Pois ainda que a delimitação do conceito segundo a fonte da norma complementar se revele arbitrária, em face da amplitude do problema do erro quanto ao seu conteúdo, a importância dessa variável não pode

---

remisiones a leyes como reglamentos, aunque (aquéllas) siempre han de poseer una naturaleza no penal. Se descartaría, por ello, la posibilidad de referirse a las remisiones internas (o sea, las que tienen origen y destino en el seno de una misma ley penal o, incluso, de leyes penales distintas) con la designación de «leyes penales en blanco» (Doval Pais. *Posibilidades y limites...*, p. 118). No mesmo sentido, mas sinteticamente, Vega afirma que as leis penais em branco são as que realizam remissão a «outro corpo normativo extrapenal» (Vega. *El concepto...*, p. 36, tradução nossa).

294. «Art. 12. Possuir ou manter sob sua guarda arma de fogo, acessório ou munição, de uso permitido, em desacordo com determinação legal ou regulamentar, no interior de sua residência ou dependência desta, ou, ainda no seu local de trabalho, desde que seja o titular ou o responsável legal do estabelecimento ou empresa: Pena – detenção, de 1 (um) a 3 (três) anos, e multa.»

ser desconsiderada a princípio. Alem de ser determinante para o problema da validade das leis penais em branco, que se estabelece em função do princípio da reserva legal, a fonte formal da norma de complementação é relevante para a apuração e mensuração da reprovabilidade do erro quanto à ilicitude das condutas incriminadas por essas leis, uma vez verificado o dolo.

São, pois, leis penais em branco em sentido estrito, aquelas cuja norma complementar provém de fonte distinta da «norma de sanção».[295] Assim as leis penais que remetem a normas estabelecidas pela autoridade administrativa por meio de portarias, resoluções, decretos, circulares, dentre outros instrumentos reguladores. Assim também as leis penais que remetem a outras normas legais, mas provenientes de instância legislativa diversa, como são as leis estaduais ou municipais.

Como leis penais em branco em sentido estrito consideram-se, ainda, aquelas complementadas por obrigações ou proibições individuais, prolatadas por autoridade pública ou inclusive contratualmente assumidas, e até as que remetem a normas extrajurídicas, como os regulamentos de ofício – as *lex artis* – com seus protocolos para o desempenho de determinadas atividades técnicas.[296] Pois em qualquer dessas hipóteses se tem uma lei penal carente da norma de conduta, cujo tipo só se integra por referência a obrigações ou proibições extrapenais estabelecidas por ato ou forma diversa da norma de sanção.

Bem ilustram estes casos as disposições dos arts. 65 da Lei 8.078/1990,[297] 68 da Lei 9.605/1990[298] e 229 c/c o art. 10 da Lei 8.069/1990.[299] A primeira remete a um ato administrativo que pode ser geral ou individual, ao incriminar a execução de serviço de alta periculosidade «contrariando determinação de autoridade competente». A segunda remete a uma obrigação livremente assumida pelo agente, ao incriminar a inadimplência de dever contratual de relevante interesse ambiental. E a terceira remete aos protocolos médicos neonatais, ao incriminar a

295. Citado por Vega (*El concepto...*, p. 32), Eberhard Schmidhäuser (*Strafrecht, AT, Studienbuch*, 2 Aufl, 1984, p. 56) diferencia nas leis penais em branco a disposição jurídico-penal como norma de sanção e a disposição extrapenal como norma de complemento.

296. Entre as normas de complemento das leis penais em branco em sentido estrito, Tiedemann cita, ao lado das «disposições administrativas gerais», também os «atos particulares da administração» e as normas não jurídicas, como são «as regras da técnica geralmente reconhecidas» na planificação, direção e execução de uma construção, que complementam o tipo penal de periclitação em construções, previsto no § 319 do StGB (Tiedemann. «La ley...». *Revista Brasileira...*, p. 74-75).

297. «Art. 65. Executar serviço de alto grau de periculosidade, contrariando determinação de autoridade competente: Pena Detenção de seis meses a dois anos e multa.»

298. «Art. 68. Deixar, aquele que tiver o dever legal ou contratual de fazê-lo, de cumprir obrigação de relevante interesse ambiental: Pena– detenção, de um a três anos, e multa.»

299. «Art. 10. Os hospitais e demais estabelecimentos de atenção à saúde de gestantes, públicos e particulares, são obrigados a: [...] III – proceder a exames visando ao diagnóstico e terapêutica de anormalidades no metabolismo do recém-nascido, bem como prestar orientação aos pais; [...] Art. 229. Deixar o médico, enfermeiro ou dirigente de estabelecimento de atenção à saúde de gestante de identificar corretamente o neonato e a parturiente, por ocasião do parto, bem como deixar de proceder aos exames referidos no art. 10 desta Lei: Pena – detenção de seis meses a dois anos.»

inobservância deles pelo médico que não realiza os exames indicados para diagnosticar anormalidades no metabolismo do recém-nascido.

Já as leis penais complementadas por normas provenientes da mesma fonte constitucional, que no caso brasileiro são as leis federais (Cf. art. 22, I, da CF/1988), designam-se como leis penais em branco em sentido amplo. Exemplificam-nas as disposições dos arts. 8.º e 12 da Lei 7.492/1986, que incriminam, respectivamente, a inobservância da legislação pertinente na exigência de juros sobre operação de crédito e a inobservância, pelo ex-administrador de instituição financeira, dos prazos e condições legalmente estabelecidos para a apresentação ao interventor, liquidante ou síndico, das declarações ou documentos de sua responsabilidade.

Como só se consideram leis penais em branco aquelas referidas a corpos normativos diversos e extrapenais, excluem-se desta classe as disposições penais complementadas por outras estabelecidas na mesma lei, bem como as leis penais referidas a normas igualmente determinantes de crimes ou de penas, quer sejam estas acessórias ou principais, de parte geral ou especial, previstas em diploma legal diverso. Rejeita-se, portanto, as classificações das leis penais em branco em sentido amplo como de remissão interna, ou homovitelíneas, em oposição às de remissão externa, ou heterovitelíneas, na medida em que não se reconhece a pertinência daquelas, referidas a disposições constantes do mesmo diploma, ao conceito geral de lei penal em branco.

As leis penais em branco se classificam também segundo a forma da remissão que contém e segundo a unidade ou pluralidade de atos normativos extrapenais que lhe preenchem o branco. Segundo a forma, as remissões podem ser dinâmicas ou estáticas.[300] E segundo a complexidade, as remissões podem ser de primeiro ou de segundo grau.[301]

As remissões dinâmicas são aquelas que não determinam a disposição complementar, e as estáticas, aquelas que indicam precisamente o ato normativo que as complementa.[302] As leis penais determinadas pela técnica da remissão estática, como ressalta Doval Pais, não possuem a funcionalidade própria das leis penais em branco.[303] Com efeito, ao contrário das leis penais em branco de remissão dinâmica, as de remissão estática não se mantêm válidas após a revo-

300. Doval Pais. *Posibilidade y limites...*, p. 121 *et seq.*

301. Martínez-Buján Pérez, Carlos. *Derecho penal econômico: parte general*, p. 124; Vega. *El concepto...*, p. 34.

302. Segundo Tiedemann, por meio das remissões dinâmicas, também chamadas «remissões abertas ao futuro», o legislador não remete a atos preexistentes ao momento da resolução legal, como ocorre por meio das remissões estáticas, mas também a atos normativos que serão praticados no futuro e que por isso são incertos quanto ao seu conteúdo (Tiedemann. *Derecho penal econômico...*, p. 136).

303. *«En efecto, toda remisión hecha a un contenido concreto, completamente establecido en una norma extrapenal absolutamente determinada en su tenor, no se compadece bien con la finalidad de previsión «abierta» a la que aquéllas han de responder, pues al enviar a un texto definitivamente establecido por otras disposiciones abandona la posibilidad de toda adaptación a nuevas situaciones»* (Doval Pais. *Posibilidade y limites...*, p. 121 *et seq.*).

gação da norma extrapenal à qual se referem expressamente, e não se atualizam com a edição de uma nova norma complementar, em substituição à revogada.

Já as remissões de primeiro grau são aquelas que se completam com recurso apenas a uma norma extrapenal, enquanto as remissões de segundo grau são aquelas que operam em cadeia.[304] Estas são assim porque se referem a obrigações ou proibições resultantes de uma complexa regulamentação e que, portanto, não são determinadas apenas por uma disposição ou diploma normativo extrapenal isolado, mas por um sistema de normas sobrepostas em diferentes extratos de hierarquia e especialização.

2.4 DISTINÇÕES CONCEITUAIS E SISTEMÁTICAS DOS ELEMENTOS EM BRANCO DAS LEIS PENAIS EM RELAÇÃO AOS ELEMENTOS NORMATIVOS DO TIPO E AOS ELEMENTOS DE VALORAÇÃO GLOBAL DO FATO

Os elementos em branco das leis penais e os elementos de valoração global do fato integram o gênero, ainda mais abrangente que essas duas classes, dos elementos normativos da lei penal. Fala-se em elementos normativos da lei penal, e não do tipo, por duas razões. Primeiramente porque só desde a perspectiva da lei, como já se ressaltou, é correto falar em elementos em branco. Depois, porque a posição sistemática dos elementos de valoração global do fato é complexa, como também já se verificou. Apenas os seus pressupostos pertencem ao tipo, mas não a valoração em si, que é o próprio juízo de ilicitude.

No tipo, os elementos incógnitos da lei penal figuram já determinados segundo as normas extrapenais que lhe são complementares e, portanto, não estão em branco. Ademais, os pressupostos da conduta incriminada que correspondem, no tipo, ao elemento em branco da lei penal, não são necessariamente normativos, mas podem também ser descritivos, conforme o conteúdo da norma extrapenal que o complemente.

Também desde a perspectiva conceitual do tipo, não se vislumbra a valoração global do fato, expressa na lei, mas apenas os seus pressupostos. E estes, assim como o conteúdo da obrigação ou proibição extrapenal referida pela lei penal em branco, não são necessariamente normativos, mas podem envolver também, ou até exclusivamente, circunstâncias descritivas.

A inclusão entre os elementos normativos que compõem a lei penal, dos elementos em branco, assim como dos elementos de valoração global do fato, deve-se a propriedade comum desses elementos, de só se poderem conceber desde

304. Pela clara definição de Vega, as remissões de primeiro grau são aquelas «*en las que la ley penal en blanco remite a una determinada disposición extrapenal, deteniéndose en esta operación el proceso de complitud del sentido del tipo penal. Por en contrario, en las remisiones de segundo grado, la norma de complemento remite, a su vez, a una segunda o ulterior disposición para que se considere integrado el sentido de la ley penal en blanco*» (Vega. *El concepto...*, p. 34).

o pressuposto lógico de uma ou mais normas. Com efeito, só a partir de determinadas normas complementares se podem pensar ou representar as obrigações ou proibições extrapenais referidas pelos elementos em branco das leis penais, e só por meio dos sistemas de normas, escritos ou não, informadores dos elementos de valoração global do fato, podem-se conceber os pressupostos objetivos do fato incriminado em função dos quais se valora como injusta qualquer uma das suas concretizações particulares.

Dos demais elementos normativos das leis penais, os seus elementos em branco se distinguem por se referirem precisamente a deveres, de fazer ou não fazer, decorrentes de mandados ou proibições extrapenais, cuja inobservância integra o injusto penal e cujo conteúdo confere sentido ao tipo correspondente. Como o conteúdo do dever não expresso pela lei penal é parte essencial da norma incriminadora por ela estabelecida, os elementos em branco das leis penais não integram diretamente o tipo, na forma genérica expressa na lei, mas apenas indiretamente, uma vez preenchidos pelos seus objetos de referência. Assim, na disposição do art. 8.º da Lei 7.492/1986,[305] é elemento em branco da lei penal apenas a expressão «em desacordo com a legislação», enquanto os termos ou expressões «juro», «comissão», «remuneração», «operação de crédito», «operação de seguro», «fundo», «títulos ou valores mobiliários», entre outras, integram diretamente o tipo de delito ali previsto, como seus elementos normativos. Ocorre que, por meio da expressão «em desacordo com a legislação», a lei penal se refere a cada uma das proibições ou mandados legais que limitam a liberdade de exigir juros, comissão ou qualquer remuneração sobre operações de crédito ou de seguro, pela administração de fundo, ou pela distribuição de títulos ou valores mobiliários. E sem remissão ao conteúdo dessas proibições ou mandados legais, não se pode extrair dessa lei uma norma de determinação dotada do sentido necessário à orientação deontológica da conduta do seu destinatário, como um comportamento que deve ou não deve ser. Consequentemente, o tipo penal estabelecido pelo art. 8.º da Lei 7.492/1986 não é formado por um juízo genérico de contrariedade a quaisquer normas legais pertinentes, tal como o que se conota pela expressão «em desacordo com a legislação», mas pelas diversas modalidades de contrariedade às normas legais que dispõem sobre remuneração de operações financeiras, como por exemplo: «exigir taxa de corretagem abaixo do percentual legal x, ou acima do percentual legal y».

Exatamente porque se referem a deveres extrapenais, cuja infração vem a ser pressuposto do fato punível, os elementos em branco da lei penal não compõem por si só a descrição da conduta que vem a ser, por força deles, penalmente proibida. Eles cumprem o papel de variáveis, de espaços vazios da proposição legal, que serão preenchidos por conteúdos estabelecidos em outras partes do ordena-

305. «Art. 8.º Exigir, em desacordo com a legislação (Vetado), juro, comissão ou qualquer tipo de remuneração sobre operação de crédito ou de seguro, administração de fundo mútuo ou fiscal ou de consórcio, serviço de corretagem ou distribuição de títulos ou valores mobiliários: Pena – Reclusão, de 1 (um) a 4 (quatro) anos, e multa.»

mento, permitindo que o fato punível seja estabelecido em função de prescrições estabelecidas por normas diversas.

Não se pode classificar como lei penal em branco, portanto, qualquer dispositivo da lei penal cujo conteúdo varia ao sabor de outras normas. Ora, toda lei tem seu conteúdo prescritivo em alguma medida dependente do conteúdo das outras normas, inclusive quando nem sequer contenha elementos normativos. Afinal, toda norma jurídica está relacionada e comprometida pelas demais, como partes de um sistema que é o ordenamento jurídico. A peculiaridade das leis penais em branco é que elas não estabelecem por elas mesmas o conteúdo pleno da sua prescrição, mas o vinculam a um preceito extrapenal (variável, não expresso na lei penal), estabelecido por ato normativo diverso.

Há, portanto, uma diferença semântica essencial entre os elementos em branco da lei penal e os elementos normativos do tipo, de conteúdo jurídico, em que pese serem ambos determinados por outras normas. É que os elementos em branco nada dizem sobre a conduta punível, para além do fato de que ela contraria algum preceito extrapenal. Eles não se prestam, portanto, para compor uma descrição dotada de sentido da conduta proibida, isto é, uma descrição a partir da qual se possa distinguir a conduta típica das demais. Consequentemente, o tipo penal correspondente às leis penais em branco só se configurará a partir da leitura conjunta da lei penal com a norma complementar.

Com efeito, expressões como «em desacordo com determinação legal ou regulamentar» (art. 33 da Lei 10.826/2003) não conotam por si só os pressupostos da conduta incriminada que, por meio delas, a lei insere no tipo. Expressões assim não bastam para a construção do tipo, que haverá de incluir necessariamente os seus objetos de referência, isto é, as circunstâncias da ação que contrariam a determinação legal ou regulamentar. Por isso se chamam elementos em branco, e como tal, pertencem à lei, mas não ao tipo. No tipo, esses elementos estarão preenchidos pela norma complementar, e dessa forma não estarão mais em branco.

Já os elementos normativos do tipo, ao contrário dos elementos em branco da lei penal, não são incógnitas da lei, mas unidades de sentido que conotam aspectos da realidade institucionalmente criados e determinados, que vem a ser relevantes para o direito penal. São signos muitas vezes indispensáveis para a descrição e identificação do fato típico, como «coisa alheia móvel» (art. 155 do CP), «casamento» (art. 235 do CP) ou «funcionário público» (art. 331 do CP). Eles compõem, por meio de seu significante, a descrição da conduta proibida. E justamente por isso são elementos constitutivos do tipo. É dessa diferença que se fala, com razão, quando se afirma que as normas referidas pelos elementos normativos do tipo cumprem uma função meramente interpretativa, enquanto as normas referidas pelos elementos em branco têm papel integrativo ou constitutivo do tipo penal.[306]

306. Ao confrontar elementos normativos do tipo e leis penais em branco, Fábio André Guaragni esclarece que os elementos normativos, como signos linguísticos que são, integram o tipo por meio de seu significante. Eles só se destacam em relação aos demais elementos do tipo, os descritivos, porque têm

São, então, elementos normativos do tipo, e não elementos em branco das leis penais, os termos ou expressões legais «drogas» (art. 33 da Lei 11.343/2006), «arma de fogo de uso proibido ou restrito» (art. 16 da Lei 10.826/2003), ou mesmo «madeira de lei» (art. 45 da Lei 9.605/1998). Pois em que pesem as condições de aplicação desses termos serem definidas por normas extrapenais, elas possuem conotação ou intenção idôneas a exprimir as características penalmente relevantes dos seus objetos de referência. E sendo assim, conferem sentido ao tipo e o compõem por si só, independentemente das normas extrapenais que lhes delimitam o campo preciso de aplicação. De fato, quando se fala em venda de droga, posse de arma de fogo de uso proibido ou restrito e em corte de madeira de lei, exprime-se muito claramente o conteúdo das proibições penais previstas, respectivamente, nos arts. 33, *caput*, da Lei 11.343/2006, 16 da Lei 10.826/2003 e 45 da Lei 9.605/1998, sem que para tanto seja necessária a referência a cada um dos objetos classificados como droga, arma de fogo de uso proibido ou restrito e madeira de lei, pelas portarias, decretos ou resoluções pertinentes.

Também só são elementos em branco das leis penais aqueles referidos a normas extrapenais imperativas ou a permissões gerais que delimitam e assim determinam, indiretamente, proibições ou deveres cuja inobservância se incrimina. Pois as normas permissivas individuais não definem, mas apenas excepcionam a proibição. Com efeito, as referências legais à «permissão de autoridade

---

significado definido por outra norma, ou por um conjunto de normas (Guaragni, Fábio André. «Norma penal em branco, tipos abertos, elementos normativos do tipo e remissões a atos administrativos concretos». In: Guaragni, Fabio André; Bach, Marion. *Norma penal em branco e outras técnicas de reenvio em direito penal*, p. 28). Diversamente, o tipo correspondente às leis penais em branco «não contém, como elemento, signo definido noutra norma», mas invoca a integração de um espaço por meio de outra norma, procedente de diversas fontes. «A outra fonte normativa é que passa a funcionar como elementar, e não o que ela dota de significado» (Guaragni. Norma penal... In: Guaragni; Bach. *Norma penal...*, p. 29). No mesmo sentido é a distinção acolhida por Marion Bach, segundo a qual «enquanto os elementos normativos desempenham uma função interpretativa, a lei penal em branco completa ou conforma o tipo». Enquanto «leis penais em branco buscam complementação para exercer uma função integrativa ou constitutiva da lei penal, os elementos normativos do tipo buscam complementação para exercer uma função interpretativa ou de compreensão da lei penal» (Bach, Marion. Leis penais em branco e princípio da legalidade. In: Guaragni; Bach. *Norma penal...*, p. 146). Estamos de acordo com tal proposta, quanto ao essencial, apenas com algumas ressalvas terminológicas. Com efeito, esse confronto se estabelece mais precisamente entre os elementos normativos do tipo e os elementos em branco da lei penal, que são justamente as referências, na lei penal em branco, à norma complementadora do seu preceito. E a diferença entre essas categorias parte do reconhecimento de que as leis (disposições) penais incriminadoras em branco não se confundem com o tipo penal que lhes corresponde. Ocorre que das leis penais em branco, isoladamente, não se pode extrair o conteúdo da proibição (justamente o tipo), que só toma forma a partir da norma complementar, pelo preenchimento do «branco» legislativo. Isso porque os elementos em branco, ao contrário dos elementos normativos do tipo, não são dotados de um significado que contribua para a determinação da conduta incriminada. E justamente por isso os elementos em branco, diferentemente dos elementos normativos do tipo, integram apenas a lei (a proposição normativa legal), mas não o tipo penal. O tipo, por definição, não comporta as variáveis ou incógnitas da lei penal em branco, mas apenas o conteúdo da norma complementar, que as preenche.

competente», no art. 39 da Lei 9.605/1998,[307] à sua «licença», no art. 51 do mesmo diploma,[308] ou à sua «autorização», no art. 18 da Lei 10.826,[309] por exemplo, não remetem ao conteúdo, mas à mera forma dessas normas extrapenais, isto é, ao ato constitutivo delas. Consequentemente, o sentido da proibição penalmente imposta se verifica com independência do conteúdo dessas normas extrapenais permissivas, o qual, ademais, já se poderia deduzir desde os próprios dispositivos penais.

Como o sentido das normas de determinação se conforma independentemente da determinação das permissões, licenças ou autorizações individuais eventualmente referidas pelas leis penais, essas referências integram diretamente o tipo de injusto correspondente, independentemente de complementação. São, portanto, elementos normativos do tipo, de caráter negativo.

Dos elementos de valoração global do fato, precisamente, os elementos em branco das leis penais se distinguem porque são indicativos da antinormatividade da conduta típica, abstratamente considerada, enquanto aqueles conotam a ilicitude de uma particular concretização dela. Emprega-se aqui a distinção entre antinormatividade e ilicitude, tal qual exposta por Welzel,[310] segundo a qual a antinormatividade é o juízo de contrariedade da conduta em relação a uma ou mais normas jurídicas, que indica o seu caráter em geral proibido, enquanto a ilicitude é o juízo de contrariedade da conduta ao ordenamento jurídico como um todo, que exclui a incidência sobre a conduta em referência, de qualquer norma excepcional permissiva.

Pois enquanto os elementos em branco das leis penais incluem no tipo os pressupostos e, eventualmente, o próprio juízo de contrariedade às normas extrapenais determinantes do dever a que se referem, os elementos de valoração global do fato incluem no tipo todos os pressupostos, fáticos e jurídicos, naturais e normativos, do juízo de ilicitude. A infração do dever extrapenal referido pelos elementos em branco da lei penal é um fundamento do injusto punível, mas, ao contrário do elemento de valoração global do fato, não importa em um juízo definitivo sobre a ilicitude da conduta típica. É, pois, compatível com a ocorrência das causas de justificação.

Ocorre que, diferentemente dos elementos em branco das leis penais, os elementos de valoração global do fato não descrevem a conduta incriminada em função da infração de um ou outro dever extrapenal, mas em função do caráter injusto ou materialmente ilícito do fato por ela determinado. E como a injustiça ou ilicitude, ao contrário da antinomatividade, não é um juízo referido a uma hipótese, geral e abstrata, mas a um fato, particular e concreto, os elementos de

307. «Art. 39. Cortar árvores em floresta considerada de preservação permanente, sem permissão da autoridade competente: Pena – detenção, de um a três anos, ou multa, ou ambas as penas cumulativamente.»

308. «Art. 51. Comercializar motosserra ou utilizá-la em florestas e nas demais formas de vegetação, sem licença ou registro da autoridade competente: Pena – detenção, de três meses a um ano, e multa.»

309. «Art. 18. Importar, exportar, favorecer a entrada ou saída do território nacional, a qualquer título, de arma de fogo, acessório ou munição, sem autorização da autoridade competente: Pena – reclusão de 4 (quatro) a 8 (oito) anos, e multa.»

310. Welzel. *Derecho penal...*, p. 117.

valoração global do fato pressupõem a não incidência de qualquer norma que autorize excepcionalmente a conduta típica.

A partir dessa distinção, classificam-se como elementos em branco das leis penais, expressões como «contrariando determinação de autoridade competente» (art. 65 da Lei 8.078/1990), «contra disposição expressa de lei» (art. 23 da Lei 7.492/1986), ou «em desacordo com determinação legal ou regulamentar» (art. 33 da Lei 11.343/2006; arts. 12, 14 e 16 da Lei 10.826/2003). Não se lhes pode classificar como elementos normativos do tipo, por que essas expressões não o integram diretamente, mas só mediatamente, depois de substituídas ou complementadas pelo conteúdo das determinações ou disposições legais ou regulamentares extrapenais às quais fazem referência. E não se lhes pode classificar como elementos de valoração global do fato, porque as infrações de deveres legais ou regulamentares às quais essas expressões se referem não excluem a ocorrência de alguma causa de justificação e, portanto, não importam necessariamente na ilicitude da conduta que descrevem.

Já expressões como «injustamente» (art. 98 da Lei 8.666/1993), «injustificadamente» (art. 10, parágrafo único, da Lei Complementar 105/2000; e art. 71 da Lei 8.078/1990), «ilicitamente» (art. 174 da Lei 11.101/2005), «sem justa causa» (art. 7.º, I, da Lei 8.137/1990) ou «indevidamente» (art. 195 da Lei 9.279/1996) são mesmo elementos de valoração global do fato. Não se tratam de elementos em branco das leis penais, porque não se referem à infração ou inobservância de preceitos determinados, previstos em outra parte, mas à contrariedade da conduta que definem em face de todo o ordenamento jurídico. Por isso, são incompatíveis com eventuais causas de justificação. Também não se lhes pode classificar como elementos normativos do tipo, porque só os seus pressupostos, descritivos ou normativos, compõem o tipo. A valoração global em si, imediatamente conotada por essas expressões, não é predicado de um modelo abstrato de conduta geralmente proibida, mas é um juízo que recai sobre uma realização particular desse modelo; sobre uma conduta típica concreta, e que, portanto, ocupa o estrato sistemático da ilicitude.

Justamente porque o juízo de contrariedade às normas extrapenais referidas pelos elementos em branco das leis penais não é um juízo definitivo sobre a ilicitude do fato, é admissível a sua inclusão sistemática no tipo, mesmo quando dele se exclui a valoração global. Pois sendo o tipo um modelo geral e abstrato de conduta proibida, ele comporta a antinormatividade entre os seus elementos.

Trata-se, a antinormatividade, de um elemento funcional, que opera permanentemente a atualização do modelo, determinando e redefinindo os demais elementos do tipo a cada modificação legislativa. O que o tipo não comporta, por ser um modelo de conduta geralmente proibida, é o juízo de ilicitude, referido na lei pelos elementos de valoração global, em razão da concretude e particularidade deste juízo.

Definindo-se dessa forma as leis penais em branco e os elementos em branco que lhes correspondem, delimita-se uma classe de leis penais com relevância para a teoria do erro, pela especial dificuldade que impõe ao seu tratamento dogmático. Pois há ainda viva controvérsia sobre se basta ao dolo o conhecimento dos pressupostos fáticos e jurídicos da infração às normas extrapenais referidas pelos elementos em branco, ou se lhe é indispensável também a consciência da existência do dever extrapenal infringido, ou seja; a consciência da própria norma extrapenal que complementa a lei penal em branco.

Para se responder a este problema, ou para se alinhar justificadamente a uma das respostas possíveis, faz-se necessário empreender uma análise da evolução do direito e da teoria do delito no tratamento das diversas formas de erro que redundam direta ou mediatamente no desconhecimento pelo agente da ilicitude da sua conduta. Faz-se necessário, ainda, analisar o contexto político-criminal e a estrutura dogmática dos tipos de injusto determinados por leis penais em branco.

Só assim se poderá afirmar quais são os conhecimentos indispensáveis ao dolo, segundo o modelo sistemático acolhido pela lei brasileira e segundo o grau de censurabilidade da conduta proibida ao agente ignorante da proibição. E identificando-os, poderemos avaliar a convergência ou divergência entre um e outro parâmetro no tratamento do erro sobre o elemento em branco das leis penais.

Como as leis penais em branco são especialmente frequentes no âmbito do direito penal socioeconômico, procuraremos identificar no seu contexto as razões materiais que ensejam tal forma legal de incriminação e as funções que os seus elementos em branco desempenham para a conformação dos tipos de injusto correspondentes. Também a partir do direito penal socioeconômico procuraremos testar a solução que mais eficácia confere aos princípios da culpabilidade e da legalidade, que orientam a reação penal aos ilícitos em geral. Dessas tarefas se procurará desincumbir nos capítulos que se seguem.

2.5 CONCLUSÕES

1. A lei penal determina o tipo, mas com ele não se confunde. Os elementos da lei penal, que exprimem a premissa fática da pena cominada, não são necessariamente elementos do tipo, pois algumas vezes apenas os indicam genericamente, quer por referência à ilicitude da conduta punível, quer por referência à infração de normas extrapenais. Nesses casos, o tipo penal contém elementos não mencionados diretamente pela lei, mas que correspondem, respectivamente, às condições objetivas da ilicitude ou da contrariedade ao dever extrapenal, nela expressamente referidos. Em síntese, nem todo elemento da lei penal pertence ao tipo, e nem todo elemento do tipo pertence à lei penal.

2. Os elementos em branco da lei penal compõem, ao lado dos elementos de valoração global do fato e dos elementos normativos do tipo, o gênero dos elementos normativos da lei penal.

3. Os elementos normativos do tipo não são todos aqueles determinados por uma especial valoração da situação de fato, nem todos cujo significado demanda uma compreensão intelectual, para além da mera percepção sensorial. Essas propriedades, embora corretas, não são suficientes para distinguir os elementos normativos dos demais elementos do tipo, ditos descritivos. Destes, os elementos normativos só se destacam por seu significado referido a normas. A valoração e a compreensão demandadas pelos elementos normativos do tipo obedecem e variam em função de normas, precisamente. Por isso é mais exata a definição de Engisch, segundo a qual os elementos normativos do tipo são apenas os que só podem ser representados e pensados sob o pressuposto lógico de uma norma.

4. Elementos de valoração global do fato são aqueles elementos da lei penal que determinam o conteúdo do tipo por referência expressa à ilicitude da conduta que o concretiza. Conforme Roxin, eles não apenas designam abstratamente um determinado tipo de injusto, mas também o caráter injusto de uma sua concreta realização particular. Nos crimes legalmente determinados por elementos de valoração global do fato, os juízos de tipicidade e de ilicitude estão superpostos, pois o tipo correspondente é composto por todos os pressupostos objetivos, positivos ou negativos, naturais ou normativos, da valoração que se fará da conduta como ilícita. Esta valoração, contudo, não se confunde e nem é incorporada pelo próprio tipo, pois a ilicitude não recai sobre uma hipótese abstrata. O juízo de ilicitude, em si, só diz respeito a uma conduta concreta.

5. Os elementos de valoração global do fato se distinguem entre os demais elementos normativos das leis penais por serem logicamente incompatíveis com a ocorrência de causas de justificação. Quando a conduta for justificada, estará ausente o elemento de valoração global, e com ele a própria tipicidade do fato.

6. Os elementos de valoração global do fato são notas dissonantes e devem ser evitados em um sistema legal orientado pelo princípio da legalidade. Pois por meio deles a lei deixa de apresentar taxativamente a configuração do tipo, substituindo-a por um juízo de valor cujos pressupostos são praticamente indefiníveis ou inabarcáveis, posto que dispersos por toda a ordem jurídica.

7. Lei penal em branco é aquela que estabelece um tipo de injusto punível em função da infração de um imperativo extrapenal, mandamental ou proibitivo, imposto por ato normativo diverso, sem remissão ao qual não se pode extrair da lei penal uma norma dotada de sentido.

8. A conceituação das leis penais em branco é preliminar ao problema da sua validade, que se apresenta em face do princípio da legalidade. Por isso, consideram-se leis penais em branco todas aquelas das quais isoladamente não se pode extrair um comando dotado de sentido, independentemente do papel acessório ou principal desempenhado pela norma extrapenal complementar na determinação da conduta punível.

9. Como a carência do preceito é a nota distintiva das leis penais em branco, a fonte da norma de complementação é indiferente para a determinação da classe. Mas se a norma complementar for estabelecida pela mesma lei, ainda que em artigo diverso, não se pode dizer que o dispositivo sancionador esteja em branco.

Pois como ambos compõem o mesmo ato normativo, não há falar no segundo com independência do primeiro.

10. A classe das leis penais em branco é composta apenas pelas referidas a normas extrapenais. Pois os dispositivos legais que se reportam a outros igualmente definidores de crimes ou cominatórios de penas não estabelecem, assim, novos tipos de ilícito penalmente relevantes e, por isso, não compartilham da complexidade teórica e nem da funcionalidade própria das leis penais em branco.

11. Elemento em branco da lei penal é a referência que esta eventualmente faz a uma obrigação ou proibição extrapenal, estabelecida por disposição normativa diversa, cujo conteúdo a lei penal não menciona.

12. Os elementos em branco se distinguem entre os demais elementos normativos das leis penais por se referirem precisamente a deveres, decorrentes de mandados ou proibições extrapenais, cuja inobservância compõe o injusto penal e cujo conteúdo confere sentido ao tipo correspondente.

13. Os tipos de injusto, como elementos sistemáticos constituídos pela matéria de proibição, ao contrário das leis penais que os estabelecem, nunca são «em branco» nem «abertos», mas sempre preenchidos e fechados.

14. Ao contrário dos elementos normativos do tipo, os elementos em branco das leis penais não integram diretamente o tipo penal, mas apenas determinam a sua configuração em função do conteúdo das normas extrapenais a que se referem. Pois os elementos em branco impedem que se extraia da lei penal uma proibição que tenha sentido e, consequentemente, não conformam uma imagem conceitual da conduta proibida.

15. As referências às normas permissivas individuais não são elementos em branco da lei penal, pois não impedem que dela se extraia uma pauta de conduta que tenha sentido. A matéria da proibição penalmente imposta se formula com independência de eventual permissão administrativa, que apenas lhe limita o alcance. E, sendo assim, as menções legais a atos permissivos concretos integram também diretamente o tipo, como seus elementos normativos de caráter negativo.

16. Os elementos do tipo correspondentes ao elemento em branco da lei penal são plenamente determinados pelas normas extrapenais complementares, e não são necessariamente normativos, mas podem ser exclusivamente descritivos, conforme o tipo de injusto de que se trate e conforme o conteúdo do mandado ou proibição que o define.

17. Diferentemente dos elementos de valoração global do fato, os elementos em branco das leis penais são determinados por normas extrapenais determinadas ou determináveis, e não vinculam a tipicidade à ilicitude da conduta que determinam. Os elementos em branco das leis penais exprimem apenas o caráter antinormativo da conduta típica, pois, ao contrário dos elementos de valoração global do fato, são compatíveis com as causas de justificação.

3

DA NATUREZA E DOS EFEITOS SISTEMÁTICOS DO ERRO SOBRE OS ELEMENTOS NORMATIVOS DAS LEIS PENAIS NO PERCURSO EVOLUTIVO DA TEORIA DO DELITO

3.1 CONSIDERAÇÕES PRELIMINARES

Uma vez fixados e limitados reciprocamente os conceitos de elementos normativos do tipo, elementos de valoração global do fato e elementos em branco das leis penais, como espécies do gênero mais abrangente dos elementos normativos das leis penais, passa-se a analisar a problemática repercussão desses elementos para a determinação do conteúdo intelectivo do dolo nos tipos de delito que definem. Trataremos, desde esta segunda parte do trabalho, da relevância e das consequências do erro, isto é, do equívoco ou ignorância do agente,[1] a respeito dos aspectos normativos da sua conduta, quando realiza objetivamente um tipo de delito definido em função desses aspectos.

1. Acolhe-se uma definição ampla de erro, que não inclui apenas a falsa ou equivocada representação mental de um determinado objeto, mas também a ignorância ou completa ausência de representação desse objeto. Segundo Jiménez de Asúa, essa definição ampla desconhece a distinção psicológica fundamental entre o erro propriamente dito, que é um «estado positivo» consistente em um conhecimento falso, e a ignorância, que é um «estado negativo» consistente em um conhecimento inexistente. Mas o mesmo autor observa que tal distinção, embora de superlativa transcendência psicológica, carece de interesse no direito positivo e na prática judicial, uma vez que a as leis costumam atribuir à ignorância e ao erro em sentido estrito os mesmos efeitos, e denotam a ambos pela mesma expressão, geralmente por «erro» (Jiménez de Asúa. *El error de derecho en materia penal*, p. 15). Nesse mesmo sentido amplo, também Francisco Muñoz Conde define o erro como *la falsa representación o la suposición equivocada de la realidad, o simplemente la ignorancia* (Muñoz Conde, Francisco. *El error en derecho penal...*, p. 13).

Será feita essa análise a partir de uma exposição panorâmica das principais concepções teóricas que se desenvolveram a respeito do tratamento sistemático dos erros do agente que recaem sobre os pressupostos fáticos e jurídicos de seu comportamento objetivamente considerado injusto, ou sobre a própria valoração do seu comportamento como tal. Trataremos das soluções apresentadas para os erros que recaem sobre os elementos normativos das leis penais, tanto a partir de uma concepção objetiva do injusto, própria do causalismo, quanto a partir da subjetivação do injusto, operada principalmente a partir do finalismo.

Verificar-se-á, dessa forma, que esses elementos, por terem seu sentido determinado por normas, revelam-se pontos críticos de qualquer dos sistemas de tratamento do erro até aqui desenvolvidos, posto que desafiam as dicotomias nas quais se baseiam, quer seja a dicotomia entre erro de fato e erro de direito, quer seja a dicotomia entre erro de tipo e erro de proibição. Afinal, esses elementos, por seu significado peculiar, estão na fronteira ou constituem verdadeiras superposições entre as noções de fato e direito, de tipo e de ilicitude.

3.2 DA DICOTOMIA ENTRE O ERRO DE FATO E O ERRO DE DIREITO COMO ÍNDICE DE ESCUSABILIDADE DA INFRAÇÃO

3.2.1 Das raízes antigas da dicotomia erro de fato – erro de direito à sua incorporação pelo direito penal moderno

Pode-se dizer que desde a antiguidade clássica, e até meados do último século, quando por influência do finalismo ganha prestígio a terminologia «erro de tipo e erro de proibição», o problema da relevância jurídico-penal do erro do agente foi tratado com referência à distinção entre erro de fato e erro de direito. Essa dicotomia, que funcionou como um índice apriorístico da relevância ou irrelevância do erro para a responsabilização do agente por sua conduta, ou quiçá como uma mera expressão dessa relevância ou irrelevância, todavia verdadeiramente apurada segundo outros critérios indicativos da censurabilidade, como quer Figueiredo Dias,[2] deita raízes no direito romano.

No *Corpus Iuris Civilis*, precisamente no Digesto, sob o Título *De iuris et facti ignorantia*, em sua lei 9.ª, encontra-se a regra mais geral e conhecida sobre a relevância do erro no direito romano,[3] expressa pelo seguinte texto de Paulo: «*regula est iuris quidem ignorantiam cuique nocere, facti vero ignorantiam non*

2. Após identificar as diversas exceções à irrelevância do erro de direito na jurisprudência romana, Figueiredo Dias conclui, com invulgar propriedade, que: «Não é a natureza intrínseca do erro que decide da sua relevância ou irrelevância, mas o seu significado concreto para a culpa do agente: a distinção entre *error facti* e *error iuris* traduz só a distinção entre erro relevante e erro irrelevante na medida em que se adequa ao caráter incensurável ou censurável da conduta do agente; ou, nas palavras de há pouco: em princípio o erro de facto releva porque é em regra desculpável e o erro de direito não releva porque é em regra indesculpável» (Dias. *O problema...*, p. 35-36).

3. Jiménez de Asúa. *Reflexiones sobre el error de derecho en materia penal*, p. 26-27.

nocere»,[4] segundo o qual só o erro de fato não prejudica, conforme a interpretação literal de Alcides Munhoz Netto,[5] enquanto o erro de direito a todos prejudica.

Esse enunciado, ainda segundo Munhoz Netto, costuma ser citado como a melhor expressão e prova da inescusabilidade da ignorância do agente quanto ao ilícito em Roma.[6] Com efeito, para além da dicotomia entre o erro de fato e o erro de direito, procura-se extrair da tradição romana também o princípio segundo o qual o erro de direito, por sua própria natureza, não ilide a responsabilidade do agente, ao contrário do erro de fato. Segundo Figueiredo Dias, a doutrina romanista do século XIX, interpretando de forma literal e sem restrições dignas de nota a referida regra de Paulo, era praticamente unânime em afirmar a irrelevância absoluta, para o direito romano, de qualquer erro de direito em Roma, incluindo aí, sem reservas, os que levassem à falta de consciência da ilicitude do fato penalmente relevante.[7]

Ressalte-se que, por erro de direito, segundo o entendimento pacífico dessa corrente romanista lembrada por Figueiredo Dias, compreendia-se não apenas o que recai sobre preceitos jurídicos, mas até os que recaem sobre as qualificações jurídicas da «realidade». Dessa forma, concluía-se que a responsabilização do agente a título de dolo por seu comportamento ilícito não requereria mais da sua consciência que a representação dos momentos de natureza «puramente fática» constitutivos do seu comportamento, estranhos a qualquer qualificação ou sentido jurídico e, em suma, estranhos a qualquer preceito jurídico como tal.[8]

Tal interpretação da regra de Paulo e, de resto, dos demais enunciados pertinentes do Digesto, revela-se impregnada da concepção epistemológica positivista, tão em voga até os primeiros anos do século XX, que desconhecia a dimensão axiológica da realidade pertinente ao direito penal. O referido prejuízo epistemológico, mas também a deficiência metodológica e a restrição da análise em que se baseia a suprarreferida interpretação das fontes do direito romano em matéria de erro foram posteriormente denunciadas pela doutrina romanista e pelos próprios penalistas.

Como bem observa Figueiredo Dias, a pretensão de distinguir a falta de consciência da ilicitude, por ela implicar um erro sobre os preceitos ou qualificações jurídicas da «realidade» – esta por sua vez concebida como aquilo que é «sensorialmente perceptível» – configura a imposição de um sentido puramente positivista à regra da inescusabilidade do erro de direito. Esse sentido positivista, que muito dificilmente teria encontrado amparo nas fontes, não condiz, ademais, com aquilo que, ainda segundo Figueiredo Dias, teria sido a função do jurista

4. Digesto. XXII, VI. «De juris et facti ignorantia, 9» In: *Corpus Iuris Civilis*. Impressio sexta. Lipsiae, 1854 *apud* Munhoz Netto, Alcides. *A ignorância da antijuridicidade em matéria penal*, p. 27, nota 12.

5. Munhoz Netto. *A ignorância...*, p. 27.

6. *Idem, ibidem*, p. 27.

7. Dias. *O problema...*, p. 30.

8. *Idem, ibidem*, p. 30.

romano. A este, afinal, cabia a resolução prática de problemas normativos segundo um ideal de justiça, e não a construção de conceitos e de figuras jurídicas abstratas e intransigentes, eivadas de preconceitos teoréticos.[9]

Opondo-se frontalmente à versão positivista das fontes romanas quanto à distinção entre o erro de fato e o erro de direito, Jiménez de Asúa adverte que, no direito romano, por *ignorantia facti* os textos não se referem apenas ao desconhecimento das características sensorialmente perceptíveis do fato. Segundo Jiménez de Asúa, a *ignorantia facti* envolve também o desconhecimento da qualificação jurídica dos elementos que compõem o fato incriminado, contemporaneamente referidos como elementos do tipo. Ilustra-o afirmando que, em Roma, a injúria ao funcionário não era delito sem que o autor conhecesse essa qualidade da vítima, o incesto não era punível quando se desconhecia o parentesco, e o roubo não podia existir sem o conhecimento de que a coisa era alheia.[10]

Das advertências preliminares de Jiménez de Asúa, ao analisar a disciplina do erro de direito em Roma, extrai-se ainda uma crítica metodológica à interpretação tradicional da regra de Paulo quanto à sua amplitude. Ele ressalta que os romanos, ao tratarem do erro de direito, como de tantos outros temas, jamais formularam regras gerais, mas tão só procuraram resolver casos particulares. E, sendo assim, é artificial e só pode levar a conclusões equivocadas a atribuição, por alguns comentaristas, do *status* de princípios absolutos e gerais a meras razões de decisões particulares. Jiménez de Asúa conclui, citando Contardo Ferrini, que o tratamento conferido ao erro no direito penal romano não se expressa simplesmente pela regra geral *iuris ignorantiam cuique nocet*, mas há de ser deduzido de uma série de decisões particulares.[11]

Essa dimensão casuísta do direito romano e as consequentes modulações da regra de Paulo que as peculiaridades dos casos concretos impõem, confirmam-se quando, ampliado o campo de análise, verificam-se exceções importantes à inescusabilidade do erro de direito, nas próprias fontes romanas. Dentre elas, costumam-se destacar três, cuja indicação bem atende aos objetivos dessa exposição.

Primeiramente, determinadas qualidades pessoais podiam justificar a exclusão da responsabilidade do agente que infringisse a lei por ignorá-la. Assim, segundo Constante Amor Nevero, citado por Jiménez de Asúa, em determinadas circunstâncias a ignorância da lei justificava o perdão das mulheres, dos menores e dos rústicos.[12] A esses grupos, Figueiredo Dias ainda acrescenta o dos soldados.[13]

9. Dias. *O problema...*, p. 32.

10. Jiménez de Asúa. *Reflexiones...*, p. 25.

11. Ferrini, Contardo. «Diritto penale romano» In: Cogliolo. *Tratatto completo teórico e pratico di Diritto penale*. Milán, 1888, t. I, p. 49 *apud* Jiménez de Asúa. *Reflexiones...*, p. 26.

12. Nevero, Constante Amor. «La ignorancia de la ley en el Derecho penal romano.» In: Carreró, Isaac Rovira. *Curso de derecho penal*. Madrid: Reus, 1916, t. II, Apêndice, p. XI *et seq. apud* Jiménez de Asúa. *Reflexiones...*, p. 30.

13. Dias. *O problema...*, p. 33.

Também se admitia, em certos casos, segundo Ferrini,[14] a exclusão da responsabilidade do infrator, por erro de direito, quando a norma por ele ignorada fosse considerada «de mera criação política».[15] Assim, a regra da irrelevância do erro melhor correspondia àquelas normas que determinam, conforme expressão empregada por Figueiredo Dias, os *crimina naturaliter proba*; aqueles que se justificam por um fundamento evidente e, nesse sentido, natural. Mas já para a responsabilização do infrator daquelas normas de ocasião, impostas conforme a oportunidade, em nome da organização da *Polis*, a ignorância não se podia considerar *a priori* irrelevante.[16]

Finalmente, segundo Jiménez de Asúa, também com base em Amor Nevero, poderia haver escusa com base no erro de direito, quando o fato incriminado fosse definido justamente em função da sua contrariedade à lei.[17] Assim, por exemplo, segundo o Digesto, o magistrado que sentenciasse contrariamente ao direito, era castigado se o fizesse com dolo. Mas se o conhecimento da ilegalidade da sentença lhe faltasse e essa ilegalidade pudesse ser atribuída apenas à imprudência do assessor, o magistrado ficava isento de pena, que recairia apenas sobre este.[18]

Tais exceções confirmam que, já entre os romanos, a irrelevância da falta de consciência da ilicitude não se afirmava de um modo peremptório, sempre e simplesmente porque decorresse de um erro de direito. A inescusabilidade do erro de direito era apenas a solução mais comum de um problema, todavia, mais complexo. Um problema que, para além do objeto do erro, envolvia fundamentalmente a sua censurabilidade, arbitrada também segundo outras variáveis.

As razões de flexibilização e as exceções à regra da irrelevância do erro de direito se repetem no direito comum, ao longo do período medieval, na Europa, não apenas pela influência do próprio direito romano, mas também do direito canônico. Segundo Figueiredo Dias, de Roma se reforçou, no medievo, a distinção entre incriminações «naturais» e meramente «legais» ou «civis», estabelecendo-

14. Esposizione storica e dottrinale del Diritto penale romano. In: Pessina (Dir.). *Enciclopedia del Diritto penale italiano*. vol. 1, Milán, 1905, p. 70 *apud* Jiménez de Asúa. Reflexiones..., p. 28.

15. Jiménez de Asúa ressalta, recorrendo à autoridade de outros romanistas, que a eliminação do dolo pela ignorância das normas chamadas «civis», no Direito Romano, em oposição às que teriam um «fundamento natural», não se podia considerar uma regra absoluta, e nem sequer geral, mas apenas uma solução frequente, sempre balizada pelas circunstâncias do caso concreto. Em suas palavras: «*Entre los tratadistas generales de Derecho penal, que estudian los precedentes romanos, Manzini y Alimena siguen la tesis de Ferrini; pero sin puntualizar como el hizo, dando lugar, con ello, a que aparezca en sus libros con carácter de regla absoluta del derecho romano, lo que Ferrini presentó con alguna atenuación. [...] Constante Amor afirma por su parte que no puede establecerse como regla absoluta, ni siquiera como regla general, que la ignorancia de una ley de esa clase excusase a los infractores de la misma; pero reconoce casos de excepción, más numerosos que los admitidos por Mommsen, que va señalando con cuidadoso esmero*» (Jiménez de Asúa. *Reflexiones...*, p. 28-29).

16. Dias. *O problema...*, p. 34.

17. Nevero. «La ignorancia...» In: Carreró, Isaac Rovira. *Curso de derecho penal*. Madrid: Reus, 1916, t. II, Apêndice, p. IX-X *apud* Jiménez de Asúa. *Reflexiones...*, p. 29.

18. Jiménez de Asúa. *Reflexiones...*, p. 29.

-se uma classificação do *error iuris* com consequências ainda mais nítidas para a relevância do erro do que as verificadas no período clássico.

Assim, enquanto o *error iuris naturalis* ou *quasi naturalis* não escusava «porque era indesculpável», o *error iuris civilis* escusava sempre que fosse desculpável, ou – como atualmente se prefere dizer – invencível.[19] O destaque conferido no medievo à distinção entre o *error iuris naturalis* e o *error iuris civilis* permitia estabelecer uma relação mais clara entre o objeto do erro e a sua censurabilidade. Prestava-se bem, assim, ao direito canônico, que tinha na censurabilidade o fundamento evidente da relevância ou irrelevância do erro de direito para a punibilidade de uma infração.

Com efeito, sob o influxo do direito canônico, proclamava-se abertamente, em contraponto e complementação à regra de Paulo, o princípio de que todo erro desculpável ou invencível releva, no sentido de excluir a culpa do agente pelo seu comportamento.[20] Como bem observa Munhoz Netto, verifica-se claramente no direito canônico uma evolução da regra da inescusabilidade do erro de direito para o princípio da sua relevância, determinada pela noção que nele se consolidou do dolo.[21]

Elaboraram, os canonistas, uma noção normativa de dolo que se pode relacionar facilmente à importância da consciência do preceito infringido para a censurabilidade do pecado, no cristianismo – «Jesus dizia: Pai, perdoa-lhes, porque não sabem o que fazem».[22] – Tal noção de dolo correspondia à vontade consciente de violar a lei. E dela deriva a relevância conferida à ignorância, não só do fato, mas também do direito, para atenuar a culpabilidade e ate mesmo dirimir a pena, no direito canônico. Essa orientação, de resto, perenizou-se no direito canônico, vindo a ser consignada no Código de Direito Canônico promulgado em 1917, por Bento XV. No seu cânon 2.200, o dolo é definido como a deliberada vontade de violar a lei. E no cânon 2.202, declara-se que, de nenhum modo, imputa-se a violação de uma lei que se ignora, se a ignorância é inculpável.[23]

Por outro lado, é também desse período, por herança dos glosadores, que vem, segundo Figueiredo Dias, a progressiva identificação do erro de direito com a mera ignorância da lei, geradora de uma perniciosa confusão entre o problema prático da falta de consciência da ilicitude e a questão teórica da validade – ou eficácia, melhor dizendo – da lei em face dos que a ignoram. Isso, como ele denuncia, deve-se ao fato de os glosadores terem se debruçado sobre o *Corpus Iuris Civilis*, tomando-o como um sistema de normas gerais e abstratas, em vez

19. Dias. *O problema...*, p. 39.

20. *Idem, ibidem*, p. 39.

21. Munhoz Netto. *A ignorância...*, p. 37.

22. Biblia Sagrada. O Evangelho segundo Lucas. Cap. 23, versículo 34, p. 1151.

23. Munhoz Netto. *A Ignorância...*, p. 37-38. Com razão, Francisco de Assis Toledo vislumbra, no direito canônico, uma louvável orientação do tratamento do erro segundo a sua reprovabilidade. Como ressalta este autor, a sabedoria da Igreja desenvolveu uma teoria do erro radicalmente apoiada no princípio da culpabilidade, «e soube harmonizá-la com as exigências de validade do direito, que não pode ficar exposto a simples alegação de sua ignorância» (Toledo, Francisco de Assis. *O erro no direito penal*, p. 34).

de encará-lo como uma coletânea de preceitos extraídos de decisões concretas. Desse modo, ao comentar e sistematizar as fontes, os glosadores teriam se valido de um método profundamente diferente do romano clássico; teriam desprestigiado o caso em favor da lei, favorecendo a confusão entre a lei e o direito, com prejuízo para a doutrina do *error iuris*.[24]

No alvorecer da modernidade, a relativização da irrelevância do erro de direito é ainda bem acolhida, por ser bem vinda aos ideais iluministas de garantia do cidadão contra o exercício arbitrário do poder punitivo estatal. A escusabilidade do erro de direito se afirmará especialmente antes das codificações, e com maior repercussão em nações como a alemã, que além de não ter as leis devidamente compiladas, ainda extraia o direito das mais variadas fontes, muitas vezes escritas em língua latina, e, portanto, estranha aos povos germânicos. Na Alemanha do século XVIII, por isso, a necessidade de proteger os indivíduos, que atuando com a mais reta consciência infringissem leis inalcançáveis por seus conhecimentos, preservou bastante a relevância do erro de direito, impedindo por um bom tempo a exitosa carreira que no século seguinte faria a regra a inescusabilidade da ignorância da lei penal.[25]

Vale lembrar que a relevância do erro de direito, ainda que excepcionalmente admitida, guarda estreita correlação com a concepção estritamente preventivo-geral da pena, que era divulgada pela escola clássica do direito penal moderno, dentre cujos expoentes se pode citar Cesare Beccaria, Jeremy Benthan e Paul Johann Anselm R. von Feuerbach. Notadamente, a teoria da coação psicológica deste, e a função pedagógica que Feuerbach atribuía à lei penal – que deveria ser de fácil acesso e conhecimento, para cumprir seu papel de orientar a conduta dos cidadãos – aponta para a acessibilidade do agente à norma, como pressuposto da punição racional e, portanto, converge para o reconhecimento da eventual idoneidade do erro de direito para excluir a punibilidade.[26]

Entre os cultores do classicismo italiano, Munhoz Netto cita Gaetano Filangieri e Francisco Mario Pagano, como defensores da relevância do erro de direito para a exclusão da responsabilidade penal.[27] Filangieri, afinal, concebia o delito como violação da lei, acompanhada da vontade de violá-la.[28] Pagano, por sua vez, conceituava o dolo como a vontade de violar a lei e de cometer os delitos

24. Dias. *O problema...*, p. 38-39.

25. *Idem, ibidem*, p. 43.

26. Nesse sentido, Figueiredo Dias afirma que a atribuição de relevância à falta de consciência da ilicitude para excluir o dolo convinha tanto à «concepção estritamente geral-preventiva da pena, tal como foi proposta por Feuerbach através de sua conhecida teoria da "coação psicológica"», como também à teoria das normas de Binding, em que pese o caráter confessadamente positivista desta (Dias. *O problema...*, p. 45).

27. Munhoz Netto. *A ignorância...*, p. 43.

28. Filangieri. *Scienza della legislazione*, vol. II, lib. III, parte II, cap. 37 *apud* Piacenza, Scipione. *Errore e Ignoranza di Diritto in Materia Penale*. Turim, 1960, p. 87 *apud* Munhoz Netto. *A ignorância...*, p. 43.

por ela descritos. E sendo assim, afirmava que «à falta de tal vontade, a ofensa constituiria desgraça, mas não crime».[29]

Mas também no seio da escola clássica já se vislumbra florescer a perniciosa confusão, denunciada por Figueiredo Dias,[30] entre o princípio da irrelevância do desconhecimento da lei e os efeitos do erro de direito para a atribuição de culpa.[31] Sem se dar conta de que aquele princípio diz respeito à aplicabilidade da lei penal, e não também à censurabilidade da sua infração, muitos foram os doutrinadores que defenderam peremptoriamente a irrelevância do erro de direito, não apenas para a verificação objetiva da infração, mas também para a sua punibilidade.

A inidoneidade do erro de direito para desculpar o agente é defendida, por exemplo, por Giandomenico Romagnosi, que muito embora inclua no conceito de dolo a consciência de se violar a lei, por quem é livre para violá-la, não iguala o erro de direito ao erro de fato, em sua eficácia exculpante. Pois, segundo argumenta, o «supremo interesse social» na eficácia da lei penal imporia uma «presunção absoluta» do conhecimento da lei, «de maneira que ao homem, em pleno uso de sua razão, não seria permitido alegar como desculpa, haver ignorado o mandado da lei devidamente promulgada.[32]

Também a voz de Francesco Carrara se levanta para defender a inescusabilidade do erro de direito, pelo princípio da irrelevância do desconhecimento da lei. Segundo ele, decorre de uma exigência política a presunção do conhecimento da lei penal pelo cidadão, conhecimento este que, ademais, cumpre ao cidadão

29. Moderando a amplitude de tal conclusão, Pagano pondera, segundo Munhoz Netto, que a alegação de ignorância de direito ou de fato serve de escusa, quando necessária, mas a ninguém aproveita quando a ignorância recaia sobre «lei natural, que por estar esculpida no coração de cada um, seria sentimento mais do que razão» (Pagano, Francisco Mário. *Principi del codice penale*, cap. III *apud* Piacenza, Scipione. *Errore e Ignoranza di Diritto in Materia Penale*. Turim, 1960, p. 87 *apud* Munhoz Netto. *A ignorância...*, p. 43).

30. Dias. O problema..., p. 53 *et seq*.

31. Após criticar a pretensão de se resolver o problema da consciência da ilicitude a partir do princípio da irrelevância do desconhecimento da lei, Figueiredo Dias apresenta precisa delimitação dos fundamentos e do âmbito de aplicação desse princípio, revelando a plena autonomia que em relação a ele guardam os efeitos jurídico penais que se pode extrair da falta de consciência da ilicitude. E esclarece que esses correspondem à culpa do agente, em sentido amplo, e não aos limites formais de aplicabilidade da lei penal. Assim: «[...] com o sentido e o fundamento que historicamente lhe devem ser atribuídos, o princípio da irrelevância do desconhecimento da lei penal não decide, directa ou indirectamente, da relevância, do tipo de relevância e do âmbito do problema da falta de consciência da ilicitude; não decide, não ajuda a decidir, nem ao menos constitui critério normativo de decisão, pois que ele diz unicamente respeito ao fundamento de validade da lei, à sua obrigatoriedade abstracta. Por maior relevância e extensão que se dê à falta de consciência da ilicitude (ou ao erro de direito) em nada ficará afectada a intangibilidade dos efeitos objetivos da lei; mas também esta intangibilidade não poderá afectar a possível relevância e a extensão de uma concreta falta de consciência da ilicitude. Pois mesmo quando se possa afirmar que a falta de consciência da ilicitude *proveio*, em concreto, da ignorância de uma lei penal, é aquela falta quem, no seu conteúdo intrínseco, suscita um problema de culpa cuja solução não põe em causa o fundamento de validade da lei que se não conhecia» (Dias. *O problema...*, p. 64-65).

32. Romagnosi, Giandomenico: *Genesi del diritto penale*. Trad. Carmelo Gónzales Cortina. Bogotá, 1956, §§ 1.336 a 1.365 e 592, *apud* Munhoz Netto. *A ignorância...*, p. 44-45.

efetivamente adquirir. Carrara, contudo, observando a tradição romana, concedia que a regra da inescusabilidade do erro de direito pudesse ser moderadamente limitada, no caso do forasteiro recém-chegado ao território regido pela lei que violou. Ademais, restringia tal regra apenas ao erro de direito penal, admitindo amplamente a escusa do agente quando seu erro recaísse sobre outras leis. Nestes casos, segundo Carrara, o erro excluiria a vontade do fato e, portanto, o dolo.[33]

Contudo, com o advento das codificações, a regra da inescusabilidade do erro de direito foi consagrada com *status* de princípio absoluto nos diversos sistemas nacionais de direito penal, tendo sido despida, por seus aplicadores e intérpretes, de todas as exceções e modulações herdadas da jurisprudência romana e cultivadas até então com diferentes matizes. A preocupação com a obrigatoriedade da lei prevaleceu sobre o critério da culpabilidade, como bem observa Munhoz Netto, de modo que a maioria dos Códigos foi silente sobre o erro de direito, ou simplesmente consagrou o princípio da irrelevância do desconhecimento da lei, sem nada dispor sobre a escusabilidade do erro de direito e sobre os seus efeitos.[34] Isso favoreceu que o princípio da irrelevância do desconhecimento da lei – que apenas afirma a eficácia objetiva da lei penal – fosse interpretado como uma presunção de censurabilidade do seu infrator, mesmo quando ignorante da ilicitude do fato, sempre que tal ignorância se deva ao erro de direito.

Nada dispuseram sobre o erro de direito, favorecendo assim a afirmação doutrinária e jurisprudencial da sua irrelevância, como se esta se impusesse por um princípio imemorial e intocável, o Código Francês de 1810, mas também os da Bélgica, da Suécia, da Espanha, da Holanda, da Turquia, entre outros, conforme o amplo levantamento de Jiménez de Asúa.[35] E expressamente negaram relevância ao desconhecimento da lei, sem nada dispor sobre a escusabilidade do erro sobre a ilicitude do fato, ainda segundo Jiménez de Asúa, os Códigos da Áustria, da Hungria, de Portugal, da Bulgária, da Grécia, da Islândia, da Índia, do Canadá, além do Código italiano de 1930, do Venezuelano de 1926, do Mexicano de 1931 e do Uruguaio de 1933.[36]

3.2.2 O erro de direito e sua doutrina no direito penal brasileiro: do Código Criminal do Império ao Código Penal de 1940

A previsão de isenção de pena aos que incorrem em erro inevitável sobre a ilicitude do fato que praticam, no art. 21 do CP, por meio da reforma operada

33. Carrara, Francesco. *Programa do curso de direito criminal*: *parte geral*, vol. 1, §§ 258 e 259, p. 196-197. A defesa da inescusabilidade do erro de direito, por Carrara, é analisada por Francesco Carlo Palazzo como uma verdadeira contradição no pensamento liberal-garantista daquele autor clássico, cuja explicação se poderia encontrar ao final do § 258 do *Programma*, onde se lê que *Esige politica che si presuma nel cittadino la cognizione della legge* (Palazzo, Franceso Carlo. Colpevolezza ed ignorantia legis nel pensiero di Francesco Carrara. *L'Indice Penale*, p. 513).

34. Munhoz Netto. *A ignorância...*, p. 42.

35. Jiménez de Asúa. *Reflexiones...*, p. 40-41.

36. Jiménez de Asúa. *Reflexiones....*, p. 41-43.

na sua Parte Geral em 1984, representou a plena consagração legal da relevância da consciência da ilicitude no direito penal brasileiro.[37] Tal dispositivo, quando confrontado com a intransigente negativa de efeitos eximentes de pena à ignorância ou errada compreensão da lei, na redação original do art. 16 do CP/1940, representou um importante avanço no sentido da concretização do princípio da culpabilidade. Pois por meio do vigente art. 21 do Código Penal Brasileiro, consignou-se finalmente na lei penal brasileira que os efeitos jurídico-penais do erro não se definem exclusivamente pelo seu objeto – conforme seja o fato ou o direito, o tipo ou a proibição – mas também, e fundamentalmente, pela sua censurabilidade ou atribuição à responsabilidade do agente.

É certo que essa relevância já se podia extrair do texto do Código Criminal do Império, de 1830, que em seu art. 3.º dispunha que «não haverá criminoso ou delinquente sem má fé, isto é, sem conhecimento do mal e intenção de o praticar».[38] Ocorre que a expressão «conhecimento do mal» tem sentido equívoco. Refere-se tanto ao conhecimento dos aspectos fáticos característicos do evento ao qual a lei se refere como «mal», como ao conhecimento da própria maldade atribuída a esse evento.[39] Assim sendo, é possível que o dispositivo em referência não fosse interpretado nem aplicado à época como uma escusa do chamado erro de direito, compreendido como o desconhecimento da valoração jurídica do fato, mas apenas para redimir quem atuasse em erro de fato, desconhecendo ou se equivocando sobre as circunstâncias fáticas que lhe permitiriam valorar sua prática como um mal.

Segundo Luís Augusto Sanzo Brodt, lamentavelmente, era essa mesma a orientação da doutrina e jurisprudência majoritária, «que não se deixaram influenciar adequadamente pelo avançado espírito do comando legal», possivelmente porque a mentalidade jurídica da época estivesse impregnada pelo pensamento de que o conhecimento das leis deve ser sempre presumido.[40] Tal interpretação do art. 3.º do CP/1830 corresponde ao tratamento legal conferido ao erro de direito a partir do Código de 1890 e à tradição doutrinária da época também na Europa, que como se viu referendava a sua inescusabilidade como um postulado imemorial e universal.

37. Embora em menor medida, a relevância da consciência da ilicitude para a punibilidade do fato já encontrava escólio no direito penal brasileiro escrito, desde a entrada em vigor do Dec.-lei 1.001, de 21.10.1969; o Código Penal Militar. Pois este Diploma, ainda vigente, confere ao «erro de direito» efeitos atenuantes da pena, quando escusável. Conforme dispoõe o seu art. 35: «A pena pode ser atenuada ou substituída por outra menos grave quando o agente, salvo em se tratando de crime que atente contra o dever militar, supõe lícito o fato, por ignorância ou êrro de interpretação da lei, se escusáveis.»

38. Império do Brasil. «Código Criminal do Império do Brasil. In: Pierangeli, José Henrique. *Códigos Penais do Brasil*: *evolução histórica*, p. 237.

39. A mesma imprecisão acomete inclusive a expressão «consciência da ilicitude» que, como bem observa Jorge de Figueiredo Dias, pode abranger «na amplitude de seus termos, tanto a falta de consciência da factualidade constitutiva de um comportamento como a "estrita" falta de consciência da ilicitude» (Dias. *O problema...*, p. 27).

40. Brodt, Luís Augusto Sanzo. *Da consciência da ilicitude no direito penal brasileiro*, p. 106, nota 85.

Nos precisos termos da alínea «a» do art. 26 do CP/1890: «não dirimem, nem excluem a intenção criminosa», entre outras circunstâncias ali arroladas, «a ignorância da lei penal».[41] Contextualizando-o, Antônio José da Costa e Silva explica que esse dispositivo complementava o art. 24,[42] que impunha a verificação do dolo ou da culpa como requisitos para a existência do crime.[43] O art. 24, que se referia ao dolo como «intenção criminosa», recebia então do já referido art. 26 um cânone de interpretação autêntica inexistente no Código antecessor: a ignorância da lei penal não excluía nem dirimia o dolo. A lei avalizava assim, segundo os seus interpretes, uma concepção de dolo independente da consciência da ilicitude.[44]

Dentre os comentadores dessa disposição legal, Filinto Justiniano Ferreira Bastos dela extrai a completa irrelevância da consciência da ilicitude para a configuração do crime. Para ele, a regra da alínea «a» do art. 26 significa que ninguém pode ser considerado ignorante da lei penal, uma vez publicada, e assim ninguém pode se escusar alegando tal ignorância.[45]

Bastos justifica a inflexibilidade da lei, bem como de suas conclusões a respeito, recorrendo a razões práticas e a um suposto consenso sobre o tema. Afirma, ancorando-se na autoridade de Liszt, que a exigência da consciência da ilicitude, para além do dolo, paralisaria a administração da justiça e estaria em formal oposição «à opinião commum de todos os tempos». Arremata sua argumentação afirmando que o aforismo *ignorantia iuris neminem excusat* «é daquelles que, segundo a jurisprudencia universal, não precisa estar escripto na lei, porquanto é uma necessidade de ordem social que impõe um tal princípio».[46]

Costa e Silva, por sua vez, vislumbra maior complexidade no tratamento conferido pelo Código de 1890 ao erro de direito. Partindo de uma conceituação do dolo como «vontade consciente», «que supõe o conhecimento de todas as circumstancias que constituem o conceito legal do crime ou lhe aumentam a punibilidade», compreende o disposto na alínea *a* do art. 26 como uma exceção à regra de que o erro sobre uma ou várias dessas circunstâncias exclui o dolo. Essa exceção, contudo, por se referir apenas à ignorância da lei penal, não abrange as

41. «Art. 26. Não dirimem, nem excluem a intenção criminosa: a) a ignorância da lei penal; b) o erro sobre a pessoa ou cousa, a que se dirigir o crime; c) o consentimento do offendido, menos nos casos em que a lei só a elle permitte acção criminal» (Estados Unidos do Brasil. *Código Penal dos Estados Unidos do Brasil.* Decreto 847 de 11 de outubro de 1890 In: Pierangeli. *Códigos Penais...*, p. 245).

42. «Art. 24. As acções ou omissões contrarias á lei penal que não fôrem commettidas com intenção criminosa, ou não resultarem de negligencia, imprudência, ou imperícia, não serão passíveis de pena» (Estados Unidos Do Brasil. Código Penal dos Estados Unidos do Brasil: Decreto 847 de 11 de outubro de 1890. In: Pierangeli. *Códigos Penais...*, p. 245).

43. Silva, Antônio José da Costa e. *Codigo Penal dos Estados Unidos do Brasil Commentado*, p. 160.

44. Referindo-se à então viva controvérsia entre os escritores alemães sobre ser, a consciência da ilicitude, um requisito do dolo, afirma Costa e Silva: «Para nós essa disputa só tem interesse teórico. De *lege lata*, ella está resolvida em sentido negativo (Código Penal, art. 26, letra *a*)» (Silva. *Código Penal dos Estados Unidos do Brasil Commentado*, p. 141).

45. Bastos, Filinto Justiniano Ferreira. *Breves lições de direito penal*: *parte primeira*, p. 154.

46. Bastos. *Breves lições...*, p. 154.

normas jurídicas de outra natureza. Costa e Silva então conclui, interpretando *a contrario* a norma em comento, que assim como o erro de fato, o erro de direito incidente sobre uma norma estranha à lei penal também exclui o dolo.[47]

Ademais, contrastando com a «jurisprudência universal» e a «opinião comum de todos os tempos» mencionadas por Filinto Bastos sobre a inescusabilidade da ignorância da lei penal, Costa e Silva faz referência às distinções relevantes desde os romanos para a determinação da eficácia do *error iuris*, e alude à propensão da doutrina e do direito penal comparado da época para restringir o dogma da irrelevância do erro de direito, «mitigando-lhe o antigo rigor».[48]

Embora reconheça ter sido positivamente consagrada no direito brasileiro a ineficácia da ignorância da lei penal – especificamente da lei penal, frisa –, Costa e Silva menciona a opinião dissonante de Lima Drummond, para quem é forçoso admitir exceção a esse «princípio severíssimo» àquele que demonstre lhe ter sido absolutamente impossível conhecer a lei penal.[49] Finalmente, dá notícia de que a jurisprudência brasileira da época conferiu relevância ao erro sobre a lei penal, «tratando-se de um estrangeiro e de uma disposição legal de caráter local, sem similar na legislação dos povos cultos»,[50] e vinha decidindo que, verificada controvérsia a respeito da vigência ou do sentido da lei, ficava excluída a responsabilidade criminal.[51]

Uma regulamentação surpreendentemente flexível sobre a matéria foi proposta no projeto que Virgílio de Sá Pereira apresentou em 1927, inicialmente apenas com uma parte geral de código penal, por atribuição do Presidente Arthur Bernardes.[52] Em seu art. 30, embora dispusesse que a ignorância da lei penal não exclui a responsabilidade, o Projeto Sá Pereira previa exceções à regra, em se tratando de infrações meramente convencionais. Tais exceções se davam quando a ignorância decorresse de força maior ou impossibilidade manifesta de conhecer a lei, ou, em se tratando de uma infração de mera desobediência à lei, quando o

47. SILVA. *Código Penal* ..., p. 161.

48. Costa e Silva menciona a oposição de Robert Hippel (*Vergleichende Darstellung*, III, p. 558 *apud* SILVA. *Código Penal*..., p. 162-163) à presunção absoluta do conhecimento da lei penal e à presunção de culpa dos que ignoram a lei após a sua publicação, por serem incompatíveis com a ideia de culpa, que só se verifica em cada caso isolado, conforme os princípios que a regulam, não podendo decorrer de uma ficção destituída de crítica. Cita Ernst Hafter (*Lehrbuch des schweizerischen Strafrechts*, Berlim, 1926, p. 183 *apud* SILVA. *Código Penal* ..., p. 163), que não reconhece qualquer necessidade pública que imponha o dogma da irrelevância do erro de direito, e acusa esse mesmo dogma de ter influído perniciosamente na ideia de culpabilidade penal.

49. LIMA DRUMMOND. *Direito criminal* (prelecções). Rio de Janeiro, 1915, p. 112 *apud* SILVA. *Código Penal* ..., p. 163-164.

50. SILVA. *Código Penal*..., p. 164.

51. *Idem, ibidem*, p. 164.

52. O Projeto completo só foi apresentado em 23.12.1928, inclusive com modificações na parte geral (PIERANGELI. *Códigos Penais*..., p. 76).

infrator fosse analfabeto ou estrangeiro ainda não familiarizado com a língua do país ou com os seus costumes.[53]

Ocorre que, embora tenha sido aprovado na Câmara dos Deputados e fizesse jus ao desenvolvimento da ciência jurídica brasileira do seu tempo, o Projeto Sá Pereira não chegou a ser apreciado pelo Senado. Além de ter sido desgastado por muitas críticas, especialmente durante a Conferência Brasileira de Criminologia de 1936, teve sua tramitação abruptamente interrompida em 1937 pela dissolução do Congresso, com o advento do Estado Novo.[54]

O Código de 1940, então, resultou de um projeto elaborado por Alcântara Machado, profusamente alterado por comissão revisora composta por Nelson Hungria, Roberto Lyra, Vieira Braga, Narcélio de Queiroz e até por Costa e Silva, que teria colaborado «à distância».[55] Embora se possa dizer que, mesmo elaborado sob um regime ditatorial, o Código incorporou as bases de um direito punitivo democrático e liberal, certo é que seu texto conferia ainda mais amplitude que o do Código antecessor à regra da inescusabilidade do erro de direito.

Segundo o art. 16 do CP/1940, «a ignorância ou a errada compreensão da lei não eximem de pena».[56] Diferentemente do Código de 1890, o de 1940 não se restringia a declarar inescusável a ignorância da lei penal, especificamente. Neste ponto, a Comissão revisora do Projeto do Código contrariou a proposta original de Alcântara Machado, que também fazia referência à lei penal, ao proscrever efeitos eximentes da pena ao erro de direito.[57] E por lhe faltar essa menção expressa, o Código de 1940 autorizava equiparar, na sua irrelevância para a configuração do crime, tanto o erro que incidisse sobre uma norma de direito penal, como o que dissesse respeito às normas jurídicas de outra natureza.

53. Dispunha o art. 30 do Projeto Sá Pereira: «A ignorância da lei penal não exclui a responsabilidade; a ela, porém, atenderá o juiz nas infrações meramente convencionais, verificando que I – a ilegalidade é elementar na qualificação da infração; II – a ignorância é devida a fôrça maior ou impossibilidade manifesta; III – o infrator é analfabeto, ou estrangeiro ainda não familiarizado com a língua do país e seus costumes. Parágrafo único. A responsabilidade será excluída: I – verificada qualquer das hipóteses do n. II; II – Concorrendo com a hipótese do n. I qualquer das previstas no n. III. Fora desses casos, a pena poderá ser livremente atenuada» (Hungria, Nelson. *Comentários ao Código Penal*. vol. 1, t. II, p. 211, nota 4; Jiménez de Asúa. *Reflexiones*..., p. 61-62).

54. Pierangeli. *Códigos Penais*..., p. 77; Zaffaroni, Eugênio Raúl; Batista, Nilo *et alii*. *Direito penal brasileiro*, vol. 1, p. 470. Segundo Batista e Zaffaroni, muitas das críticas dirigidas ao Projeto Sá Pereira teriam sido injustas. Foram criticadas, por exemplo, a concessão do *sursis* a criminosos passionais, as escalas penais benignas para crimes políticos, a possibilidade do condenado à pena de detenção escolher, entre os trabalhos que se executarem no estabelecimento, aquele mais conveniente a suas aptidões, inclusive de natureza intelectual, e até a proibição da conversão da pena pecuniária em privativa de liberdade, medida que sete décadas depois da apresentação do Projeto Sá Pereira foi prevista pela Lei 9.268/1996 (Zaffaroni; Batista *et alii*. *Direito penal*..., vol. 1, p. 470, nota 424).

55. Zaffaroni; Batista *et alii*. *Direito penal brasileiro*, vol. 1, p. 470-471.

56. Brasil. *Código Penal de 1940*. Decreto-lei 2.848 de 07.12.1940. In: Pierangeli. *Códigos Penais*..., p. 443.

57. Segundo Nelson Hungria, que o cita para criticar-lhe a «péssima redação», assim dispunha o art. 14 do Projeto Alcântara: «Não exime de pena o agente o erro ou ignorância da lei penal» (Hungria. *Comentários*... vol. 1, t. II, p. 209, nota 1).

Nesse sentido era direta a Exposição de Motivos, subscrita por Francisco Campos, ao destacar que o Código então projetado não faria distinção entre o erro de direito penal e o erro de direito extrapenal: «quando uma norma penal faz remissão a uma norma não penal ou a pressupõe, esta fica fazendo parte integrante daquela, e, consequentemente, o erro a seu respeito é um irrelevante *error juris criminalis*».[58]

Razões de política criminal e criminológicas de viés positivista foram determinantes para o tratamento intransigente conferido ao erro de direito no Código Penal de 1940. Na Exposição de Motivos, essas razões, basicamente consubstanciadas na dificuldade geralmente apontada de se produzir prova que contrarie a alegação de desconhecimento da lei, eram reforçadas por referências à específica configuração da sociedade brasileira, especialmente às suas classes mais desprovidas de cultura, das quais, segundo o referido texto, quase sempre se originam «os piores delinquentes».[59]

Essa preocupação com os obstáculos que a escassez de consciência da ilicitude poderia impor à eficácia da lei penal no Brasil está registrada em cores vivas nos comentários de Hungria. Segundo ele, não se deve cogitar no Brasil, como cogitaram os alemães em sucessivos projetos de novo código, abolir a diversidade de tratamento entre o erro de fato e o erro de direito. Pois enquanto na Alemanha, pela generalização de «uma disciplina *opinio juris*», dificilmente seria viável uma alegação «de falta de consciência da injuridicidade por erro de direito», em países como o Brasil «onde impera o analfabetismo e em cuja vastidão a consciência jurídica do povo escasseia à proporção que se distancia do litoral», a admissão da generalizada relevância do erro de direito criaria «para a gente inculta dos "morros" e do remoto sertão, [...] um verdadeiro *bill* de indenidade contra a justiça penal».[60]

Em função dessa preocupação é que Nelson Hungria, embora considere ser a «consciência da injuridicidade» integrante do dolo, e reconheça numa perspectiva estritamente dogmática que aquela «deveria ser excluída pelo erro de direito, quanto o é pelo erro de fato», recomenda a declaração legal de inescusabilidade do erro de direito, «pelo menos em países com diversidade de graus de adiantamento cultural». A não isenção de pena, nesses casos, encontraria fundamento na omissão do dever cívico de conhecer as proibições impostas pela necessidade da disciplina social.[61]

A preleção de Hungria, que foi um dos principais responsáveis pela forma final do Código de 1940,[62] esclarece bem o quanto se pretendeu restringir naquele

58. Campos. «Exposição de Motivos do Código Penal de 1940» In: Pierangeli. *Códigos Penais...*, p. 413.

59. *Idem, ibidem*, p. 412.

60. Hungria. *Comentários...* vol. 1, t. II, p. 213-214.

61. *Idem, ibidem*, p. 213-214.

62. Segundo Nilo Batista, Eugênio Raúl Zaffaroni *et alii*, referindo-se a uma expressão empregada por Hungria para prestigiar o autor do Projeto, o «sinal de unha» de Alcântara Machado está mesmo presente no Código por toda parte. «Mas as impressões digitais perenemente gravadas no CP/1940 (Dec.-lei

período a relevância do erro de direito. Para «não abrir larga brecha no princípio político-jurídico-penal do *error juris nocet*», Hungria defende com vigor a irrelevância inclusive do erro de direito extrapenal, assentada na Exposição de Motivos do Código de 1940, contestando assim Jiménez de Asúa, para quem seria inadmissível negar distinção reconhecida desde o direito romano até os mais recentes Códigos e autores.[63] Hungria argumenta que não se pode atribuir relevância ao erro sobre lei não penal, especialmente quando integradora do preceito incriminador, decisivamente porque tal relevância não é admitida sequer quando se considera essa lei «fora da órbita jurídico-penal», por força do «princípio universal» consagrado no art. 3.º da Lei de Introdução ao Código Civil, segundo o qual «ninguém se escusa de cumprir a lei, alegando que a não conhece».[64]

Portanto, Hungria discorda expressamente da solução acolhida no art. 47 do Código Penal italiano, que exclui a punibilidade da conduta quando o erro de direito extrapenal acarreta erro sobre o fato que constitui o crime.[65] Ele procura ilustrar a «inadmissibilidade lógica de tal critério» se referindo a dois casos mencionados por Manzini como exemplos de aplicação do dito artigo: o caso do credor que supõe falsamente poder se apropriar de objeto dado em penhor, ante a impontualidade do devedor; e o caso do legatário que se apodera da coisa legada *ex auctoritate propria*, julgando que podia fazê-lo.

Para Hungria, é intolerável a exclusão da punibilidade desses fatos, que se lhe afiguram, respectivamente, crimes de apropriação indébita e exercício arbitrário das próprias razões. Em ambos os casos, argumenta, «não há êrro sôbre o fato constitutivo do crime, mas sôbre a norma jurídica que define o crime, isto é, um inconfundível êrro de direito», com o qual não se deve transigir, «à parte as infrações de pura criação política», por «injunções da política criminal».[66]

As mencionadas infrações «de pura criação política», antes as quais Hungria admite exceção à regra da inescusabilidade do erro de direito, foram, segundo ele, em sua quase totalidade, trasladadas para a Lei de Contravenções Penais.[67] Esta, instituída pelo Dec.-lei 3.688/1941, com mais amplitude que o Projeto Sá Pereira, dispõe em seu art. 8.º: «No caso de ignorância ou errada compreensão da lei, quando escusáveis, a pena pode deixar de ser aplicada». Em todo caso, se não foram todas, mas «quase todas», as infrações «de pura criação política» recolhidas na Lei de Contravenções Penais, pode-se inferir que Hungria admitisse

2.848, de 07.12.1940) são as de Nelson Hungria, que já não poderia elogiar, sem evidente imodéstia, a exposição de motivos assinada por Francisco Campos» (Zaffaroni; Batista *et alii. Direito Penal*..., vol. 1, p. 472).

63. Jiménez de Asúa. *Reflexiones*..., p. 44-45, nota 1.

64. Hungria. *Comentários*..., vol. 1, t. II, p. 218.

65. «*L'errore su una legge diversa dalla legge penale esclude la punibilità, quando ha cagionato un errore sul fatto che costituisce il reato*» (Repplublica Italiana. *Codice Penale*. Disponível em: <http://libri.freenfo.net/D/D000040.html>. Acesso em: 19.07.2011. Tradução nossa).

66. Hungria. *Comentários*... vol. 1, t. II, p. 217-218.

67. *Idem, ibidem*, p. 211.

a escusabilidade do erro de direito em casos excepcionais, mesmo em não se tratando de infrações formalmente contravencionais.

Embora tenha sido também referendada por Bento de Faria,[68] a doutrina da equiparação entre o erro de direito penal e extrapenal como formas igualmente irrelevantes de erro não foi unanimemente acolhida no Brasil, sequer sob a vigência do Código de 1940. Entre outros, rejeitou-a Basileu Garcia, que reconhece no brocardo *ignorantia legis non excusat* uma ficção que afronta o princípio da culpabilidade e muitas vezes repugna ao senso de justiça.[69] Citando um exemplo de Carrara[70] para o erro escusável quanto à norma extrapenal – de cuja solução Hungria expressamente discorda[71] – Basileu Garcia afirma lhe parecer inconcebível responsabilizar por crime assimilado ao de moeda falsa a pessoa que, tendo regressado ao território nacional, passa de boa fé cédulas que tivessem sido recolhidas durante sua ausência por força de intercorrente lei. Para Basileu Garcia, contrariando frontalmente Hungria, convém aceitar as atenuações que a regra da inescusabilidade do erro de direito tolera, das quais «uma bem razoável é a eximente influência do erro de direito extrapenal, quando conduza a erro sobre elemento de fato da infração».[72]

A pretensão legislativa de negar relevância eximente de pena a qualquer forma de erro de direito, encontrou também na jurisprudência brasileira do período compreendido entre a edição do Código Penal de 1940 e a reforma da sua Parte Geral, em 1984, expressiva oposição. Pois entre os julgados dessa época pertinentes ao tema, sempre se pôde ouvir o brado da culpabilidade, impondo a exclusão do crime mesmo em face do erro de direito, quando não se lhe podia censurar ao agente. Cláudio Brandão o demonstra por rico levantamento de julgados que contornavam o disposto no art. 16 do CP, em sua redação original de 1940, admitindo a relevância da ignorância ou errada compreensão da lei quando escusável, em face da excepcional rusticidade do agente ou de outras «raríssimas circunstâncias» impeditivas do conhecimento da norma legal.[73]

Muitas manifestações judiciais nesse sentido se puderam vislumbrar em pesquisa empreendida com Marcelo Sarssur Lucas da Silva,[74] a respeito dos arroubos repressivos e da simultânea tolerância às casas de prostituição durante a década de 50 do último século. Com efeito, a jurisprudência daquele período

68. Faria, Bento de. *Código Penal Brasileiro (comentado): parte geral*. vol. 2, p. 174.

69. Garcia, Basileu. *Instituições de direito penal*. vol.1, t. I, p. 276-277.

70. Carrara, Francesco. «Della ignoranza come scusa» In: *Opuscoli di Diritto Criminale*. vol. 7. Florença, 1899, p. 391, *apud* Garcia. *Instituições...* vol.1, t. I, p. 276-277.

71. Para Hungria, mesmo esse «desconcertante exemplo de Carrara [...] não desconvence do critério de intransigência, pois ao agente se poderá redarguir que faltou ao dever de indagar sobre a continuidade da circulação das cédulas, desde que reingressara no território nacional» (Hungria. *Comentários...*vol. 1, t. II, p. 218).

72. Garcia. *Instituições...* vol. 1, t. I, p. 277.

73. Brandão. Cláudio. *Teoria jurídica do crime*, p. 192-194.

74. Horta, Frederico Gomes de Almeida; Silva, Marcelo Sarssur Lucas da. Entre *Repressão e Tolerância: discursos e práticas de controle social da prostituição na década de 1950*, p. 112 *et seq.*

é rica em decisões que eximem de culpa mulheres acusadas de manter casas de prostituição, ao argumento de que lhes seria inacessível a consciência da ilicitude de tais empreendimentos, em face da tolerância que as autoridades policiais geralmente lhes dedicavam. Nesses casos, para ancorar na lei o dispositivo absolutório da decisão, era comum qualificar tal erro como «erro de fato», mesmo em se tratando evidentemente, pelos próprios argumentos empregados para fundar o convencimento judicial a respeito da sua ocorrência, de um evidente erro de direito penal.[75]

75. De algumas das decisões nesse sentido coletadas, citam-se os seguintes trechos, que bem ilustram o que se afirma: «(...) se está provado que a apelante mantinha uma pensão destinada à hospedagem de meretrizes, provado também está que essa pensão já vinha funcionando há mais de 14 anos, sob às vistas da polícia e, o que é mais, com autorização e fiscalização da polícia local. Disso é comprovante inequívoco o livro de registro dessa pensão, apensado ao processo, livro autenticado pela polícia, onde eram registradas, com o visto da autoridade policial, as mulheres que se hospedavam em dita pensão.

Dadas essas circunstâncias, estava crente a apelante de que sua situação, de proprietária de tal pensão, era uma situação lícita, legal, uma vez que o poder público, por suas autoridades competentes, não só jamais procedeu contra semelhante situação de fato, como, principalmente, lhe dava anuência oficial, regulamentando-a e fiscalizando-a.

Tudo isso significa que a apelante não procedia com "dolo", isto é, com a consciência de estar praticando um crime, pois consciência tal não pode ter quem pratica um ato acobertado pela autoridade pública, que dêle tem conhecimento prévio, e nêle vem consentindo há longos anos.

Se o fato imputado à apelante, na espécie, fôsse punível, punidas também deveriam ser as autoridades que nêle consentim (*sic*), que dêle participavam, emprestando-lhe cunho de ato lícito. Seriam, então, tais autoridades, co-autores da infração, pelo auxílio que prestavam à sua prática, não se opondo ao fato incriminado, antes tolerando-o e até incentivando-o com as formalidades, regulamentação e fiscalização que o rodeavam.

Em suma, dadas tôdas as circunstâncias expostas, o que se verifica, no caso, é que, se um crime existe, todavia isento de pena está o seu agente por êrro quanto ao fato que o constitui (Código Penal, art. 17)» (TJSP. ApCrim 27.640. Acórdão de 28.03.1950. *RT* 186/577-578 e *RF* 134/258-259);

«Ora, a acusada, mulher ignorante, quase analfabeta, com uma noção deformada da ética individual, vendo diariamente a seu lado, e em outros pontos da cidade, casas de tolerância em pleno funcionamento, e também fiscalizadas pela polícia, podia acreditar que as advertências que, de quando em quando se lhe faziam, eram simplesmente pró-forma» (TJSP. Autos n. 43.963. Acórdão de 11.03.1955. *RT* 237/79-80 e *RF* 163/366);

«Assim como o músico obedece à batuta do maestro, as criaturas simples e ignorantes como a apelante têm os olhos sempre fitos nas autoridades que trabalham no setor da Justiça, e fazem sem temor o que elas mandam e permitem que se faça. A menos que permitam ou mandem coisas cujo horror até os espíritos mais primários sejam capazes de sentir por instintiva distinção natural entre o bem e o mal. Distinção impossível na hipótese vertente, pois jamais se esperará que uma miserável meretriz, atrasada mental como em regra tôdas são, veja por si mesma mal algum em arrendar o corpo a quem livremente o quer, sem engano ou ludíbrio na cobrança do aluguel» (TJSP. Autos n. 64.899. Acórdão de a 15.02.1960. *RT* 300/110-113);

«Como se pode, pois, exigir-se da ré Maria Antônia da Silva, mulher ignorante, do meio corrupto, o conhecimento presumido da lei penal, quando ela vê à sua volta outras casas semelhantes funcionando normalmente? Ou quando se vê transferida, compulsoriamente, de uma rua para outra, pela Polícia? Ou é forçada a residir em em local previamente designado pela Polícia?» (TJSP. Autos n. 65.103. Acórdão de 21.03.1960. *RT* 297/147-151).

3.3 DO ERRO DE FATO, DO ERRO DE DIREITO E DO ERRO QUANTO AOS ELEMENTOS NORMATIVOS DAS LEIS PENAIS SEGUNDO OS MODELOS TEÓRICOS CLÁSSICO E NEOCLÁSSICO DE DELITO

3.3.1 Dos modelos teóricos clássico e neoclássico de delito

Para os fins da análise que passamos a empreender, é conveniente dividir, como o faz Wolfgang Frisch, o desenvolvimento da moderna teoria do delito, tomando por marco a consolidação da dimensão subjetiva do injusto operada no sistema dogmático desenvolvido segundo o conceito finalista de conduta, de Hans Welzel. A partir desse marco divisório, vislumbramos uma primeira fase, anterior ao finalismo, na qual a conduta típica e ilícita, à qual se pode referir sinteticamente como injusto, é concebida sem referência à direção da vontade que a anima e, portanto, desvinculada do conceito de dolo. Essa primeira fase do desenvolvimento e vinculação sistemática das categorias que compõem a teoria do delito é genericamente designada por Frisch como doutrina objetiva do injusto.[76]

Prefere-se, contudo, falar em modelos teóricos, ou sistemas, clássico e neoclássico de delito, em vez de «doutrina objetiva do injusto». Primeiramente porque se vislumbram nessa fase pelo menos duas concepções teóricas do delito razoavelmente distintas. Depois porque mesmo antes do finalismo, na fase dita neoclássica da teoria do delito, relativizou-se o caráter em geral objetivo que se atribuía ao injusto, pela descoberta dos seus elementos subjetivos nos chamados delitos de intenção, de tendência interna transcendente e ainda nos delitos de expressão.[77]

O modelo clássico de delito, em observância aos cânones metodológicos do positivismo naturalista, que constituía o pano de fundo filosófico da sua época, foi concebido a partir de um conceito objetivo e neutro da conduta humana. Desse conceito, são notórias as formulações de Liszt e de Beling. Aquele define a conduta em função do seu resultado, como uma mudança no mundo exterior que se refere à vontade humana.[78] Este, desvinculando a ação do seu efeito, define-a como um comportamento corporal produzido pelo domínio sobre o corpo (compreendido como liberdade de enervação muscular), consistente em um movimento ou em uma distensão dos músculos.[79]

Ambas as formulações conceituais de conduta, a despeito das distintas perspectivas e abrangências, coincidem em dois aspectos essenciais. O primeiro, como já destacado no início deste texto, é a ausência de qualquer referência a valores. A conduta é descrita pelos citados autores apenas como um aspecto da realidade natural, para o qual identificar basta a percepção sensorial. O segundo

76. Frisch, Wolfgang. «El error como causa de exclusão del injusto y/o como causa de exclusión de la culpabilidad.» In: ____ *et alii*. *El error...*, p. 14 *et seq*.

77. Mezger. *Tratado...*, t. I, p. 357-358.

78. Liszt. *Tratado...*, t. I, p. 217.

79. Beling. *Esquema...*, p. 20.

é a indiferença quanto ao conteúdo ou a direção da vontade que move o agente, já que a voluntariedade da ação é compreendida em ambas as concepções apenas como liberdade de movimentação, determinada negativamente pela ausência de constrangimentos mecânicos ou psicofísicos, de ataques convulsivos, síncopes, estados de inconsciência ou atos reflexos.[80]

Os aspectos comuns desses conceitos de conduta determinaram as principais características do modelo teórico de delito desenvolvido a partir deles, conhecido como sistema clássico, ou ainda como sistema Liszt-Beling. A primeira dessas características, também já referida neste trabalho, é o caráter neutro da tipicidade em relação à ilicitude. Pois sendo o tipo a descrição legal da conduta incriminada, a concepção naturalista da conduta impõe a completa autonomia entre a sua descrição e a sua valoração. Impõe que se separe, como operações distintas e descomprometidas entre si, a identificação da conduta a ser apreciada em face do direito penal – a tipicidade – e a sua apreciação como um fato que o contraria – a ilicitude.

A segunda dessas características, que interessa imediatamente ao tema do erro, é a configuração conceitual do tipo como uma categoria objetiva do sistema, totalmente indiferente ao conteúdo ou à direção da vontade do agente que concretiza o fato legalmente determinado. Afinal, na medida em que o conceito de conduta não envolve a direção da vontade, o tipo que a descreve tampouco a abarcará. E, sendo assim, a direção da vontade de quem concretiza o tipo em contrariedade ao direito só importará para a configuração do crime ao se perquirir pela sua culpabilidade por tal evento.

O modelo neoclássico do delito, por sua vez, foi desenvolvido sob o influxo filosófico do neokantismo da Escola de Baden, e se caracteriza pela introdução no conceito de conduta da referência ao valor que a destaca como objeto elementar da teoria do delito, já então compreendida como uma ciência da cultura. Dentre os corifeus dessa nova concepção da conduta, Sauer a define como uma atuação voluntária, que tende a um resultado socialmente útil ou danoso, juridicamente relevante.[81]

A partir dessa concepção causal-valorativa de conduta, como já se destacou, o tipo, enquanto elemento sistemático, também adquire a sua dimensão valorativa, passado a ser concebido como a descrição legal do injusto e, portanto, como o portador de todo o desvalor que o injusto supõe.[82] Para além da conduta e do tipo, como bem observa Silva Sánchez, a influência epistemológica do neokantismo foi sentida em todos as demais categorias sistemáticas do delito, que tiveram o seu conteúdo reelaborado pelo critério regente do valor.

Assim, a ilicitude, antes compreendida numa perspectiva puramente formal, adquire um diverso matiz material, consistente na apreciação da injustiça da conduta, para além da sua mera proibição, o que viabiliza a elaboração teórica das

80. Liszt. *Tratado...*, t. I, p. 220; Beling. *Esquema...*, p. 20-21.
81. Sauer. *Derecho penal...*, p. 86 e 95.
82. Mezger. *Tratado...*, p. 366.

causas supralegais de justificação. Assim também a culpabilidade, até então um mero liame psicológico entre o agente e o resultado ao qual deu causa, incorpora a reprovabilidade pelo comportamento causal, vindo a ser acrescida da exigibilidade ao agente de conduta diversa, conforme o direito.[83]

Não obstante, o modelo teórico de delito que se desenvolveu sob o influxo do neokantismo não alterou o posicionamento sistemático do dolo. No sistema neoclássico o dolo permaneceu relacionado exclusivamente à culpabilidade, muito embora não mais como uma de suas formas ou graus, tal qual no sistema anterior, mas como um dos seus requisitos, ao lado da exigibilidade de conduta diversa.

A luz de qualquer um desses modelos teóricos, portanto, toda forma de erro, qualquer déficit de consciência do agente a respeito do ilícito penal por ele concretizado, não prejudica a configuração desse ilícito. A previsão ou a vontade do agente em relação à modificação no mundo exterior por ele causada só importa, em qualquer dos sistemas conceituais apresentados, para determinar a forma ou o grau da sua culpabilidade, se culposa ou dolosa, pelo injusto que lhe é atribuído.

Sendo assim, todo erro relevante do agente a respeito do fato se explica a partir da culpabilidade, como uma circunstância que a exclui ou a modifica, na media em que prejudique ou não o dolo. O caráter problemático e polêmico do tema, sob o marco dos modelos clássico e neoclássico de delito, portanto, é restrito à atribuição ou não de relevância ao erro, isto é, à determinação e distinção das formas relevantes e irrelevantes de erro para atribuição ou modulação da culpabilidade do agente.

As divergências quanto à relevância atribuída ao erro segundo os adeptos desses modelos teóricos resulta das diferentes concepções de dolo cultivadas por cada um, que divergem especialmente quanto ao que caracteriza o dolo na sua dimensão intelectiva. A seguir, trataremos de expor essas diferentes concepções de dolo, indicar as soluções que a partir delas os seus adeptos extraem para o erro de fato e para o erro de direito, bem como a classificação que conferem, nessa dicotomia, ao erro quanto aos elementos normativos das leis penais.

3.3.2 Do erro de fato, do erro de direito e do erro quanto aos elementos normativos das leis penais na doutrina clássica de Liszt

O modelo teórico do delito ao qual nos referimos como clássico, embora conte com a contribuição de Beling, tem sua máxima expressão na doutrina de

83. Silva Sánchez. *Aproximación...*, p. 56-57. Embora seja certa a contribuição do neokantismo para a consolidação da dimensão material da ilicitude na teoria do delito, não se desconhece a presença dessa ideia já na doutrina de Liszt. Com efeito, para Liszt a proteção de interesses da vida humana «é a essência do direito, a ideia finalística, a força que o produz» (Liszt. *Tratado...*, p. 139). E ao caracterizar a ilicitude da conduta delitiva, Lizst faz expressa referência à ofensividade, como característica determinante da sua proibição pelo legislador. Segundo Lizst: «Convertendo os interesses da vida humana em bens jurídicos, isto é, em interesses juridicamente protegidos, o Direito proíbe, sem que se faça mister um declaração expressa, toda lesão ou ofensa a tais interesses» (Liszt. *Tratado...*, p. 237).

Liszt, que apresenta um conceito de dolo tão natural quanto o de conduta e tão neutro quanto o de tipo. Por tal conceito, o dolo é simplesmente a representação da importância do ato voluntário como causa de uma modificação no mundo exterior.[84] Sem adentrar na polêmica pertinente ao aspecto anímico do conceito, que consagra a mera representação, em vez da vontade ou do consentimento em relação ao resultado, como requisito do dolo, interessa-nos aqui a restrição do conteúdo intelectual do dolo, desse modo concebido.

Pois bem, na medida em que o dolo é definido, basicamente, como a representação dos aspectos naturais, sensíveis, do fato incriminado – assim o próprio ato voluntário e o seu resultado, reciprocamente relacionados como causa e efeito – a valoração ou o sentido jurídico desse fato como um todo restam totalmente indiferentes ao dolo. Essa assertiva, que deriva logicamente do conceito exposto de dolo, é confirmada por Liszt, para quem o dolo não se refere à importância jurídica da ação, mas apenas à produção ou não impedimento de uma mudança no mundo exterior, compreendida como acontecimento captável pelos sentidos.[85]

Sobretudo, ainda segundo Liszt, o dolo não compreende a consciência da ilicitude, e seria uma completa inversão de ideias ver justamente nisso a sua essência.[86] O caráter natural do dolo é ademais afirmado por Liszt ao ressaltar que a noção de *dolus malus*, que no direito romano seria «a intenção antijurídica», «nada tem de comum com o moderno dolo».[87]

Tal concepção puramente naturalista do dolo, que nesse modelo teórico, ao lado da culpa em sentido estrito, encerra uma das formas – a mais gravosa – de culpabilidade, conduz logicamente à completa irrelevância do erro quanto à ilegalidade do ato para a responsabilização do agente pelo fato ilícito que pratica, e limita às circunstâncias do fato, o objeto do erro relevante para o direito penal.[88] Pois, na medida em que «a ideia de dolo não compreende a consciência da ilegalidade»,[89] só o erro de fato, compreendido por Liszt como «a não conformidade» entre a representação pelo agente do seu ato voluntário, como causa ou não impedimento do resultado, e o curso real dos acontecimentos, compromete o dolo.[90]

Então, segundo essa doutrina, o erro de fato exclui o dolo, e com ele a modalidade dolosa de culpabilidade pelo ilícito praticado, pois rompe com o nexo psicológico entre o agente e o fato promovido por sua atuação voluntária. Contudo,

84. Liszt. *Tratado...*, t. I, p. 275-276.
85. *Idem, ibidem*, p. 280-281.
86. *Idem, ibidem*, p. 281.
87. *Idem, ibidem*, p. 275.
88. Nesse sentido é também a síntese de Figueiredo Dias para a doutrina de Liszt sobre o erro: «Por isso, só o erro sobre os dados sensorialmente perceptíveis, que constituem justamente a ação que da vontade resulta ("erro de facto"), pode ser considerado relevante, enquanto irrelevante será qualquer erro sobre a apreciação ou valoração de percepções ou de dados daquela natureza ("erro de direito")» (Dias. *O problema...*, p. 48).
89. Liszt. *Tratado...*, t. I, p. 286.
90. *Idem, ibidem*, p. 282.

quando a não conformidade entre a realidade e a representação que o agente faz da sua conduta for evitável, isto é, quando o resultado efetivamente causado ou não evitado pelo ato voluntário do agente tiver sido previsível, subsistirá ao dolo a possibilidade de responsabilização do agente por tal resultado na forma de culpa em sentido estrito.[91] Ressalte-se que o delito culposo é excepcional, no direito alemão assim como no brasileiro, de modo que a punibilidade da infração culposa fica condicionada à expressa previsão legal.[92]

Tal solução para o erro de fato, para além do modelo teórico de delito apresentado por Liszt, já se impunha pela própria lei alemã. Pois dispondo sobre o erro, o § 59 do Código Penal alemão de 1871, em seu primeiro inciso, determinava que «se alguém, ao cometer uma ação punível, não conhecia a existência das circunstâncias de fato que pertencem ao tipo legal, não lhe serão imputadas essas circunstâncias».[93] O mesmo parágrafo, no inciso seguinte, prevendo a subsidiária responsabilidade a título de culpa, dispunha que: «tratando-se de atos culposamente praticados, não serão imputadas ao agente as circunstâncias que ele não conhecia, salvo se a ignorância mesma for devida à culpa».[94]

Mas, ao contrário do erro de fato, no modelo apresentado por Liszt, a ignorância da ilegalidade ou a equivocada valoração do fato como um todo em face do direito, é totalmente indiferente ao dolo. O dolo do agente estará plenamente verificado, e com ele a responsabilidade – culpabilidade – dolosa do agente pelo crime, ainda quando ele desconheça a contrariedade de sua conduta ao direito, ou mesmo quando a suponha excepcionalmente legítima, desde que essa errônea suposição não derive de uma falsa representação da realidade, mas sim de uma falsa compreensão do seu sentido jurídico.

Segundo Liszt, uma vez que a ilegalidade do fato incriminado deve ser examinada, em regra, de um modo rigorosamente objetivo, a atribuição e a forma de culpabilidade por sua concretização simplesmente não leva em conta a boa ou má-fé do agente. Consequentemente, a suposição errônea de que seja legal a ação objetivamente ilegal não aproveita o agente, mas por outro lado não o prejudica a errônea suposição de que seja ilegal, o fato que objetivamente não seja.[95]

Mantendo-se fiel à premissa que reduz aos componentes do dolo os requisitos da culpabilidade dolosa, Liszt repudia a ideia de que a «consciência da ilegalidade» deva ser acrescida a tais requisitos, ainda que como um elemento sistemático paralelo e independente do próprio dolo. Contra tal exigência para a culpabilidade, Liszt argumenta primeiramente que, embora ela fosse cabível sob o ponto vista da teoria da coação psicológica, paralisaria a administração da justiça com o inglório encargo de provar, em cada caso corrente, que o acusado de crime conhecia o preceito violado. E finalmente, para negar qualquer relevância à

91. Liszt. *Tratado...*, t. I, p. 290-291.
92. *Idem, ibidem*, p. 291.
93. Alemanha. *Código Penal apud* Mezger. *Tratado...*, t. II, p. 103, tradução nossa.
94. Alemanha. *Código Penal apud* Liszt. *Tratado...*, t. I, p. 291.
95. Liszt. *Tratado...*, t. I, p. 288-289.

consciência da ilicitude, seguindo a tradição de sua época, Liszt invoca o silêncio da lei a respeito, além da «opinião comum de todos os tempos», que consagraria a regra da inescusabilidade do erro de direito.[96]

Como se vê, por meio de seu modelo clássico de delito, Liszt, na Alemanha, conferia sustentação dogmática à regra da completa inescusabilidade da ignorância da lei. Uma regra que à sua época contava também com os argumentos criminológicos de Ferri, na Itália, voltados para a máxima efetividade das funções de prevenção especial da pena, e, pois, do direito penal, enquanto mecanismo formal de controle e neutralização dos «perigosos».

Mas a reafirmação da completa irrelevância do *error iuris*, segundo a «opinião comum de todos os tempos», na doutrina de Liszt, não deve ser compreendida em sua acepção mais ampla, como completa indiferença do dolo em relação ao sentido jurídico das circunstâncias que individualizam o ato voluntário ou o seu resultado incriminado. Também em conformidade com o que seria «a opinião comum de todos os tempos», cultivada desde os jurisconsultos romanos como já se demonstrou, Liszt não inclui sob a regra da irrelevância, o erro que recai sobre os aspectos da realidade definidos em função do direito.

Assim como em Roma não se considerava erro de direito, pelo menos não no sentido empregado na regra de Paulo, a ignorância ou a falsa representação das circunstâncias do fato incriminado que demandavam uma apreciação jurídica, para Liszt o erro sobre essas circunstâncias não se distingue do erro de fato, como excludente do dolo. Por isso é que, em vez de empregar a expressão «erro de direito», para designar as modalidades irrelevantes do erro, Liszt prefere falar em «erro sobre a ilegalidade do ato». Pois só este erro, que incide sobre a valoração do fato como um todo em face do direito, é considerado por Liszt irrelevante para o dolo e, de todo modo, para a responsabilização do agente, por falta de amparo legal de qualquer escusa.

Portanto, para Liszt, o erro quanto aos elementos da definição legal do crime que neste trabalho são classificados como normativos é tão excludente do dolo quanto o erro incidente sobre as demais circunstâncias do fato; as que podem ser representadas independentemente da inteligência do direito, e cuja previsão não envolve mais do que se possa perceber pelos sentidos. Nas palavras de Liszt, «em todos os casos de erro não há que se distinguir se o erro consiste na inexata apreciação dos fatos ou na errônea inteligência das disposições de direito em questão, ou finalmente na errônea aplicação destas àquelas [...]».[97]

Em defesa dessa assertiva, Liszt invoca uma interpretação ampla da expressão «circunstâncias do fato que pertencem ao tipo legal», empregada no supracitado inciso I, do § 59 do Código Penal alemão vigente à sua época, em referência ao objeto do erro que exclui a imputação a título de dolo.[98] Segundo

96. Liszt. *Tratado...*, t. I, p. 286.

97. *Idem, ibidem*, p. 284.

98. Novamente, segundo o referido dispositivo, «se alguém, ao cometer uma ação punível, não conhecia a existência das circunstâncias de fato que pertencem ao tipo legal, não lhe serão imputadas essas

Liszt, o Código não autorizaria a distinção, acolhida e consagrada pelo Tribunal Imperial, entre o erro de fato e o erro de direito.[99] Pois ao dispor sobre o desconhecimento das circunstâncias do fato pertencentes ao tipo legal, a lei não teria se referido apenas à falta ou à inexatidão da representação dos fatos, mas também à errônea inteligência das disposições de direito em função dos quais estes são definidos, nos termos da lei.

Verifica-se, portanto, que para a distinção do erro relevante, porque prejudicial ao dolo, em relação ao erro irrelevante, porque indiferente à configuração do dolo, Liszt abre mão do método positivo naturalista que caracteriza a sua construção sistemática conceitual do delito, em favor de um método positivo formalista. Afinal, mesmo tendo conceituado o dolo como a representação de um «acontecimento que cai sob os sentidos»,[100] acaba admitindo que lhe prejudique «a errônea inteligência das disposições de direito em questão»,[101] isto é, o erro sobre as disposições de direito referidas pela lei na determinação do fato incriminado.

Justamente por essa razão, Liszt se vê obrigado a fazer uma importante exceção, como ele mesmo destaca, à regra da inescusabilidade do erro do agente quanto à ilegalidade da sua conduta. Pois, não reconhecendo distinção entre as formas de erro que recaem sobre as circunstâncias que a lei inclui na definição do crime, Liszt conclui que será escusável o erro do agente sobre a ilegalidade da conduta sempre que esta característica seja expressamente referida pela lei na qualificação da conduta como crime.[102]

Trata-se, nestes casos, do erro que incide sobre os elementos compreendidos neste trabalho, a partir do conceito de Roxin, como elementos de valoração global do fato. Sem chegar a classificar as referências da lei à ilegalidade do ato, como circunstâncias do fato típico – pois sua obra não reconhece a tipicidade como um elemento sistemático autônomo da teoria do delito – Liszt reserva ao erro sobre essas qualidades da conduta a mesma consequência excludente da responsabilidade dolosa prevista para os demais pressupostos legais do crime, no inciso I do § 59 do Código Penal alemão.

Dessa forma, segundo um formalismo escancarado, Liszt admite a excepcional coincidência, pelo menos quanto aos seus efeitos, entre o erro de representação da realidade e o erro quanto à sua valoração jurídica. Note-se que o reconhecimento da excepcional relevância do erro sobre a ilegalidade da conduta, por Liszt, fica condicionado exclusivamente ao arbítrio do legislador, ou sujeito apenas a um capricho de redação do dispositivo legal incriminador. Dar-se-á, afinal, simplesmente pelo uso de referências à ilicitude da conduta, ou de expres-

circunstâncias» (Alemanha. *Código Penal apud* Mezger. *Tratado...*, t. II, p. 103, tradução nossa).

99. «Com razão, o Código Penal não admite a distinção entre o erro de fato e o erro de direito. Desaparece assim a distinção entre o erro de Direito Penal e os demais casos de erro de direito» (Liszt. *Tratado...*, t. I, p. 284).

100. Liszt. *Tratado...*, t. I, p. 280-281.

101. *Idem, ibidem*, p. 284.

102. *Idem, ibidem*, p. 287.

sões de sentido análogo, no dispositivo legal e, portanto, sem guardar qualquer comprometimento ou coerência com o conceito natural de dolo ou com a configuração puramente psicológica da culpabilidade que compõem o seu modelo teórico de delito.

Também sem apontar qualquer razão de fundo e sem qualquer aporte conceitual que o justifique sistematicamente, Liszt faz referência, em nota, a outros casos de tratamento excepcional do erro quanto à ilegalidade da conduta, nos quais a lei expressamente lhe atribui relevância. Assim, o tratamento legal conferido ao erro pela «Lei sobre a contrafacção», que em seu art. 18, alínea 2.ª, dispunha que «não se aplicará a pena da contrafacção, quando quem empreender a contrafação proceder de boa-fé em razão de um erro de fato ou de direito escusável».[103]

3.3.3 Do erro quanto aos elementos normativos da lei penal na jurisprudência do Tribunal Imperial alemão: consagração e crítica da dicotomia entre erro de direito penal e erro de direito extrapenal

O tratamento do erro quanto aos elementos normativos da lei penal, sob o pano de fundo teórico do sistema clássico de delito, deu-se na Alemanha com expressa referência à dicotomia erro de fato e erro de direito, na jurisprudência do Tribunal Imperial (*Reichsgericht*). Contrariando o entendimento supra exposto de Liszt, para quem o Código Penal não autorizaria distinção entre o erro de fato e o erro de direto que recaíssem sobre as circunstâncias da definição legal do crime, o Tribunal Imperial a consagrou como expressão apriorística da relevância ou irrelevância do erro para o dolo.

Guardando coerência com o conceito naturalista de dolo, ao menos no plano da lógica formal, o Tribunal Imperial considerava relevante para excluir o dolo apenas o erro de fato, e irrelevante para tanto o erro de direito. Conferia, afinal, uma interpretação restritiva ao art. 59 do CP, segundo a qual tal dispositivo só se referia ao erro de fato, e não também ao erro de direito, cuja solução a lei teria deixado à teoria.

Não obstante, em conformidade com o tratamento tradicional da matéria desde Roma, e para se esquivar da injustiça de considerar irrelevante o erro quanto aos elementos normativos do tipo, o Tribunal Imperial estabeleceu uma segunda dicotomia, distinguindo o erro de direito extrapenal do erro de direito penal. Aquele, que recairia sobre o conteúdo de normas de outros ramos do direito, como o direito civil, o administrativo etc..., seria um erro relevante, porque em tudo equiparável ao erro de fato. Este, que recairia sobre o conteúdo das normas do próprio direito penal, seria irrelevante para a configuração do dolo e, portanto, para a imputação subjetiva do fato ao agente, sendo, pois, regido pela regra imemorial da inescusabilidade.[104]

103. Liszt. *Tratado...*, t. I, p. 287, nota 396.

104. Nesse sentido, a clara resenha de Beling: «*El Tribunal Supremo estima que importando al § 59, I, sólo el conocimiento de las "circunstancias de hecho", es decir, facta, el conocimiento del jus y con ello*

Assim, segundo a jurisprudência consolidada pelo Tribunal Imperial, resumida em algumas de suas máximas por Mezger, o erro de direito extrapenal do autor exclui o dolo, mas o erro jurídico penal não exclui o caráter doloso da conduta do agente; *Error iuris criminalis nocet, error iuris non criminalis non nocet*. Afinal, o erro de direito extrapenal se equipara ao erro sobre os fatos.[105]

Acrescente-se que, além do erro quanto aos elementos típicos normativos de conteúdo jurídico, que se distinguia como erro de direito extrapenal, o Tribunal Imperial também considerava relevante para excluir o dolo o erro quanto aos pressupostos legais do crime designados neste trabalho como elementos de valoração global do fato. Segundo Beling, o Tribunal admitia excepcionalmente a relevância da consciência da ilicitude para o dolo, quando essa qualidade da conduta fosse expressamente mencionada pela lei entre os «pressupostos objetivos da punibilidade». Para justificá-lo, o Tribunal argumentava que a ilicitude pertenceria ao «delito-tipo», e por essa razão o desconhecimento dela seria regulado pelo § 59, I, do Código.[106]

A classificação do erro de direito em extrapenal e penal, para a atribuição de relevância excludente do dolo àquele que recai sobre as normas de direito civil ou de qualquer outro ramo do direito que não seja o penal, em boa medida reflete a distinção tradicional entre o *error iuris naturalis*, ou *quasi naturalis*, inescusável, e o *error iuris civilis*, escusável. Como já se destacou, tem origem em Roma e se fortaleceu no período medieval, sob a influência do direito canônico, a exceção à regra da inescusabilidade do erro de direito quando a ignorância do agente recaísse sobre normas «meramente civis», ou «de criação política», impostas segundo as conveniências aleatórias da Pólis; *error iuris civilis*, e não sobre aquelas normas que se justificam por uma razão evidente, por um fundamento natural; *error iuris naturalis*.

O peso da tradição, todavia, não disfarça o despojamento lógico-formal e as consequentes contradições que se deram na aplicação da distinção moderna entre erro de direito penal e erro de direito extrapenal, como índice determinante da sua relevância para a exclusão do dolo. Vê-se desprovida de um rigoroso fundamento, a moderna dicotomia, na medida em que o caráter jurídico-penal de uma norma, especialmente desde as primeiras codificações, não se deve em última instância ao seu conteúdo proibitivo ou mandamental, mas à natureza, ou mesmo ao *nomem juris, da* sanção que corresponde ao seu descumprimento.

Admite-se que em fins do século XIX e nas primeiras décadas do século XX uma parte substancial das normas jurídico-penais se ocupava mesmo de reprimir as ofensas mais graves aos bens jurídicos mais importantes, compreendidos

el de la antijuridicidad, es irrelevante. Agrega también que "de acuerdo con el § 59, I", el Derecho Civil (y todo el Derecho restante no penal) equivale a facta, y que "solo" es indiferente el conocimiento de los preceptos jurídico-penales para el dolo. (Así, pues, error juris civilis = error facti; por oposición a error juris criminalis)» (Beling. *Esquema...*, p. 79).

105. Mezger. *Tratado...*, t. II, p. 150-151.

106. Beling. *Esquema...*, p. 79-80.

como direitos subjetivos naturais do indivíduo, ou como direitos fundamentais, positivados. Verificou-se, afinal, nesse período, alguma efetividade do princípio da intervenção mínima, no qual o direito punitivo buscou legitimação desde o iluminismo.

Mas, ainda assim, já não se podia dizer que toda norma jurídico-penal, pelo simples fato de sê-lo, correspondesse a um fundamento natural, ou pudesse ser racionalmente intuída pelos homens de boa vontade. Por outro lado, também não se podia afirmar, sem risco de ser repreendido em sacrilégio, ainda mais nos tempos de ouro do modelo liberal de Estado, que as normas mais importantes para o indivíduo, nas dimensões individual ou coletiva de sua vida, passassem ao largo do direito privado, e especialmente do Código Civil.

Por isso, criticou-se o critério no qual o Tribunal Imperial buscava embasar suas decisões sobre a relevância do erro para a responsabilização do agente pela infração penal praticada, principalmente por seu caráter exclusivamente formal.[107] Com efeito, a natureza penal ou extrapenal da norma ignorada ou mal compreendida pelo agente ao praticar um ilícito punível não guarda qualquer relação segura com a censurabilidade ou escusabilidade dessa sua ignorância ou má compreensão. Ou, como Beling bem observa, não há razão alguma para tratar distintamente o autor que tenha acreditado atuar em conformidade com a ordem jurídica, simplesmente segundo a posição e a forma com a qual o princípio ofendido tenha sido técnica e externamente tratado pela legislação.[108]

Ocorre que por meio da classificação do erro de direito em penal ou extrapenal, a jurisprudência alemã não pretendeu forjar uma solução para o erro do agente quanto à ilicitude do seu comportamento, quando este, tomado no conjunto dos seus aspectos relevantes, fosse bem compreendido em sua «factualidade constitutiva», na feliz expressão de Figueiredo Dias.[109] O que se pretendeu, ainda que inconscientemente, foi solucionar aquele tipo de erro que, muito embora «de direito», porque incidente sobre o conteúdo de uma norma ou de todo um instituto jurídico – como a propriedade ou o casamento –, prejudica antes a representação ou a compreensão que o agente tenha do seu comportamento em si mesmo, e não ainda desse mesmo comportamento em relação à ordem jurídica como sendo permitido ou proibido.

Assim, como era considerada relevante para excluir o dolo do agente, esta última forma de erro de direito, que comprometia justamente a consciência dos aspectos jurídicos da sua conduta, o Tribunal Imperial a distinguiu sob o título de erro de direito extrapenal. Tratava-se, afinal, do erro que recai sobre os elementos normativos do tipo; uma forma de erro que Liszt, como se viu, simplesmente não distinguia do erro de fato. A expressão erro de direito penal, dessa forma, ficava reservada para o erro, considerado irrelevante, que recaísse exclusivamente sobre

107. Puppe. «Error de hecho...» In: Frisch *et alii*. *El error...*, p. 101-102.
108. Beling. *Esquema...*, p. 79.
109. Dias. *O problema...*, p. 21 *passim*.

o caráter ilícito do fato incriminado, estando este bem compreendido pelo agente em seus elementos constitutivos essenciais.

Consequentemente, as referências ao direito extrapenal ou ao direito penal como objeto do erro, respectivamente, relevante e irrelevante, não era a expressão de um critério, mas simplesmente de uma ou outra solução para o problema da atribuição de responsabilidade dolosa ao agente que, por desconhecer as circunstâncias juridicamente relevantes do fato, ou por valorá-lo em desconformidade com a ordem jurídica, atuasse sem a consciência da ilicitude.

Por não ser a expressão do critério em função do qual se solucionava o problema do «erro de direito», mas simplesmente a expressão da solução conferida, a designação do erro como de direito penal ou extrapenal não era minimamente comprometida com o seu sentido literal. Tal descomprometimento, que se revelava principalmente nas incoerências entre o objeto do erro considerado relevante e a sua designação como extrapenal, amiúde, pelo *Reichsgericht*, denunciava a ineficácia da distinção jurisprudencial aos teóricos do direito penal, que não deixaram de apontar o que seria a nudez do rei.

Mezger, por exemplo, acusa o despojamento, pelo mais alto tribunal da Alemanha, de qualquer base para a solução do problema do erro, ao verificar as contradições insuperáveis na fundamentação de suas decisões, quando formuladas com referência à dicotomia erro de direito penal e erro de direito extrapenal. Dentre as mais evidentes contradições nas quais incorria o Tribunal Imperial, pode-se citar a consideração como erro de direito extrapenal, posto que relevante para excluir o dolo, da ignorância, pelo agente do favorecimento pessoal, de que o terceiro a quem presta auxílio tenha cometido um crime ou um delito. Igualmente contraditória era a consideração como erro de direito extrapenal, também porque relevante para excluir o dolo, do desconhecimento, pelo agente da receptação, de que o objeto material da sua conduta tenha sido adquirido por meio de um «ataque punível à propriedade alheia».[110]

110. Segundo Mezger, «*el hecho de que finalmente el Reichsgericht se ve obligado a ser infiel a su propio punto de partida nos lo muestran las Sentencias J. 13, 81 (84), sobre el parágrafo 257 del Código, en la que se exige en el dolo "el conocimiento de que el otro ha cometido un crimen o un delito" (!), y J. 55, 234, sobre el parágrafo 259 del Código, que exige el saber del agente de "que la cosa está afectada de la mácula que supone su adquisición mediante un ataque punible (!) a la propiedad ajena y el conocimiento de que el autor anterior la ha adquirido mediante alguna acción punible (!)". Así, resulta que la jurisprudencia de nuestro más alto Tribunal no ofrece base alguna apropiada para la solución de este problema*» (MEZGER. *Tratado*..., t. II, p. 151). Além de Mezger, também Sauer acusa o caráter «insustentável» da divisão do Tribunal Imperial, «sempre sustentada e rechaçada» segundo a qual o erro sobre os fatos e o erro de direito extrapenal excluem o dolo, mas não o erro sobre a lei penal. Afinal, segundo Sauer, «*es irrelevante, sin embargo, si una norma jurídica pertenece o no al Derecho Penal; los casos de derecho de necesidad del Código civil y las numerosas, muy dispersas y no escritas causas de justificación son difíciles de colocar en el esquema; [...]*» (SAUER. *Derecho penal*..., p. 264).

3.3.4 Do erro de fato e do erro de direito segundo as teorias do dolo

Dentre os teóricos do sistema clássico de delito, «representantes da concepção dogmática do positivismo jurídico no âmbito penal»,[111] nem todos seguiram a Liszt em sua concepção estritamente natural de dolo. Beling, pelo contrário, concorda com Binding que o dolo seja «vontade conscientemente contrária ao direito»,[112] e inclui, portanto, entre os seus elementos constitutivos, a consciência da ilicitude.

A posição de Beling quanto à relevância da consciência da ilicitude para o dolo é curiosa, em vista da sua concepção neutra do tipo. Beling, afinal, foi o primeiro responsável pela cisão do tipo em relação à ilicitude. Concebeu o tipo como um elemento autônomo do conceito de crime, que independe e se distingue plenamente da ilicitude, como o objeto da valoração em relação à valoração do objeto.

Todavia, uma vez que Beling compreende o dolo como um dos graus de culpabilidade, ao lado da culpa em sentido estrito, nada impõe que ele o conceba exclusivamente com referência ao delito-tipo, mas é perfeitamente compreensível que nele inclua também a representação da ilicitude, como fundamento da maior reprovabilidade do agente. Como bem pondera Figueiredo Dias, a separação entre a valoração e o seu objeto não impede a consideração de que o dolo, como reflexo na culpabilidade de certa atitude psicológica, não se dirija apenas ao objeto, mas também à sua valoração, abrangendo cumulativamente a representação pelo agente dos elementos constitutivos do tipo e da própria ilicitude.[113]

Para Beling, o mais alto grau de reprovação do agente pelo fato, que corresponde ao dolo em relação à culpa, pressupõe que a intenção que caracteriza o dolo se distinga da negligência, que caracteriza a culpa, também por um elemento normativo. Pois do contrário, em se admitindo que o dolo diga respeito apenas à execução do delito-tipo, e não também à sua antijuridicidade, haveria homicídio doloso quando o agente tivesse querido matar supondo erroneamente uma situação de legítima defesa. E tal solução, como Beling argumenta, representaria uma total desconsideração – «um abandono» – do requisito da culpabilidade, pois dessa forma se castigariam por um ato «intencional» até mesmo os que não tenham podido se dar conta da não permissão de seu ato e, portanto, até aqueles que, do ponto de vista jurídico, não sejam em absoluto reprováveis.[114]

Tomando como marco de referência a consciência da ilicitude, e considerando a sua importância para a culpabilidade, Beling distingue o dolo da culpa afirmando que aquele «significa reprovar ao autor o fato de não se haver detido ante o pensamento de estar atuando antijuridicamente», e esta «reprovar ao autor

111. Assim Silva Sánchez se refere igualmente a Binding, Liszt e Arturo Rocco (Silva Sánchez. *Aproximación*..., p. 51).

112. Binding. *Normen*..., 2.º, p. 403 *apud* Liszt. *Tratado*..., t. I, p. 286, nota 392.

113. Dias. *O problema*..., p. 153-154.

114. Beling. *Esquema*..., p. 74-75.

o fato de desconhecer a antijuridicidade de sua conduta, quando devia não a ter desconhecido».[115] Consequentemente, o erro de direito tem para Beling a mesma idoneidade do erro de fato para excluir o dolo.

Mantendo coerência com a sua concepção neutra do delito-tipo, Beling não vislumbra no art. 59 do CP alemão mais do que a consequência, para o dolo, do erro de fato. Diverge nesse ponto de Binding, para quem o inciso I do art. 59 regularia a exclusão do dolo não apenas pelo desconhecimento do fato, mas também pelo desconhecimento do seu significado para o direito.[116] Mas o alcance restrito do dispositivo em questão, na interpretação de Beling, não impede que se atribua relevância ao desconhecimento da ilicitude. Pois segundo Beling, ao impor a representação pelo autor da «essencialidade típica», o referido art. 59 teria previsto apenas um requisito necessário, mas não suficiente do dolo, deixando em aberto «a possibilidade de que o dolo requeira ademais algum outro elemento».[117]

Por incluírem a consciência da ilicitude entre os requisitos do dolo, a solução proposta por Beling, assim como a de Binding, para o erro quanto à ilicitude do fato, estão entre as chamadas «teorias do dolo». Tal designação se deve ao fato de que, à luz dessas formulações, tanto o erro de fato quanto o erro de direito são, ao menos em princípio, prejudiciais ao dolo.[118]

115. Beling. *Esquema*..., p. 72.

116. Binding. *Normen*..., III, p. 288 *et seq. apud* Mezger. *Tratado*..., p. 154.

117. Beling. *Esquema*..., p. 78.

118. As teorias do dolo, assim como a teoria da culpabilidade, em qualquer das suas versões, são doutrinas a respeito do tratamento dogmático do erro, desenvolvidas para sistematizar a relevância da consciência da ilicitude para o direito penal. Por meio dessas expressões se designa a forma como cada uma dessas doutrinas posiciona a consciência da ilicitude no modelo teórico de delito. Segundo Joachim Hruschka, esse tema readquiriu atualidade e importância para os teóricos alemães, principalmente a partir de 1952, com o reconhecimento, pelo Superior Tribunal (Bundesgerichtshof), de relevância ao erro de proibição. E foi Hans Welzel quem batizou como «teoria do dolo», em um artigo de 1948, a concepção defendida por Schönke, entre outros, segundo a qual a consciência da ilicitude seria um elemento do dolo, e o erro sobre a ilicitude do fato, consequentemente, uma causa de exclusão deste (Hruschka, Joachim. «¿Realmente es limitada la teoría limitada de la culpabilidad?: adiós a un debate» In: _____. *Imputación y derecho penal: estudios sobre la teoría de la imputación*, p. 130-131). Em oposição à teoria do dolo, Welzel denominou «teoria da culpabilidade» a concepção por ele defendida, segundo a qual a consciência da ilicitude é relevante apenas para a culpabilidade, mas não para o dolo, compreendido como um elemento subjetivo do tipo. Segundo a teoria da culpabilidade, que será analisada adiante, o erro do agente sobre a ilicitude é totalmente indiferente ao dolo, e só terá relevância para a verificação ou graduação da culpabilidade do agente pelo injusto praticado. Assim, se o erro de proibição for escusável, fica excluída a culpabilidade, por falta do requisito celebrizado como «potencial consciência da ilicitude». Mas se o erro de proibição pudesse ter sido evitado, por um exigível esforço cognitivo ou de consciência do agente, sua conduta será culpável, ainda que em menor grau, e teremos assim um crime doloso, que deverá ser punido com pena diminuída (Welzel. *O novo sistema*..., p. 123-124). Fala-se em «teorias do dolo», no plural, assim como o faz Figueiredo Dias (*O problema*..., p. 146 *et seq.*), em atenção às diferentes versões que elas apresentam para a consciência da ilicitude e até para o tratamento jurídico do erro de proibição. E não obstante existirem também divergências em torno da teoria da culpabilidade, tratasse-lhe como única, por se considerar que tais divergências não dizem respeito tanto aos seus fundamentos quanto às suas consequências, que se dão precisamente no tratamento dos casos de descriminante putativa.

Figueiredo Dias bem sintetiza esse traço essencial das teorias do dolo. Ele pontua que, segundo esse grupo de teorias, o agente só deverá responder a título de dolo e, portanto, conforme a moldura penal mais grave prevista para o fato que pratica, quando além de ter representado mentalmente todas as circunstâncias factuais constitutivas do seu comportamento, ele tiver igualmente se dado conta do significado desse seu comportamento para a ordem jurídica, da sua ilicitude, ao menos sob a forma de uma valoração paralela na esfera do leigo.[119]

Entre os adeptos de alguma dessas teorias do dolo, incluem-se também os cultores do sistema neoclássico de delito. Neste modelo teórico, o caráter normativo do dolo já decorre do próprio conceito de tipo, ao qual o dolo imediata e necessariamente se refere. Na medida em que o tipo é definido com referência à antijuridicidade, como tipo de injusto ou como antijuridicidade tipificada, e a conduta que o concretiza é definida em função da relevância jurídica do resultado ao qual dá causa, não se pode mais conceber o dolo – tal como o fez Liszt – com total independência da dimensão valorativa do fato imputável ao agente.

Dentre os representantes do causalismo valorativo, Sauer, que define o dolo simplesmente como conhecimento do injusto, revela a relação lógica de derivação entre as suas concepções normativas de conduta e de dolo ao afirmar que, numa perspectiva formal, o dolo é consciência e vontade do resultado injusto. Depois, derivando o conceito de dolo do seu conceito de tipo, como descrição do injusto material, Sauer afirma que o objeto do dolo é justamente o caráter materialmente injusto da conduta. Assim, e finalmente relacionando o caráter normativo do dolo com o disposto no § 59 do CP alemão de 1871, Sauer explica que, para além do conhecimento da periculosidade social de seu fato e das contradições que este guarda em relação às concepções ético-sociais vigentes, o dolo há de abarcar o conhecimento dos aspectos típicos do fato, ou, mais exatamente; de «todas as circunstâncias do fato» que o caracterizem como um tipo de injusto.[120]

Divergem, as teorias do dolo, sobre em que consiste a consciência da ilicitude que o dolo requer, e também sobre o caráter absoluto ou relativo desse requisito para se punir a título de dolo o autor de um injusto qualquer.

Quanto ao conteúdo do saber que caracteriza a consciência da ilicitude, as diferentes posições podem ser classificadas, como o faz Brodt, em formais, materiais e intermediárias.[121] Essas versões do objeto da consciência da ilicitude

119. Dias. *O problema...*, p. 146.

120. Sauer. *Derecho penal...*, p. 250-253.

121. Brodt. *Da consciência...*, p. 24. Um rico panorama da polêmica em torno do que consiste a consciência da ilicitude, fornece-nos Sauer, apresentando os principais adeptos na Alemanha das concepções formais e materiais a respeito. Assim: *Algunos se contentan con la conciencia de la antijuridicidad formal, quizá sin conocimiento del problema (Binding, Beling, Finger, Allfed, Gerland, Lobe); otros quieren determinar ya «materialmente», según su sentido, la antijuridicidad, ya como infracción de deber* (v. Hippel, Gf. Dohna, de modo semejante Schönke, también Mezger y Schröder), *ya como peligrosidad social* (v. Liszt – Schmidt, Frank, Arthur Kaufmann), *ya como infracción cultural* (M. E. Mayer)» (Sauer. *Derecho penal...*, p. 259-260).

variam, afinal, como Brodt bem observa, ao sabor das diferentes concepções; formais, materiais ou, por assim dizer, sintéticas, do que seja a ilicitude.[122]

Assim, entre os defensores de uma concepção formal do que seja a consciência da ilicitude, pode-se citar Beling, para quem esta se refere à contrariedade de um dever imposto pela ordem jurídica e, portanto, implica no conhecimento da contradição entre a conduta e a vontade comum dominante no Estado;[123] a vontade objetiva da lei. Mas tal consciência não requer uma perfeita subsunção do fato à norma violada, conforme o seu sentido técnico jurídico.

Também neste ponto Beling se afasta de Liszt, que só vislumbra a «consciência da ilegalidade», para ele ademais irrelevante para a responsabilidade penal do agente, na difícil hipótese de o agente conhecer o justo preceito violado, e apreender corretamente a inteligência de tal disposição.[124] Ora, uma empreitada mental tão especializada só poderia ser empreendida por um estudioso ou operador do direito. E se dela dependesse mesmo a consciência da ilicitude, haveria de se concordar com Liszt que tal requisito para imputação dolosa do fato ao agente paralisaria a administração da justiça.

Segundo Beling, a consciência da ilicitude se configura independentemente do conhecimento do dispositivo de direito escrito violado. Poderia alcançá-la até mesmo aquele que conduzisse seu discernimento com base na noção que tenha de uma ordem jurídica estrangeira, similar quanto ao ponto àquela em face da qual a ilicitude se verifica objetivamente. E pela mesma razão, a consciência da ilicitude se verifica inclusive quando tenha sido inferida pelo agente a partir dos seus conhecimentos sobre a ordem moral e os bons costumes. Como se vê, a formalidade da concepção de Beling quanto à consciência da ilicitude não diz respeito ao tipo de conhecimento que tal consciência requer. Afinal, Beling não condiciona a consciência da ilicitude a um conhecimento formal do direito. Tal classificação se deve ao objeto desse conhecimento, que há de se referir ao direito positivo, escrito ou não, mas em todo caso reconhecido pela autoridade do Estado, e não a uma ordem moral em si mesma considerada.[125]

Ao pontuar que para a consciência da ilicitude importa apenas a apreciação que o agente faça da sua conduta em face do direito, e que o seu conhecimento

122. Segundo Brodt: «Nos dias atuais, grande número de autores pronuncia-se a favor de uma solução intermediária. O que, sem dúvida, é reflexo da superação do debate doutrinário a respeito da natureza formal ou material da ilicitude» (Brodt. *Da consciência...*, p. 26).

123. Beling. *Esquema...*, p. 81.

124. Liszt. *Tratado...*, t. I, p. 286 e 284.

125. Nas palavras esclarecedoras de Beling: «*Nada importa saber de qué representaciones proviene esa consciencia (conocimiento de los párrafos pertinentes de la ley o del Derecho no escrito pertinente). No es necesario que el autor haya tenido presente específicamente nuestro ordenamiento jurídico positivo. Basta que el autor, como lego, haya asociado el orden moral y de buenas costumbres con el orden jurídico, o el orden jurídico exterior con el nuestro. Pero, si él tenía una representación según la cual los complejos de normas discrepan y pensó que obraba en forma permitida, conforme a nuestro derecho, no está el jurídicamente en dolo, aun cuando supiera que obraba inmoralmente, etc. No tiene ningún apoyo en el Derecho positivo la concepción frecuentemente enunciada, según la cual lo que importa no es la consciencia de la antijuridicidad, sino de la inmoralidad, etc.*» (Beling. *Esquema...*, p. 81).

da ordem moral só importa na medida em que ele a associe à ordem jurídica, Beling se opõe aos que já vislumbram a consciência da ilicitude no mero reconhecimento do caráter imoral ou antissocial do fato. Entre estes, que cultivam uma concepção material da consciência da ilicitude, está o próprio Sauer, o qual, como já se destacou, reconhece no dolo o conhecimento da periculosidade social de seu fato e da contradição deste com as «concepções ético sociais da comunidade jurídica». Segundo Sauer, «do autor só cabe esperar o conhecimento dos fatos mesmos e da contradição de sua conduta com as concepções ético-sociais de todos os cidadãos».[126]

Igualmente emblemático é o conceito material da consciência da ilicitude de Arthur Kaufmann, que a infere basicamente do reconhecimento, pelo agente, das repercussões sociais da sua conduta. Segundo Arthur Kaufmann, citado por Figueiredo Dias, a consciência da ilicitude equivale ao conhecimento da danosidade social do comportamento, isto é, do sentido social da ação como um todo. Mas por esta concepção, a consciência da ilicitude resulta, sem mais, do conhecimento de todos os elementos constitutivos do tipo, incluídos é claro os normativos,[127] pelo menos no âmbito do direito penal nuclear ou de justiça, segundo Roxin.[128]

Entre um extremo e outro está a posição de Mezger sobre o que se há de considerar consciência da ilicitude. Pois Mezger, ao definir a consciência da ilicitude, à qual ele se refere como «conhecimento da significação antijurídica da ação», não a restringe a um conhecimento a respeito do direito, ainda que mirado pelos olhos de um leigo, nem a confunde com a percepção do caráter meramente antiético, imoral, ou contrário aos costumes da conduta. Opondo-se a uma concepção puramente material da consciência da ilicitude, Mezger afirma que, em sentido jurídico-penal, e conforme essa sua mesma natureza, o dolo se dirige contra as normas do direito. Mas por outro lado, se afastando do puro formalismo, Mezger pondera que nem por isso se deve exigir do sujeito uma apreciação propriamente jurídica da sua conduta. Pois é indubitável, segundo Mezger, que na esfera do autor – a que importa, afinal, para a apreciação da consciência – confundem-se com frequência, e aparecem mescladas, as esferas das normas jurídicas e extrajurídicas.[129]

Traçando, pois, seu caminho intermediário, Mezger propõe que a consciência da ilicitude, ou «o conhecimento da significação antijurídica» da conduta resulta de uma valoração paralela em relação àquela legal ou judicial, que o autor faz da sua conduta desde a «esfera do profano». Trata-se de uma valoração distinta, tanto quanto ao sujeito que a performa, como quanto aos recursos de que se vale, mas que aponta no mesmo sentido da valoração legal ou judicial que sobre a mesma conduta recaia. Mezger compreende, assim, a «consciência da significação antijurídica da ação» como uma «apreciação da ação no círculo de pensamento da

126. SAUER. *Derecho penal...*, p. 253. Tradução nossa.

127. KAUFMANN, Arthur. *Unrechtsbewusstsein*, p. 142 *et seq.*, 168 *et seq. apud* DIAS. *O problema...*, p. 157, nota 22.

128. ROXIN. *Teoría del tipo...*, p. 187.

129. MEZGER. *Tratado...*, t. II, p. 157-158.

pessoa individual e no ambiente do autor, orientada no mesmo sentido da valoração legal ou judicial da ação». Consequentemente, ainda segundo Mezger, para atuar dolosamente o autor precisa saber que «faz algo proibido».[130]

Finalmente, quanto à imperiosidade da consciência da ilicitude para que se possa dirigir ao agente o grau de reprovabilidade correspondente ao dolo, divergem os adeptos das concepções normativas do dolo, justificando a divisão que se faz das teorias do dolo em estrita,[131] ou extrema,[132] (*strenge Vorsatztheorie*) e limitada (*eingeschränkte Vorsatztheorie*). Assim, para os adeptos de uma teoria estrita do dolo, o erro quanto à ilicitude inviabiliza a punição do agente na forma legal mais gravosa, correspondente ao dolo, ainda quando tal ignorância lhe seja censurável. Já os defensores de uma teoria limitada do dolo admitem a possibilidade de punir como se atuasse com dolo, o agente que desconhece a ilicitude de sua conduta, quando tal ignorância lhe seja censurável por sua «cegueira jurídica», ou «por culpa na condução da vida».[133]

Uma manifestação modelar da chamada teoria estrita do dolo se encontra na doutrina de Beling. Para este autor, como ademais para qualquer adepto de uma teoria do dolo, todo erro quanto à ilicitude do fato, ainda que inescusável, exclui o dolo, tal como o erro que recaia sobre algum dos elementos constitutivos do delito-tipo. Como hipóteses de erro quanto à ilicitude do fato igualmente inconciliáveis com o dolo, Beling agrupa os casos do agente que considera a sua conduta insuscetível de qualquer objeção, aos casos em que o agente supõe erroneamente a permissão excepcional da sua conduta, seja porque contava com uma causa de exclusão da sua ilicitude, em verdade inexistente, seja porque ignorava o correto alcance da norma permissiva.[134]

O caráter estrito da adesão de Beling a esse modelo de tratamento sistemático do erro se revela pela assunção, sem ressalvas, das consequências práticas que dele derivam imediatamente. Pois, segundo Beling, a inescusabilidade das diversas formas de erro excludentes de dolo supra referidas importa somente em uma imputação por negligência,[135] e consequentemente só redundará em punição quando a lei prever a forma culposa do crime.

Essa exclusão da punibilidade legalmente prevista para a forma dolosa do crime, como consequência iniludível do erro de direito, independentemente

130. Mezger. *Tratado...*, t. II, p. 155.

131. Toledo. *O erro...*, p. 13.

132. Munhoz Netto. *A ignorância...*, p. 79 *et seq*. Toledo cita a «teoria extremada ou estrita do dolo», em oposição à «teoria limitada do dolo» (*Princípios...*, p. 282).

133. Assim Figueiredo Dias distingue as «teorias limitadas», das «teorias estritas do dolo». Segundo ele, todas essas construções consideram a consciência atual da ilicitude como um momento constitutivo do dolo. Mas isso não impediu, como Figueiredo Dias destaca, relativizando a importância das construções sistemáticas para determinar a solução do problema da falta de consciência da ilicitude, que «as teorias limitadas do dolo» tenham repudiado «as teorias estritas» exclusivamente quanto aos seus efeitos (Dias. *O problema...*, p. 159).

134. Beling. *Esquema...*, p. 82.

135. *Idem, ibidem...*, p. 83.

da sua escusabilidade, é apontada como o maior inconveniente da teoria estrita do dolo. Com efeito, tamanha relevância para o erro de direito implica numa restrição extraordinária da imputação dolosa, que fica assim condicionada ao efetivo conhecimento, pelo agente, da ilicitude da sua conduta.

Tal restrição é especialmente sensível nos casos em que o erro de direito é censurável, pois então a exclusão da imputação dolosa deixará o agente impune sempre que não estiver legalmente prevista a forma culposa do crime. Como tradicionalmente são muito restritos os tipos culposos em relação aos dolosos nos sistemas penais de origem romano-germânica – o que vale para o ordenamento penal brasileiro contemporâneo, bem como para o sistema legal alemão moderno sobre o qual Beling se debruçou – os críticos da teoria estrita do dolo, ciosos do poder punitivo que ela claramente restringe, acusam-na de promover intoleráveis lacunas de punibilidade.[136]

A impunidade do erro de direito inescusável, ante a inexistência da forma culposa do crime, é uma consequência da teoria estrita do dolo cuja repercussão prática varia, contudo, ao sabor da concepção que se tenha da consciência da ilicitude. Assim, quando se acolhe um conceito material da consciência da ilicitude, concebendo-a tal qual Arthur Kaufmann,[137] como a percepção da danosidade social do comportamento, ou do sentido social da ação como um todo, esse requisito do dolo se verificará ainda que o agente se revele totalmente alienado das normas de comportamento consagradas pelo direito, e só deixará de existir quando o desconhecimento das repercussões naturais ou jurídicas da sua conduta lhe turvar a percepção da sua ilicitude.

Neste último caso, contudo, poder-se-ia negar censura ao «erro de direito», uma vez que, desconhecendo a ofensividade de sua conduta, o agente simplesmente não revela por meio dela qualquer oposição ou indisposição para aderir ao sistema de valores juridicamente impostos. Em ambas as hipóteses, como se vê, contornam-se as ditas lacunas de punibilidade, neutralizando-se os supostos inconvenientes da teoria estrita do dolo.[138] Pode-se afirmar, portanto, que à luz de uma concepção material da consciência da ilicitude, a relevância do erro para excluir o dolo poderá ser sempre aferida segundo a sua escusabilidade.

Mas na doutrina de Beling, que adota uma concepção formal da consciência da ilicitude, a teoria estrita do dolo se revela plena das repercussões práticas em

136. Aderindo aos críticos da corrente a qual ele se refere como «extrema» do dolo, Munhoz Netto assim resume a maior crítica que se lhe dirige: «A esta construção opôs-se o inconveniente prático de permitir a impunidade em larga medida. Desde que o delito culposo só é punível quanto a um limitado número de tipos penais, comportamentos de gravidade considerável teriam que ficar impunes pela ausência do correspondente tipo culposo, quando o autor não tivesse representação da ilicitude de seu atuar, ainda que com uma diligência mínima, o erro fosse evitável» (Munhoz Netto. *A Ignorância*..., p. 81-82).

137. Kaufmann, Arthur. *Unrechtsbewusstsein*, p. 142 *et seq.*, 168 *et seq. apud* Dias. *O problema*..., p. 157, nota 22.

138. Como bem observa Figueiredo Dias, quando se considera que o *dolus malus* não requer mais que a consciência da ilicitude material, o desconhecimento da ilicitude formal ou o erro de proibição não afeta o dolo nem a punição do agente a esse título (Dias. *O problema*..., p. 157).

função das quais é criticada. Afinal, por só vislumbrar a consciência da ilicitude, e portanto o dolo, quando o agente sabe que contraria uma proibição jurídica,[139] Beling não atenua os efeitos que decorrem da sua concepção normativa de dolo, havendo de atribuir relevância ao erro de direito inclusive quando resulte da mais deliberada indiferença do agente à «vontade comum dominante no Estado».

As teorias limitadas do dolo, por sua vez, visam justamente evitar essa consequência, sem para tanto destituir da sua dimensão formal, a consciência da ilicitude. Dentre elas, a mais célebre é a formulada por Mezger, que embora admita a exclusão do dolo pela falta da atual consciência da ilicitude, não aceita que essa falta favoreça o agente quando derive de uma especial configuração da sua personalidade; uma especial configuração que se possa caracterizar como uma «cegueira jurídica» ou «inimizade ao direito». Segundo Mezger, citado por Figueiredo Dias, a inimizade que o agente revele em relação ao direito, traduzida pelas suas «concepções originariamente falsas sobre o que é lícito e ilícito», não pode impedir que se lhe castigue com base na moldura legal mais grave, correspondente ao dolo, pelos injustos que praticar.[140]

Ressalte-se que a cegueira jurídica ou inimizade ao direito das quais fala Mezger não seriam idôneas a resguardar o dolo, mesmo à míngua da consciência da ilicitude. Mezger não defende uma ficção de dolo, mas apenas a punição correspondente ao dolo para o agente cujo erro se possa atribuir a tal desvio de personalidade. Como justificativa de tal solução, Figueiredo Dias identifica a conexão entre o princípio segundo o qual a posição censurável do agente perante as exigências fundamentais do direito não o aproveita, e a ideia, própria de Mezger, de que ao «dolo de fato» se acrescenta nesses casos uma particular «culpa na condução de vida»; justamente a culpa que está na base daquela posição censurável.[141]

A despeito de evitar a impunidade do erro de direito inescusável, especialmente à falta da modalidade culposa de crime, e assim resguardar a concepção normativa de dolo dos seus efeitos indesejáveis, a teoria limitada do dolo de Mezger não escapa à censura que recai sobre o seu fundamento. Pois ao justificar a punição do autor de um ilícito que atua sem consciência atual da ilicitude segundo a moldura penal mais grave, correspondente ao dolo, Mezger lança mão de uma censura que recai sobre a condução de vida do sujeito, sobre a configuração de sua personalidade com indiferença – «cegueira» – ou inimizade ao direito.

Funda-se, portanto, a teoria limitada do dolo, para fugir aos efeitos que decorreriam da construção sistemática do delito à qual adere, em uma reprovação da personalidade do agente, e não da sua conduta. Mas dessa forma, a teoria limi-

139. *«El autor es «consciente de la antijuridicidad» cuando sabe que, conforme a nuestro orden jurídico, no debe obrar como obra, es decir, que se halla en contradicción con la voluntad común dominante en el Estado»* (Beling. *Esquema...*, p. 81).

140. Mezger. Rechtsirrtum und Rechtsblindheit. Probleme der Strafrechtserneuerung. In: *Festschrift für Konlhausch*. 1944, p. 180 *et seq. apud* Dias. *O problema...*, p. 160-161; Mezger. *Moderne Wege der Strafrechtsdogmatik*. Eine ergänzende Betrachtung zum Lehrbuch des Strafrechts in seiner 3 Auflage. 1950, p. 43 *et seq. apud* Dias. *O problema...*, p. 161.

141. Dias. *O problema...*, p. 160-161.

tada do dolo, no mínimo, enfraquece o fundamento ético da pena, que pressupõe o livre arbítrio, substituindo-o por uma suposta liberdade na condução de vida, ou na formação da personalidade avessa ao direito.

Ademais, e principalmente, a reprovação da personalidade não se sustenta numa ordem jurídica democrática, fundada na liberdade de consciência. Nos estados democráticos só há lugar para um direito penal do ato, em que a punição se baseia na conduta, por sua ofensividade, e não para um direito penal do autor, em que a punição se baseia na personalidade, por sua periculosidade. E como um direito penal do ato não reprime a ninguém pelo que é, mas apenas pelo que faz, não se compraz com as razões invocadas por Mezger para limitar os efeitos exculpantes da teoria estrita do dolo.[142]

3.3.5 A contribuição das doutrinas neoclássicas do delito para a determinação do alcance do dolo em relação aos elementos normativos do tipo: do conhecimento dos fatos à compreensão do seu significado

A influência do neokantismo na teoria do delito, como se demonstrou no capítulo anterior, favoreceu o reconhecimento e a elaboração conceitual da classe dos elementos típicos normativos, conferindo um argumento epistemológico de distinção deles em relação aos elementos típicos descritivos, e a razão da sua inclusão na categoria sistemática do tipo penal.

Com efeito, ao distinguir na realidade os aspectos pertinentes à cultura, daqueles que só pertencem à natureza, a filosofia neokantista forneceu a base para a distinção dos elementos normativos em relação aos elementos descritivos do fato incriminado, como sendo aqueles que não podem ser conhecidos apenas com recurso à percepção sensorial, mas que só são acessíveis pela compreensão da sua significação, esta por sua vez conferida pelos valores a que fazem referência.

Ademais, a partir do reforma metodológica operada na Teoria do Delito pelo reconhecimento de que à Ciência do Direito interessa apenas a realidade referida a valores, especialmente ao valor da justiça, reformulou-se o conceito de tipo penal. Este elemento do sistema conceitual do delito perdeu a sua neutralidade original e passou a ser definido com referência à ilicitude, como tipo de injusto.

Assim, a inclusão dos elementos normativos no tipo, que conflitaria com uma concepção puramente descritiva desse conceito sistemático, encontrou nele todo o amparo lógico. Pois sendo o tipo a reunião dos requisitos positivos da ilicitude, que em conjunto constituem o seu fundamento real e de validez; a sua *ratio essendi*, como quer Mezger,[143] são próprios do tipo aqueles aspectos da

142. No mesmo sentido é a crítica de Francisco de Assis Toledo, para quem Mezger, pretendendo superar as falhas da teoria anterior, «criou novos e mais sérios problemas com a introdução da possibilidade de condenação do agente não por aquilo que ele faz, mas por aquilo que ele é, daí derivando em linha reta um direito penal de autor, de consequências imprevisíveis, conforme vimos» (Toledo, Francisco de Assis. *Princípios básicos...*, p. 283).

143. Mezger. *Tratado...*, t. I, p. 376.

realidade cujo sentido valorativo a caracteriza como um injusto; compõem-no, essencialmente, os elementos normativos.

Mas, para além do reconhecimento e da elaboração conceitual dos elementos normativos, a reformulação do conceito de tipo e a constatação de que o conhecimento da realidade não envolve apenas a representação da sua dimensão sensível viabilizou uma explicação sistemática para a referência do dolo a esses elementos. Com efeito, neste panorama, a relevância do conhecimento dos elementos normativos para a imputação dolosa do fato ao agente não será atribuída ao mero capricho de um legislador que teima em inserir conteúdos jurídicos entre as circunstâncias determinantes da tipicidade, mas será compreendida, antes, como uma imposição do próprio tipo.

Pois o tipo, como *ratio essendi* da ilicitude, não se integra apenas da dimensão natural, sensível, da realidade. Pelo contrário, o tipo incorpora principalmente os aspectos culturais da realidade, cuja significação é conferida por valores, a revelia dos quais muitas vezes não se pode fundamentar positivamente um injusto.

Assim, partindo da premissa legalmente consagrada no inciso I do § 59 do CP alemão de 1871, de que o dolo deve se estender a todas as circunstâncias do tipo, Mezger afirma que o dolo não é puro conhecimento dos fatos, mas que também pertence ao dolo, em determinada medida, o «conhecimento da significação». Pois às circunstâncias do fato típico pertencem também os «chamados elementos normativos do tipo, cuja própria essência consiste em que sua comprovação, no caso concreto, só pode ter lugar pela via de um juízo valorativo do juiz».[144]

Como consequência dessa peculiar essência dos elementos normativos, Mezger conclui que a sua configuração objetiva só se completa bem depois da ação, com a valoração a ser procedida pelo juiz, na sentença. E sendo assim, em relação aos elementos normativos do tipo, o conhecimento do agente seria rigorosamente uma previsão da valoração judicial, assim como é previsão também a representação que o agente faz do resultado futuro da sua conduta.[145]

Essa distinção de Mezger entre o conhecimento dos fatos, imediatamente reconhecíveis pela percepção, e o conhecimento da significação, consistente na previsão da futura valoração judicial, reproduz no conteúdo do dolo a distinção entre o conhecimento da natureza e o conhecimento da cultura, típica do neokantismo.

Certo é que essa separação dos elementos do tipo penal, na perspectiva do dolo, ostenta uma boa dose de ingenuidade, o que Mezger jamais ignorou. Afinal, ele mesmo concorda com Wolf, que todo conceito referido pela lei penal é em alguma medida determinado pelos valores que orientam a sua aplicação.[146]

144. MEZGER. *Tratado...*, t. II, p. 145.

145. *Idem, ibidem*, t. II, p. 145.

146. Como efeito, Mezger pondera que «Estos elementos normativos de los tipos penales son extraordinariamente numerosos. Incluso debe darse la razón a Erick Wolf cuando afirma que, en el fondo,

Todavia, ao distinguir dessa forma os elementos normativos do tipo, movido pelo louvável propósito de afastar dos demais – na medida do possível – a indeterminação e o subjetivismo que o juízo valorativo acarretam,[147] Mezger logrou destacar um aspecto fundamental do dolo, que é o reconhecimento, ainda que na forma de previsão, dos próprios juízos de valor e não apenas dos substratos fáticos que determinam os elementos normativos do tipo.

A constatação, por Mezger, de que o conteúdo intelectivo do dolo abarca as valorações determinantes dos elementos normativos do tipo é um fruto bem-vindo da epistemologia neokantista que, todavia, não se pode colher na doutrina de Sauer. Este, muito embora proponha designar o desconhecimento da ilicitude por erro geral sobre a valoração (material), em vez de erro de direito ou erro de proibição, que considera expressões ambíguas,[148] não reconhece a importância, para o dolo, da representação dos juízos de valor com base nos quais se reconhecem os elementos normativos que compõem o tipo penal. Segundo Sauer, os únicos casos de erro relevante são os de desconhecimento dos fatos relevantes, que eram referidos como «circunstâncias de fato» no § 59 do CP alemão, e o desconhecimento de que a união desses fatos em um «estado de coisas» configura um injusto material.[149]

Dentre as circunstâncias de fato relevantes, que integram a tipicidade legal, Sauer reconhece aquelas cujo «conceito jurídico» reúne «caracteres reais e jurídicos», tais como «jogos de azar», «desonestidade» e «funcionário».[150] Ocorre que, para Sauer, das circunstâncias legalmente referidas por tais «conceitos jurídicos», só interessam ao dolo os aspectos fáticos, ou «reais», e não os jurídicos, pois apenas aqueles têm relevância para o problema do erro. Isso fica mais evidente quando Sauer se manifesta sobre o alcance do dolo em relação à qualidade de funcionário, ou à circunstância do parentesco. Segundo ele, só têm relevância os erros quanto aos fatos que servem de base a esses conceitos, mas não quanto aos conceitos jurídicos em si.[151]

A restrição que Sauer faz do objeto do erro relevante sobre os fatos aos seus aspectos «reais» decorre da total indiferença que, na sua concepção, o dolo guarda em relação às condições formais da ilicitude. Sauer parte do pressuposto de que o dolo do agente não requer o conhecimento da relevância jurídica, mas apenas

todos los elementos del tipo tienen carácter normativo; pues todos en absoluto son conceptos jurídicos y, por tanto, conceptos valorativos teleologicamente edificados» (Mezger. *Tratado*..., t. I, p. 388).

147. Mezger. *Tratado*..., t. I, p. 389.

148. Sauer. *Derecho penal*..., p. 261.

149. *Idem, ibidem*, p. 261.

150. *Idem, ibidem*, p. 262.

151. «*De cuando en cuando las leyes reúnen en los conceptos jurídicos caracteres reales y jurídicos (juegos de azar, deshonestidad, funcionario); entonces sólo entran en consideración para nuestro problema los hechos. [...] Es atendible el error sólo en los hechos que sirven de base a los caracteres objetivos del tipo. Es relevante en los tipos positivos de culpabilidad, por ejemplo, malicia, intención, mala intención, cualidad de funcionario, parentesco, etc., en cuanto entran en consideración los hechos que les sirven de base, por consiguiente, no los mismos conceptos jurídicos*» (Sauer. *Derecho penal*..., p. 262).

da «tendência socialmente danosa» daquele «estado de coisas» resultante da reunião das circunstâncias de fato constitutivas da tipicidade legal. Sendo assim, não importa ao dolo o significado jurídico dessas circunstâncias em particular, mas apenas as suas propriedades «reais», determinantes da tendência socialmente danosa do fato como um todo. E consequentemente, tal como o conhecimento da lei ou do tipo penal em seus diversos caracteres, Sauer considera irrelevante para o dolo «a ordenação dos fatos sob estes» caracteres, isto é, o reconhecimento pelo agente da adequação das diversas circunstâncias do fato aos conceitos empregados no tipo.[152]

Quanto ao alcance, pelo dolo, do significado dos elementos típicos normativos, Sauer toma posição diametralmente oposta a de Liszt que, neste tema, conduz-se pelo mais estrito formalismo. Com efeito, Liszt não distingue sob nenhum aspecto, e nem quanto ao rigor da sua representação pelo autor do crime doloso, os elementos que a doutrina posterior identificou como normativos, dos demais elementos da definição legal do delito, meramente descritivos. E sendo assim, considera tão prejudicial ao dolo quanto à inexata apreciação dos fatos, «a errônea inteligência das disposições de direito» em questão, e a errônea aplicação destas àqueles, isto é, a errônea compreensão dos fatos sob a lei, que ele designa como erro de subsunção.[153]

Por essa razão, Liszt desconsidera a dicotomia estabelecida na jurisprudência do Tribunal Imperial, entre erro de direito penal, irrelevante, e erro de direito extrapenal, relevante. Conforme argumenta, a lei não autoriza distinguir, nem sequer como erro de fato ou erro de direito, e muito menos como erro de direito penal ou extrapenal, a ignorância das circunstâncias em geral que compõem a qualificação legal do crime. Pois segundo a interpretação que dá à «letra» do inciso I, do § 59 do CP alemão de 1871, o conhecimento dessas circunstâncias, indispensável à imputação dolosa do fato típico ao agente, compreende também a subsunção. E não apenas a subsunção dos fatos às disposições de outros ramos do direito, como também às disposições do próprio direito penal, sempre que estas ou aquelas forem determinantes de qualquer das circunstâncias que compõem a qualificação legal do crime.[154]

Conforme a interpretação de Mezger, Liszt apresenta assim uma solução extrema para o problema do alcance, pelo dolo, da valoração que corresponde aos elementos normativos. Pois ao considerar requisito do dolo, tal como a exata apreciação dos fatos, também a correta inteligência das disposições de direito envolvidas na qualificação legal do crime, e a correta compreensão dos fatos

152. «*Estos hechos se reúnen en un estado de cosas cuya tendencia socialmente dañosa debe ser conocida por el autor. Mientras el conocimiento de las leyes, de los diversos caracteres del tipo, así como de la ordenación de los hechos bajo éstos (conocimiento de subsunción) no puede ser esperado del autor, el conocimiento del injusto material concreto, es decir, de la norma concreta de configuración, puede ser exigido, puesto que las representaciones ético-sociales concretas son las mismas en todos los hombres imputables*» (Sauer. *Derecho penal...*, p. 258).

153. Liszt. *Tratado...*, t. I, p. 284.

154. *Idem, ibidem*, p. 284.

sob essas leis, Liszt exige do agente o que seria, na perspectiva de Mezger, uma previsão «em completa medida» da posterior valoração judicial dos elementos normativos. Essa previsão completa, que para Liszt é requisito do dolo, consiste, segundo Mezger, na antecipação pelo agente daquela mesma subsunção do «ato sob a lei» que posteriormente fará o juiz.[155]

Tamanha exigência para a configuração do dolo foi preponderantemente rechaçada pela doutrina.[156] Opuseram-se à relevância atribuída por Liszt ao erro de subsunção, até mesmo os teóricos que com ele compartilham a orientação formal positivista, dentre os quais se destaca Beling. Segundo este, o erro de subsunção (*Subsuntionsirrtum*) carece de importância. Pois desde que o autor conheça as circunstâncias tipicamente relevantes, de tal modo que reconheça também a ilicitude delas em conjunto, nada importa que ele as tenha enquadrado no delito-tipo com a mesma precisão de um jurista.[157]

Entre uma e outra dessas respostas extremas sobre até que ponto pertence ao dolo o conhecimento dos elementos normativos; da completa indiferença para, e da indispensável compreensão pelo dolo, do conteúdo jurídico desses elementos – compreensão traduzida pela perfeita subsunção dos objetos designados pelos elementos normativos às disposições legais que lhes conferem sentido –, Mezger identifica algumas soluções conciliatórias.

Assim é a solução de Robert von Hippel, para quem o conhecimento necessário ao dolo, do significado dos elementos normativos do tipo, varia conforme o tipo de delito de que se trate. Hippel confere uma interpretação abrangente ao objeto do erro de que tratava o § 59 do CP alemão de 1871, admitindo que por «circunstâncias de fato» tal dispositivo se referia a quaisquer características legais de um particular tipo de delito.[158] Dentre essas características legais, Hippel, assim como Sauer, identifica os «conceitos jurídicos». Mas, diferentemente de Sauer, Hippel não considera irrelevante em qualquer caso o conhecimento do conteúdo jurídico desses conceitos.

Segundo Hippel, algumas vezes os conceitos jurídicos são empregados na lei apenas para reunir, de uma forma abreviada, «diversas características fáticas e jurídicas» em um «conceito complexo». Cita como exemplos o emprego dos conceitos «documento» e de «obscenidade» na lei penal. Nesses casos, analogamente a Sauer, Hippel considera ser requisito do dolo apenas o conhecimento das características que integram o conceito, mas não o conhecimento do conceito jurídico em si. Mas Hippel reconhece que, outras vezes, o fundamento da punibilidade ou da excepcional gravidade da conduta não prescinde da correta apreciação do conteúdo jurídico do conceito empregado para a sua determinação legal. Nesses casos, o conhecimento do próprio conceito jurídico, e não apenas das características do fato que condicionam a sua aplicação, pertence também ao dolo. Como

155. MEZGER. *Tratado...*, t. II, p. 146.
156. *Idem, ibidem*, p. 146.
157. BELING. *Esquema...*, p. 85.
158. HIPPEL. *VDA.*, III, 562; *Straf.*, II, 304, 331, 332/333, 345 *apud* MEZGER. *Tratado...*, t. II, p. 147.

exemplos de conceitos jurídicos dessa classe empregados na lei penal, Hippel cita «funcionário», «embargo», «coisa alheia», «documento público» (ou o caráter público do documento) e «ação punível».[159]

Também mereceu a resenha de Mezger, a solução defendida por Köhler, Frank e Paul Merkel, que basicamente propõem inserir em lugar da exigência de subsunção, uma referência, a partir do «mundo de representação do agente» ao bem jurídico ofendido pelo tipo de crime do qual se trata.[160] Segundo essa corrente, a determinação do alcance do dolo em relação ao sentido (o significado jurídico, a valoração) dos elementos normativos do tipo obedece ao princípio segundo o qual pertence ao dolo, necessariamente, a consciência de que a conduta contraria aquele interesse (bem jurídico) ou aquele especial dever cuja ofensa ou infração realiza objetivamente o tipo. Sendo assim, quando a definição legal de um tipo de crime se faz com referência a um conceito jurídico, a consciência do agente de que determinadas circunstâncias da sua conduta correspondem a tal conceito será mesmo um requisito do dolo quando dela depender a sua compreensão da ofensa típica que realiza.[161]

Por este critério se afirma que o autor que atua contra um direito alheio, como a propriedade, ou contra uma posição jurídica alheia, como o estado civil, deve ter consciência desse direito, dessa posição ou desse estado.[162] Assim, tomando como exemplos tipos de crimes do Código Penal brasileiro, afirmar-se-ia ser indispensável ao autor do crime de furto (art. 155 do CP), a consciência de que a coisa subtraída é «alheia»; ao autor do crime de supressão ou alteração de marca em animais (art. 162 do CP), a consciência de que esta é indicativa de «propriedade»; ou ao autor do crime de bigamia privilegiada (art. 235, § 1.º, do CP), a consciência de que a pessoa com quem se contrai casamento já é legalmente «casada». Da mesma forma, afirma-se que nos crimes consistentes na infração de um dever especial é indispensável ao autor a consciência de que pertence ao círculo de pessoas às quais tal dever se impõe, como por exemplo à classe dos funcionários públicos. Em todos esses casos o erro de subsunção é relevante, pois idôneo a excluir o dolo.[163]

Por outro lado, segundo o mesmo critério, quando a ofensa ao bem jurídico ou a infração do dever especial, mediante os quais se configura objetivamente um

159. «*Cuando el legislador utiliza en el particular tipo de delito conceptos jurídicos, ello sucede, o, como en los conceptos funcionario, embargo, cosa, ajena, documento público, acción punible, etc., porque la razón de la punibilidad del acto descansa en el correcto enjuiciamiento jurídico de esta propiedad (y entonces pertenece el conocimiento al dolo), o, como en los conceptos documento, impudicia, etc., porque el legislador quiere con ello, de manera abreviada y comprensible, reunir una serie de características fáticas y jurídicas en un concepto complejo (y entonces es determinante sólo el conocimiento por parte del autor de las características que integran el concepto, no el del concepto jurídico mismo)*» (Hippel. *VDA.*, III, 562; *Straf.*, II, 304, 331, 332/333, 345 *apud* Mezger. *Tratado...*, t. II, p. 147-148).

160. Köhler: *Lb.*, 272, 294; Frank: §59, II; Merkel, Paul: *JurWo.*, 1925, p. 897; *ZStW.*, 43, 346 *apud* Mezger. *Tratado...*, p. 147-148.

161. Frank: § 59, II *apud* Mezger. *Tratado...*, p. 148.

162. *Idem, ibidem*, p. 148.

163. *Idem, ibidem*, p. 148.

tipo de crime, revelar-se ao autor independentemente do conceito jurídico empregado na definição legal desse crime, bastará ao dolo o conhecimento das «características constitutivas (integrantes)» de tal conceito. Então, a ignorância do agente sobre a conexão entre essas características constitutivas por ele reconhecidas e o conceito jurídico correspondente será indiferente ao dolo e, consequentemente, o erro de subsunção será irrelevante.[164]

Mezger, por sua vez, considera um tanto apressada, e faz uma importante ressalva à crítica dirigida à «teoria da subsunção» de Liszt, baseada no que Mezger chama «argumento dos profanos». Segundo este argumento, aos profanos não é dado enquadrar as circunstâncias tipicamente relevantes com a mesma precisão de um jurista. Para Mezger, considerando que a compreensão dos fatos sob a lei, pelo agente, é uma previsão da posterior subsunção judicial, não se pode interpretar esse requisito que Liszt impõe ao dolo como se fora uma antecipação, afinal impossível, do «juízo do juiz» em todas as suas particularidades e detalhes. Pois assim como o dolo só restaria excluído em razão de um desvio «essencial» da representação do autor a respeito do resultado (futuro) da sua conduta, também o erro de subsunção só excluiria a culpabilidade dolosa quando se verificasse uma divergência essencial entre o enquadramento jurídico conferido pelo agente a uma circunstância qualquer da sua conduta e aquele que posteriormente lhe conferiu o juiz.[165]

Ademais, assim como Liszt, Mezger não relativiza a necessidade, para a verificação do dolo, do conhecimento pelo agente da significação dos elementos normativos do tipo. Como Mezger distingue os elementos normativos dos demais elementos do tipo justamente pela especial valoração que sua determinação demanda, ele não consente que a consciência deles se estabeleça com a mera percepção dos pressupostos fáticos dessa valoração. Mezger reconhece que o sentido dos elementos normativos, como aspectos que são do fato, pertencentes ao mundo da cultura, é lhes atribuído justamente pelo valor a que fazem referência. Por isso a consciência dos elementos normativos do tipo não demanda apenas o «conhecimento dos fatos» na sua dimensão sensível, mas a compreensão da sua significação. E esta compreensão pressupõe uma antecipação, pelo agente que atua com dolo, da valoração que posteriormente fará juiz das propriedades sensíveis do fato, também para nelas perscrutar os elementos normativos do tipo.[166]

Não obstante, tampouco Mezger se satisfaz com a «fórmula de v. Liszt», em razão do seu equívoco terminológico. Ocorre que, mesmo em se admitindo que o dolo não prescinda de uma perfeita antecipação, pelo agente, da subsunção judicial da conduta e de suas circunstâncias aos conceitos empregados no tipo

164. Frank: § 59, II *apud* Mezger. *Tratado...*, p. 148.

165. Mezger. *Tratado...*, p. 147.

166. «*Ya de las mismas circunstancias de hecho de los tipos legales, a las que se debe extender el dolo con arreglo al párrafo primero del parágrafo 59 del Código, se deduce que el dolo no es puro conocimiento de los hechos, sino que asimismo pertenece a él, en determinada amplitud, un conocimiento de la significación. Pues a dichas circunstancias de hecho pertenecen también los llamados elementos típicos normativos, cuja propia esencia consiste en que su comprobación, en el caso concreto, sólo puede tener lugar por la ruta de un juicio valorativo del Juez*» (Mezger. *Tratado...*, t. II, p. 145).

legal de crime, a subsunção não deixa de ser um juízo essencialmente técnico, não condizente com a compreensão que as pessoas em geral têm do significado dos fatos. O caráter técnico do juízo de subsunção se confirma nas próprias palavras de Liszt, segundo as quais este envolve a correta inteligência das disposições de direito aplicáveis.[167] E como bem adverte Mezger, simplesmente «não é possível falar de uma "subsunção" por parte do sujeito a quem concebemos como profano, sem conhecimentos jurídicos».[168]

Por isso, para determinar no que consiste a consciência da significação dos elementos normativos do tipo, necessária ao dolo, Mezger propõe um critério análogo àquele que estabeleceu para a verificação da consciência da ilicitude: em vez de uma subsunção formal das circunstâncias do fato à lei, segundo a correta inteligência desta e o sentido técnico dos conceitos nela empregados, basta uma «valoração paralela do autor na esfera do profano».[169]

Essa valoração paralela, que na perspectiva de Mezger consiste numa previsão, pelo autor do fato, da valoração judicial das suas circunstâncias, dela se distingue, assim como também a valoração que o autor faz da ilicitude do fato como um todo, pelos recursos ou pelos parâmetros nos quais se baseia. Enquanto a valoração das características do fato pelo juiz, técnico ou iniciado na dogmática toma por referência o sistema conceitual e axiológico objetivamente consagrado no ordenamento jurídico, a valoração que se exige do autor para atribuir-lhe o dolo parte do «círculo de pensamentos da pessoa individual» considerada «no ambiente do autor».[170] Contudo, para que tenha havido a previsão, pelo agente, da valoração judicial pela qual se «comprovam»[171] os elementos normativos do fato típico, será indispensável que a valoração profana daquele tenha sido mesmo paralela à valoração dogmática «do juiz», isto é, «que marche na mesma direção e sentido que a valoração legal-judicial».[172]

Para ilustrar e esclarecer no que consiste essa «valoração paralela», Mezger a concretiza em relação a diversos elementos típicos normativos, indicando em linhas gerais qual é o conteúdo mínimo de referência do dolo nos crimes em função deles determinados. Assim, o conhecimento da própria condição de funcionário público, indispensável ao dolo nos crimes funcionais, requer que o autor compreenda que mesmo de forma transitória exerceu um serviço público em nome do Estado. Pelo mesmo critério, só há dolo em relação à falsificação de documento se o agente tem a representação de que o objeto falsificado goza nas relações jurídicas de uma especial força probatória. Também um ato obsceno só se comete dolosamente quando seu autor reconhece a desaprovação social da exibição de tal ato, por sua conotação ou referência sexual. E ainda, citando um caso peculiar do direito alemão de sua época, Mezger afirma que o conhecimento

167. Liszt. *Tratado...*, t. I, p. 284.
168. Mezger. *Tratado...*, t. II, p. 147.
169. *Idem, ibidem*, t. II, p. 148.
170. *Idem, ibidem*, t. II, p. 148-149.
171. *Idem, ibidem*, t. II, p. 145.
172. *Idem, ibidem*, t. II, p. 149.

do caráter «alheio» de uma caça que se encontra em um bosque cercado pressupõe a compreensão pelo autor de que a cerca ao redor do bosque fundamenta um estado de elevado domínio sobre as coisas, inclusive sobre os animais silvestres que no seu interior se encontrem.[173]

Mezger reconhece que, quanto aos resultados práticos, o seu critério da valoração paralela na esfera do profano corresponde com frequência à teoria defendida por Frank e outros, da compreensão necessária para a representação da ofensa ao bem jurídico. Mas com razão pondera que a exigência da valoração paralela para a verificação do dolo estabelece de modo bem mais preciso que aquela teoria, a referência do dolo a cada singular característica do tipo.[174]

3.4 ENTRE O ERRO DE TIPO E O ERRO DE PROIBIÇÃO: O ERRO QUANTO AOS ELEMENTOS NORMATIVOS DAS LEIS PENAIS A PARTIR DO FINALISMO

3.4.1 O conceito finalista de ação e a consolidação sistemática da dimensão subjetiva do injusto

A configuração do injusto com independência do dolo ou da culpa e a vinculação sistemática desses conceitos à culpabilidade, como formas de responsabilidade ou como requisitos da reprovabilidade do agente pela conduta típica e ilícita que pratica, foi frontalmente combatida por Welzel. Partindo de um novo conceito de ação, por ele designado como finalista, Welzel reformulou o «quadro» teórico do delito, vinculando o dolo e a culpa à própria matéria da proibição e, portanto, à ação típica, de forma indissociável; aquele como seu componente subjetivo, nos tipos dolosos, e esta como um critério objetivo de configuração (a falta do «cuidado necessário no tráfego»), nos tipos culposos.[175]

Segundo Welzel, a conduta humana se caracteriza essencialmente como o exercício de uma atividade final, isto é, orientada na direção e no sentido de uma finalidade que o agente se propõe alcançar.[176] Essa orientação pela finalidade substitui no conceito de conduta proposto por Welzel para a teoria do delito, a tradicional referência à causalidade como elemento essencial. Assim concebido,

173. Mezger. *Tratado...*, t. II, p. 149.

174. Mezger ainda ressalta que por recorrer «ao círculo de pensamentos da pessoa individual e no ambiente do autor», o seu critério não acarreta nenhum prejuízo para a determinação do dolo, quando confrontado com a «teoria do bem jurídico de Frank». Pois o apelo à «valoração do profano», assim como ao «conceito do bem jurídico» ofendido, não desconsidera a «valoração legal e judicial» e tem também por decisivos os fundamentos pelos quais as características típicas normativas, tendo em vista o seu sentido próprio, foram recepcionadas no tipo. O que se exige do dolo segundo o critério de Mezger, como ele mesmo esclarece: «*no es una valoración distinta en la esfera del profano en Derecho, sino el conocimiento de la significación de aquella valoración legal y judicial, para cuyo conocimiento la valoración del profano sólo representa el medio de comprensión*» (Mezger. *Tratado...*, t. II, p. 149).

175. Welzel. *O novo sistema jurídico penal: uma introdução à doutrina da ação finalista, passim.*

176. *Idem, ibidem*, p. 27.

o conceito de conduta, que antes se satisfazia com a voluntariedade do comportamento causal, é incrementado pelo conteúdo da vontade, que justamente lhe confere o sentido da finalidade.

Ao definir a conduta pela sua orientação consciente à consecução do fim, Welzel vincula-lhe o conceito ao destinatário da norma penal, que regula e reprime a conduta, pois ressalta a capacidade do homem de prever até certa medida as possíveis consequências do seu comportamento, e a partir dessa previsão dirigir suas atividades à consecução de finalidades pré-estabelecidas. O conceito finalista destaca, afinal, na conduta, como objeto de valoração jurídica, um aspecto anterior à sua eficácia causal objetiva, que é a previsão de um fim e a administração do acontecer causal em razão desse fim, pelo sujeito.

Para demonstrar essa virtude de seu conceito, Welzel confronta a «atividade final» e o «acontecer causal», afirmando que aquela é dirigida conscientemente em razão de um fim, enquanto este é apenas o resultado de uma constelação de causas existentes em cada momento, não necessariamente relacionadas a um comportamento subjetivo. A finalidade, segundo a tradução metafórica de Welzel, é «vidente», enquanto a causalidade é «cega».[177]

Como a orientação da atividade em razão de uma finalidade é obra da vontade, que a partir da previsão do curso causal dos acontecimentos recai sobre a atuação mais adequada à consecução do fim, conforme o plano do agente, Welzel conclui que a vontade é a espinha dorsal da ação finalista. Sem ela, segundo Welzel, a ação ficaria destruída em sua estrutura e restaria rebaixada a um processo causal cego.[178] Consequentemente, desde uma concepção finalista, a conduta não é o objeto de referência da vontade, tal como seria segundo o conceito causal, mas a sua própria expressão: a expressão de uma vontade que, consciente do fim, rege o acontecer causal.

O direcionamento da ação pela vontade, segundo a finalidade, dá-se conforme o esquema apresentado por Welzel, em duas fases. Primeiramente o agente antecipa mentalmente o fim que se propõe e então, retrocedendo aos meios, elege com base em seus conhecimentos dos fatores causais aqueles meios necessários à consecução do fim antevisto. Como esse fim geralmente é apenas um dos efeitos decorrentes dos seus meios de realização, a escolha destes há de levar em conta também aqueles efeitos concomitantes, os quais se incorporam à vontade sempre que o autor os representar como consequências seguras ou esperadas de um meio, não obstante, escolhido. Depois, o autor da ação põe em movimento os meios escolhidos, desencadeando e dirigindo uma cadeia causal na direção da realização do fim mentalmente antecipado e dos efeitos concomitantes que tenham sido incluídos no «complexo total a ser realizado» segundo a vontade.[179]

177. WELZEL. *O novo sistema...*, p. 27.
178. *Idem, ibidem*, p. 27.
179. *Idem, ibidem*, p. 28-29.

Essa estrutura da ação final é determinada por Welzel a partir de uma orientação metodológica segundo a qual a compreensão dos conceitos e das valorações jurídicas pela Ciência do Direito deve partir dos tipos legais, mas não prescinde de uma descida à «esfera ontológica» para o reconhecimento da estrutura material, previamente estabelecida, dos elementos definidos e valorados pelo direito. Observando esse método ontológico, Welzel afirma que o direcionamento final impõe-se à compreensão e à valoração da ação por ser uma propriedade essencial desse objeto tal como ele é, anterior e independentemente do seu conhecimento.[180]

O direcionamento final da ação, por obra da vontade reitora do acontecer causal é, portanto, segundo a terminologia empregada por Welzel, uma estrutura lógico-objetiva da ação, que há de ser observada por qualquer sistema jurídico. Afinal, ainda conforme Welzel, as normas de direito não podem ordenar ou proibir meros processos causais cegos, mas apenas atos dirigidos finalisticamente, ou a omissão desses atos.[181]

Isso posto, Welzel distingue as normas penais em três grupos. No primeiro reúne as normas proibitivas das «ações cuja vontade de realização esteja dirigida a produzir uma situação ou processo (= "resultado") socialmente não desejado, seja esse resultado o fim, o meio ou um efeito concomitante da ação». Assim, por exemplo, as normas que proíbem as ações dirigidas a matar, a lesar a integridade física ou a saúde de alguém, a provocar um incêndio ou um dano ambiental etc. No segundo grupo Welzel insere as normas que prescrevem a forma de seleção e utilização dos meios, independentemente dos fins visados pelo autor da ação final. Elas correspondem à exigência do ordenamento jurídico de que na escolha dos meios para a realização dos seus fins, as pessoas se orientem também pela finalidade de evitar efeitos concomitantes não queridos e socialmente não desejados, observando o «cuidado devido no tráfego». Finalmente, no terceiro grupo, Welzel insere as normas que exigem a realização de ações para evitar determinados resultados socialmente não desejados.[182]

Como se vê, partindo do pressuposto metodológico da vinculação do direito à estrutura final, lógico-objetiva, da ação, Welzel inclui o dolo e a culpa no conteúdo proibitivo das normas de direito penal e, consequentemente, os concebe como conteúdos do injusto, e não como fundamentos ou requisitos da culpabilidade. Afinal, segundo ele mesmo, as ações proibidas pelas normas do primeiro grupo são «os delitos dolosos de comissão»; as ações que contrariam as normas do segundo grupo são os «delitos culposos de comissão»; e as condutas

180. Welzel. *O novo sistema...*, p. 13-14.

181. *Idem, ibidem*, p. 13-14. Para demonstrar que a direção final da ação corresponde à sua estrutura lógico-objetiva à qual o direito está vinculado, Welzel argumenta que «do mesmo modo que o Direito não pode ordenar às mulheres que acelerem a gestação e que aos seis meses deem à luz crianças saudáveis, não pode proibir-lhes que sofram abortos. Pode exigir-lhes, ao contrário, que se comportem de modo que não se produza nenhum aborto e pode proibir-lhes que provoquem abortos (Welzel. *O novo sistema...*, p. 14).

182. Welzel. *O novo sistema...*, p. 32-33.

que infringem as normas do terceiro grupo são as omissões, que Welzel analisa em seu manual como delitos de omissão próprios e impróprios.[183]

A inclusão do dolo na ação típica, como seu elemento subjetivo (anímico), deduz-se imediatamente do próprio conceito de ação finalista, do qual, como se viu, a vontade é a «espinha dorsal». Afinal, o dolo é apenas uma qualificação e, portanto, uma espécie da vontade, assim como a tipicidade é da ação. Na definição de Welzel, precisamente, o dolo é a vontade final de realização das circunstâncias de fato de um tipo legal.[184] Sendo assim, a ação voluntariamente dirigida à concretização de um tipo legal, quer seja essa concretização a própria finalidade do agente, o meio para atingi-la, ou o efeito concomitante do meio empregado, é especificamente uma ação típica. E a vontade final que conduz e integra a ação típica, como seu elemento essencial, é justamente o dolo.

Essa posição sistemática conferida ao dolo pela doutrina finalista não se baseou, contudo, apenas em seus próprios pressupostos metodológicos e conceituais, mas buscou escólio também na crítica dogmática dirigida à doutrina da ação causal. Welzel procurou falsear a tese de que o dolo seria apenas uma forma ou um requisito alternativo da culpabilidade, e assim, de que ele estaria referido, mas não integraria a conduta típica. Esse falseamento – que efetivamente consolidou a incorporação do dolo ao injusto como uma contribuição do finalismo para a evolução da teoria do delito – deu-se principalmente a partir de dois pontos críticos para o modelo causalista: a tipicidade da tentativa e os elementos subjetivos do injusto.

Com efeito, a tentativa não pode ser traduzida de forma puramente objetiva, como a realização incompleta das circunstâncias que compõem um tipo legal. Pois numa perspectiva puramente objetiva não se pode relacionar com segurança ou exclusividade, um determinado tipo legal à conduta ou ao processo causal efetivamente verificado, nos casos de tentativa. Essa relação só se estabelece quando se tem em vista a vontade do agente dirigida ao resultado típico, que resta enfim contrariada pela sua inocorrência. Welzel o ilustra lembrando que se alguém dispara um projétil de arma de fogo que passa próximo a outrem, «esse processo causal externo pode ser uma tentativa de homicídio, uma tentativa de lesões corporais, ou um disparo em local proibido, de acordo com o dolo do autor».[185]

A impossibilidade de se determinar a tentativa como uma forma de injusto sem referência à vontade já era, aliás, reconhecida pela doutrina dominante antes mesmo do finalismo, como adverte Welzel.[186] Mezger, por exemplo, não vacila em afirmar que a tentativa, de certa forma, exige também uma realização típica

183. Welzel. *O novo sistema...*, p. 32-33; Welzel. *Derecho penal...*, §26-28.

184. Desse conceito, Welzel extrai imediatamente que «o dolo, por conseguinte, como *elemento da ação*, é já parte integrante da *ação* típica e que esta se compõe, portanto, de elementos objetivos (externos) e subjetivos (anímicos)». (Welzel. *O novo sistema...*, p. 36, grifo do autor).

185. Welzel. *O novo sistema...*, p. 67-68.

186. *Idem, ibidem*, p. 68.

completa, que, contudo, só se dá «na área subjetiva, na alma do autor».[187] Mas essa constatação abre uma brecha na doutrina objetiva do injusto cuja restrição às formas tentadas não se pode facilmente explicar. O caráter crítico de tal exceção para o modelo causalista de delito é bem destacado por Welzel, para quem, uma vez admitida na tentativa, é logicamente extensível também aos crimes consumados a pertinência do dolo ao tipo. Afinal; «como poderia depender de que o disparo acerte ou não o alvo o fato de o dolo ser um elemento subjetivo do injusto ou da culpabilidade?»[188]

Os elementos subjetivos do injusto, por sua vez, muito embora descobertos e sistematizados sob o pano de fundo teórico do causalismo valorativo, por Hans Albrecht Fischer, August Hegler e Mezger,[189] não apenas relativizam o caráter objetivo do injusto, mas confirmam a inconsistência da separação sistemática entre o dolo e a conduta.

É certo que a identificação dos elementos subjetivos do injusto representou uma fissura da fronteira estabelecida desde a doutrina clássica do delito, de inspiração naturalista ou mecanicista, entre os aspectos externos e internos, objetivos e subjetivos, na configuração teórica do crime. O reconhecimento de que determinadas formas de injusto estão condicionadas ou se fundamentam pela verificação de determinadas tendências, intenções ou propósitos (fim especial de agir) do agente, que são os elementos subjetivos do injusto, levou ao reconhecimento, inicialmente por Hegler, de que nem todo o subjetivo pertence à culpabilidade e que tampouco o injusto é puramente objetivo.[190]

Contudo, não se operou a partir dessa descoberta uma revisão mais profunda da doutrina da ação e do injusto, que permaneceram concebidos pela doutrina dominante nas primeiras décadas do século XX com independência da vontade do agente. É o que se verifica em Mezger, o qual se refere aos elementos subjetivos do injusto como meras exceções à regra geral de que os aspectos objetivos do crime pertencem ao injusto, e os subjetivos à culpabilidade.[191]

Coube, portanto, aos críticos da pertinência do dolo à culpabilidade, apontar a evidente incoerência de se reconhecer já na conduta típica e ilícita uma tendência interna do agente, uma intenção ou propósito especial no agir, quando o conhecimento das circunstâncias da ação pelo agente, que é pressuposto do surgimento de qualquer intenção, propósito ou tendência, permanecia atribuído a uma categoria

187. Mezger. *Tratado...*, p. 232.

188. Welzel. *O novo sistema...*, p. 68. Welzel completa então sua demonstração do indispensável papel que o conteúdo da vontade desempenha na determinação da tipicidade, estendendo-a dos crimes tentados aos crimes consumados. Afinal, assim como na hipótese do disparo que passa próximo de uma pessoa, mas não atinge ninguém, também quando o agente fere mortalmente alguém «depende exclusivamente da existência e do conteúdo do dolo que tenha ele realizado o tipo de homicídio doloso (art. 212), o das lesões corporais seguidas de morte (art. 226) ou – como Welzel ainda acrescenta, indo à forra – o do homicídio culposo» (Welzel. *O novo sistema...*, p. 68).

189. Frisch. «El error...» In: _____ *et alii. El error...*, p. 26.

190. Vargas. José Cirilo de. *Introdução ao estudo dos crimes em espécie*, p. 116-117.

191. Mezger. *Tratado...*, t. I, p. 349.

distinta; a culpabilidade, que como predicado da ação não a precede logicamente, mas, pelo contrário, procede dela. Nesse sentido, segundo Frisch, Welzel acusa uma «quebra» lógica no reconhecimento do ânimo de apropriação como elemento subjetivo do injusto no crime de furto, quando ainda se atribuía à culpabilidade o conhecimento do caráter alheio da coisa e mesmo da sua subtração, o qual é imprescindível ao surgimento de tal ânimo na ação.[192] Assiste-lhe, pois, razão, quando ressalta que o ânimo de apropriação no crime de furto não pode surgir de uma «lesão causal, cega, da posse, mas apenas de uma ação final de subtração».[193]

3.4.2 A teoria da culpabilidade e a distinção correspondente entre o erro de tipo e o erro de proibição

No «novo quadro do sistema jurídico penal» que Welzel apresenta a partir do seu conceito de ação finalista, o dolo e a culpa não se apresentam como elementos constitutivos da culpabilidade, mas como seus objetos de referência. Definindo o dolo como vontade dirigida à realização das circunstâncias objetivas do tipo,[194] e a culpa como «inobservância do cuidado necessário no tráfego»,[195] Welzel vincula esses conceitos à definição de ação típica e ilícita, como seus elementos constitutivos. Logra, assim, explicar sistematicamente aquilo que Alessandro Graf Zu Dohna já havia reconhecido: que a culpabilidade, assim como a ilicitude, é o puro resultado de uma valoração que recai sobre o dolo e que, como tal, dele se separa conceitualmente, como a valoração do objeto em relação ao objeto da valoração.[196]

A culpabilidade, para Welzel, é um juízo de reprovabilidade que recai sobre a resolução de vontade manifestada na ação típica e que se soma ao juízo de contrariedade ao direito – ilicitude – dessa mesma ação, para qualificá-la como um delito.[197] Esse juízo de reprovabilidade, que também para Welzel é a essência da culpabilidade, funda-se na possibilidade de o autor ter adotado uma resolução de vontade conforme a norma, em vez daquela resolução antijurídica manifestada pelo injusto praticado. Por resolução antijurídica de vontade se compreende, segundo o modelo de Welzel, tanto aquela dirigida à realização do tipo, nos crimes dolosos, como a que deixa de aplicar a direção final mínima exigida pelo ordenamento jurídico, consistente na observação do cuidado devido para evitar a ofensa indesejada, nos crimes culposos.[198]

Uma vez compreendida como objeto do juízo de culpabilidade, a vontade de ação culpável porta, mas não integra a culpabilidade. E a culpabilidade, por sua

192. Welzel. *Der Allgemeine Teil des Deutschen Strafrechts*, 1940, p. 30 *apud* Frisch. «El error...» In: _____ *et alii. El error...*, p. 29.
193. Welzel. *O novo sistema...*, p. 68-69.
194. *Idem, ibidem*, p. 36 e 126.
195. *Idem, ibidem*, p. 81.
196. *Idem, ibidem*, p. 91.
197. *Idem, ibidem*, p. 87-88.
198. *Idem, ibidem*, p. 88.

vez, é uma qualidade valorativa negativa que recai sobre a vontade de ação, mas que com ela não se confunde; não é a vontade em si.

Dessa forma, Welzel rejeita as doutrinas que incluem a vontade de ação na própria culpabilidade, quer seja por defini-la como uma pura situação fática; o liame psicológico entre o agente e o fato por ele promovido (teoria psicológica da culpabilidade), quer seja por defini-la também como uma situação fática à qual se soma uma valoração normativa, isto é, como um determinado estado anímico subjetivo ao qual se dirige um juízo objetivo de reprovação. (teoria psicológico--normativa da culpabilidade).

Uma vez que a normativização do conceito de culpabilidade tem início desde as doutrinas neoclássicas do delito, notadamente por obra de Reinhard Frank[199] imediatamente seguido pela doutrina dominante,[200] pode-se dizer que neste aspecto a doutrina finalista não representou uma ruptura, mas uma importante contribuição. Afinal, ao transpor para o tipo a disposição de ânimo do agente, o finalismo livrou a culpabilidade do aspecto fático que nela ainda se mantinha, tornando-a um conceito essencialmente normativo.

Isso foi um avanço gnosiológico, com importantes consequências teóricas. Pois desde que se reconheceu na culpabilidade o juízo de reprovabilidade, e até o traslado sistemático do dolo e da culpa operado pelo finalismo, a culpabilidade permaneceu como um conceito que servia ao mesmo tempo para designar o juízo e também os seus objetos de referência, para os quais não havia outro lugar no sistema. Com a transferência do dolo e da culpa para o tipo, os elementos determinantes da culpabilidade puderam ser melhor reconhecidos e definidos, não mais apenas em função da vontade de ação antijurídica, como qualidades a ela inerentes ou circunstâncias a ela relacionadas, mas também em função do próprio juízo de reprovabilidade que sobre a ação dolosa ou culposa recai.

De fato, a partir do finalismo, a culpabilidade pôde ser determinada também positivamente por circunstâncias distintas da própria vontade. Para além da imputabilidade, que é seu pressuposto, e das hipóteses de inexigibilidade de conduta diversa, que são seus requisitos negativos, a culpabilidade dolosa[201] passa a ser

199. «En la búsqueda de una expresión breve que contenga todos los mencionados componentes del concepto de culpabilidad, no encuentro otra que la reprochabilidad» (Frank, Reinhard. *Sobre la estructura del concepto de culpabilidad*, p. 39).

200. «*El dolus significa reprochar al autor el hecho de no haberse detenido ante el pensamiento de estar obrando antijurídicamente; la culpa, reprochar al autor el hecho de desconocer la antijuridicidad de su conducta, debiendo no haberla desconocido*» (Beling, *Esquema*..., p. 72). Assim também Mezger, para quem «*la culpabilidad es el conjunto de aquellos presupuestos de la pena que fundamentan, frente al sujeto, la reprochabilidad personal de la conducta antijurídica*» (Mezger. *Tratado*..., t. II, p. 9-10).

201. Para se falar em «culpabilidade dolosa» no contexto teórico do finalismo, antes de qualquer consideração sobre a chamada teoria complexa da culpabilidade, bastas a assertiva de Welzel, segundo a qual: «A diferença fundamental entre a realização dolosa e não dolosa do tipo, atestada já na tipicidade e no injusto das classes de delito, é mantida no plano superior do conceito de delito, isto é, na culpabilidade. Os elementos da reprovabilidade são também fundamentalmente diversos segundo se trate de uma realização dolosa ou não dolosa, contrária ao cuidado devido, do tipo» (Welzel. *O novo sistema*..., p. 110).

integrada por uma condição distinta do próprio dolo, que além de configurá-la determina o seu grau: a cognoscibilidade da ilicitude.

Segundo Welzel, referindo-se especificamente aos elementos determinantes da culpabilidade de uma realização dolosa do tipo, apenas quando se observa que a culpabilidade não é o dolo, mas a sua reprovabilidade, torna-se possível delimitar corretamente e compreender quão grande é o número de critérios decisivos para a culpabilidade.[202] Pois bem, dentre esses estão todos os indicadores da cognoscibilidade, pelo agente, da ilicitude do fato; um elemento da culpabilidade que só veio à luz quando se concebeu o dolo como seu objeto, e já não mais como seu elemento.

Com efeito, desde que a culpabilidade da ação antijurídica passa a ser compreendida como reprovabilidade, a consciência da ilicitude torna-se relevante para ela. Mas enquanto o dolo integra a culpabilidade, como seu elemento constitutivo, a consciência da ilicitude é determinada em função do dolo, como um aspecto do dolo reprovável, e não como uma condição de sua reprovabilidade, dele independente e distinta. E assim, definida como requisito do dolo, como uma circunstância da vontade reprovável, a consciência da ilicitude só podia ser concebida como algo efetivo, como um conhecimento alcançado de fato pelo agente, ainda que por meio de uma valoração paralela na esfera do leigo. Na falta desse conhecimento pelo agente, portanto, a acessibilidade dele ao agente, a possibilidade que o agente tinha de alcançá-lo pouco importará, pois então já não haverá dolo a se reprovar.

Mas quando se separa o dolo da culpabilidade, distinguindo-se o objeto da reprovação em relação à reprovação do objeto, é possível perceber que a consciência da ilicitude não é o que se reprova, mas uma razão da reprovação. Claro fica, dessa forma, que a consciência da ilicitude não pertence ao dolo, mas à culpabilidade. E deixando assim de ser objeto valorado para se tornar fundamento do juízo de reprovação, a consciência da ilicitude não mais há de ser efetiva e atual, como o dolo, mas pode ser meramente potencial.

Não por acaso, a teoria da culpabilidade, que Welzel opõe à «teoria do dolo»[203] para a solução do erro do agente quanto à ilicitude da sua conduta, consiste fundamentalmente na tese de que a reprovabilidade do agente por sua resolução ilícita de vontade já encontra lastro na mera possibilidade dele reconhecer essa ilicitude. Segundo Welzel, ao autor é reprovável sua resolução de vontade antijurídica porque podia conhecer nela a antijuridicidade e, consequentemente, omiti-la. Ou ainda, ao autor se deve reprovar o dolo na medida em que

202. Welzel. *O novo sistema...*, p. 111.

203. Ao confrontá-las com sua teoria da culpabilidade, Welzel não distingue as teorias do dolo, mas se refere conjuntamente às suas diversas versões pelo que todas elas têm em comum: a inclusão da consciência da ilicitude no dolo, por sua vez compreendido como elemento da culpabilidade. Por isso Welzel se refere à «teoria do dolo», no singular, e não no plural como o faz Figueiredo Dias e como antes se fez neste trabalho, quando se pretendia destacar suas variações.

ele pudesse atualizar a consciência da ilicitude e, assim, permitir que ela atuasse como um contramotivo na determinação do sentido da sua ação.[204]

A possibilidade de o autor alcançar a consciência da ilicitude de sua resolução de vontade e a sua consequente responsabilidade por deixar de alcançá-la não são devidamente levadas em conta pelas teorias do dolo justamente porque estas não separam o dolo da consciência da ilicitude. Como ressalta Welzel, as teorias do dolo não observam que este não é uma parte integrante da culpabilidade, mas o objeto do juízo de reprovação no qual ela consiste. Ignoram, portanto, as teorias do dolo, que não pode a consciência da ilicitude ser daquele um requisito. Pois se a consciência da ilicitude é a razão pela qual se reprova o dolo ao autor, em vez de objeto, ela é elemento da culpabilidade. E consequentemente, a verificação da consciência da ilicitude não antecede a verificação do dolo, mas pelo contrário, sucede-a, integrando a sua qualificação como reprovável.

Já a teoria da culpabilidade, partindo do pressuposto de que a consciência da ilicitude não é uma característica, mas uma razão da reprovação do dolo, ressalta, em cores bem mais vivas que as teoria do dolo, a responsabilidade que os homens imputáveis têm pela adequação ao direito de suas decisões, na medida de sua capacidade de conhecimento ético-social. Pois a teoria da culpabilidade atribui a essas decisões, de fazer ou não fazer algo, relevância para a afirmação e a mensuração da culpabilidade no seu mais alto grau, correspondente aos crimes dolosos. Essa relevância se traduz em uma reprovação do injusto, que fundamenta a aplicação ao seu autor das penas correspondentes ao crime doloso, não apenas quando ele efetivamente conhecia o caráter ilícito da sua resolução de vontade, mas também quando ele a podia conhecer.[205]

Welzel, confrontando a sua teoria da culpabilidade com as teorias do dolo, afirma que estas se baseiam no princípio do conhecimento, e aquela no princípio da responsabilidade. Pois enquanto pelo princípio do conhecimento só é reprovável ao homem o conteúdo ilícito de suas decisões de vontade se ele o conhece, pelo princípio da responsabilidade se lhe reprovam as decisões ilícitas mesmo quando a ilicitude lhe é desconhecida, em função da sua responsabilidade por conhecê-la. Portanto, desde que lhe seja possível conhecê-la, e na medida desta sua possibilidade.[206]

Há certa dose de exagero, todavia justificado pela força da expressão, nesta comparação. Pois se pela teoria estrita do dolo se reprova e pune pela negligência,

204. Welzel. *O novo sistema...*, p. 117.

205. «A teoria do dolo ignora que o homem tem a responsabilidade de correção de sua decisão, na medida de sua capacidade de conhecimento ético-social. Por isso deve-se lhe reprovar sua resolução de vontade antijurídica não apenas quando conhecia sua antijuridicidade, mas também quando podia conhecê-la» (Welzel. *O novo sistema...*, p. 117).

206. «A teoria da culpabilidade baseia-se no *princípio da responsabilidade*, segundo o qual o homem é responsável pela antijuridicidade de suas decisões, dentro dos limites de sua capacidade de conhecimento ético-social; a teoria do dolo se baseia, pelo contrário, no *princípio do conhecimento*, segundo o qual só pode ser reprovável ao homem o conteúdo antijurídico de sua decisão se ele conhece a sua antijuridicidade» (Welzel. *O novo sistema...*, p. 118, grifo do autor).

o injusto praticado em erro evitável quanto à ilicitude do fato, também ela reconhece a responsabilidade do autor pelo conhecimento do caráter antijurídico da sua conduta, quando este lhe é acessível. Mas há que se reconhecer que, por não atribuir mais do que culpa ao agente que erra sobre a ilicitude de sua conduta, a teoria estrita do dolo confere muito menor relevância à responsabilidade do agente pelo erro que a teoria da culpabilidade. Pois como ressalta Welzel, «apenas nos poucos casos em que o Direito Penal sanciona também a comissão culposa do fato, a teoria do dolo admite que aquele que atua com desconhecimento culpável da antijuridicidade responda como autor de um delito culposo».[207]

Assim, enquanto pelas teorias do dolo este não resiste ao erro sobre a ilicitude do fato, pela teoria da culpabilidade o dolo se mantém íntegro, mesmo quando o agente desconhece o caráter ilícito da sua conduta. E enquanto pela teoria estrita do dolo só se pode reprovar a título de culpa, e punir pela forma culposa do crime quando prevista em lei, o autor de um injusto que incorre em erro sobre a ilicitude do fato, para a teoria da culpabilidade será ainda assim doloso o injusto por ele praticado, e como tal será punível, mesmo que com pena atenuada, desde que lhe fosse possível atingir a consciência que lhe faltou da ilicitude.

Dessa forma, a teoria da culpabilidade evita a impunidade do erro inescusável sobre a ilicitude do fato, que pela teoria estrita do dolo se impõe à falta da modalidade culposa do crime. Mas independentemente das lacunas de punibilidade que a teoria estrita do dolo enseja, conforme exista ou falte previsão culposa dos crimes em geral, a teoria da culpabilidade confere solução materialmente mais adequada que aquela ao erro evitável, e por isso culpável, sobre a ilicitude do fato. Pois a exclusão do dolo e a mera atribuição de culpa ao agente que pratica uma conduta típica desconhecendo a sua ilicitude, desconsidera equivocadamente o desvalor social, objetivo, do conteúdo da vontade de quem dirige sua conduta no sentido da realização de um tipo penal, pelo simples fato de o agente não reproduzi-lo subjetivamente.

Como bem observa Welzel, nos crimes culposos o conteúdo da vontade é desconsiderado, e só se reprova a vontade porque ela não observa a orientação final mínima exigida, de adotar o cuidado necessário. Mas a irrelevância do conteúdo da vontade para a punibilidade só se justifica quando esse conteúdo não corresponde ao resultado juridicamente desaprovado da conduta, que nesses casos geralmente está orientada para resultados irrelevantes, ou muitas vezes até socialmente valiosos. Por outro lado, quando o agente atua em erro vencível quanto à ilicitude do resultado típico para o qual orienta a sua conduta, a reprovabilidade desta já não decorre apenas da forma de realização, mas do próprio conteúdo da vontade, que por si só contraria os valores objetivos do Estado, pois corresponde a um fato juridicamente proibido.[208]

Além do reconhecimento de que a culpabilidade nos delitos dolosos não requer o efetivo conhecimento da ilicitude do fato pelo agente, mas se configura

207. Welzel. *O novo sistema...*, p. 118.
208. *Idem, ibidem*, p. 119-120.

com a mera possibilidade do agente de conhecê-la «a partir de um exame mais detido de consciência, reflexão ou consulta»,[209] a teoria da culpabilidade promove uma diferenciação das consequências dogmáticas do erro conforme ele se refira às circunstâncias do tipo legal de crime ou à valoração desse conjunto de circunstâncias como um ilícito.

A diferenciação dos efeitos do erro, afinal, também decorre daquilo que se pode considerar o pressuposto elementar da teoria da culpabilidade; a separação entre o dolo e a consciência da ilicitude; aquele como elemento do tipo e, portanto, como objeto do juízo de reprovação no qual consiste a culpabilidade, e esta como uma razão da reprovação que recai sobre o dolo e, portanto, como elemento da culpabilidade. A partir dessa separação, especialmente segundo a versão estrita concebida por Welzel da teoria da culpabilidade, o dolo volta a ter um aspecto semelhante àquele com o qual lhe concebeu Liszt. Pois desvinculando da consciência da ilicitude, o aspecto intelectivo do dolo passa a compreender apenas as circunstâncias objetivas do tipo legal, que segundo Welzel constituem a «matéria da proibição»,[210] mas já não abarca a proibição pelo ordenamento jurídico dessa matéria determinada pelo tipo legal, isto é, o juízo de contrariedade entre ela e o direito.

Assim, segundo a teoria culpabilidade, na sua versão original ou estrita, a ignorância ou a falsa compreensão do agente só prejudica o dolo quando diz respeito a alguma circunstância objetiva do tipo legal. Consequentemente, se o agente desconhece ou não representa corretamente alguma das circunstâncias objetivas do tipo legal que realiza, não atua com dolo e sua conduta só configura um injusto punível se houver previsão legal da forma culposa de tal crime, e se o erro do agente for atribuído à inobservância do devido cuidado para evitá-lo.[211]

Já quando o erro versar apenas sobre a ilicitude da conduta, o dolo permanecerá íntegro e com ele o injusto que o agente tiver praticado. Essa forma de erro, que recai diretamente sobre a proibição da matéria determinada pelo tipo, só tem relevância para a culpabilidade, isto é, para a verificação e a graduação da reprovabilidade do injusto, segundo a teoria da culpabilidade. Pois se o conhecimento da ilicitude da sua conduta não estava ao alcance do agente, considerados os «limites da sua capacidade de conhecimento ético-social»,[212] o seu erro é escusável e, consequentemente, não será culpável a conduta típica e ilícita por ele praticada.

Se, contudo, o erro é vencível, pois poderia o agente atingir a consciência da ilicitude de sua conduta «com um pouco mais de cuidado», sua resolução de vontade lhe será reprovada, assim como o injusto por ela conduzido, embora em

209. Welzel. *O novo sistema...*, p. 123.

210. «O "tipo" é a matéria de proibição das disposições penais; é a descrição objetiva, material, da conduta proibida, que deve se realizar com especial cuidado no Direito Penal» (Welzel. *O novo sistema...*, p. 48).

211. Welzel. *O novo sistema...*, p. 126.

212. *Idem, ibidem*, p. 126.

menor grau ou menor intensidade do que seria se o agente estivesse plenamente consciente da ilicitude dessa resolução. Sendo o erro vencível, portanto, a culpabilidade é atenuada, mas ainda se verifica, e o fato é punível com as penas correspondentes ao dolo – pois se trata de um injusto doloso culpável. Não obstante, nestes casos as penas deverão ser diminuídas nos termos da lei.[213]

Paralelamente à atribuição de diferentes consequências dogmáticas a esses diferentes erros do agente, Welzel os rebatiza, também segundo o objeto próprio de cada um, denominando erro de tipo aquele que exclui o dolo, e erro de proibição, conforme sugestão de Graf Zu Dohna,[214] aquele que, quando escusável, exclui a culpabilidade.[215] Essa nomenclatura, que rompe com a longa tradição romanística de distinguir as formas de erro como sendo «de fato» ou «de direito», é defendida por Welzel justamente em função dos elementos normativos do tipo, que tornam equívoca a distinção tradicional.

Como Welzel bem explica, entre as circunstâncias objetivas que compõem o tipo legal, não há apenas as de natureza fática (descritiva), mas também as de natureza normativa. Consequentemente, prossegue Welzel, o erro sobre essas circunstâncias nem sempre corresponde a um erro sobre «fatos», «como coisa, corpo, causalidade», mas pode consistir em um erro sobre o «caráter alheio» da coisa, sobre «documento», «funcionário» etc.[216]

Não é mérito de Welzel a constatação de que o conhecimento das circunstâncias objetivas do tipo, indispensável ao dolo, pode envolver a inteligência de disposições de direito, para além dos aspectos fáticos envolvidos na definição legal da conduta incriminada. Sequer os romanos ignoravam essa possibilidade, que ademais já está consignada na doutrina penal moderna desde Liszt, como se viu.

Mas distinguindo as formas de erro como sendo de tipo ou de proibição, Welzel finalmente incorpora à terminologia pertinente os avanços operados desde o causalismo na elaboração teórica do delito, notadamente a distinção sistemática do tipo em relação à ilicitude, que se deu por obra de Beling, e o reconhecimento sistemático dos elementos normativos como elementos do tipo, que remonta a Mayer e Mezger. Welzel pontua contundentemente que «a diferença decisiva entre as duas classes de erro não diz respeito ao contraste: fato – conceito jurídico –, mas à distinção: tipo – antijuridicidade». Afinal, sendo o tipo composto também por elementos normativos, nem todo erro de tipo é um erro sobre o fato, e nem todo erro de direito é erro de proibição.[217]

A relação etiológica que se pode estabelecer entre o finalismo e esse avanço terminológico se traduz naquele velho ditado, recolhido por João Guimarães Rosa,

213. Welzel. *O novo sistema...*, p. 126-127.

214. Segundo Brandão, desde 1925, por obra de Graf Zu Dohna, já se falava em «erro de proibição» (Brandão. *Teoria jurídica...*, p. 187).

215. Welzel. *O novo sistema...*, p. 126-127.

216. *Idem, ibidem*, p. 127.

217. *Idem, ibidem*, p. 127.

«o sapo não pula por boniteza, mas porém por precisão».[218] É que, ao contrário das teorias do dolo, a teoria da culpabilidade atribui efeitos dogmáticos diversos ao erro, conforme seja ele de tipo ou de proibição. Por isso corresponde a esta teoria do erro, construída a partir do finalismo, e não àquela, própria das doutrinas objetivas do injusto, a necessidade de estabelecer sobre bases sistematicamente determinadas a distinção entre uma e outra forma de erro.

3.4.3 Limites problemáticos da distinção entre o erro de tipo e o erro de proibição: os elementos de valoração global do fato e os elementos em branco das leis penais como objetos do erro

Sequer a Welzel escapou, contudo, que a distinção entre os elementos do tipo, que determinam um juízo preliminar de relevância da conduta para o direito penal, e os elementos exclusivos do juízo de ilicitude, que confirmam a contrariedade da conduta típica em relação a toda ordem jurídica, não está livre de dificuldades. Pois assim como nas disposições legais determinantes da conduta incriminada se confundem aspectos fáticos com aspectos normativos, nela também se misturam conteúdos descritivos da conduta proibida com referências expressas à valoração dessa conduta como ilícita.

E uma vez que, para Welzel, o tipo não se confunde integralmente com a disposição legal punitiva – não é «uma figura estilística casual»,[219] mas deve ser determinado conceitualmente, como o objeto da ilicitude penalmente relevante, como a matéria da proibição,[220] torna-se problemático distinguir em determinadas formas de crime, segundo suas definições legais, o que é elemento do tipo, e como tal objeto do erro que exclui o dolo, do que diz respeito exclusivamente ao juízo de ilicitude, cujo desconhecimento só tem relevância para a apuração da culpabilidade.

Por isso, entre os casos problemáticos ou «problemas particulares» que destaca para a distinção entre o erro de tipo e o erro de proibição, Welzel menciona os dos erros que recaem sobre as «regras da antijuridicidade», sobre o dever jurídico nos delitos omissivos e culposos e sobre os «elementos especiais da ilicitude». Sinteticamente, trata-se dos erros sobre os pressupostos dos injustos correspondentes aos tipos que Welzel compreende como «tipos abertos». E a esses casos problemáticos de erro, que decorrem das eventuais dificuldades na delimitação dos elementos do tipo em relação aos puros requisitos da ilicitude, Welzel acrescenta os de erro sobre os pressupostos dos injustos puníveis segundo as «leis penais em branco», ou sobre aqueles injustos definidos por «tipos que fazem remissão a outras normas».[221]

218. Rosa, João Guimarães. *Sagarana*, p. 319.

219. Welzel. *Derecho penal...*, p. 117.

220. *Idem, ibidem*, p. 76.

221. Welzel. *O novo sistema...*, p. 128-129. Welzel distingue terminologicamente as leis penais em branco dos «tipos que fazem remissão a outras normas» porque parte de uma concepção extremamente

A solução do primeiro grupo de casos, segundo a teoria da culpabilidade, varia simplesmente conforme a posição sistemática que se atribua aos elementos supra mencionados, relacionados aos tipos que Welzel considera abertos e que Roxin reúne sob a denominação comum de elementos de dever jurídico. Como Welzel considera que os elementos de dever jurídico não são elementos dos tipos legais correspondentes – os tipos abertos – mas seriam requisitos positivos exclusivos da ilicitude, conclui que o erro que sobre eles recaia é sempre um erro de proibição.[222]

Assim, considerando que «a antijuridicidade não se converte, pelo fato de estar mencionada na lei – na maioria das vezes de modo supérfluo (por exemplo, nos arts. 123, 239, 240, 246, 303 etc.) –, numa circunstância do tipo, mas segue sendo uma valoração do tipo», Welzel conclui que o erro sobre as «regras de antijuridicidade» é um erro de proibição.[223] Dentre essas «regras de antijuridicidade», Welzel menciona as seguintes expressões empregadas pela lei alemã na definição de condutas incriminadas: «ilicitamente», «sem autorização» ou «sem estar autorizado para tanto».[224]

Tampouco pertencem ao tipo, segundo Welzel, mas são «elementos da antijuridicidade» a respeito dos quais o erro é, pois, de proibição, os seguintes elementos por ele apontados no Código Penal alemão: o caráter «lícito» do ato resistido na definição do crime de resistência, no § 113, por força de seu inciso 3; a qualificação do órgão jurisdicional como «competente», na definição do crime de falso testemunho ou falsa perícia não juramentados, no § 153; a condição de estar o agente «sem poderes», ou «sem autorização» conforme a tradução que se faça, para o exercício de função pública, na definição do crime de usurpação, no § 132;[225] ou ter sido praticada a conduta «sem autorização oficial», na definição do crime de organização ilícita de jogos de azar, previsto no § 284.[226]

---

restrita das leis penais em branco, segundo a qual estas seriam tão somente as que «contém apenas a ameaça da sanção» (*Idem. Ibidem*, p. 129).

222. Welzel. *O novo sistema...*, p. 128-129.

223. *Idem, ibidem*, p. 128; Welzel. *Derecho penal...*, p. 234. Os artigos citados são do Código Penal alemão vigente, e definem os crimes de: invasão de domicílio, o § 123; coação, o § 240; apropriação indébita, o § 246; e dano à propriedade alheia, o § 303, todos com referência à expressão *rechtswidrig*, que se traduz como antijuridicamente ou ilicitamente, como se prefere.

224. Welzel. *O novo sistema...*, p. 128.

225. «*§ 132. Usurpación de funciones. Quien sin autorización se desempeña en el ejercicio de un cargo público o quien emprenda una acción que solo deba adelantarse en virtud de un cargo público, será castigado con pena privativa de la libertad hasta dos años o con multa.*»

226. Welzel. *O novo sistema...*, p. 128. O § 113, que prevê o crime de resistência, exclui expressamente a punibilidade do fato, segundo o seu inciso 3.º, se o ato resistido for ilícito. Daí se extrai, como elemento implícito da definição legal do crime de resistência; o caráter lícito ou «jurídico» (como consta da tradução consultada da obra de Welzel) do ato resistido, que para Welzel, como se disse, é mero elemento da ilicitude. Conforme este último dispositivo citado: «*§ 284. Organización no autorizada de un juego de azar. (1) Quien sin autorización oficial organice un juego de azar o promueva o tenga a disposición las instalaciones para éste fin, será castigado con pena privativa de la libertad hasta dos años o con multa. [...].*»

Nos crimes culposos e nos crimes omissivos impróprios, Welzel reconhece tipos abertos que, contudo, são complementados pelos critérios legais gerais «do cuidado devido no âmbito de relação» ou «do cuidado devido no tráfego», em se tratando dos tipos culposos, e da «posição de garante», nos tipos omissivos impróprios.[227] Contudo, ao tratar desses elementos de dever jurídico, que determinam positivamente a ilicitude da conduta causadora do resultado típico no crime culposo, ou a ilicitude da sua não evitação no crime omissivo impróprio, Welzel elabora uma importante separação, que mais tarde será estendida por Roxin aos demais. Welzel separa sistematicamente, nos crimes culposos, o dever de cuidado, como um elemento da ilicitude, da sua inobservância, como uma característica da conduta típica. Da mesma forma, nos crimes omissivos impróprios, Welzel separa o dever de agir decorrente ou não da posição de garante, como elemento da ilicitude, dos seus pressupostos objetivos, como elementos da conduta típica.

Com efeito, Welzel afirma que o erro sobre o dever de garante, nos delitos omissivos impróprios – assim como o erro sobre o dever de prestar socorro ou de fazer uma comunicação às autoridades competentes, nos delitos omissivos próprios – e o erro sobre «o dever de cuidado devido no tráfego», nos delitos culposos, são erros de proibição.[228] Não obstante, segundo Roxin, ao tratar dos crimes omissivos impróprios, Welzel acabou por reconhecer que a posição de garante e seus pressupostos pertencem ao tipo objetivo, assim como a situação geradora do dever de agir, nos crimes omissivos próprios.[229] E sendo assim, o desconhecimento dessas circunstâncias pelo omitente não releva apenas para a sua culpabilidade, como o erro de proibição, mas prejudica antes a configuração do próprio injusto doloso.[230]

A solução apresentada por Welzel para o erro sobre as características do crime que ele designou como regras e elementos da ilicitude foi revista por Roxin a partir da sua crítica à teoria dos tipos abertos. Conforme a análise empreendida no primeiro capítulo deste trabalho, Roxin refutou a caracterização dos elementos de dever jurídico como elementos que não participam da descrição da conduta incriminada e demonstrou que os tipos não admitem jamais a concepção aberta que Welzel reservou a alguns.[231]

De fato, circunstâncias legais como «competente» e «sem poderes» têm as mesmas características e desempenham no tipo a mesma função dos seus

227. Welzel. *Derecho penal...*, p. 75.

228. Welzel. *O novo sistema...*, p. 128.

229. Roxin. *Teoría del tipo...*, p. 17-18.

230. É que a partir da 9.ª edição de seu manual, Welzel passou a considerar o conhecimento da posição de garante como um elemento subjetivo do tipo dos crimes omissivos impróprios que, contudo, seria independente do dolo. (Roxin. *Teoría del tipo...*, p. 17) Segundo Welzel, o dever de garante, como dever de executar uma ação voluntária, não nasceria já dos seus pressupostos externos, mas apenas quando o afetado por esse dever toma conhecimento dos seus pressupostos. Assim, o dever do progenitor de prestar alimentos ao filho só nasceria, conforme o seu exemplo, no momento em que o afetado toma conhecimento de que «foi pai, legítimo ou ilegítimo» (Welzel. *Derecho penal...*, p. 301).

231. Roxin. *Teoría del tipo...*, p. 264-267.

elementos normativos assim reconhecidos por Welzel, como o caráter «obsceno» do ato. Ademais, um «tipo aberto», porque destituído da matéria de proibição, seria um tipo penal sem conteúdo essencial e que não desempenharia nenhum papel no sistema de conceitos determinantes do delito.

Aberto, o conceito de tipo não se diferencia e nada acrescenta ao conceito de conduta na definição do crime, pois não apresenta uma característica comum das condutas penalmente relevantes e nem se presta a distingui-las das demais, irrelevantes. Consequentemente, o tipo aberto também não é uma categoria limitadora da punibilidade da conduta, pois delega ao juízo de ilicitude toda a fundamentação do seu caráter de injusto.

Não se sustenta, portanto, a premissa de que são abertos os tipos penais quando para a determinação da conduta punível a lei emprega elementos de dever jurídico. Pois qualificar um tipo como aberto equivale a negar a sua existência, pelo menos como elemento sistemático ou recurso de garantia.

Roxin vai ainda mais longe. Além de demonstrar que a teoria dos tipos abertos é incompatível com a concepção que o próprio Welzel tem do tipo, de elemento indiciário da ilicitude, Roxin a rejeita por concebê-lo como tipo de injusto e, portanto, como razão de ser da ilicitude penalmente relevante.[232] Assim, tomando a sua concepção de tipo como argumento suficiente, Roxin justifica em poucas linhas a superação da teoria dos tipos abertos. Afirma apenas que a existência de tipos abertos é tão impossível quanto a realização socialmente adequada de um tipo. Pois desde que se considera o tipo penal como «tipo (classe) de delito, como juízo provisório de desvalor», ele não pode ser valorativamente neutro a respeito do injusto.[233]

Pois bem, por considerar que os elementos de dever jurídico participam da determinação do injusto, posto que informam a própria matéria da proibição, Roxin conclui, contrariando Welzel, que esses elementos pertencem ao tipo, acrescentando-lhe, a partir do sentido normativo que lhes é próprio, elementos descritivos indispensáveis.[234] Todavia, Roxin jamais admitiu que o próprio juízo de ilicitude fosse um elemento do tipo.

Mesmo enquanto defendeu que os pressupostos fáticos das causas de justificação, que são circunstâncias limitadoras do injusto, pertenciam ao tipo como seus elementos negativos – tese que posteriormente abandonou, a partir de argu-

232. «*De esta manera llegamos al resultado: la construcción de los tipos abiertos no resulta sistemáticamente útil, ni se corresponde con la esencia del tipo penal. No hay ninguna razón para renunciar al desarrollo sistemático de varias décadas y retornar a la posición de Beling. El tipo no es «valorativamente neutro con respecto a la antijuridicidad», sino que es un tipo de injusto*» (Roxin. *Teoría del tipo...*, p. 270).

233. Roxin. *Derecho penal...*, t. I, p. 298.

234. Roxin. *Teoría del tipo...*, p. 211-212 e 121. «*Esta afirmación es idéntica en lo fundamental con nuestra comprobación de que los elementos del deber jurídico, concebidos como componentes de la antijuridicidad, sustraen al tipo penal elementos descriptivos; pues todas las circunstancias determinantes de lo injusto tienen a la vez carácter descriptivo*» (*Idem. Ibidem*, p. 212).

mentos metodológicos funcionalistas – Roxin observou a distinção sistemática entre o juízo de ilicitude e o objeto deste juízo, isto é, entre os aspectos fáticos e normativos de uma conduta valorada como um injusto, que pertencem ao tipo, e a valoração dessa conduta como tal, que corresponde à categoria da ilicitude.[235]

Roxin sempre manteve a separação sistemática entre tipo e ilicitude porque considera a teoria da culpabilidade preferível à teoria do dolo, por razões materiais que transcendem a mera avaliação do rigor lógico de um ou outro modelo.[236] E como Roxin bem reconhece e já se demonstrou neste trabalho, a tese fundamental da teoria da culpabilidade consiste na separação entre o dolo e a consciência da ilicitude, que por sua vez pressupõe a separação sistemática entre a ilicitude e o tipo.[237]

Pois bem, para reconhecer lugar no tipo aos elementos de dever jurídico, sem com isso incluir nele o próprio juízo de ilicitude formal da conduta – que esses elementos mencionam diretamente (os chamados «regras de ilicitude») ou permitem inferir por dedução lógica (os chamados «elementos da ilicitude») – Roxin propõe distinguir nos elementos de dever jurídico o seu conteúdo descritivo, que corresponde às circunstâncias determinantes do injusto, do seu conteúdo puramente valorativo, que corresponde ao juízo de contrariedade de uma conduta típica concreta em relação à ordem jurídica. Aquele pertenceria ao tipo e este apenas à ilicitude.[238]

Dessa forma, segundo Roxin, o erro do agente sobre os pressupostos fáticos ou normativos do injusto designados pelos elementos de dever jurídico é erro de tipo, que como tal exclui o dolo. Mas o erro sobre a ilicitude de uma realização concreta da conduta típica, mesmo sendo esta mencionada direta ou indiretamente pelos elementos de dever jurídico, mantém o dolo íntegro, pois será mero erro de proibição.[239]

235. «*En nuestro tipo total, la relación entre tipo y antijuridicidad se construye de manera tal que la antijuridicidad no resultará, por cierto, componente del tipo; pero, sin embargo, todas las circunstancias determinantes de lo injusto (= elementos del tipo) constituirán en conjunto la antijuridicidad, por lo que el juez, una vez comprobada totalmente la adecuación típica, deberá emitir el juicio que determine si la acción es o no antijurídica*» (Roxin. *Teoría del tipo...*, p. 212).

236. Segundo Roxin, manifestando-se em favor da teoria da culpabilidade em sua versão limitada: «*La teoria de la culpabilidad es superior, en la forma aquí considerada, a la teoría del dolo que en todos los casos exige para la pena del delito doloso la conciencia de la antijuridicidad formal o, por lo menos, material del hecho. Con la teoría de la culpabilidad se explica mejor el fundamento del reproche más elevado de culpabilidad, que reside en el hecho consiente constitutivo de lo injusto, objetivamente considerado, y no tanto en la conciencia de lo injusto. Por este motivo es que esta forma de la teoría de la culpabilidad no se ve obligada a limitar mediante criterios poco definidos, como la enemistad con el derecho, los resultados que se deducen de su posición fundamental*» (Roxin. *Teoría del tipo...*, p. 191).

237. Roxin. *Teoría del tipo...*, p. 211.

238. Nas palavras de Roxin: «*Una solución sobre la base de la teoría de la culpabilidad dominante puede admitir, sin dificultad, la división de los elementos del deber jurídico de forma tal que la parte determinante de lo injusto se incluya entre los elementos del tipo, y el elemento que contiene la antijuridicidad formal pasa a formar parte de la antijuridicidad*» (Roxin. *Teoría del tipo...*, p. 214).

239. Novamente, segundo o próprio Roxin: «*Para la teoría del error esto significa que el error sobre un elemento del deber jurídico es un error de tipo en la medida en que la falsa representación se*

A mesma solução se aplica aos elementos de valoração global do fato, uma classe que, como se sabe, Roxin concebeu depurando o conceito de elemento de dever jurídico. Os elementos de valoração global são, conforme o conceito analisado em capítulo anterior, as expressões legais que não apenas designam a forma típica do injusto, mas designam simultaneamente o caráter injusto de uma sua particular concretização.[240]

Sob esse conceito Roxin recolhe, dos elementos de dever jurídico, apenas aqueles que determinam os contornos típicos da conduta incriminada fazendo referência à ilicitude formal de uma realização concreta desta, os quais por isso são logicamente incompatíveis com a ocorrência de qualquer causa de justificação. Assim o elemento «ilicitamente», entre outros de sentido semelhante. Ficam de fora da classe, conforme se sustentou anteriormente, alguns elementos de dever jurídico identificados na lei alemão, como a «competência» do tribunal, no falso testemunho; ou a legalidade do ato funcional, no crime de resistência. Pois estes, muito embora sejam indicativos ao autor que atua com dolo da antinormatividade de sua conduta, não são incompatíveis com as causas de justificação e, por isso, não condicionam objetivamente a tipicidade à ilicitude.

Por outro lado, a classe dos elementos de valoração global abarca também as circunstâncias que determinam a conduta típica fazendo referência à sua ilicitude material, as quais não eram compreendidas como elementos de dever jurídico. Assim as referências na lei alemã à reprovabilidade, no crime de coação; à irrazoabilidade, para criminalizar a morte dada a um animal vertebrado; e à abusividade, para determinar quando é crime a utilização de chamadas de emergência.[241] Assim também as referências empregadas pela lei brasileira à falta de justa causa, por exemplo para definir o crime de favorecimento ou preferência a comprador ou freguês (art. 7.º, I, da Lei 8.137/1990), ou ao caráter injusto da conduta, empregada, entre outros casos, para definir o crime de impedimento da inscrição de qualquer interessado em procedimento licitatório, na lista de fornecedores de algum ente da administração pública (art. 98 da Lei 8.666/1993).

Partindo da premissa sistemática de que pertencem ao tipo todos os pressupostos, positivos e negativos, da valoração global, mas fica reservada para a ilicitude a valoração definitiva do fato que de tais pressupostos resulta, Roxin conclui que o erro sobre aqueles é erro de tipo, enquanto o erro sobre a própria valoração do fato segundo o direito é erro de proibição. Dessa forma, conforme os exemplos de Roxin, a suposição errônea das circunstâncias fáticas ou normativas que excluiriam a reprovabilidade da coação, o abuso na utilização de chamadas de emergência ou a irrazoabilidade de se matar um animal vertebrado é um erro de tipo, ainda quando se refira aos pressupostos de uma causa geral de justificação, que como tal exclui o dolo. Mas o erro do agente apenas quanto ao caráter

---

refiera al elemento descriptivo y determinante de lo injusto; al contrario, habrá un error de prohibición cuando el autor, con completo conocimiento de las circunstancias decisivas para lo injusto, yerra sobre la prohibición de la acción» (Roxin. *Teoría del tipo*..., p. 214).

240. Roxin. *Derecho penal*..., t. I, p. 299.

241. *Idem, ibidem*, t. I, p. 301.

reprovável, abusivo ou irrazoável da sua atuação, quando ele conheça todos os pressupostos dessas valorações de sua conduta, será mero erro de proibição.[242]

Essa solução, aparentemente simples, é, contudo, problematizada pelo próprio Roxin, nos tipos de injusto cujo «sentido social» da conduta incriminada só se possa vislumbrar por meio da própria valoração jurídica conotada pelo elemento de valoração global. Em tipos assim, os elementos de valoração global não admitem a cisão sistemática proposta por Roxin entre a valoração que conotam e os pressupostos desta, por eles referidos, tornando-se indivisíveis, conforme esse mesmo autor. Consequentemente, em face dos elementos de valoração global indivisíveis, Roxin excepciona a regra supra exposta, admitindo que a própria valoração jurídica por eles conotada deva ser compreendida pelo dolo e concluindo, assim, que o erro sobre ela não será mero erro de proibição, mas antes erro de tipo.[243]

Como exemplos desses elementos de valoração global que, no contexto do tipo de injusto que integram, tornar-se-iam indivisíveis, Roxin cita a dívida tributária, no delito de fraude fiscal, o dever de prestar alimentos, no delito de abandono material – que se configura pela sua infração –, e até a proibição do exercício profissional, no delito consistente na violação desta.[244] Um elemento análogo a esses, no direito penal brasileiro, é o caráter indevido do tributo ou contribuição social, cuja exigência configura o crime de excesso de exação (art. 316 do CP).[245] Afinal, em que pese a representação dessa circunstância conferir geralmente ao agente também a consciência da ilicitude de sua conduta, à míngua dela a exigência do tributo ou contribuição não expressa uma disposição para ofender o patrimônio do particular ou a legalidade administrativa, que são os bens jurídicos tutelados pela incriminação do excesso de exação.

Mas, em que pese se concordar com o posicionamento sistemático dessas circunstâncias no tipo, e com a exclusão do dolo pelo erro quanto às valorações jurídicas que determinam o seu sentido, não se vislumbra nelas autênticos elementos de valoração global do fato, segundo o conceito que lhes confere o próprio Roxin.

Tais circunstâncias estão bem incluídas na classe dos elementos de dever jurídico, uma vez que o conhecimento delas indica ao agente que atua com dolo a antinormatividade da sua conduta. Mas elas não conotam objetivamente e por si só a ilicitude formal ou material da conduta típica, pois são plenamente compatíveis com a ocorrência de causas de justificação. Estas circunstâncias, diferentemente dos elementos de valoração global do fato propriamente ditos, não condicionam

242. Roxin. *Derecho Penal...*, t. I, p. 300-301.

243. *Idem, ibidem*, t. I, p. 464.

244. *Idem, ibidem*, t. I, p. 464.

245. «Se o funcionário exige tributo ou contribuição social que sabe ou deveria saber indevido, ou, quando devido, emprega na cobrança meio vexatório ou gravoso, que a lei não autoriza: Pena – reclusão, de três a oito anos, e multa.»

a tipicidade à ilicitude da conduta que qualificam legalmente. Por isso, melhor se classificam como elementos normativos do tipo, de conteúdo jurídico.

Quanto aos erros sobre os fatos puníveis segundo as leis penais em branco ou sobre aqueles definidos por «tipos que fazem remissão a outras normas», Welzel simplesmente reafirma a incidência das «regras gerais», de tal modo que o erro sobre uma circunstância do tipo estabelecido na lei complementar é um erro de tipo, enquanto o erro sobre a existência da norma complementar é um erro de proibição.[246]

Tal orientação é ainda hoje acolhida pela maioria da doutrina, dentre cujos adeptos se pode citar, além de Roxin,[247] Günther Jakobs,[248] Jescheck e Thomas Weigend,[249] Francesco Carlo Palazzo,[250] Enrique Bacigalupo,[251] Celia Suay Hernández,[252] e no Brasil, Toledo,[253] Luiz Luisi,[254] Sanzo Brodt,[255] Alflen da Silva[256] e André Vinícius de Almeida.[257] Como bem observa Puppe, a doutrina majoritária opõe à solução de Welzel apenas a ressalva de que quando a norma

246. WELZEL. *O novo sistema...*, p. 129.

247. ROXIN. *Derecho Penal...*, t. I, p. 300-301.

248. JAKOBS, Günther. *Derecho penal: parte general*, p. 345-346.

249. JESCHECK, Hans Heirich; WEIGEND, Thomas. *Tratado de derecho penal: parte general*, p. 331.

250. Partindo da dicotomia própria da doutrina italiana entre erro sobre o fato, que exclui o dolo, e erro sobre o preceito, que não o exclui, Palazzo, ao se referir às leis penais em branco gerais, ressalta que o erro sobre a existência das normas complementares, referidas pela lei penal, é um claro erro inescusável sobre o preceito. Segundo este autor: «*è assolutamente evidente che disposizione siffatte, qualunque sia il numero delle norme extrapenali richiamate, ben lungi dal determinare il precetto, costituiscono semplicemente un espediente di economia legislativa attraverso il quale il legislatore collega un'identica sanzione alla violazione di precetti diversi. Nessun dubbio, perciò, che l'errore sulla norma extrapenale richiamata è errore inescusabile sul precetto*». Isto posto, Palazzo problematiza apenas a natureza do erro sobre a existência ou sobre o conteúdo de um ato administrativo individual permissivo referido pela lei penal, como uma licença ou uma autorização. Mas nesses casos, como ele corretamente ressalta, já não se está diante de uma lei penal em branco (PALAZZO, Francesco Carlo. *L'Errore sulla legge extrapenale*, p. 217 *et seq.*).

251. Que ao tratar do erro sobre os «elementos referidos ao dever», por cuja expressão se refere aos elementos em branco das leis penais, assume a posição defendida por Welzel, por razões político-criminais. Bacigalupo considera que a irrelevância do desconhecimento dos elementos referidos ao dever, para a exclusão do dolo, pressupõe uma distribuição mais acertada dos riscos da vida social (BACIGALUPO, Enrique. *Tipo y error*, p. 159-160).

252. Que não reconhece ser essencial, desde a perspectiva teórica, a distinção entre leis penais em branco e elementos normativos do tipo, e, assim, estende àquelas a sua posição sobre o que determina a relevância para o dolo, do erro a respeito destes. Segundo esta autora: «*La cuestión esencial no es si el autor conoce la existencia de la norma complementaria, sino si conoce el ámbito extensional que denotan los elementos típicos que proceden de la norma en blanco o de la complementaria*» (SUAY HERNÁNDEZ, Celia. «Los elementos normativos....» *Revista Peruana...*, p. 323-324).

253. TOLEDO. *O erro...*, p. 126.

254. LUISI. *O tipo penal...*, p. 116.

255. BRODT. *Da consciência...*, p. 82.

256. SILVA. *Leis penais...*, p. 151-152.

257. ALMEIDA, André Vinícius. *O erro de tipo no direito penal econômico*, p. 105-106.

complementar for uma norma individual, sem eficácia geral, o erro sobre a vigência de tal disposição, ou sobre o dever que dela decorre, é um erro de tipo.[258]

Com efeito, segundo a clara síntese de Roxin, o erro sobre a existência da norma integradora da lei penal em branco é um erro de proibição, enquanto o erro sobre as circunstâncias de fato que determinam o âmbito de incidência da norma integradora é um erro de tipo, que exclui o dolo.[259] Em todo caso, como Roxin ressalva, quando a norma penal se integra mediante uma disposição individual concreta – como a norma incriminadora da desobediência à ordem legal de funcionário público no direito penal brasileiro (art. 330 do CP) – o desconhecimento dessa norma individual integradora será sempre um erro de tipo.[260]

O caráter problemático dessa solução, contudo, já se revela aos seus próprios adeptos quando, por exemplo, o erro não versa sobre a existência ou a vigência da norma integradora da lei penal em branco, mas sobre o sentido ou o alcance do seu preceito. É o que se pode surpreender no primeiro exemplo conferido por Roxin para ilustrar as coordenadas supra expostas, por ele estabelecidas para distinguir o erro de tipo do erro de proibição em face das leis penais em branco.

Segundo Roxin, encontra-se em mero erro de proibição quem pratica uma infração penal legalmente definida como contrariedade aos preceitos sobre o período de defeso da caça, por desconhecer a proibição de caçar durante o período de defeso. Não obstante, Roxin admite incorrer em erro de tipo não apenas o agente que se equivoca sobre a data da caçada e, portanto, sobre um pressuposto fático da norma proibitiva integradora, mas também aquele que se equivoca sobre os limites temporais da época de defeso.[261] Ocorre que os limites temporais da época de defeso já não são pressupostos fáticos da proibição imposta pela norma integradora, mas correspondem ao seu alcance e, portanto, ao seu conteúdo.

Há que se esclarecer, portanto, se ou em quais casos o conhecimento pelo agente do conteúdo proibitivo ou mandamental da norma integradora da lei penal em branco é requisito do dolo. E como as leis penais em branco são endêmicas no direito penal socioeconômico, é neste âmbito que se fará a análise das funções que os seus elementos em branco desempenham na configuração dos tipos, com o fito de determinar em quais deles a incógnita constante da lei é substituída no tipo por um específico dever extrapenal.

Enfrentaremos esse problema no último capítulo. Antes, contudo, convém analisar os diferentes caminhos para tanto indicados pela doutrina, ou traçados no direito penal comparado, e estabelecer os pressupostos teóricos que devem orientar as soluções buscadas. A esses propósitos se dedica o capítulo seguinte.

258. Puppe. «Error de hecho, error de derecho...» In: Frisch *et alii*. *El error...*, p. 117-118.
259. Roxin. *Derecho penal...*, t. I, p. 300-301.
260. *Idem, ibidem*, t. I, p. 466.
261. *Idem, ibidem*, t. I, p. 466.

3.5 CONCLUSÕES

1. As dicotomias «erro de fato e erro de direito», ou «erro de direito penal e erro de direito extrapenal» não representaram verdadeiros critérios de verificação da relevância do erro para excluir o dolo, mas meras rubricas de soluções em verdade determinadas segundo a escusabilidade ou o grau de censura do erro.

2. A equiparação do erro de direito extrapenal ao erro de fato, como excludente do dolo, consagrada enquanto imperou no direito comparado a máxima da inescusabilidade do *error iuris*, remonta à distinção romana, fortalecida durante o medievo, entre *error iuris naturalis*, inescusável porque relativo a normas de razão evidente e fundamento natural, e o *error iuris civilis*, escusável porque relativo a normas «meramente civis», ou «de criação política», impostas segundo as conveniências aleatórias da Pólis.

3. A influência do neokantismo na teoria do delito promoveu o reconhecimento do conteúdo valorativo do tipo, acrescendo definitivamente ao conteúdo intelectivo do dolo a compreensão do significado social da conduta típica.

4. A concepção do tipo como a reunião de todos os requisitos positivos da ilicitude e, portanto, como categoria portadora de todo o desvalor que o injusto supõe, favoreceu a acomodação sistemática de elementos normativos em seu bojo. Estes, então, livraram-se da pecha de componentes aberrantes do tipo, ou circunstâncias estranhas à sua natureza, vindo a ser admitidos como seus elementos essenciais, sempre que o caráter injusto do fato for determinado por um aspecto cultural da realidade, cujo sentido é referido a valores.

5. O conteúdo intelectivo do dolo em relação aos elementos normativos do tipo, como Mezger bem demonstrou, não envolve apenas o conhecimento das suas propriedades sensíveis, mas também a compreensão da sua significação. E esta compreensão só se dá quando o agente for capaz, mesmo sem conhecimentos técnico-jurídicos, de performar uma valoração das propriedades sensíveis dos elementos normativos do tipo, que marche na mesma direção e sentido daquela que determinará o posterior reconhecimento desses elementos, no fato, pelo seu julgador.

6. A inclusão do dolo no injusto e a sua consequente separação da culpabilidade aperfeiçoa o modelo teórico de delito, pois reflete a evidente distinção entre o objeto da reprovação e a reprovação do objeto. A partir dessa distinção se pôde divisar com clareza que a consciência da ilicitude da conduta não é o que se reprova, mas uma razão da reprovação. Sendo assim, como bem demonstrou Welzel, a consciência da ilicitude não pertence ao dolo, mas à culpabilidade. E como fundamento do juízo de reprovação, em vez de conteúdo intelectivo do dolo, não importa apenas a consciência efetiva da ilicitude, mas a cognoscibilidade dela pelo agente, isto é, a potencial consciência da ilicitude.

7. A independência do dolo em relação à consciência da ilicitude, que está na base da teoria da culpabilidade, pressupõe a separação sistemática entre a ilicitude e o tipo. Por isso, mesmo nos crimes legalmente determinados por elementos de valoração global, nos quais os juízos de tipicidade e ilicitude coincidem plenamente, deve-se distinguir a valoração em si do fato como um injusto, das circunstâncias que a determinam. Pois apenas estas integram o tipo, como seus elementos naturais ou normativos, positivos ou negativos, enquanto aquela é a própria ilicitude, que com o tipo não se confunde.

8. Em vista dessa complexa posição sistemática dos elementos de valoração global do fato, Roxin tem razão ao afirmar que o erro a respeito deles será de tipo ou de proibição, conforme recaia, respectivamente, sobre as circunstâncias determinantes da ilicitude da conduta, ou sobre a própria valoração dessa conduta como ilícita.

4

DA PROBLEMÁTICA RELEVÂNCIA DO ERRO SOBRE A EXISTÊNCIA DA NORMA DE COMPLEMENTAÇÃO DAS LEIS PENAIS EM BRANCO: PANORAMA DOUTRINÁRIO E PRESSUPOSTOS TEÓRICOS DE ABORDAGEM

4.1 DIVERGÊNCIAS DA POSIÇÃO MAJORITÁRIA

A tese de que o erro sobre a existência da norma complementar da lei penal em branco é irrelevante para o dolo, tão amplamente avalizada pela doutrina, encontra fundada oposição por parte de um grupo minoritário, mas aparentemente crescente de autores,[1] que têm contribuído para revelar a complexidade do tratamento do erro sobre essa circunstância. Dentre os seus representantes, que igualmente elaboram suas posições a partir da teoria da culpabilidade, destacam-se Tiedemann, Puppe e Frisch.

Tiedemann, desde estudo monográfico especialmente dedicado ao tema, publicado no final da década de sessenta do último século,[2] mostra-se crítico do tratamento majoritariamente acolhido para o erro quanto aos elementos em branco das leis penais, especialmente no âmbito do direito penal acessório (*Nebenstrafrecht*). Preliminarmente, Tiedemann observa que a distinção estabelecida nos §§ 16 e 17 do StGB,[3] entre o erro excludente do dolo (erro de tipo) e o erro que releva

1. Cf. Días y García Conlledo. *El error...*, p. 429.

2. Tiedemann. *Tatbestandsfunktionen im Nebenstrafrecht*: Untersuchen zu einem rechtsstaatlichen Tatbestandsbegriff, entwickelt am Problem des Wirtschaftstrafrechts. Tübinguen: J. C. B. Morh (Paul Siebeck), 1969.

3. «*§ 16. Error sobre las circunstancias del hecho. (1) Quien en la comisión de un hecho no conoce una circunstancia que pertenece al tipo legal, no actúa dolosamente. La punibilidad por la comisión*

apenas para a mensuração ou excepcional exclusão da culpabilidade pelo injusto doloso (erro de proibição), a partir do seu objeto, segundo a teoria da culpabilidade, não vincula efetivamente a doutrina. Pois esta, conforme a relevância que atribui às diversas formas de erro, estende ou restringe por meio da interpretação os pressupostos do crime que se podem considerar incluídos no tipo.

Um exemplo de extensão dogmática do tipo, peculiar ao panorama legislativo alemão, é a concepção, acolhida por alguns defensores da teoria limitada da culpabilidade, do «tipo de erro», ao lado do tipo legal ou «tipo de garantia», para efeito do tratamento do erro quanto aos pressupostos fáticos das causas de justificação.[4] Ocorre que os adeptos dessa variante da teoria da culpabilidade – especificamente consagrada no art. 20, § 1.º, do CP brasileiro – segundo a qual o erro quanto aos pressupostos fáticos de uma causa de justificação deve ser tratado como o erro de tipo, nos termos do § 16, 1, do StGB, empregam geralmente em sua defesa, à míngua de uma disposição legislativa específica sobre a matéria, uma da seguintes justificativas lógicas. Ou interpretam extensivamente o tipo legal, incluindo nele esses pressupostos como elementos negativos implícitos, conforme a teoria do tipo total de injusto, ou admitem, com base em considerações materiais relativas ao grau de culpabilidade em cada caso, que o tratamento do erro não está adstrito a prejuízos sistemáticos, e concebem ao lado do «tipo legal», que não envolve as causas de justificação, o «tipo de erro», que reúne todos os pressupostos, positivos e negativos do injusto.

Ainda segundo Tiedemann, a reinterpretação do tipo pela «doutrina dominante» chega ao máximo quando, em face das leis penais em branco, propõe uma «leitura conjunta dos tipos em branco» e das normas complementares, independentemente de serem estas estabelecidas por leis ou por meros regulamentos ou atos administrativos. Pois na medida em que se substituem no tipo as referências legais à norma complementar, pelos elementos típicos desta, isto é, pela conduta, pelas circunstâncias de tempo, modo etc., que constituem o conteúdo da obrigação ou proibição extrapenal, ocorre, como bem sintetiza Tiedemann, a eliminação de «elementos normativos do tipo», como «contrariamente ao disposto no direito comercial» e «tempo prescrito», em favor de um tipo puramente descritivo. Tiedemann se manifesta criticamente em relação a tal procedimento, lembrando que se acusa Welzel de, por meio da leitura conjunta, ter deformado quase arbitrariamente o tipo penal, a fim de converter o dolo em um dolo naturalístico do fato.[5]

---

culposa permanece intacta. (2) Quien en la comisión de un hecho suponga circunstancias erradas, que realizarían el tipo de una ley más benigna, solo podrá ser castigado por comisión dolosa conforme a la ley más benigna.

§ 17. Error de prohibición. Sí le falta al autor en la comisión de un hecho la comprensión de lo injusto de su actuar entonces actúa sin culpa si el no pudo evitar ese error. Si el autor pudo evitar el error, entonces puede atenuarse la pena conforme al § 49, inciso 1.»

4. Tiedemann. *Derecho penal...*, p. 213-214.

5. Tiedemann. *Derecho penal...*, p. 214-215. Especificamente contra a solução extrema que a doutrina majoritária procura derivar da proposta de «leitura conjunta», isto é; a suposta indiferença do dolo em relação à própria proibição ou ordem extrapenal referida pela lei penal em branco, Tiedemann arremata com brilho: «*La historia de la dogmatica penal enseña (y permite criticar a la doctrina dominante) que*

Não se adere a estas críticas preliminares, que soam como exéquias à teoria do dolo, primeiramente porque, como já se demonstrou na primeira parte deste trabalho, não se confunde o tipo com a lei e nem se admite a existência de tipos em branco. Justamente por isso, considera-se que a leitura conjunta é procedimento necessário para a determinação do tipo, e não uma reinterpretação arbitrária dele. Pois o tipo, completo e fechado por definição, simplesmente não se configura apenas a partir da lei penal em branco. Depois, porque não faz justiça à doutrina finalista da ação uma concepção neutra do tipo, imune a elementos normativos, uma vez que o próprio Welzel concebe o tipo como a matéria de proibição, prenhe de conteúdo valorativo, portanto, e reconhece em seu bojo os elementos normativos, ao lado dos descritivos.[6]

Mas fundamentalmente, Tiedemann se opõe à irrelevância para o dolo, genericamente atribuída ao erro sobre a existência da norma complementar da lei penal branco, por dois argumentos. Primeiramente, porque não vislumbra razões para se dispensar ao erro sobre os elementos em branco dos «tipos penais» tratamento distinto daquele dispensado ao erro sobre os elementos normativos do tipo.[7] Depois, por considerar que a norma de dever ser (o dever) se inclui no tipo quando este por si mesmo, isto é, apenas por seus demais elementos, possa ser considerado neutro em relação ao injusto ou inclusive socialmente adequado, o que é especialmente comum no âmbito do direito penal acessório.[8]

Como se observou anteriormente, Tiedemann prefere um conceito restrito de lei penal em branco, segundo o qual esta se caracteriza pela referência a uma norma complementar proveniente de fonte distinta da lei penal, justamente para diferenciar os elementos normativos do tipo em relação aos elementos em branco das leis penais. Pois para além da fonte formal, segundo ele, dificilmente se encontra um critério preciso de distinção válido para todos os casos.[9]

Faltando uma diferença substancial, Tiedemann não vê explicação para se considerar mero erro de proibição o que recaia sobre a existência ou o conteúdo dos atos normativos extrapenais que complementam as leis penais em branco, uma vez que se exige do dolo, em face dos elementos normativos do tipo, como o caráter «alheio» de uma coisa, a compreensão jurídica necessária para o seu conhecimento, ainda que segundo uma valoração paralela desde a esfera do profano. Segundo ele, a arbitrariedade dessa distinção se torna patente pela frequência com que a doutrina majoritária trata como elementos normativos,

---

hoy día, bajo la bandera de la teoría de la culpabilidad, predomina una concepción que resulta ser mucho más desfavorable para el autor que, p. ej., la jurisprudencia del T Reich, la cual no reconocía todavía por completo el principio de culpabilidad, pero equiparaba el llamado error extrapenal (p. ej., sobre normas del HGB) con el error de hecho y, en estos casos, excluía el dolo» (Tiedemann. *Derecho penal...*, p. 216).

6. Welzel. *O novo sistema...*, p. 50-51, 54-55 e 127.

7. Tiedemann. «La ley penal en blanco: concepto y cuestiones conexas». *Revista Brasileira de Ciências Criminais*, p. 92.

8. Tiedemann. *Derecho penal...*, p. 216-217.

9. Tiedemann. «La ley...» *Revista Brasileira...*, p. 73-74; Tiedemann... *Derecho penal...*, p. 130.

verdadeiros elementos em branco, tendo em vista apenas as consequências dessa classificação para a configuração do dolo e para a disciplina do erro.[10]

Não obstante, Tiedemann admite a possibilidade de se distinguir claramente os tipos penais constituídos por elementos normativos e as leis penais em branco, considerando que o tipo penal contém uma descrição (tipificação) suficiente da ação e do injusto, enquanto a lei penal em branco requer para tanto uma leitura conjunta com as normas de complemento.[11] Ora, essa máxima coincide com o critério de distinção proposto neste trabalho, dos elementos normativos do tipo em relação aos elementos em branco das leis penais, segundo o qual estes são as referências a preceitos indeterminados quanto ao seu conteúdo, sem remissão aos quais não se extrai da lei penal uma proibição que tenha sentido. Justamente por não designarem os preceitos que os complementam, esses elementos são considerados «em branco» nas leis penais e, ao contrário dos seus demais elementos normativos, não integram diretamente o tipo penal, mas apenas determinam a sua conformação por meio da norma extrapenal complementar.

Em face dessa distinção compreende-se, ao contrário de Tiedemann, a possibilidade de se conferir tratamento distinto ao erro, conforme recaia sobre um elemento normativo do tipo ou sobre um elemento em branco da lei penal e, neste caso, conforme recaia precisamente sobre a existência do preceito complementar de uma lei penal em branco. Ocorre que se, por um lado, o conteúdo da obrigação ou da proibição consignada na norma extrapenal complementar sempre integra o tipo penal, acrescendo a ele os seus pressupostos (elementos) descritivos e normativos peculiares por meio de uma «leitura conjunta», o dever em si, de realizar ou omitir aquele comportamento descrito com recurso à norma complementar, geralmente não faz parte do tipo, pelo menos no âmbito do chamado direito penal nuclear, clássico, ou de justiça.

Mas concorda-se com Tiedemann, que o próprio dever, isto é, a obrigação ou proibição extrapenal referida pela lei penal em branco será também um elemento integrante do tipo sempre que na sua desobediência residir um requisito essencial do injusto punível. Isso ocorre com maior frequência no direito penal socioeconômico, ou acessório como quer Tiedemann, no qual abundam os tipos penais valorativamente neutros, descritivos de condutas em princípio socialmente adequadas, cujo conteúdo de injusto decorre exatamente da contrariedade a um mandado ou proibição extrapenal. Nesses casos, os quais restam ainda por precisar, poder-se-ia apontar o dever contrariado, dentre os demais elementos normativos do tipo, como um elemento imperativo; um imperativo cujo reconhecimento pelo agente seria mesmo indispensável para a conformação do dolo.

10. Tiedemann. «La ley penal...» *Revista Brasileira...*, p. 92.

11. *«En principio, únicamente son, además, claramente diferenciables los elementos normativos del tipo y las leyes penales en blanco si se atiende al hecho de que el tipo penal contenga una tipificación suficiente de la acción y del injusto o a que aquélla se infiera tan sólo de la "lectura conjunta" con las normas de complemento»* (Tiedemann. «La ley penal...» *Revista Brasileira...*, p. 92).

Também Puppe, quiçá de forma ainda mais ampla que Tiedemann, opõe-se à doutrina majoritária, ao afirmar que a realização dolosa do tipo correspondente às leis penais em branco requer a consciência do preceito extrapenal cuja infração integra o fato punível.[12] A amplitude da solução apresentada por Puppe para este problema se deve à sua compreensão dos elementos em branco, não apenas como aspectos da lei penal, mas como elementos que integram diretamente – e sempre – o «sentido do tipo», assim como os elementos normativos jurídico-institucionais.

Ao determinar o que o autor de uma conduta objetivamente típica deve representar do fato para atuar com dolo, a partir do que dispõe o § 16 do StGB, análogo ao art. 20 do CP brasileiro, Puppe pressupõe que os elementos típicos do fato não pertencem – ou não estão contidos, nos termos da lei brasileira – à denotação ou extensão do tipo, mas à sua conotação, intenção, ou sentido. Pois Puppe considera o tipo como oração descritiva de um fato hipotético, em vez de figura conceitual abstrata de um crime. E em se tratando de orações descritivas, a intenção é a própria hipótese fática que ela descreve, enquanto a extensão é apenas o seu valor de verdade; a correspondência entre a hipótese e a ocorrência do fato.[13] Consequentemente, as hipóteses fáticas que correspondem a um determinado tipo não estariam para ele como diversos objetos de referência em relação ao seu conceito comum, mas sim como conotações ou sentidos distintos que o tipo poderia adquirir quando se lhes substituem expressões variáveis, como «alguém», por nomes próprios.[14] Equivale a dizer que uma hipótese fática como «Se Ana dolosamente matar Tereza» não seria a extensão, denotação, do tipo de crime previsto no art. 121 do CP, mas a intenção completa do mesmo, isto é, o seu sentido.[15]

Puppe então conclui que para atuar dolosamente, o autor da conduta objetivamente típica deve representar o próprio sentido da oração que se pode deduzir do tipo, ainda que não necessariamente a sua expressão literal.[16] Com base nesta máxima, supera a ideia – que também se rejeita, embora por outras razões supra

12. Puppe. «Error de hecho...» In: Frisch *et alii. El error...*, p. 117.

13. Segundo Puppe, a partir de Rudolf Carnap (*Bedeutung und Notwendigkeit*, p. 21 y ss., título original en inglés: *Meaning* and Necessity, 2. ed., 1995, versión alemana de Bader, Wilhelm, 1972 *apud* Puppe. «Error de hecho...» In: Frisch *et alii. El error...*, p. 92), «*En la semántica general se distingue cuidadosamente entre las formas de expresiones; nombre propio, predicado, oración. La intensión (connotación) de un nombre propio es un concepto de individuo, su extensión (denotación) un individuo (objeto). La intensión de un predicado es una cualidad, la extención es la clase de individuos que tienen esa cualidad. La intensión de una oración es un supuesto de hecho (hecho) y su extensión el valor de veracidad, verdadero o falso. Por tanto, un supuesto de hecho mantiene una relación semántica respecto de la oración que lo describe distinta de la que sus partes, los nombres propios y predicados, mantienen respecto de los objetos y clases de objetos que definen*» (Puppe. «Error de hecho...» In: Frisch *et alii. El error...*, p. 92-93).

14. Por suas palavras: «*Un tipo describe múltiples hechos exactamente de la misma manera que una función matemática describe muchas ecuaciones. Un hecho que «pertenece al tipo legal» en el sentido del § 16 es el contenido de una oración que se obtiene al sustituir por constante las variables de individuos existentes en el tipo*» (Puppe. «Error de hecho...» In: Frisch *et alii. El error...*, p. 94).

15. Ainda segundo Puppe: «*Los hechos no constituyen la extensión del tipo, sino la intensión completada del mismo*» (Puppe. «Error de hecho...» In: Frisch *et alii. El error...*, p. 95).

16. Puppe. «Error de hecho...» In: Frisch *et alii. El error...*, p. 99.

referidas – de que os elementos descritivos do tipo, ao contrário dos normativos, seriam perceptíveis pela mera percepção sensorial. Pois considerando que a hipótese fática é o sentido da oração constitutiva do tipo, a sua representação pelo agente que atua com dolo é apreensão de sentido, e como tal um ato de compreensão intelectual, não apenas dos seus elementos normativos, mas também dos descritivos.[17] Ainda assim, Puppe preserva a distinção entre erro de tipo, relevante, e erro de subsunção, irrelevante, afirmando que o último ocorre quando o agente traduz a hipótese fática por ele mentalmente representada se valendo de uma oração diversa daquela empregada no tipo legal, mas cujo sentido lhe é equivalente.[18]

Assim, nos tipos constituídos por elementos normativos de conteúdo jurídico, que se referem a direitos ou a relações jurídicas, o dolo só se verifica quando o agente conhece essas relações ou esses direitos e, portanto, quando o agente detém os conhecimentos jurídicos necessários para representá-los. Tal não implica necessariamente o domínio linguístico das mesmas expressões empregadas no tipo legal, mas a possibilidade de o agente traduzir o sentido do tipo – a hipótese fática – ainda que por outros termos, de conteúdo equivalente.[19]

Puppe ressalta que ao falar em conhecimento se define de forma mais precisa o alcance do dolo em relação aos elementos típicos normativos de conteúdo jurídico, do que se recorrendo à teoria da valoração paralela na esfera do leigo. Pois pela explicação conferida por Mezger para a representação dos elementos normativos do tipo, dar-se-ia a impressão de que não se trata de uma apreensão intelectual dessas circunstâncias, mas de um mero ato de valoração delas, pelo agente, como se ele mesmo fosse o legislador que tivesse de promulgar as normas extrapenais que lhes conferem o sentido.[20]

Contudo, a efetiva contribuição de Puppe para o esclarecimento do conteúdo intelectivo do dolo em relação aos elementos normativos do tipo representa antes um incremento do que a refutação da teoria da valoração paralela. Pois a crítica formulada por Puppe a essa teoria não transcende a terminologia empregada por Mezger, a qual já se justificaria pela consagração, não fosse a sua correção.

Ocorre que, como se procurou anteriormente demonstrar, o paralelo que a teoria de Mezger estabelece não se dá entre as valorações que das características normativas do fato fazem o agente e o legislador, mas sim o agente e o juiz que as reconhece no fato, ao julgar o autor. O que Mezger chama por valoração paralela na esfera do leigo é a antecipação pelo agente, leigo, da apreciação técnica que o juiz fará do fato, a partir do sistema conceitual e axiológico objetivamente consagrado na lei. Pois segundo a proposta de Mezger, ainda que o agente não compartilhe desse sistema, sua valoração profana haverá de marchar na mesma

17. Puppe. «Error de hecho...» In: Frisch *et alii*. *El error...*, p. 95.
18. *Idem, ibidem*, p. 96 *et seq.*
19. *Idem, ibidem*, p. 105-107.
20. *Idem, ibidem*, p. 105-106.

direção e sentido que a valoração legal-judicial.[21] Note-se; a referência é a valoração «legal-judicial», não legislativa. Essa antecipação, como se vê, não envolve apenas a dimensão axiológica, que orienta o legislador, mas também a dimensão conceitual, consignada no direito posto, que orienta o Juiz.

Portanto, por valoração paralela se fala justamente de uma compreensão do fato, pelo seu autor, equivalente à do seu julgador. Não se descarta, por tal expressão, a apreensão intelectual dos conteúdos jurídicos elementares para a compreensão do sentido do tipo, geralmente disponíveis ao leigo, mas apenas se destaca que essa apreensão tem uma dimensão valorativa, que Mezger considera inerente ao significado dos elementos normativos do tipo.[22]

Pois bem, é como uma espécie de elemento normativo do tipo, que Puppe compreende os elementos em branco das leis penais. Pois segundo sua definição, os elementos em branco das leis penais são as referências, constantes de determinados tipos, a obrigações reguladas em outro lugar. Dos tipos por eles configurados, ainda segundo Puppe, não se pode deduzir uma norma de determinação que tenha sentido, a menos que sejam complementados pelos tipos das normas às quais remetem.[23]

Ao incluir diretamente no tipo os elementos em branco da lei penal, que mencionam a contrariedade da conduta incriminada a uma obrigação extrapenal indeterminada, Puppe acrescenta ao sentido do tipo a própria obrigação contrariada, e não apenas os pressupostos fáticos, descritivos ou normativos, da mencionada contrariedade. Então, como consequência meridiana da sua conclusão anterior sobre o caráter vinculante do sentido do tipo em relação à representação que fundamenta o dolo, Puppe deduz a máxima segundo a qual, para além dos tipos das normas complementares da lei penal em branco, o autor do injusto doloso deve conhecer também a vigência daquelas, pois somente nestes casos sabe que existe para ele uma obrigação jurídica.[24]

Concorda-se com a premissa invocada por Puppe, segundo a qual o sentido do tipo vincula o conteúdo do dolo, embora com reservas quanto à sua fundamentação linguística. Pois em lugar de uma descrição incompleta do fato incriminado, de uma oração constituída por variáveis de sentido, vislumbra-se com muito mais facilidade no tipo uma definição do conteúdo proibitivo da norma penal incriminadora, isto é, uma figura conceitual, como o define Welzel.[25]

21. Mezger. *Tratado...*, t. II, p. 149.

22. Conforme trecho de Mezger já anteriormente citado, mas que se colaciona também neste ponto por seu conteúdo especialmente esclarecedor, o que se exige do dolo segundo o critério da valoração paralela: «*no es una valoración distinta en la esfera del profano en Derecho, sino el conocimiento de la significación de aquella valoración legal y judicial, para cuyo conocimiento la valoración del profano sólo representa el medio de comprensión*» (Mezger. *Tratado...*, t. II, p. 149).

23. Puppe. «Error de hecho...» In: Frisch *et alii*. *El error...*, p. 111-113.

24. Puppe. «Error de hecho...» In: Frisch *et alii*. *El error...*, p. 117-118.

25. Welzel. *O novo sistema...*, p. 51. Da mesma forma, Brandão define o tipo como «uma imagem conceitual, um modelo de conduta incriminada». (Brandão. *Teoria jurídica...*, p. 51).

Com efeito, não se verifica na formulação abstrata do pressuposto fático «se alguém matar alguém» a carência de sentido apontada por Puppe, que demandaria a substituição da referência genérica ao indivíduo nascido vivo, «alguém», por nomes próprios de pessoas individuais. E na medida em que se compreende semanticamente o tipo como um conceito de determinada forma de crime, e não como uma oração, consideram-se as diversas hipóteses fáticas que ostentam suas propriedades como a denotação ou a extensão do tipo, e não como a sua conotação ou sentido. Isso, contudo, não altera a definição do conteúdo intelectivo do dolo. Pois se todos os elementos contidos na definição abstrata do crime são pressupostos necessários dos fatos que a concretizam, segundo o princípio da legalidade, a representação desses fatos, que são a denotação do tipo, equivale à representação do próprio tipo, conforme o seu correto sentido ou conotação.

Ainda assim não se considera satisfatoriamente demonstrado por Puppe o necessário alcance pelo dolo nos crimes definidos por leis penais em branco, da própria obrigação ou proibição imposta pela norma complementar. Pois, conforme ressaltado em capítulo precedente, não se considera o elemento em branco da lei penal um elemento do tipo, já que o este, como definição do conteúdo da proibição, não comporta incógnitas.

Nos tipos, os elementos em branco das leis penais são substituídos por propriedades da conduta incriminada que eles mesmos não conotam, mas que se podem estabelecer a partir dos preceitos extrapenais aos quais remetem. E já que a remissão ao preceito complementar contida na lei penal em branco é substituída no tipo pelas características determinantes das condutas que o contrariam, não se pode afirmar que o sentido desse tipo seja forçosamente integrado por aquele preceito. Em síntese, embora seja certo que o preceito extrapenal complementa a lei penal em branco, conferindo-lhe sentido, ele não necessariamente integra o tipo que do seu sentido resulta.

Ocorre que, isoladamente, a lei penal em branco é ambígua. Em vista da norma complementar, podem-se extrair dois sentidos da lei penal em branco, que por sua vez determinam tipos de injusto distintos. Semanticamente falando, é igualmente legítimo extrair da lei penal em branco a punibilidade da desobediência à ordem ou à proibição imposta pela norma complementar, como também a punibilidade de uma conduta determinada pela norma complementar proibitiva, ou contrastante com aquela determinada pela norma complementar mandamental. Ao primeiro sentido correspondem tipos nos quais certamente se inclui o comando da norma extrapenal. Mas ao segundo correspondem tipos que, embora determinados pelo conteúdo da proibição ou em contraste com o conteúdo da ordem extrapenal, não compreendem essa ordem ou proibição.

Assim, a vinculação do dolo ao sentido do tipo não resolve a controvérsia sobre o erro quanto à existência, à vigência ou ao comando da norma complementar das leis penais em branco, pois não responde à questão preliminar, sobre a pertinência ou não desse comando ao sentido do tipo. Para solucioná-la, haveremos de estabelecer o sentido próprio de cada lei penal em branco segundo o sistema de regras e princípios no qual elas se inserem e, portanto, a partir de critérios estritamente jurídico-penais, constitucionalmente orientados. Em face da ambiguidade da lei penal em branco, faz-se legítimo percorrer o caminho inverso, e escolher entre os dois conteúdos possíveis do tipo, aquele que corresponde ao conteúdo mínimo do dolo, isto é, da vontade ou do consentimento que fundamenta o injusto doloso.

Frisch caminha justamente neste sentido, não apenas ao se posicionar quanto ao erro sobre a existência da norma complementar da lei penal em branco, mas também quanto ao alcance intelectual do dolo em relação aos elementos normativos do tipo e quanto à natureza do erro sobre os pressupostos fáticos de uma causa de justificação. Segundo este autor, o tratamento sistemático das diversas formas de erro, como excludentes do injusto doloso, ou como erros relevantes apenas para a culpabilidade, bem como a classificação do erro segundo o seu objeto, deve partir da pergunta sobre a eficácia de uma falsa representação ou compreensão, do fato ou do direito, para excluir o caráter injusto da decisão do agente, que é o conteúdo necessário de qualquer injusto doloso.[26]

O caráter injusto da decisão do autor de um crime doloso é determinado por Frisch como a orientação dessa decisão em sentido contrário ao bem jurídico, para uma conduta tipicamente descrita e não justificada no caso concreto.[27] Assim, o que caracteriza o autor de um injusto doloso é ter compreendido «a conduta proibida pelos tipos penais dos delitos dolosos, precisamente na dimensão que constitui para a lei o fundamento da proibição».[28] Pois quem quer que tenha captado as características típicas da sua conduta, em função das quais se lhe proíbe, sem supor a ocorrência de alguma circunstância justificadora, decide-se em sentido contrário ao da ordem de comportamento correspondente ao tipo delitivo e, portanto, contrariamente ao bem jurídico que tal ordem protege.[29]

Frisch ressalta que as características típicas da conduta podem ser designadas ou pensadas de formas muito diferentes: por meio de um termo técnico, pelas propriedades conotativas desse termo, ou por meio da linguagem cotidiana dos leigos em Direito, lançando mão dos conceitos incorporados a esta ou de imagens das situações fáticas de que se trata segundo a norma. Por isso esclarece que a decisão em favor da conduta típica, que fundamenta o injusto doloso, pode ser vislumbrada ainda quando o autor designe as características da sua conduta de forma totalmente distinta da definição legal, mas desde que essas características compreendidas pelo autor a partir da sua linguagem de leigo constituam o ponto de referência da proibição legal. Ou seja, a representação que o autor tem das características típicas da sua conduta só fundamenta o dolo quando os mesmos

26. Frisch. «El error...» In: Frisch *et alii*. *El error...*, p. 57-58, 64-65, 72 *et seq.*

27. *Idem, ibidem*, p. 69-70.

28. *Idem, ibidem*, p. 72, tradução nossa.

29. Frisch. «El error...» In: Frisch *et alii*. *El error...*, p. 72-73. Frisch prossegue esclarecendo que, materialmente, isso significa que «*En el mundo de representaciones del autor– que sirve de base a su decisión– tienen que aparecer incluidas precisamente aquellas circunstancias por las que está prohibida in concreto la conducta y que constituyen, por tanto, el punto al que anudan las correspondientes prohibiciones*» (*Idem. Ibidem*, p. 73).

conceitos ou imagens empregados pelo autor para defini-la possam ser corretamente empregados para traduzir uma forma específica do tipo penal concretizado, segundo o conteúdo da proibição que lhe corresponde.[30]

Dessa forma, Frisch determina o alcance intelectivo do dolo em relação aos elementos normativos do tipo,[31] de uma forma mais clara do que pela menção à valoração paralela desde a esfera do leigo. Muito embora não se vislumbre qualquer incorreção na célebre fórmula, há que se concordar com Frisch, que por meio dela não se expressa o essencial para a sua aplicação.[32] Pois realmente só se vislumbra o paralelismo referido por Mezger entre a apreciação técnica e a antecipação que dela faz o leigo, quando o significado do fato para o leigo seja uma concretização possível do tipo, segundo o seu sentido técnico, ainda que o leigo não o compreenda a partir dos próprios termos técnicos que compõem o tipo legal.

Mas partindo do pressuposto de que a decisão injusta do agente é o conteúdo mínimo dos injustos dolosos, Frisch não determina apenas o alcance intelectivo do dolo em relação às circunstâncias características da conduta típica, como também o conteúdo mínimo dos tipos penais correspondentes. Pois além de estabelecer o sentido formal dessa decisão injusta, apontando para uma conduta tipicamente descrita e não justificada no caso concreto, Frisch define também o seu sentido material, como decisão contrária ao bem jurídico tutelado pela norma penal incriminadora.

Consequentemente, segundo Frisch, a inclusão ou não no tipo, do comando extrapenal complementar da lei penal em branco, dependerá da necessidade do conhecimento deste, pelo agente, para que lhe seja compreensível a ofensividade da sua conduta, aqui compreendida como contrariedade dela ao bem jurídico. Pois só quando o agente conhece as características da conduta típica determinantes

30. *«O dicho de otro modo: si se formulase la norma sobre la base del universo linguístico, de los esquemas de ordenación y de las representaciones del autor a enjuiciar en cada caso, el punto de referencia de la prohibición así configurado (y configurable, naturalmente, con un pleno sentido), tendría que poder ser constatado en el mundo de representaciones del autor que subyace a la decisión»* (FRISCH. «El error...» In: FRISCH *et alii. El error...*, p. 73). Critério semelhante é defendido por Puppe para distinguir o erro de tipo do mero erro de subsunção. Pois segundo essa autora: *«Dos oraciones distintas representan exactamente el mismo supuesto de hecho cuando son verdaderas o falsas bajo las mismas condiciones, es decir, cuando nunca pueden ser simultáneamente una cierta y la otra falsa, lo que se deduce, exclusivamente, de las reglas lógicas y semánticas del lenguaje. En esos casos las oraciones son L-equivalentes. El supuesto de hecho descripto es lo que tienen en común varias oraciones cuando son L-equivalentes. Para conocer el supuesto de hecho que se representa en la oración que se deduce del tipo, el autor, por lo tanto, no tiene que representarse esa oración, sino simplemente una oración que sea L-equivalente a aquélla. Si no sabe que ambas oraciones son L-equivalentes, entiende defectuosamente el tipo, y se encuentra en un error de subsunción»* (PUPPE. «Error de hecho...» In: FRISCH *et alii. El error...*, p. 96).

31. Ou ainda mais amplamente, conforme a expressão empregada por Frisch; em relação às circunstâncias do tipo legalmente determinadas «pelo linguajar técnico ou culto do Direito» (FRISCH. «El error...» In: FRISCH *et alii. El error...*, p. 74).

32. FRISCH. «El error...» In: FRISCH *et alii. El error...*, p. 75.

da contrariedade dela ao bem jurídico, é que se pode valorar como injusta a sua decisão de praticá-la.[33]

A indispensabilidade do conhecimento do dever extrapenal imposto pela norma complementar da lei penal em branco, para que o agente possa captar a ofensividade da conduta típica e, portanto, para que a sua prática consciente e voluntária se possa considerar um injusto doloso, é verificada por Frisch em alguns delitos contra bens jurídicos normativamente determinados. Assim, por exemplo, no crime consistente na omissão de declarar às autoridades fazendárias dados fiscalmente relevantes, que se pratica contra a «pretensão fiscal do Estado»,[34] e no crime falimentar consistente em não manter os livros de comércio obrigatórios, previsto no § 283, 1, n. 6 do StGB,[35] que se pratica contra a «transparência da situação patrimonial» da empresa. Pois como Frisch bem observa, quem desconhece o dever de declarar imediatamente o início de uma atividade econômica, e crê que seria suficiente mencioná-la na declaração geral do imposto de renda, não percebe e nem pode perceber que sua conduta constitui um ataque à pretensão fiscal do Estado. E considerando que a transparência da situação patrimonial da empresa é um bem que só existe dentro dos limites do dever de informar tal situação, só quem supõe o dever de manter seus livros contábeis pode representar uma ofensa a este bem jurídico e, mediatamente, ao patrimônio dos credores, pela omissão de fazê-lo.[36]

Infere-se, pois, do critério de Frisch, que quando as características típicas da conduta diretamente referidas pela lei penal em branco, ou dedutíveis por remissão à norma complementar, sejam por si só razões evidentes da proibição ou do mandamento impostos pela norma penal incriminadora, de tal modo que se possa considerar contrária ao bem jurídico a decisão de praticá-la, pela mera consideração delas, o desconhecimento do dever extrapenal infringido não prejudica o dolo. Pois como ressalta Frisch, no âmbito dos delitos de dano, o mero reconhecimento, pelo autor, da idoneidade de sua conduta para produzir um resultado lesivo, faz da sua realização uma manifestação da decisão contrária ao bem jurídico, que caracteriza materialmente o dolo. O mesmo acontece nos delitos omissivos, pois quando o autor reconhece a iminência da lesão evitável ao bem jurídico, bem como a função, decorrente do seu papel social, de proteção desse bem, a omissão dele implica uma decisão contra o bem jurídico, ainda quando desconheça o seu dever de agir.[37]

33. Frisch. «El error...» In: Frisch *et alii*. *El error...*, p. 80-83.

34. Conforme o § 370, 1.º, num. 2 AO, citado por Frisch. (Frisch. «El error...» In: Frisch *et alii*. *El error...*, p. 83)

35. *«§ 283. Bancarrota. (1) Será castigado con pena privativa de la libertad hasta cinco años o con multa, quien en caso de endeudamiento excesivo o cuando amenace o se presente incapacidad de pago [...] 5. omita llevar libros de comercio, que está obligado a llevar legalmente, o los lleve o cambie de tal manera que se dificulte la visión de conjunto sobre su estado patrimonial [...].»*

36. Frisch. «El error...» In: Frisch *et alii*. *El error...*, p. 83-84.

37. *Idem, ibidem*, p. 81-82. Assim, segundo Frisch: *«Si se desarrolla este pensamiento en la dirección a las normas en blanco que ahora nos interesan se trata por tanto, también aquí, de determinar esas circunstancias que en el caso de ser captadas (y reconocidas) permiten esperar una cierta conducta*

Tal como Frisch, também Miguel Díaz y García Conlledo admite a relevância do erro quanto à infringência da norma complementar das leis penais em branco, para excluir o dolo, desde que a existência desta integre o tipo, isto é, desde que a contrariedade à norma complementar se possa considerar incluída no sentido do tipo.[38] Dessa forma, sem abrir mão da distinção característica da teoria da culpabilidade, entre o erro excludente do injusto e o erro excludente da culpabilidade, apresenta-se uma solução variável conforme o tipo de injusto do qual se trate, para o tratamento do erro quanto à existência da norma complementar da lei penal em branco. Essa solução, por sua vez, coincide com a que propõe Figueiredo Dias, o qual, todavia, não separa o dolo do juízo de culpabilidade, como o objeto em relação ao juízo, mas o concebe também como um elemento constitutivo da própria culpabilidade, caracterizado enquanto tal pela consciência do ilícito.[39]

Com efeito, segundo Figueiredo Dias, o erro sobre qualquer elemento normativo das leis penais, dentre os quais os elementos aqui referidos como «em branco», assim como o erro sobre a proibição legal, pode ou não excluir o dolo, conforme este erro seja ou não prejudicial à correta orientação do agente para o problema da ilicitude do fato como um todo. Para este autor, o que importa, num e noutro caso, é distinguir o «erro intelectual» ou «erro de conhecimento», que decorre da não mobilização pelo agente das suas qualidades pessoais de conhecimento, atenção, esclarecimento e informação, e por isso prejudica a sua orientação para a valoração do fato, do verdadeiro «erro moral» ou «erro de valoração», que deriva de uma desconformidade entre os critérios de valor aceitos

del sujeto conminado a evitar la lesión del bien jurídico correspondiente y se pueda calificar como una decisión contra dicho bien el comportamiento que no se ajuste a esa expectativa» (*Idem. Ibidem,* p. 82).

38. Por sua posição, segundo este autor, o problema do alcance do dolo sobre a existência da «norma de remissão» não encontra uma solução definitiva na teoria do erro, mas na interpretação dos tipos da parte especial que resultam da técnica da lei penal em branco (Díaz y García Conlledo. *El error...*, p. 430). Bruno Pellegrino chega a critério semelhante, muito embora a partir da dicotomia entre erro sobre a lei penal, irrelevante para o dolo, e erro sobre a lei extrapenal, que exclui o dolo, quando importar em erro sobre o fato incriminado, consagrada ao final do art. 47 do CP italiano. Segundo esse dispositivo, «*L'errore su una legge diversa dalla legge penale esclude la punibilità, quando ha cagionato un errore sul fatto che costituisce il reato*». Assim, para Pellegrino, nos delitos de desobediência, por ilegítimos que sejam, a norma extrapenal se inclui na norma penal como um fato relevante que, portanto, tem de ser conhecido pelo agente que atua com dolo (Pellegrino, Bruno. «Norma penale in bianco e principio dell'inescusabilita: a proposito dell'ignoranza della consegna nei reati P. E P. Dagli Art. 118 e 120 C.P.M.P.» *Archivo Penale*, p. 123-124).

39. Conforme sintetiza este autor: «Sem dúvida, o dolo é conhecimento e vontade de realização do tipo objetivo e a negligência violação de um dever de cuidado ou criação de um risco não permitido; e, nesta parte, aquele e esta são elementos constitutivos do tipo de ilícito. Mas o dolo é ainda a expressão de uma atitude pessoal de *contrariedade* ou *indiferença* e a negligência expressão de uma atitude pessoal de *descuido* ou *leviandade* perante o dever-ser jurídico penal; e, nesta parte, eles são elementos constitutivos, respectivamente, do tipo de culpabilidade dolosa e do tipo de culpabilidade negligente. [...] À luz das considerações anteriores, porém, espero ter conseguido mostrar que também ao dolo do tipo deve acrescer um novo elemento – digamos: emocional –, caracterizador da específica atitude pessoal exigida pelo tipo de culpabilidade dolosa. Elemento emocional este que é dado, em princípio, através da *consciência do ilícito*» (Dias, Jorge de Figueiredo. *Questões fundamentais do direito penal revisitadas*, p. 241-242, grifo do autor).

pelo agente e os reconhecidos pela ordem jurídica e, por isso, impede que a sua valoração pessoal do fato se oriente no sentido da valoração que esta lhe confere. Pois só aquele erro, intelectual, e não este, moral, é relevante para excluir o dolo. O erro moral sobre a ilicitude importa apenas para a culpabilidade, na medida da sua censurabilidade.[40]

A partir desses pressupostos, o erro do agente quanto à existência ou ao comando da norma que complementa a lei penal em branco poderá importar na exclusão do dolo, em que pese ser um erro sobre a proibição extrapenal da conduta, desde que o conhecimento dessa proibição venha a ser uma condição intelectual indispensável para que o agente possa se orientar eticamente em relação ao fato que realiza. Isso ocorre especialmente, segundo Figueiredo Dias, no âmbito do direito penal secundário, no qual se incriminam frequentemente condutas de pálido conteúdo ético, ou axiologicamente neutras, por razões de oportunidade e estratégia social.[41]

Pois em se tratando de uma incriminação desse tipo, o agente não está em condição de performar um juízo valorativo em relação à conduta típica, coincidente com o que lhe confere o ordenamento jurídico, a menos que conheça, para além das circunstâncias componentes da sua factualidade, também a norma extrapenal que por meio da conduta típica se contraria. Mas quando, pelo contrário, a consciência da ilicitude do fato independa do conhecimento da proibição extrapenal, podendo ser alcançada desde o conhecimento das circunstâncias, naturais e normativas, da conduta objeto da proibição, o desconhecimento desta será irrelevante para o

40. Dias. *O problema...*, p. 486-487. Ainda segundo este autor, para a delimitação do problema da consciência da ilicitude «não é decisivo ser o erro de fato ou de direito, versar sobre o tipo ou sobre a proibição, mas sim ser um erro de conhecimento ou intelectual, ou antes um erro de valoração ou moral; e com isto, logo abre a possibilidade (que se confirmará) de existirem erros de direito ou sobre a proibição que não suscitam o verdadeiro problema da falta de consciência da ilicitude e, em contrapartida, de existirem erros de facto, ou pelo menos erros sobre o tipo, que o suscitam» (Dias. *O problema...*, p. 301).

41. Dias, Jorge de Figueiredo; Caeiro, Pedro. Erro sobre proibições legais e falta de consciência do ilícito (arts. 16 e 17 do Código Penal) – violação de normas de execução orçamental. *Revista Portuguesa de Ciência Criminal*, p. 269 *et seq.* Em trecho de clareza insuperável, Dias pontua: «Perante uma conduta axiologicamente neutra, se o agente desconhece a proibição legal e em consequência disso não alcança a consciência da ilicitude, fica este erro a dever-se ainda a uma falta de *ciência*, que não a um engano da sua *consciência*; esta, a consciência-ética, não é chamada a debate de forma esclarecida, não se exprime na conduta realizada e não pode ser atingida pelo juízo de censura da culpa. *Por isso fica excluído o dolo do agente e a punição a esse título*. Por outro lado, o que o desconhecimento da proibição legal de uma conduta axiologicamente neutra põe em causa não é ainda a falta de destrinça entre o lícito e o ilícito, mas a falta de um *pressuposto* indispensável daquela; não é ainda o problema da consciência da ilicitude, mas do conhecimento necessário para que ela se alcance. O que pode censurar-se ao agente não é uma falta de consonância da sua consciência ética com os critérios de valor da ordem jurídica, mas só eventualmente uma falta de cuidado, traduzida na omissão do dever de se informar e esclarecer sobre a proibição legal, que torna a sua conduta axiologicamente relevante: *a censura típica da negligência*» (Dias. *O problema...*, p. 400, grifo do autor).

dolo, importando apenas para a culpabilidade, conforme se conexione com um erro de valoração do fato.[42]

Manifestando-se especificamente sobre as leis penais em branco, tão comuns no direito penal socioeconômico, cuja origem não se deva a razões puramente formais, de técnica legislativa, mas à necessidade material de o legislador penal delegar a uma entidade normativa diversa, geralmente uma autoridade administrativa, a fundamentação constitutiva da punibilidade que a lei estabelece em termos gerais, Figueiredo Dias reconhece, em princípio, a relevância do erro sobre a proibição extrapenal.[43] Pois quando o legislador delega a autoridades administrativas a tarefa de fundamentar, por meio de suas normas marcadamente dinâmicas e transitórias, a punibilidade de uma conduta, é porque razões de pura oportunidade ou contingência conduzem à prevenção da sua prática por meio da ameaça penal. E quando isso ocorre, tem-se seguramente a incriminação de condutas axiologicamente neutras, cujas próprias circunstâncias ou características não servem como ponto de referência ou de partida do agente para a avaliação da sua ilicitude.[44]

Não é outra a solução consagrada pelo Código Penal português de 1982, revisto em 1995, que no tratamento do erro acolheu amplamente a doutrina de Figueiredo Dias. Pois em seu artigo 16, número 1, dispõe o referido diploma que «O erro sobre elementos de facto ou de direito de um tipo de crime, ou sobre proibições cujo conhecimento for razoavelmente indispensável para que o agente possa tomar consciência da ilicitude do facto, exclui o dolo». Com efeito,

42. Nesse sentido Figueiredo Dias e Pedro Caeiro introduzem a análise de um precedente judicial a respeito da relevância, para excluir o dolo, do erro sobre o dever extrapenal de comunicar previamente ao Tribunal de Contas a realização de determinadas despesas, no crime de violação das normas de execução orçamentária. Em suas palavras, extraídas de trechos diversos de obras anteriores do próprio Figueiredo Dias: «1. É sabido que "em princípio, a correta orientação da consciência-ética do agente para o problema da ilicitude fica dada com o conhecimento dos elementos constitutivos da conduta". Por isso, quando o agente não atinge essa consciência, apesar de possuir todo o conhecimento necessário para o efeito, põe-se o problema de saber se tal erro de valoração é ou não censurável, *sc.*, se fundamenta ou não "em uma qualidade desvaliosa e juridicamente censurável da personalidade do agente, pela qual ele tenha de responder". Só a conclusão que acolha, *in casu*, a resposta negativa (falta de consciência da ilicitude não censurável), conduz à impossibilidade de imputar o ilícito-típico à culpa do agente – paralelamente ao que sucede com as causas de inexigibilidade – e, portanto, à necessidade da sua absolvição.

2. Sabido é também, contudo, que, quando a ilicitude de uma conduta se não prende imediatamente com uma valoração moral, social ou cultural, é "porque o substrato da valoração jurídica não é aqui constituído apenas pela conduta como tal, antes por esta acrescida de um elemento novo: a proibição legal". Nesses casos, "o desconhecimento da proibição impede – uma vez que esta concorre aqui na criação do desvalor – o conhecimento total do substrato da valoração e determina uma insuficiente orientação da consciência ética para o problema da ilicitude". Por isso mesmo, "se o agente desconhece a proibição legal e em consequência disso não alcança a consciência da ilicitude, fica este erro a dever-se ainda a uma falta de ciência, que não a um engano da sua consciência", que leva a excluir "o dolo do agente e a punição a esse título".» (DIAS; CAEIRO. «Erro sobre proibições...» *Revista Portuguesa...*, p. 260).

43. DIAS. *O problema...*, p. 406.

44. «Na medida em que assim for, e tomada neste preciso sentido, a lei penal em branco é sinal seguro de que as condutas que atinge são axiologicamente neutras, sendo o erro sobre a proibição legal integradora relevante, no sentido de excluir o dolo» (DIAS. *O problema...*, p. 406).

o desconhecimento da existência ou da vigência da norma complementar da lei penal em branco, do próprio comando ou do dever extrapenal que ela impõe, corresponde exatamente ao erro sobre a proibição da conduta que contraria esse comando ou dever. E sendo assim, deduz-se dessa disposição legal que o erro sobre a existência ou o comando da norma extrapenal complementar da lei penal em branco será relevante para excluir o dolo, quando o seu conhecimento seja condição indispensável para que se torne acessível ao agente a consciência da ilicitude do fato.

O amparo legislativo, pelo Código Penal português, da relevância do erro quanto ao comando da norma complementar da lei penal em branco, segundo a sua indispensabilidade para conferir densidade axiológica à conduta incriminada, é reconhecido e problematizado por Beleza e Costa Pinto, em trabalho especialmente dedicado ao tema.[45] Pois em que pese ponderarem que o Código não dispõe expressamente a respeito do erro sobre leis penais em branco, esses autores concordam que se aplica à matéria o regime do erro intelectual sobre proibições, estabelecido no seu art. 16, n. 1, *in fine*.[46]

Beleza e Costa Pinto, contudo, excepcionam a aplicação desse dispositivo, mesmo em se tratando da incriminação de condutas axiologicamente neutras, quando o agente conhece a «norma sancionadora (em branco)», e também quando o seu erro recai sobre atos administrativos concretos, de eficácia individual, e possa ser atribuído à inobservância pelo agente da diligência exigível para se informar. Nesses casos, defendem a aplicação do art. 17 do CP português,[47] que dispõe a respeito da censurabilidade do erro sobre a ilicitude do fato, indiferente para o dolo.[48]

Segundo Beleza e Costa Pinto, quando o agente conhece a «norma de sanção», isto é, a lei penal em branco, o desconhecimento da norma complementar não prejudicaria o dolo, pois em tal hipótese não haveria ignorância quanto à proibição, mas apenas quanto aos seus limites.[49] Discorda-se de tal ressalva, primeiramente, porque partindo exclusivamente da lei penal em branco não se pode extrair qualquer norma que tenha sentido, mas apenas uma tautologia, como bem observa Puppe.[50] Ora, quando se fala da norma de sanção como «norma em branco», não se fala especificamente de norma nenhuma, nem mesmo daquela dirigida ao aplicador da pena, mas de um imperativo vazio ou, pelo menos, incógnito. Depois, tal tese não se sustenta porque inexiste diferença substancial entre o desconhecimento da proibição extrapenal e o desconhecimento dos seus limites, quando esta se refere a uma conduta axiologicamente neutra. Com efeito, o conhe-

45. Beleza; Costa Pinto. *O regime legal...*, p. 53 *et seq.*
46. *Idem, ibidem*, p. 54.
47. «Artigo 17.º Erro sobre a ilicitude. 1 Age sem culpa quem actuar sem consciência da ilicitude do facto, se o erro lhe não for censurável. 2 Se o erro lhe for censurável, o agente é punido com a pena aplicável ao crime doloso respectivo, a qual pode ser especialmente atenuada.»
48. Beleza; Costa Pinto. *O regime legal...*, p. 58-60.
49. *Idem, ibidem*, p. 58.
50. Puppe. «Error de hecho...» In: Frisch *et alii*. *El error...*, p. 111-112.

cimento da lei penal que incrimina a pesca irregular, por exemplo, não confere a ninguém o substrato intelectual indispensável à valoração da sua conduta como ilícita, quando se desconhece completamente a proibição, pelo órgão ambiental competente, da atividade pesqueira naquele preciso tempo e lugar em que se lança n'água o anzol.

Discorda-se, igualmente, que a exigibilidade do conhecimento, pelo agente, do comando dirigido a ele por um ato administrativo concreto, ou de eficácia individual, justifique por si só negar eficácia excludente do dolo, ao erro que sobre esse ato recaia. Diante de uma tese como esta, proposta por Beleza e Costa Pinto, evidencia-se a inconveniência de se tratar do erro excludente do dolo a partir, também, da culpabilidade. Pois dessa forma catalisam-se equívocos, como o desses autores, consistentes em se afirmar o dolo, mesmo em face de um erro verdadeiramente intelectual, como o que recai sobre a proibição concreta da conduta geralmente neutra, em razão apenas da censurabilidade do erro. Mas como bem adverte Figueiredo Dias, estabelecendo claramente os parâmetros para a correta aplicação do seu peculiar sistema do erro, quando a proibição extrapenal é pressuposto indispensável do caráter injusto da conduta, o que se pode censurar ao agente que a desconhece não é, jamais, uma falta de consonância da sua consciência ética com os critérios de valor da ordem jurídica, «mas só eventualmente uma falta de cuidado, traduzida na omissão do dever de se informar e esclarecer sobre a proibição legal, que torna a sua conduta axiologicamente relevante: a censura típica da negligência».[51]

Em todo caso, mesmo em se admitindo, inclusive por disposição expressa de lei, que o erro sobre proibições extrapenais tem eficácia excludente do dolo quando a incriminação recai sobre condutas axiologicamente neutras, de pálida coloração ou baixa densidade valorativa, não resta definitivamente solucionado o problema do tratamento do erro sobre o dever extrapenal imposto pela norma complementar da lei penal em branco. Afinal, uma vez que a sua solução varia segundo a densidade ou coloração valorativa da conduta incriminada, o problema apenas se reorienta para os critérios de medição ou determinação dessa variável.

Como bem observa Teresa Serra, a distinção, pressuposta pelos arts. 16 e 17 do CP português, entre o erro preliminar sobre proibições legais, excludente do dolo, e o verdadeiro erro sobre a ilicitude do fato, que só releva para a culpabilidade, repousa sobre a determinação, ainda inconclusa, dos critérios de demarcação das condutas que são ou não axiologicamente neutras.[52] Ocorre que para tanto não é suficiente a distinção entre as incriminações que compõem o direito penal de justiça e aquelas correspondentes ao direito penal secundário. Pois uma vez que, também neste âmbito, vinculam os princípios da exclusiva proteção de bens jurídicos e da ofensividade, não se pode negar que nele figurem, também,

51. Dias. *O problema...*, p. 400.

52. Serra, Teresa. *Problemática do erro sobre a ilicitude*: *Estudos em torno dos artigos 16.º e 17.º do Código Penal*, p. 77-78.

condutas dotadas de densidade axiológica, como são as causações de poluição ambiental, as formações de cartéis ou as fraudes fiscais.

Este problema, da densidade ou neutralidade ético-valorativa da conduta incriminada, que se apresenta a partir da fórmula proposta por Figueiredo Dias para a solução do erro sobre a sua proibição extrapenal, equivale essencialmente àquele das características da conduta cuja pressuposição pelo agente seja suficiente para se considerar injusta a sua decisão de praticá-la, que se vislumbra a partir da posição de Frisch sobre a relevância, para o dolo, do erro sobre o dever extrapenal infringido por quem realiza objetivamente o tipo penal correspondente a uma lei penal em branco.

Tal coincidência demonstra que o conteúdo intelectivo que se atribui ao dolo independe da sua posição sistemática. Pois tanto Figueiredo Dias, que concebe o dolo como um elemento da culpabilidade, como Frisch, para quem o dolo é mero objeto desta, pois elemento exclusivo do injusto, vislumbram nele a consciência das características naturais e normativas do fato que fundamentam a sua punibilidade, isto é, a consciência do conteúdo material do ilícito penalmente relevante.

Assim, em vez de se definir qual configuração sistemática do delito confere o tratamento mais adequado para o erro que recaia sobre o elemento em branco das normas penais, conforme a reprovabilidade do agente ou a necessidade da sua punição, importa antes definir em que condições se deve considerar o dever extrapenal imposto pela norma complementar como um elemento do injusto, segundo o seu conteúdo material indispensável. Ou seja, o problema da relevância do erro sobre o comando da norma complementar da lei penal em branco se resolve a partir do injusto, e não a partir da culpabilidade.

Para resolvê-lo, portanto, procuraremos identificar na estrutura dos tipos de injusto correspondentes às leis penais em branco, critérios a partir dos quais se possam distinguir os que abarcam o comando extrapenal das normas de complementação, dos que se configuram simplesmente pelas características da conduta que contrariam tal comando.

4.2 O CONCEITO DE TIPO E O ALCANCE INTELECTUAL DO DOLO DESDE A TEORIA LIMITADA DA CULPABILIDADE

Em contraste com o que postula a doutrina ainda dominante, admite-se que o próprio comando da norma complementar de uma lei penal em branco, e não apenas as características da conduta incriminada dedutíveis a partir do seu conteúdo, possa ser também um elemento do tipo penal e, como tal, deva ser representado pelo agente, para que se configure um injusto doloso. Em que pese não ser esta uma regra aplicável a quaisquer tipos de injusto definidos por lei penal em branco, há de se reconhecer a inclusão nesses tipos do próprio dever extrapenal estabelecido pela norma complementar, sempre que não se lhes possa vislumbrar o conteúdo material com independência de tal dever.

Sendo assim, verifica-se que a teoria da culpabilidade, quando acolhida na sua versão limitada, e consequentemente também a dicotomia entre erro de tipo e erro de proibição, consagrada nos arts. 20 e 21 do CP brasileiro, não inviabiliza as soluções material e político-criminalmente mais adequadas para os peculiares problemas do erro no direito penal socioeconômico, mas antes lhes oferece precisa fundamentação dogmática.

Para afirmá-lo, acolhe-se a concepção do tipo como razão essencial, mas não exclusiva da ilicitude, bem como a assertiva esclarecedora de Frisch, plenamente coerente com a teoria limitada da culpabilidade, segundo a qual todo injusto doloso se caracteriza materialmente, no plano subjetivo, como uma decisão injusta do autor, dirigida contra o bem jurídico.[53] Essa afirmação coincide essencialmente com a doutrina de Roxin, que caracteriza volitivamente o dolo como «decisão pela possível lesão de bens jurídicos»,[54] e no plano intelectual requer do dolo o conhecimento do sentido social da atuação.[55] Vincula-se, por essa concepção de dolo, a diferenciação sistemática do erro ao conteúdo material do tipo, atendendo assim aos critérios de justiça e coerência com os fins do direito penal, das soluções correspondentes. Pois segundo esses critérios, faltando o conhecimento das circunstâncias em função das quais se proíbe a conduta, e a partir das quais se lhe pode deduzir o sentido social ou a ofensividade, não se deve reprovar no nível mais alto, pela infração da norma penal, aquele que a desconhecia.

Com efeito, ao tipo penal correspondem todos os fundamentos positivos do injusto e por isso se pode dizer que ele representa a razão essencial da ilicitude penal de uma conduta. Afinal, o tipo é a expressão da conduta proibida pela norma

53. Em suas precisas palavras: «*Tanto el delito intentado como el consumado contienen, de acuerdo con todo ello, una forma de injusto subjetivo que probablemente se puede designar del modo más exato como injusto de la decisión: el autor se decide en favor de una determinada conducta, pese a asignarle la dimensión decisiva para su –respectiva– tipicidad. Esta forma específica de decisión incorrecta, actualizada por el autor en su conducta, constituye en un caso (tentativa), bajo ciertas condiciones, el único aspecto del injusto, mientras que en el otro (consumación) indica una dimensión de injusto necesaria –y en este sentido específica– para la admisión de un injusto doloso*» (Frisch. «El error...» In: Frisch *et alii. El error...*, p. 81-82). Ainda segundo Frisch, que em outro trecho caracteriza formalmente a decisão injusta como a que se dá «*en favor de una conducta típicamente descripta y no justificada in concreto*» (*Idem. Ibidem*, p. 70). «*Decisión del autor en favor de la conducta típica significa de acuerdo con ello que tienen que estar presentes por completo en la representación del autor las circunstancias por las que el legislador prohíbe una determinada conducta; aunque estas circunstancias se designen de un modo totalmente distinto en el lenguaje de los legos y aunque en lugar de los términos jurídicos se sitúen, por ejemplo, determinadas imágenes*» (*Idem. Ibidem*, p. 73). E, finalmente, ao tratar especificamente do conteúdo intelectivo do dolo nos injustos determinados por leis penais em branco, Frisch determina materialmente a decisão constitutiva dos injustos dolosos como «*la decisión contra el bien jurídico*» (*Idem. Ibidem*, p. 83). Pois, «*Si se desarrolla este pensamiento en dirección a las normas en blanco que ahora nos interesan se trata por tanto, también aquí, de determinar esas circunstancias que en caso de ser captadas (y reconocidas) permiten esperar una cierta conducta de sujeto conminado a evitar la lesión del bien jurídico correspondiente y que se pueda calificar como una decisión contra dicho bien el comportamiento que no se ajuste a esa expectativa*» (*Idem. Ibidem*, p. 82).

54. Roxin. *Derecho penal...*, t. I, p. 424-425.

55. *Idem, ibidem*, p. 462-463.

penal incriminadora, cuja infração é a razão primeira e em geral suficiente para se verificar a ilicitude de um comportamento.

A adesão à tese de Mezger, de que o tipo já traz consigo todo o desvalor da conduta que o injusto supõe, e que por isso não é um mero tipo legal de uma conduta qualquer, mas um tipo de injusto, não implica a confusão entre as categorias sistemáticas do tipo e da ilicitude, nem tampouco em admitir uma necessária coincidência entre juízos de tipicidade e ilicitude. É certo que se o tipo não se diferenciasse da ilicitude, restaria negado o pressuposto elementar da teoria da culpabilidade, que distingue duas formas de erro com consequências distintas, a partir da diferenciação sistemática do seu objeto, isto é, conforme o erro recaia sobre um elemento do tipo ou sobre a ilicitude da conduta.

Mezger não deixa dúvidas de que diferencia não apenas o tipo, mas o próprio juízo de tipicidade, em relação à ilicitude. Pondera que a antijuridicidade da ação é uma característica do delito, mas não do tipo, e que a conduta, por ser típica, não é ainda necessariamente antijurídica. Segundo ele, esta propriedade estará ausente nos casos em que exista uma causa de exclusão do injusto.[56]

Não se pode afirmar, portanto, como o faz Welzel,[57] que a concepção de Mezger sobre o tipo corresponda a um conceito bipartido de delito. E uma vez falseada essa suposta divergência, verifica-se que a concepção de Welzel sobre o tipo e sobre a relação entre os juízos de tipicidade e ilicitude coincide essencialmente com a de Mezger, restando as divergências muito mais no plano formal que quanto à substância dessas categorias.

Para Welzel, afinal, o «tipo é a matéria de proibição das disposições penais; é a descrição objetiva, material, da conduta proibida» ou ainda o próprio «conteúdo das normas proibitivas do Direito Penal».[58] A conduta que concretiza o tipo é, pois, segundo Welzel, contrária à norma, ou antinormativa, e só não é necessariamente ilícita porque sobre ela pode eventualmente incidir um preceito permissivo, que a autorize no caso concreto. Assim, enquanto a tipicidade é contrariedade da conduta a uma norma isolada de direito penal, a antijuridicidade é a contrariedade da realização de um tipo com o ordenamento jurídico em seu conjunto.[59]

Ora, a afirmação por Welzel de que a tipicidade corresponde à contrariedade da conduta a uma norma de direito penal, em face da qual a antijuricidade fica a depender apenas da não interferência de um preceito permissivo, corresponde essencialmente à afirmação de Mezger segundo a qual o tipo é «fundamento real e de validez» da antijuridicidade da ação por ele descrita, que fica condicionada,

56. MEZGER. *Tratado...*, t. I, p. 371.

57. Segundo Welzel, que equipara quanto ao ponto as doutrinas de Mezger e Sauer: «Não é correta, por outro lado, a estrutura bipartida do delito de Sauer e Mezger, que fusiona a tipicidade e a ilicitude». (WELZEL. *O novo sistema...*, p. 55).

58. WELZEL. *O novo sistema...*, p. 48 e 50-51.

59. *Idem, ibidem*, p. 51.

todavia, à inocorrência de uma causa especial de exclusão do injusto. «Se tal ocorre, a ação não é antijurídica, apesar de sua tipicidade».[60]

Assim sendo, a única divergência que se pode vislumbrar entre a concepção de Welzel sobre o tipo, segundo ele irmanada às de Beling e Mayer, como *ratio cognoscendi* da ilicitude, e a de Mezger, como *ratio essendi*, não reside e não tem reflexos sobre a tripartição sistemática do conceito de delito, nem sobre o conteúdo específico dos seus dois primeiros estratos. Essa divergência, bem expressa no confronto das duas expressões latinas mencionadas, tem origem na polêmica sobre a função constitutiva da ilicitude ou meramente sancionadora do direito penal. Corresponde à caracterização da norma penal como constitutiva – *ratio essendi* – da ilicitude, ou como norma meramente sancionadora de uma ilicitude constituída por outros ramos do direito, da qual a norma penal seria apenas a expressão, a referência ou o indício; a *ratio cognoscendi.*

É Welzel mesmo quem permite ver o pomo da discórdia, ao esclarecer que na lógica filosófica essas expressões são utilizadas para distinguir o fundamento lógico; a *ratio cognoscendi*, do fundamento ôntico (causa); a *ratio essendi.* Segundo o seu exemplo, a fumaça é o fundamento lógico, *ratio cognoscendi*, da conclusão de que em algum lugar há fogo, enquanto o fogo é o fundamento ôntico, a causa ou a *ratio essendi* da fumaça.[61] Não por acaso, Welzel se refere justamente à relação entre a fumaça e o fogo da qual antes se valera Mayer para ilustrar aquela existente entre o tipo e a ilicitude. Segundo Mayer, o tipo é apenas um indício; *ratio cognoscendi* da ilicitude, mas não a sua razão ou «causa» em sentido lógico.

Desde a perspectiva de Mayer, consubstanciada na sua teoria das normas de cultura, a ilicitude é que seria a causa lógica ou a razão, melhor dizendo, do tipo penal. Pois como se consignou já nas primeiras páginas desse trabalho, a teoria das normas de cultura de Mayer é tributária, em sua dimensão dogmática, da teoria das normas de Binding. Assim como Binding, Mayer não atribui à lei penal a juridicidade da norma de conduta violada pelo autor do crime, mas reconhece na lei penal apenas a positivação da punibilidade de um ilícito que lhe seria autônomo e geralmente anterior, de natureza administrativa, civil etc. Para Mayer, assim como para Binding, a lei penal é um mero instrumento de proteção da norma para cuja infração ela estatui punição.

Mezger, por sua vez, rechaça a natureza meramente sancionadora – e só neste preciso sentido «secundária» – atribuída ao direito penal e suas normas. Segundo Mezger, «o Direito Penal fixa por si mesmo e com faculdade soberana as ações que em seu próprio âmbito quer submeter a um tratamento penal, e ao proceder de tal sorte rechaça a falsa doutrina da natureza secundária deste ramo do Direito».[62] Consequentemente, Mezger considera que o tipo não apenas delimita o poder punitivo, mas estabelece com independência dos outros ramos do direito as formas de ilícitos penalmente relevantes. Precisamente isso é o que

60. Mezger. *Tratado...*, t. I, p. 376.
61. Welzel. *O novo sistema...*, p. 57.
62. Mezger. *Tratado...*, t. I, p. 364, tradução nossa.

Mezger expressa quando se refere ao tipo como *ratio essendi*, e não mera *ratio cognoscendi* da ilicitude que fundamenta o delito.[63]

Mas essa divergência de fundo, que de fato se verifica entre as doutrinas de Mayer e Mezger sobre o tipo, já não persiste no confronto entre as de Mezger e Welzel. Ocorre que Welzel, contrariando Binding e Mayer, vislumbra no tipo a própria concretização da norma penal proibitiva,[64] e por isso reconhece entre o tipo e a ilicitude a relação lógica de razão e consequência. O tipo, para Welzel, assim como para Mezger, é uma razão necessária, embora não suficiente da ilicitude.[65] Ora, essa relação, embora Welzel não o admita, é uma relação ôntica, e não meramente cognitiva, e pelo menos nesse sentido é *ratio essendi*, ainda que insuficiente, e não mera *ratio cognoscendi*.

Em todo caso, conforme já demonstrou Roxin, mesmo quando se reconhece, diferentemente de Mezger e Welzel, que ao tipo pertencem também os pressupostos fáticos e normativos das causas de justificação, como seus elementos negativos; mesmo quando se reconhece que o juízo de tipicidade coincide com o de ilicitude, ainda assim não fica prejudicada a distinção entre o tipo e a ilicitude e, consequentemente, tampouco a distinção entre o erro de tipo e o erro de proibição, tal qual proposta pela teoria da culpabilidade.[66]

Afinal, sequer a teoria do tipo total de injusto desconhece a diferença entre o objeto valorado como ilícito e a valoração do objeto como tal.[67] O conhecimento

63. *El delito es acción antijurídica, pero al mismo tiempo, y siempre, típicamente antijurídica* (Mezger. *Tratado...*, t. I, p. 364).

64. Tratando da operacionalização, pelo tipo, do princípio da legalidade, Welzel afirma que «o ordenamento jurídico deve concretizar suas disposições penais, isto é; deve descrever objetivamente a conduta que proíbe: matar, furtar, cometer adultério etc. Deve especificar a "matéria" de suas proibições» (Welzel. *O novo sistema...*, p. 48).

65. Welzel. *O novo sistema...*, p. 57.

66. Roxin. *Teoría del tipo penal...*, p. 291 *et seq.* Em sede de conclusões de sua monografia sobre os tipos abertos e os elementos de dever jurídico, escrita enquanto aderia à teoria do tipo total de injusto, Roxin afirma peremptoriamente que o tipo compreende «*todas las circunstancias decisivas para lo injusto punible, aunque no la antijuridicidad. Ésta es una consecuencia necesaria, pero no un componente de la realización del tipo*» (Roxin. *Teoría del tipo penal...*, p. 296).

67. Em sentido contrário, defendendo a teoria dos elementos negativos do tipo, Luciano Santos Lopes argumenta que «não se pode cindir o objeto valorado da sua própria valoração» e que «o tipo legal, para ter pleno sentido valorativo, deve conseguir valorar o objeto que descreve» (Lopes. *A relação...*, p. 167). Essa plena reunião sistemática aparentemente defendida por Lopes, dos pressupostos do injusto e da sua valoração como tal, no tipo, não é, contudo, uma imposição da teoria dos elementos negativos do tipo e contrasta com a tese, defendida pelo mesmo autor, de que o tipo total de injusto é plenamente compatível com a teoria da culpabilidade, na sua versão limitada. Com efeito, a pretendida inclusão das causas de justificação no tipo sistemático não implica a adoção de um conceito bipartido de delito, pois o conjunto dos pressupostos – positivos e negativos – da valoração definitiva do fato punível como injusto não se confunde com a valoração do fato como tal, que pode ou não ser reproduzida pelo agente conhecedor de todas as suas circunstâncias relevantes. Ademais, o tratamento sistemático do erro segundo a teoria da culpabilidade só se ajusta à teoria dos elementos negativos do tipo enquanto se admite a distinção entre o injusto e a ilicitude. Pois só o erro quanto àquele, isto é; quanto aos pressupostos positivos e negativos do injusto, exclui o dolo, segundo a teoria da culpabilidade, enquanto o erro que recai exclusivamente

do fato pelo agente, mesmo quando abarcante de todos os pressupostos da sua valoração como um injusto, não coincide com o conhecimento dessa valoração, que é objetiva e não necessariamente reproduzida pelo agente subjetivamente. Como bem o exprime Busch, citado por Roxin, há uma evidente dualidade entre a descrição de um comportamento (desaprovado) em um espaço social e a desaprovação desse comportamento como um «injusto». Essa dualidade corresponde à diferença entre, por um lado, o conhecimento do comportamento (desaprovado) e dos elementos que motivam a sua desaprovação e, por outro lado, o conhecimento da própria reprovação do comportamento cujos elementos se conhecem.[68]

Não se adere à teoria do tipo total de injusto pelas mesmas razões invocadas por Roxin para abandoná-la, segundo a sua atual perspectiva metodológica, político-criminalmente orientada. Reconhece-se que às categorias sistemáticas do tipo e da ilicitude correspondem funções político-criminais diferentes, cujos reflexos dogmáticos podem ficar prejudicados se a elas não se confere autonomia sistemática.[69] Em síntese, os requisitos positivos do injusto merecem um âmbito próprio no sistema conceitual do delito, diferenciado em relação ao das causas de justificação, porque aqueles que são considerados os elementos próprios do tipo indicam as qualidades da conduta determinantes da sua proibição na generalidade dos casos, cumprindo assim as funções de prevenção geral e de garantia. Já as causas de justificação apontam as razões da excepcional permissão de uma conduta concreta, atendendo à função de solucionar os conflitos entre interesses juridicamente protegidos, contrapostos numa situação de agressão ou de risco qualquer. Aos elementos do tipo se atribuem a certeza e a determinação da lei penal, e por isso devem ser interpretados restritivamente. Já às causas de justificação se atribui a verificação da justiça na aplicação da lei penal, de modo que elas gozam da abertura de conteúdo e da flexibilidade de aplicação própria dos princípios que operacionalizam, como os princípios da ponderação de interesses, da autoproteção, entre outros.[70]

Mas não se pode negar que são verdadeiros tipos totais, que incluem todos os requisitos positivos e negativos do injusto, aqueles constituídos pelos elementos de valoração global do fato. Esses tipos decorrem, algumas vezes, da inabilidade legislativa em descrever as características gerais das condutas proibidas, e outras vezes da impossibilidade ou inconveniência de fazê-lo sem referência expressa à sua qualidade de injusta.

A impossibilidade linguística ou a inconveniência política de incluir nos tipos as características da conduta proibida, ou os pressupostos positivos da sua valoração como ilícita, é muito comum quando se incriminam condutas pela

sobre a valoração do injusto como tal, isto é; sobre a ilicitude do fato, só será relevante para a apuração ou mensuração da reprovabilidade ou responsabilidade do autor pelo injusto praticado.

68. Busch. Über die Abgrenzung von Tatbestands und Verbotsirrtum. *In*: *Festschrift für Edmund Mezger*, 1954, p. 171 *apud* Roxin. *Teoria del tipo...*, p. 291.

69. Roxin. *Derecho penal...*, t. I, p. 286.

70. Roxin, Claus. *Política criminal e sistema jurídico penal*, p. 30, 31 e 48 *et seq.*; Roxin. *Derecho penal...*, t. I, p. 286-287.

sua contrariedade às regras de gestão dos bens jurídicos coletivos, ou às regras de controle administrativo dos riscos coletivos a bens jurídicos individuais. O emprego dos elementos de valoração global nos tipos cumpre, assim, o mesmo papel das leis penais em branco. Mas os elementos em branco dos tipos penais são mais facilmente determináveis que os de valoração global do fato, pois podem ser preenchidos por normas jurídicas específicas, enquanto os elementos de valoração global se referem a todo o ordenamento jurídico e até às normas não escritas que compõem a ordem moral.

Os tipos com elementos de valoração global do fato são corpos estranhos no direito penal, pois deixam de estabelecer com clareza os contornos da conduta proibida, renunciando assim às suas funções constitucionais e político-criminais de garantia e prevenção geral. Como bem observa Roxin, em vez de prova da teoria dos elementos negativos do tipo, os elementos de valoração global são mais um argumento em favor da autonomia do tipo em relação ao injusto. Pois os tipos que os contêm são, na sua maioria, manifestas demonstrações dos abalos que sofrem as exigências do Estado de Direito quando o âmbito da conduta punível não se descreve claramente, mas se caracteriza pelo nivelamento do tipo ao injusto mediante a utilização de cláusulas genéricas como «de forma reprovável», «sem justa causa» ou «injustamente», que nada mais são que uma paráfrase da expressão «de modo materialmente antijurídico».[71]

Mesmo em face desses tipos efetivamente totais de injusto, distingue-se o tipo da ilicitude e, consequentemente, o erro de tipo do erro de proibição, conforme a solução de Roxin, anteriormente analisada. Pois só pertencem ao tipo os pressupostos positivos e negativos, descritivos e normativos da valoração global, mas não a valoração em si. Esta é o próprio juízo de ilicitude que sobre a conduta típica recai. Consequentemente, só é erro de tipo, excludente do dolo, o que recai sobre os pressupostos do injusto, descritivos e normativos, genericamente referidos pela lei por meio do elemento de valoração global do fato. Quando o agente reconhece no fato todos esses pressupostos, e ainda assim erra sobre a sua valoração global, considerando permitida a sua conduta, incorre em erro de proibição, que se evitável autoriza a punição do agente pelo crime doloso, ainda que com pena diminuída.

Pois bem, o direito penal brasileiro, pelos arts. 20 e 21 do Código, consagra a distinção entre erro de tipo e erro de proibição, própria da teoria da culpabilidade, mas a acolhe naquela sua versão que, como bem observa Hruschka, é injustamente chamada de «limitada», ao reconhecer eficácia excludente do dolo ao erro sobre os pressupostos fáticos das causas de justificação, no § 1.º do mencionado art. 20.[72]

71. Roxin. *Derecho penal...*, t. I, p. 301-302.

72. Segundo Hruschka, não faz mais falta uma nova denominação, posto que o debate entre as teorias «estrita» e «limitada» da culpabilidade já pertence à história, tendo se imposto claramente a doutrina que trata igualmente o desconhecimento das circunstâncias que conformam um tipo delitivo e a errada representação das circunstâncias que conformam um tipo de justificação. Em todo caso ele assevera que *«la "teoría limitada de la culpabilidad" no realiza "limitación" alguna. Al contrario, es la "teoría estricta de la culpabilidad", com confusión y mezcolanza de categorías radicalmente diferentes, la que no es*

Essa versão da teoria da culpabilidade foi assim denomida por Maurach, segundo Hruschka,[73] por não aderir à proposta de Welzel, a qual aquele autor se alinhava,[74] de só excluir o dolo em face do erro sobre uma circunstância objetiva do tipo legal. Segundo esta proposta, por sua vez etiquetada por Maurach como «teoria estrita da culpabilidade»,[75] e que quanto ao ponto apresentava uma inovação prática em relação à orientação jurisprudencial tradicional na Alemanha, a errônea suposição de uma circunstância que, se existisse, justificaria a conduta típica praticada pelo agente, mantém intacto o dolo e só releva para a culpabilidade, na medida da sua evitabilidade, como erro de proibição.[76]

Para a versão estrita da teoria da culpabilidade, o conteúdo intelectivo do dolo é determinado exclusivamente pelos pressupostos objetivos da proibição geral imposta pela norma penal incriminadora, que se reúnem no tipo, sendo-lhe indiferente a falsa representação das circunstâncias que excepcionariam a sua validade em concreto.[77] Já para a versão limitada da teoria culpabilidade, o objeto do dolo é o conjunto de todos os pressupostos do injusto. E por isso, não apenas aqueles que determinam uma proibição abstrata, mas todos os que determinam a concretização do proibido.

Ocorre que os adeptos da teoria limitada da culpabilidade não extraem da inclusão sistemática do dolo no tipo, e tampouco da ideia de que o dolo é objeto da culpabilidade, a restrição do seu conceito à «vontade final de realização das circunstâncias de fato de um tipo legal», pretendida por Welzel.[78] Mesmo assumindo todos aqueles cânones, os adeptos da teoria limitada da culpabilidade definem o dolo de forma mais ampla, como «dolo de injusto», na feliz expressão de Roxin, que envolve, para além do conhecimento dos pressupostos do tipo legal, também a não suposição de circunstâncias justificantes.[79]

---

coherente o "estricta", sino que hace limitaciones. Es la "teoría limitada de la culpabilidad", en todo caso en su más antigua e importante variante, la que merece, mucho más que la "teoría estricta de la culpabilidad", la calificación de "coherente" y "estricta"» (Hruschka. «¿Realmente es limitada...» In: _____. *Imputación y derecho penal...*, p. 143).

73. Hruschka. «¿Realmente es limitada...» In: _____. *Imputación y derecho penal...*, p. 132.

74. Assim como Maurach, segundo Toledo, também Armin Kaufmann se alinhou à teoria estrita da culpabilidade (Toledo. «Erro de tipo e erro de proibição no projeto de reforma penal». *Revista da Procuradoria Geral do Estado de São Paulo*, p. 31). Ao lado de Zipf, contudo, Maurach defende a adequação dos resultados que decorrem da teoria limitada da culpabilidade para o tratamento do erro sobre os pressupostos fáticos de uma causa de justificação (Maurach-Zipf. *Derecho penal...*, p. 661).

75. Hruschka. «¿Realmente es limitada...» In: _____. *Imputación y derecho penal...*, p. 143.

76. Welzel. *O novo sistema...*, p. 129.

77. Conforme Welzel, limitando sistematicamente o dolo típico ao conhecimento dos seus elementos objetivos, «como as causas de justificação não excluem a tipicidade, mas apenas a antijuridicidade, a crença errônea de que concorre uma causa de justificação não exclui o dolo, mas tão somente a consciência da antijuridicidade» (Welzel. *O novo sistema...*, p. 131).

78. Welzel. *O novo sistema...*, p. 36.

79. Roxin. *Derecho penal...*, t. I, p. 586. Fala-se dos adeptos daquela teoria que considera excludente do injusto doloso o erro sobre os pressupostos fáticos das causas de justificação, e com base nisso fundamenta na Alemanha a aplicação analógica, a esses casos, do § 16 do StGB, que trata do erro de tipo, pela falta de uma disposição específica. Pois conforme lição de Roxin: «*según la llamada teoría*

Essa definição, que segundo Roxin corresponde ao princípio político--criminal de que a punição a título de dolo se deve reservar a quem atua segundo uma finalidade incompatível com as normas do Direito,[80] já se poderia extrair do pressuposto assumido pelo próprio Welzel, de que «o objeto do juízo de reprovabilidade da culpabilidade é a resolução de vontade antijurídica». Isso é o que Frisch cuida bem de esclarecer, ao negar o aspecto subjetivo do injusto, por ele designado como «injusto da decisão», quando a resolução de vontade do agente tem sua origem na suposição de uma circunstância que, se efetivamente ocorresse, a autorizaria.[81]

Em que pese serem as consequências dogmáticas das diversas formas de erro, segundo a teoria limitada da culpabilidade, as mesmas que decorrem de uma teoria limitada do dolo, não se reconhece nesta, mas apenas naquela, a razão sistemática das disposições constantes dos arts. 20 e 21 do Código Penal brasileiro. Pois como antes se esclareceu, o fundamento da teoria limitada do dolo; a reprovabilidade do autor por sua cegueira jurídica ou inimizade ao direito, não se compatibiliza com a ordem constitucional própria de um Estado de Direito. Essa, por ser baseada na liberdade e dignidade do indivíduo, não admite um poder punitivo fundado em uma qualidade do autor, mas apenas na sua conduta ou no fato que lhe seja imputável como expressão da sua liberdade.

Bem andou o legislador de 1984 ao orientar o tratamento do erro no direito penal, segundo a teoria da culpabilidade, na sua versão limitada. Com efeito, a teoria limitada da culpabilidade atende melhor às finalidades do direito penal que aquela teoria estrita do dolo caracterizada por nele incluir a consciência da ilicitude formal da conduta. Pois como bem observa Roxin, essa teoria do dolo, quando reúne sob o marco da culpa em sentido estrito não apenas a atuação em erro quanto aos pressupostos fáticos e normativos do ilícito, mas também quanto ao caráter ilícito dessas circunstâncias da sua conduta, desenvolve a ideia elementar

de la culpabilidad, un error que oculta al sujeto el carácter prohibido de sua conducta es un problema de atenuación o exclusión, según las circunstancias, de su culpabilidad, pero que no afeta al dolo, a menos que concierna, en aplicación inmediata del § 16, a una circunstancia del hecho. La teoría quí expuesta se aparta de este principio en cuanto concede efectos excluyentes del dolo también al error de tipo permisivo, o sea no le reconoce influencia sólo sobre la culpabilidad. Portanto la teoría de la culpabilidad se «restringe», porque se considera excluyente del dolo no sólo el caso del § 16, sino también el error de tipo permisivo» (Roxin. *Derecho penal*..., t. I, p. 581). Não se trata aqui, portanto, daqueles que admitem a aplicação do mencionado dispositivo legal aos casos de descriminante putativa por considerá-lo mais adequado à hipótese apenas quantos às suas consequências jurídicas. Esta posição é bem sintetizada por Sheila Jorge Selim de Sales como uma das vertentes da teoria limitada da culpabilidade que, «sustentada por Wessels e Jescheck, dentre outros, como já visto, afirma a subsistência do dolo do tipo e, ao mesmo tempo, a não punibilidade por crime doloso, devido à diminuição do desvalor da ação e à insubsistência da culpabilidade dolosa, permitindo-se, todavia, a possibilidade residual de punição por crime culposo, se o erro deriva de culpa e o fato é previsto como crime culposo, por compreender que neste caso resta configurada a culpabilidade negligente. Com base nesses fundamentos, equiparam-se as descriminantes putativas ao erro de tipo apenas em relação às suas consequências jurídicas» (Sales, Sheila Jorge Selim de. *Dos tipos plurissubjetivos*, p. 193-194).

80. Roxin. *Derecho penal*..., t. I, p. 583-584.

81. Frisch. «El error...» In: Frisch *et alii*. *El error*..., p. 64-65.

de que a essência do delito é a atitude consciente de rebeldia contra o direito, isto é, de desobediência à norma. Tal teoria do dolo, que se pode designar como estrita e formal, está umbilicalmente ligada à concepção positivista do direito, que resume o direito à lei, e o delito à sua contrariedade. Não por acaso, entre os seus primeiros defensores está justamente Binding, o principal tradutor do positivismo jurídico para a dogmática penal.[82]

Ocorre que, antes da contrariedade à norma, é requisito essencial do delito a ofensividade e a grave inconveniência social da conduta, que determinam a sua ilicitude material e fundamentam a sua valoração como um injusto. Isso se evidenciou na dogmática pela influência epistemológica do neokantismo, que se fez sentir não apenas nas doutrinas causalistas de Mayer, Mezger e Sauer, mas também no sistema finalista apresentado por Welzel.[83] Consequentemente, o nível de reprovabilidade de uma conduta não depende necessariamente de ter sido praticada com consciência da sua contrariedade ao direito (desobediência), mas sim com consciência das propriedades ofensivas e socialmente inconvenientes da conduta («danosidade social»), em função das quais ela é proibida.

A teoria da culpabilidade, especialmente na sua versão limitada, corresponde a essa ideia, de que a reprovabilidade da conduta não descansa fundamentalmente na consciência da desobediência à norma, mas na consciência da danosidade social da conduta desobediente. Afinal, ao distinguir o erro sobre os pressupostos do ilícito, em relação ao erro sobre a ilicitude, como sendo aquele o único relevante para excluir o dolo, a teoria limitada da culpabilidade permite atribuir o nível mais alto de reprovabilidade à conduta do agente que realiza consciente e voluntariamente um fato objetivamente considerado injusto, ainda quando não reproduz subjetivamente a ilicitude ou o desvalor jurídico do fato que realiza.[84]

82. ROXIN. *Teoria del tipo...*, p. 183-184.

83. Com efeito, Welzel incorpora em sua doutrina a contribuição metodológica elementar do neokantismo, de que ao direito não interessam os aspectos neutros da realidade, mas sim aqueles referidos a valores e por eles dotados de significação. Isso se evidencia na ideia fundamental da doutrina da ação finalista segundo a qual o desvalor da ação é a qualidade decisiva e imprescindível do delito (WELZEL. *O novo sistema...*, Prólogo do autor à 4. ed., p. 20). Expressamente, Welzel rende homenagens ao neokantismo ao demonstrar sua compatibilidade com o seu conceito ontológico de ação, na seguinte passagem do prólogo à 4.ª edição de *Das neue Bild des Strafrecht Sistem*: «O neokantismo tardio de Bruno Baurh e Richard Hönigswald já havia destacado (antes da Metaphysik der Erkenntnis [Metafísica do Conhecimento], de N. Hartmann) o princípio supremo de todos os juízos sintéticos de Kant, de que "as condições da possibilidade da experiência são ao mesmo tempo condições da possibilidade dos objetos da experiência". Disso se deduz que as categorias do *conhecimento* são também categorias do *ser*, isto é, que não são apenas categorias gnoseológicas, mas (de modo primário) categorias *ontológicas*. [...] O ordenamento jurídico determina por si mesmo quais elementos ontológicos quer valorar e lhes vincular consequências jurídicas. Mas não pode modificá-los (os elementos em si), se os configura nos tipos. Pode designá-los através de palavras, assinalar seus caracteres, mas eles próprios constituem o elemento individual, material, que é a base de toda valoração jurídica possível» (WELZEL. *O novo sistema...*, Prólogo do autor à 4. ed., p. 13).

84. Nesse sentido, a precisa conclusão de Roxin: «*La teoría de la culpabilidad es superior, en la forma aquí considerada, a la teoría del dolo que en todos los casos exige para la pena del delito doloso la conciencia de la antijuridicidad formal o, por lo menos, material del hecho. Con la teoría de la culpabilidad se explica mejor el fundamento del reproche más elevado de culpabilidad, que reside en*

E por reconhecer que o erro sobre os pressupostos fáticos de uma causa de justificação também exclui o dolo, a teoria limitada da culpabilidade revela que, mesmo sendo objeto e não fundamento da culpabilidade, o conteúdo intelectual do dolo não se define apenas desde a perspectiva formal do tipo, mas se define também materialmente, como o conhecimento necessário da conduta e das suas circunstâncias, pelo agente, para que nela se possa vislumbrar objetivamente uma vontade contrária ao direito, uma resolução antijurídica ou uma decisão injusta.

É certo que aquela versão da teoria do dolo, bem formulada por Arthur Kaufmann, que no dolo inclui o conhecimento da ilicitude material em vez da ilicitude formal, também reconhece na danosidade ou na insuportabilidade social da conduta a razão essencial do juízo de reprovação que fundamenta o delito doloso, conduzindo a resultados semelhantes aos da teoria limitada da culpabilidade. Pois segundo a teoria que se pode chamar «material» do dolo, o conhecimento da ilicitude material se confunde com o conhecimento da danosidade social do fato, o qual por sua vez se poderia presumir a partir do conhecimento dos elementos descritivos e normativos fundamentadores do injusto no direito penal nuclear, primário, ou de justiça. Já no direito penal administrativo, contravencional ou secundário, no âmbito dos quais as condutas puníveis não têm densidade ético-valorativa, não são socialmente insuportáveis e muitas vezes sequer são ofensivas por suas características imanentes, mas extraem seu desvalor de proibições administrativas, o conhecimento dessas e, portanto, da ilicitude formal da conduta, seria também indispensável ao dolo.[85]

Não se pode dirigir à teoria do dolo, na versão material apresentada por Arthur Kaufmann, a mesma crítica que enseja a sua versão formal, emblematicamente consignada na doutrina de Beling. Com efeito, ela enseja para os erros diversos soluções geralmente adequadas aos fins preventivos da pena, ao dispensar no direito penal de justiça e exigir no direito penal administrativo o conhecimento da ilicitude formal da conduta pelo agente, para punir-lhe segundo a moldura do dolo.

Por reconhecer e assim fazer justiça à diferença estrutural geralmente existente entre os tipos de injusto incluídos no direito penal de justiça e aqueles que compõem o direito penal secundário ou socioeconômico, a proposta de Arthur Kaufmann é essencialmente reproduzida por Tiedemann, embora com nova roupagem. Com efeito, Tiedemann propõe, ainda que *de lege ferenda*, limitar o alcance da teoria da culpabilidade ao direito penal primário, nuclear ou de justiça, e aplicar a teoria estrita do dolo para solucionar as diversas formas de erro no

---

el hecho consciente constitutivo de lo injusto, objetivamente considerado, y no tanto en la consciencia de lo injusto. Por este motivo es que la teoría de la culpabilidad no se ve obligada a limitar mediante criterios poco definidos, como la enemistad con el derecho, los resultados que se deducen de su posición fundamental» (Roxin. *Teoría del tipo...*, p. 191).

85. Kaufmann, Arthur. *Das Unrechtsbewusstsein in der Schuldlehre des Strafrechts*, 1949, p. 143 *et seq.*, p. 153 *apud* Roxin. *Teoría del tipo...*, p. 187.

âmbito do direito penal secundário e administrativo sancionador.[86] Esse escopo, Tiedemann reconhece ter sido alcançado com êxito pelo Direito Penal português.[87]

Não se ignora o êxito do Direito Penal Português ao estabelecer um sistema original do tratamento do erro, que certamente absorve o extraordinário esforço do penalismo lusitano, capitaneado por Figueiredo Dias, para distinguir, segundo a censurabilidade própria de cada um, o erro de representação intelectual do fato ilícito, do erro sobre a valoração da ilicitude do fato. Todavia, não se vislumbra nas soluções próprias da teoria da culpabilidade, desde a sua versão limitada, qualquer prejuízo para o tratamento dos erros que recaem sobre as peculiares formas de injusto que caracterizam o direito penal socioeconômico. Pois como se demonstrou, também a partir da teoria limitada da culpabilidade e, portanto, independentemente da posição sistemática que se confira ao dolo, deve-se lhe incluir a representação intelectual de todas as características da conduta que lhe fundamentam a ilicitude penal, inclusive a representação da sua eventual proibição extrapenal, desde que a infração desta seja um dos fundamentos decisivos do injusto doloso.

4.3 CONCLUSÕES

1. Formalmente, em vista da norma complementar, podem-se extrair pelo menos dois sentidos da lei penal em branco: a incriminação da desobediência ao comando extrapenal, e a incriminação de uma conduta determinada em contraste com tal comando. O próprio comando extrapenal integra o tipo de injusto naquele primeiro sentido, mas não neste último, pelo qual o injusto é determinado apenas pelas circunstâncias naturais ou normativas da conduta que o contraria.

2. Em razão da ambiguidade das leis penais em branco, a determinação da natureza e das consequências do erro sobre o comando da norma extrapenal que lhe complementa pressupõe a determinação do conteúdo dos tipos de injusto que lhes correspondem, a ser empreendida conforme critérios estritamente dogmáticos.

3. A concepção do tipo como *ratio cognoscendi* da ilicitude deita raízes na teoria das normas de Binding, pois pressupõe uma função meramente sancionadora ao direito penal, de normas estabelecidas por outros ramos do direito. Como não se adere a essa teoria e se reconhece autoridade constitutiva da ilicitude também ao direito penal, ainda que limitada pelo princípio da intervenção mínima, vê-se no tipo a expressão da conduta penalmente proibida e, portanto, a *ratio essendi*, necessária ainda que insuficiente, da ilicitude.

86. Tiedemann, Klaus. «Sullo stato della teoria dell'errore con particolare riferimento al diritto penale dell economia e alle leggi speciali: considerazioni di diritto comparato e conclusioni». *Rivista Trimestrale di Diritto Penale dell'Economia*, p. 79 e 85-86.

87. Tiedemann. «Sullo stato...» *Rivista...*, p. 85-86.

4. A compreensão do tipo como *ratio essendi* da ilicitude é compatível com a teoria da culpabilidade, pois não implica em um conceito bipartido de crime, com fusão entre o tipo e a ilicitude.

5. As concepções de Mezger e Welzel sobre a relação entre o tipo e a ilicitude são essencialmente coincidentes, restringindo-se a divergência à terminologia empregada por cada um para traduzi-la. Pois Welzel, assim como Mezger, reconhece no tipo uma razão necessária, embora não suficiente da ilicitude.

6. Segundo a teoria da culpabilidade, a reprovabilidade do autor do injusto não descansa fundamentalmente na consciência atual da ilicitude formal, mas na consciência das circunstâncias naturais e normativas determinantes da ilicitude material da sua conduta, a qual torna exigível dele atualizar também a consciência da proibição. Assim, sem ignorar o conteúdo formal da consciência da ilicitude, a teoria da culpabilidade oferece solução mais adequada que a da teoria estrita do dolo para o erro de proibição evitável. Pois atribui a devida relevância à decisão do agente de praticar uma conduta contrária a bens jurídicos, responsabilizando-o por levá-la a cabo, no grau correspondente à pena pelos crimes dolosos, sempre que lhe tenha sido possível reproduzir subjetivamente o desvalor objetivo da sua conduta.

7. As consequências jurídico-penais das diversas formas de erro estabelecidas nos arts. 20 e 21 do CP brasileiro são sistematicamente fundadas na teoria da culpabilidade, em sua versão limitada.

8. Segundo a teoria limitada da culpabilidade, o conteúdo intelectual do dolo corresponde ao conhecimento necessário para que a conduta objetivamente típica seja a expressão de uma vontade contrária ao direito; de uma resolução antijurídica ou de uma decisão injusta.

5
ESTRUTURAS DOS TIPOS DE INJUSTO E CONTEÚDO INTELECTIVO DO DOLO NOS CRIMES SOCIOECONÔMICOS DEFINIDOS POR LEIS PENAIS EM BRANCO

5.1 DO CAMPO DE ANÁLISE: O DIREITO PENAL SOCIOECONÔMICO

As leis penais em branco se verificam com especial frequência naqueles âmbitos da legislação penal geralmente designados como direito penal econômico, direito penal secundário ou acessório, direito penal administrativo ou direito penal socioeconômico. Com efeito, o emprego da técnica legislativa da remissão a outras normas, legais ou extralegais complementares da norma penal incriminadora, é uma característica do direito penal produzido nas sociedades pós-industriais. Essa característica corresponde ao papel contemporaneamente atribuído ao direito penal, de sancionar ilícitos determinados administrativamente, e cooperar assim com a gestão estatal de riscos e interesses conflitantes em contextos sociais cada vez mais amplos e complexos.[1]

Consequentemente, os âmbitos do direito penal relacionados à sua expansão contemporânea são campos privilegiados de análise do problema do erro sobre os fatos puníveis segundo as leis penais em branco. Pois, para além da variedade e multiplicidade de casos que oferecem, desde o direito penal econômico, secun-

1. A orientação do direito penal para a proteção de «contextos» cada vez mais genéricos da fruição dos bens jurídicos clássicos, como são por exemplo o meio ambiente ou a ordem econômica, é analisada por Silva Sánchez como o vetor de «expansão» do direito penal nas sociedades pós industriais, marcadas pela excepcional dinâmica dos fenômenos econômicos e pelos riscos decorrentes do extraordinário avanço tecnológico (SILVA SÁNCHEZ. *A expansão do direito penal*: aspectos politico-criminais nas sociedades pós-industriais, p. 35, 148).

dário ou administrativo se revela mais claramente as peculiaridades do injusto determinado pelas leis penais em branco e se pode testar com a devida amplitude a solução que melhor atende aos critérios materiais da responsabilidade do agente que atua em erro e da necessidade de se punir a sua conduta.

Direito penal econômico, secundário e administrativo são expressões amplamente coincidentes e muitas vezes empregadas indiferentemente pela doutrina, embora não sejam exatamente sinônimas.[2] O direito penal secundário engloba o direito penal econômico, mas nele não se exaure. Já as duas últimas expressões, embora igualmente genéricas, divergem na medida em que são determinadas por propriedades diferentes, ainda que estreitamente relacionadas; a tutela de bens jurídicos supraindividuais e a punição de violações às ordenações típicas da administração pública.

Segundo Figueiredo Dias, o direito penal secundário é essencialmente administrativo, podendo se considerar aquele como a expressão renovada deste, que muito se modificou, principalmente após a primeira grande guerra, mas cujas origens remontam à tutela da atividade policial da administração, ainda no século XVIII.[3] Ainda assim não se pode afirmar que toda norma de direito penal secundário sancione violações de «ordenações da administração», conforme expressão desse autor, de modo que se mantém uma divergência, ainda que marginal, entre esses conceitos.[4]

O direito penal econômico encontra delimitação adequada em função dos seus objetos peculiares de tutela, os quais são consagrados pela Constituição brasileira na pródiga caracterização que traz da ordem econômica. Seguindo esse caminho, que ademais se revela profícuo por vincular o direito penal econômico à tutela de bens jurídicos, Sanzo Brodt indica que «os crimes econômicos têm por bem jurídico as condições que permitam a efetivação da ordem econômica consagrada constitucionalmente».[5] Dessa forma, considerada toda a gama de princípios e regras conformadores da ordem econômica, segundo os artigos 170 e seguintes da Constituição, não se incluem no direito penal econômico apenas aquelas

2. Dentre outros, Figueiredo Dias emprega essas expressões indiferentemente. Para ele o direito penal secundário é também administrativo, «no preciso sentido de que sanciona, com penas, a violação de ordenações da Administração». E como a intervenção da ordem jurídico-administrativa se faz sentir sobretudo no domínio da economia, o direito penal secundário «se apresenta hoje, no seu núcleo essencial, como direito penal económico ou, se quisermos, como direito penal administrativo econômico» (Dias. Para uma dogmática do direito penal secundário. In: Correia, Eduardo *et alii. Direito penal econômico e europeu: textos doutrinários*. vol. 1 – Problemas Gerais, p. 38).

3. Dias. Para uma dogmática ... In: Correia *et alii. Direito penal econômico...*, p. 36-37 e 46.

4. Tal conclusão se pode extrair do próprio Figueiredo Dias, que embora vá buscar a essência do direito penal secundário no direito penal administrativo, não lhes reconhece a sinonímia. Pois ao conceituar o direito penal secundário de um ponto de vista formal, afirma que este «é o conjunto de normas de natureza punitiva que constituem objeto de legislação extravagante e *contêm, na sua generalidade*, o sancionamento de ordenações de caráter administrativo» (Dias. «Para uma dogmática...» In: Correia *et alii. Direito penal econômico...*, p. 44, grifo nosso). Ora, o que contém não se resume, e o que corresponde à generalidade, não cobre a totalidade.

5. Brodt. «A tutela penal da ordem econômica.» In: *O Sino do Samuel...*, p. 10.

incriminações imediatamente voltadas para a proteção da livre concorrência e dos valores relacionados à economia de mercado, que correspondem ao conceito amplo de direito penal econômico estabelecido por Carlos Martínez-Buján Pérez.[6] No direito penal econômico se inclui também a tutela penal do meio ambiente (art. 170, VI, da CF/1988), das riquezas minerais e da matriz energética (art. 176 da CF/1988), do regime jurídico das empresas privadas e públicas (art. 173, § 1.º, II, da CF/1988), e até da administração pública, na prestação dos serviços públicos (art. 175 da CF/1988).

A expressão direito penal acessório ou secundário, por sua vez, diz respeito às incriminações voltadas para a tutela de bens jurídicos supraindividuais, coletivos ou difusos, que surgem a partir da superação do paradigma do estado liberal pelo paradigma do estado social e intervencionista. Faz remissão a todo o universo de normas incriminadoras surgidas para tutelar os valores que passaram a ser promovidos pelos Estados no século XX, principalmente a partir do período entre guerras, como os direitos sociais e a própria ordem econômica. Opõe-se, portanto, ao direito penal nuclear, ou clássico, que remonta ao estado liberal e se ocupa principalmente e substancialmente da tutela dos direitos individuais ou subjetivos.

Como os primeiros códigos penais nascem sob a égide do estado liberal, e atendem aos auspícios de limitar o poder do Estado em face dos cidadãos, salvaguardando-lhes com segurança o espaço jurídico das liberdades, o direito penal que surge com as funções estatais de promoção de direitos sociais e de gestão da ordem econômica passou a ocupar leis esparsas, formando todo um acervo de normas penais extracodificadas. Essa condição de legislação extracodificada, embora circunstancial, contribui para a designação da tutela penal dos direitos coletivos e, mais recentemente, dos direitos difusos ou de terceira geração – como o meio ambiente equilibrado – pela expressão direito penal acessório ou secundário.

Finalmente, quando na atualidade se fala em direito penal administrativo, faz-se menção ao crescente universo de normas incriminadoras de ilícitos tradicionalmente sancionados pelo direito administrativo ou voltadas para a tutela das próprias funções de inspeção e vigilância da administração pública. Por meio dessa expressão se destaca, como Silva Sánchez,[7] muito mais uma característica frequente do direito penal produzido contemporaneamente do que de um ramo específico do direito penal, que se possa determinar pela matéria de regulação ou simplesmente por não pertencer ao núcleo original do direito penal moderno, consagrado desde os códigos liberais dos séculos XVIII e XIX.

Sendo assim, o direito penal econômico corresponde ao núcleo essencial do direito penal acessório ou secundário, o qual, todavia, além dos crimes contra a ordem econômica comporta ainda crimes não pertencentes a este gênero, como os crimes contra os direitos sociais, o ordenamento urbano, o patrimônio cultural, a integridade dos sistemas e bancos de dados informáticos, o funcionamento

6. Martínez-Buján Pérez, Carlos. *Derecho penal econômico: parte general*, p. 35.
7. Silva Sánchez. *A expansão...*, p. 145 *et seq.*

dos meios de comunicação e a biossegurança, por exemplo. E o direito penal administrativo se imiscui no direito penal acessório ou secundário como um todo, verificando-se sempre que a punibilidade de uma conduta for determinada, entre outros requisitos, pela desobediência perturbadora a normas administrativas ou típicas da administração, impostas em função da gestão de riscos socialmente compartilhados, independentemente da lesão de um bem jurídico ou da exposição deste a circunstâncias críticas que lhe acarretem efetivo risco de lesão.

Pois bem, uma vez que o emprego das leis penais em branco se relaciona à administrativização do direito penal, não se justifica limitar ao universo dos crimes contra a ordem econômica, a análise dos erros relacionados a essas leis. Por outro lado, a expressão direito penal administrativo extrapola a mera designação do objeto de análise para destacar o fenômeno político criminal que o caracteriza, prestando-se mais à crítica da promiscuidade entre o ilícito penal e o administrativo no direito contemporâneo que à delimitação dos seus domínios preferenciais de ocorrência.

Já a expressão direito penal secundário ou acessório, em que pese ter a dimensão do campo de incidência sistemática das leis penais em branco, não teve da doutrina brasileira a mesma acolhida que recebeu dos alemães, dentre os quais se destaca Tiedemann, que dedicou obra específica à análise das funções do tipo no direito penal acessório (*Nebenstrafrecht*).[8] Ademais, o caráter acessório ou secundário que se atribui a qualquer ramo do direito penal remete a uma oposição historicamente estabelecida em face do direito penal clássico, que sofre o desgaste inevitável do tempo e se relativiza na medida em que os processos de atualização dos códigos e de recodificação da legislação penal vão aos poucos incorporando no núcleo mais estável do sistema aquelas incriminações que antes gravitavam em leis penais especiais.[9]

Prefere-se por isso a expressão direito penal socioeconômico, amplamente empregada pelos espanhóis e consagrada inclusive no Código Penal de 1995 daquele país,[10] para determinar o âmbito da análise que se empreende da estrutura dos tipos determinados por leis penais em branco e das consequências dogmáticas do erro que recaia sobre os elementos em branco dessas leis. Pois por direito penal socioeconômico se designa todo o universo de incriminações voltadas para a tutela penal supraindividual, não apenas dos valores constitutivos da ordem econômica, mas de todos os que compõem a ordem social e não sejam imediatamente relacionados à economia.

8. Tiedemann. *Tatbestandsfunktionen im Nebenstrafrecht*: Untersuchen zu einem rechtsstaatlichen Tatbestandsbegriff, entwickelt am Problem des Wirtschaftstrafrechts. Tübinguen: J. C. B. Morh (Paul Siebeck), 1969.

9. Nesse sentido, Figueiredo Dias afirma que o direito penal secundário é condicionado negativamente pela possibilidade de inclusão no código, por meio de reformas globais do direito penal, de domínios que só foram incluídos na legislação extravagante em função da inteira novidade da matéria ou de meras dificuldades circunstanciais (Dias. «Para uma dogmática...» In: Correia *et alii*. *Direito penal econômico...*, p. 42).

10. Martínez-Buján Pérez. *Derecho penal económico...*, p. 20.

5.2 CARACTERÍSTICAS DO DIREITO PENAL SOCIOECONÔMICO ENSEJADORAS DO EMPREGO DE LEIS PENAIS EM BRANCO

5.2.1 Do objeto: a tutela de bens jurídicos coletivos e a tutela coletiva de bens jurídicos individuais

O direito penal socioeconômico se legitima e se desenvolve a partir da consagração, nas chamadas constituições sociais, de uma atuação estatal positiva de conformação ético-social da comunidade, voltada à promoção de condições favoráveis para o bem-estar e a realização das potencialidades humanas naquilo que depende da interação social dos homens, isto é, da sua condição de membros da coletividade. As condições da interação social que se revelam necessárias à realização dos interesses e potencialidades humanas, e que são por isso valiosas, correspondem essencialmente aos direitos sociais, culturais e à ordem econômica.

Por isso se pode afirmar, como Figueiredo Dias, que o direito penal socioeconômico, secundário ou administrativo – como quer o referido autor – caracteriza-se e se distingue do direito penal clássico por se ocupar da proteção e promoção das condições comunitárias, supraindividuais, de realização social do homem; condições estas elevadas à categoria de bens jurídicos, que concretizam os valores da ordem social e econômica constitucionalmente consagrada.[11]

Essa determinação do objeto de tutela que caracteriza o direito penal socioeconômico observa e preserva a referência ao homem como requisito do reconhecimento dos valores que legitimam a atuação punitiva do Estado, revelando que também nesse âmbito do direito penal é da proteção de bens jurídicos que se trata. Afinal, por bens jurídicos, ou objetos dignos da tutela penal, compreendem-se aqueles aspectos da realidade, sensíveis ou não, naturais ou normativamente determinados, que interessam e têm valor para homem, por serem, na feliz expressão de Figueiredo Dias,[12] condições indispensáveis ao livre desenvolvimento da sua personalidade.[13]

11. «Também no direito penal administrativo, pois, como no de justiça, se trata do livre desenvolvimento da personalidade do homem e, assim, de autênticos bens jurídicos. Só que, no âmbito do direito penal administrativo, a actuação da personalidade do homem apenas é possível como fenômeno social, em comunidade e em dependência recíproca dela. *Expressão desta relação são, a nível jurídico-constitucional, as partes da lei fundamental em que se consignam os direitos sociais e a organização econômica*, enquanto a parte dos direitos, liberdades e garantias respeita a uma forma de actuação do homem em que a dependência recíproca com a comunidade ou não se verifica, ou não é ao menos necessária» (Dias. «Para uma dogmática...» In: Correia *et alii*. *Direito penal econômico*..., p. 57-58, grifo do autor).

12. «Rege aqui a ideia de que a função do direito penal – de todo o direito penal, inclusive do direito penal administrativo – é a proteção de bens jurídicos, considerados como interesses socialmente relevantes cuja defesa é condição indispensável do livre desenvolvimento da personalidade do homem» (Dias. Para uma dogmática... In: Correia *et alii*. *Direito penal econômico*..., p. 57).

13. Trata-se de um conceito pessoal de bem jurídico, essencialmente correspondente ao de Roxin, segundo o qual «"bens jurídicos" seriam "dados ou finalidades necessários para o livre desenvolvimento do indivíduo, para a realização de seus direitos fundamentais ou para o desenvolvimento de um direito estatal baseado nessas finalidades"» (Roxin, Claus. «Sobre o recente debate em torno do bem jurídico» In: ____.

Assim como o direito penal clássico, nuclear ou de justiça, também o direito penal socioeconômico protege fundamentalmente o livre desenvolvimento da personalidade do homem. Mas enquanto aquele direito penal que também podemos chamar primário se ocupa da livre realização pessoal do homem, protegendo principalmente os seus direitos subjetivos e garantias individuais, o direito penal secundário ou socioeconômico o faz protegendo principalmente os seus direitos coletivos e a ordem econômica. É que o direito penal primário atende o homem prioritariamente na sua dimensão individual, tutelando as garantias de cada um contra as ilegítimas ingerências na sua autonomia, e o direito penal secundário ou socioeconômico atende o homem na sua dimensão social, tutelando as condições coletivas da realização autônoma de cada um.

O caráter coletivo dos valores socioeconômicos, portanto, não exclui a referência pessoal que, segundo Juarez Tavares,[14] é indispensável ao reconhecimento deles como bens jurídicos. E sendo assim, observa-se a classificação dos bens jurídicos em individuais e coletivos, ainda que rejeitada por este autor,[15] porque se consideram bens jurídicos coletivos as condições coletivas de fruição dos bens jurídicos individuais. Definidos deste modo, mesmo em relação ou em função dos bens jurídicos individuais, vislumbra-se nos bens jurídicos coletivos um conteúdo valorativo próprio.[16]

Novos estudos de direito penal, p. 47). De forma semelhante, Urs Kindhäuser define os bens jurídicos como *características de las personas, cosas e instituciones que sirven al libre desarollo del individuo en un Estado democrático y social de Derecho.* (KINDHÄUSER, Ürs. «Estructura y legitimación de los delitos de peligro del derecho penal». In: ______. *Teoría de las normas y sistemática del delito*, p. 57). Como este autor bem observa, a moderna teoria personalista do bem jurídico, à qual se adere, conserva uma ideia fundamental de Fuerbach, desenvolvida portanto ainda sob a perspectiva da tutela penal dos direitos subjetivos, segundo a qual o bem jurídico deve servir, pelo menos indiretamente, ao livre desenvolvimento da personalidade do indivíduo (KINDHÄUSER. «Estructura y legitimación...» In: ______. *Teoría de las normas...*, p. 46-47).

14. TAVARES, Juarez. *Bien jurídico y función en derecho penal...*, p. 71.

15. TAVARES. *Bien jurídico...*, p. 70-71.

16. Quanto ao ponto vale mencionar a peculiar concepção de Daniela de Freitas Marques, que parte de uma distinção entre bens e valores para afirmar que estes, ao contrários daqueles, não são penalmente tuteláveis contra o perigo, mas apenas contra lesões. Segundo essa autora, o bem existe na realidade ôntica e, portanto, simplesmente «é». Assim a vida, a integridade física, o meio ambiente, a saúde coletiva. Já o valor é representação, e como tal só existe vinculado à atribuição que lhe é dada pelo espírito humano. Assim a segurança, a justiça, as relações econômicas, as relações de consumo (MARQUES, Daniela de Freitas. *Sistema jurídico-penal do perigo proibido e do risco permitido*, p. 62-64). Para Marques, o conceito de perigo se fundamenta «na intencionalidade e subjetivação estabelecidas em relação ao bem», enquanto o conceito de risco se fundamenta no valor (MARQUES. *O sistema...*, p. 62). Ao fim e ao cabo, conforme Marques «o bem jurídico ou bem jurídico-penal compreende tanto bens quanto valores e, ao sistema penal, incumbe a ponderação legal e judicial dos conflitos estabelecidos entre bens e bens ou entre bens e valores». Mas, ainda segundo essa autora, «Apenas os bens jurídicos *pessoais*, os bens jurídicos *supra-pessoais* e os bens jurídicos *pessoais com reflexos supra-pessoais* devem ser protegidos não somente se efetivamente lesados, mas também se ameaçados de lesão. Ao contrario dos bens jurídicos *intermediários, verdadeiros valores*, que devem ser protegidos apenas se efetivamente lesados» (MARQUES. *Sistema...*, p. 63, grifos da autora). No presente trabalho, contudo, os termos bem e valor, enquanto objetos da tutela penal, assim como os termos perigo e risco, como formas de ofensa a esses bens, são empregados como sinônimos.

Afinal, dos bens jurídicos coletivos depende a fruição repartida dos bens jurídicos individuais. E essa repartição é um valor em si, que não diz respeito à dimensão individual, mas coletiva do homem. Com efeito, as condições da fruição coletiva de um bem jurídico individual, como o patrimônio ou a integridade física, não interessam individualmente, mas apenas altruisticamente, a quem goza desses direitos mesmo num cenário ou num contexto coletivamente desfavorável. A qualidade do ar na mina, por exemplo, não interessa individualmente ao minerador, que não inspira a sílica da mina, mas poderá ser também para ele um valor, pelo reconhecimento do valor dos outros; os mineiros, e da saúde deles por consequência.

Enquanto os bens jurídicos individuais se relacionam ao valor da liberdade, que é um atributo do indivíduo em si, os bens jurídicos coletivos se relacionam ao valor da igualdade, que é um atributo do indivíduo em relação ao outro. E muito embora se considere a liberdade como um valor absoluto, informador da igualdade, segundo o ideal de que os homens devam ser igualmente livres, sabe-se que a liberdade de cada um só se repete no outro na medida em que se lhe reconheça a igualdade.

Consequentemente, assim como a igualdade tem valor em si, por ser condição da liberdade do outro, os bens jurídicos coletivos merecem ser tutelados em si, ainda que não por si, mas na medida em que sejam indispensáveis ao gozo dos direitos individuais por todos.[17] E enquanto condições contextuais para a fruição dos bens jurídicos individuais, os bens jurídicos coletivos não são meras funções,[18] mas valores dignos da proteção penal, como o próprio Tavares reconhece.[19]

17. Na medida em que sejam condições do gozo dos bens jurídicos individuais por cada um, a tutela penal de valores coletivos também se justifica segundo o critério da utilidade distributiva, apresentado por Kindhäuser. Segundo este autor: «Satisfazem o princípio da utilidade distributiva, antes de mais nada e sem restrições, as normas que expressam renúncia de liberdade em prol da liberdade mesma. Normas que são a expressão do princípio da coexistência da liberdade universal oferecem a cada um não apenas a vantagem de determinar-se livremente, desde que não se interfira na esfera de liberdade dos demais membros da comunidade jurídica, senão que constituem também, ao mesmo tempo, as condições elementares da autoproteção nas relações com os outros indivíduos» (Kindhäuser, Urs. «Pena, bem jurídico-penal e proteção de bens jurídicos.» *Revista Brasileira de Ciências Criminais*, p. 91-92).

18. As funções, segundo Tavares, são objetos indignos da tutela penal, ao contrário dos bens jurídicos, porque não derivam de um ente real estável como é a pessoa humana, e por isso não existem por si mesmas, mas apenas a partir de uma relação e suas variáveis, «possibilitando unicamente cálculos de predicados que não podem ser considerados valores». Ao contrário dos bens jurídicos, as funções não têm caráter de universalidade, porque estão subordinadas exclusivamente a critérios de oportunidade. Como esse autor bem esclarece, é indiferente para o conceito de função – que denota as atividades de controle estatal, como o controle do tráfego de automóveis nas ruas – a sua utilidade ou inutilidade, adequação ou inadequação (Tavares. *Bien jurídico...*, p. 64-66, tradução nossa). Com efeito, esses juízos não se formulam a partir da própria função, mas apenas em relação a determinados valores, estes por sua vez os bens jurídicos, como a integridade física ou patrimonial dos condutores, passantes e citadinos.

19. Com efeito, muito embora defenda a abolição da classificação dos bens jurídicos em individuais e coletivos, para não favorecer a confusão entre bens jurídicos e funções, Juarez Tavares não nega a condição de bem jurídico a algumas condições valiosas coletivamente usufruídas, como são a probidade

É certo que a tutela de bens jurídicos coletivos não é uma novidade trazida pelo direito penal socioeconômico, posto que desde os primeiros códigos já se lhe vislumbrava nos crimes previstos contra a fé pública e a administração pública, basicamente. Mas não se pode negar que o direito penal clássico, como produto que é de um modelo liberal de estado, ocupou-se principalmente de garantir as condições formais das liberdades individuais, e por isso só ofereceu tutela àqueles interesses comuns considerados elementares à organização social. Contrasta, portanto, com o direito penal socioeconômico, que se desenvolve a partir de um modelo de estado social e intervencionista, disposto a regular cada vez mais as relações sociais e econômicas, com o fito de viabilizar coletivamente aos cidadãos as condições de gozar efetivamente das suas liberdades individuais. Afinal, como essas condições são fruídas coletivamente e não são divisíveis, mas antes se oferecem plenamente a cada um e a todos os indivíduos simultaneamente, pode-se afirmar que o direito penal socioeconômico protege principalmente bens jurídicos coletivos.

Mas, assim como no direito penal primário se verifica a tutela de bens jurídicos coletivos, também no direito penal socioeconômico se pode identificar a tutela, ainda que coletiva, de bens jurídicos individuais. Essa se dá por meio da incriminação de condutas geradoras de perigos coletivos à integridade física ou ao patrimônio, principalmente, num esforço que caracteriza a política criminal nas sociedades pós-industriais, de controle ou gestão punitiva dos riscos coletivos e difusos inerentes ao desenvolvimento tecnológico.

Para vislumbrar a tutela coletiva de bens jurídicos individuais no direito penal socioeconômico, acolhe-se a diferenciação entre os verdadeiros e os falsos bens jurídicos coletivos, tal qual exposta por Luís Greco a partir de considerações críticas de Roxin, Bernd Schünemann, Roland Hefendehl e Knut Amelung sobre alguns bens jurídicos só aparentemente coletivos. Segundo Greco, o verdadeiro bem jurídico coletivo se caracteriza pela não distributividade ou pela indivisibilidade entre diversos indivíduos. Ao contrário da vida, da propriedade, ou da honra de cada indivíduo, que se distingue como um dado particular, diverso da vida, da propriedade e da honra dos outros, o meio ambiente ou a probidade da administração pública, por exemplo, são gozados por todos indistintamente e na sua totalidade. Não há uma parte do meio ambiente ou da probidade administrativa que pertença a A ou a B, como ocorre com a propriedade, nem uma manifestação

---

da administração pública, a ordem econômica e o equilíbrio ambiental, desde que se revelem necessárias à manutenção ou ao melhoramento da qualidade de vida do ser humano. Segundo esse autor: «*Aun cuando se pueda reconocer, además, la existência de un bién jurídico estatal o coletivo, su inserción como tal no desnaturaliza el contenido estrictamente personal de esos bienes. El interés fiscal del Estado, por ejemplo, no puede ser elevado a bien jurídico únicamente por causa de los intereses públicos del Estado, más sí como condición de supervivencia o de mejoramento de la calidad de vida del ser humano, lo que conlleva constantemente, a la discusión en torno de la legitimidad de todas las incriminaciones de allí derivadas*» (TAVARES. *Bien jurídico*..., p. 48-49).

autônoma desses bens jurídicos que tenha um titular individual, como a vida, a integridade física, ou a honra.[20]

A saúde pública, por exemplo, «nada mais é que a soma das várias integridades físicas individuais, de maneira que não passa de um pseudo bem jurídico coletivo». Este pseudo bem jurídico coletivo, segundo Greco, vem servindo à doutrina que não reconhece validade aos crimes de perigo abstrato, para justificar a criminalização do tráfico, por exemplo, que em verdade é um crime de perigo abstrato à integridade física individual de um universo indeterminado de pessoas, como um suposto crime de dano à saúde pública. Ainda segundo Greco, os falsos bens jurídicos coletivos despistam o caráter absurdo de determinadas penas, como aquela de 5 a 15 anos prevista para próprio tráfico no art. 33 da Lei 11.343/2006. Pois desde que se suponha tratar esse crime de uma lesão à «saúde pública», e não de um perigo abstrato à integridade física individual, fica prejudicada a comparação reveladora da desproporcionalidade entre a pena correspondente ao tráfico e aquelas, muito menores, previstas para as diversas formas de lesão corporal, no art. 129 do CP.[21]

Essa conclusão se pode estender aos crimes em geral contra a incolumidade pública, dentre os quais aqueles previstos no Código de Trânsito Brasileiro (Lei 9.503/1997) e no Estatuto do Desarmamento (Lei 10.826/2003), que compõem o programa penal de tutela da ordem social e, consequentemente, o direito penal socioeconômico. Pois considerando que a incolumidade pública nada mais é que a soma das incolumidades, isto é, da integridade física e patrimonial de cada membro da coletividade, pode-se dizer que os crimes contra a incolumidade pública não protegem um bem jurídico verdadeiramente coletivo, mas em verdade protegem coletivamente bens jurídicos individuais.

5.2.2 Da estrutura formal dos tipos penais: a determinação da matéria de proibição com independência do resultado de dano ou de perigo concreto e por meio da remissão a normas extrapenais

Por se ocupar principalmente da tutela de bens jurídicos coletivos ou da tutela coletiva de bens jurídicos individuais, o direito penal socioeconômico é sistematicamente composto por incriminações de perigo abstrato, geralmente estabelecidas por leis penais em branco ou por disposições legais pródigas em elementos normativos.

Ocorre que a disposição para tutelar bens jurídicos coletivos, ou mesmo bens jurídicos individuais contra perigos coletivos ou difusos, leva o direito penal a gerir contextos cada vez mais amplos da vida e das relações humanas, nos quais se identificam como objetos de tutela condições cada vez mais remotas da fruição dos bens jurídicos individuais. Assim o direito penal passa a regular

20. Greco, Luís. «"Princípio da ofensividade" e crimes de perigo abstrato: uma introdução ao debate sobre o bem jurídico e as estruturas do delito». *Revista Brasileira de Ciências Criminais*, n. 49, p. 115-116.

21. Greco. «Princípio da ofensividade»... *Revista Brasileira*, p. 114-115.

as intervenções humanas nos ecossistemas, a fim de proteger-lhes o equilíbrio; a atuação dos agentes econômicos nos mercados relevantes, para proteger neles a livre concorrência; a gestão do sistema financeiro, para proteger a disponibilidade de crédito e de recursos que garantam os investimentos; o acatamento à ordem tributária, para proteger a arrecadação fiscal; a gestão das finanças públicas, para garantir recursos para os serviços públicos; a cadeia de produção e distribuição dos medicamentos ou a circulação das armas de fogo, a fim de proteger a integridade física das pessoas em geral.

Essa tendência, que Silva Sánchez caracteriza como a proteção penal de contextos cada vez mais genéricos da fruição de bens jurídicos clássicos, faz com que o direito penal se relacione com fenômenos de dimensões estruturais, globais ou sistêmicas – assim a degradação de um ecossistema, a formação de um monopólio, a desvalorização da moeda, o endividamento público ou o incremento da criminalidade violenta – para os quais as contribuições individuais são na maioria das vezes inexpressivas ou de baixa intensidade.[22]

Por isso, para proteger bens jurídicos coletivos ou reprimir perigos comuns, o direito penal abandona o modelo de reação posterior a um fato lesivo, individualizável quanto aos sujeitos ativo e passivo, para se converter, ainda conforme expressão de Silva Sánchez, em um direito de gestão punitiva de riscos gerais.[23] Incriminam-se condutas, não mais pela sua eficácia causal de um dano individual, mas pelo perigo que elas criam ou incrementam para a coletividade, ou simplesmente porque a conduta contraria os padrões estabelecidos em nome do controle dos riscos para um bem jurídico coletivo, inerentes ao seu contexto.

Aquela primeira razão de incriminação (*ratio legis*) ainda enseja, ou deveria ensejar, os crimes de perigo concreto, cujos tipos exigem um resultado de perigo imputável à conduta, consistente num conjunto de circunstâncias efetivamente críticas para o bem jurídico, em função das quais a integridade dele fica a depender em alguma medida da sorte.[24] São exemplos desses tipos de crime os

22. Silva Sánchez. *A expansão...*, p. 148.

23. *Idem, ibidem*, p. 148.

24. Segundo Roxin: «*Los delitos de peligro concreto requieren que en el caso concreto se haya producido un peligro real para un objeto protegido por el tipo respectivo. [...] Si hay que afirmar el peligro de resultado, ese peligro debe haberse realizado en un resultado que suponga un «resultado de peligro concreto» y que, como también en otros casos, ha de incluirse todas las circunstancias conocidas ex post*». Para definir esse «resultado de perigo», que compõe os tipos de delito de perigo concreto, Roxin lança mão de uma teoria normativa atribuída à Shünemann, segundo a qual o resultado de perigo existe nas circunstâncias mediante as quais a lesão só não se produz por uma casualidade, isto é; por força de uma circunstância em cuja produção não se pode confiar. Segundo essa teoria, portanto, todas aquelas causas salvadoras baseadas em uma destreza extraordinária do ameaçado ou em uma feliz e não dominável concatenação de outras circunstâncias não excluem a responsabilidade do agente pelo crime de perigo concreto (Roxin. *Derecho penal...*, t. I, p. 404-406). Também Kindhäuser define o perigo concreto a um bem jurídico a partir do conceito de casualidade. Segundo este autor, o perigo concreto se dá quando «*Se coloca a un bien jurídico en una situación en la que depende solamente de la casualidad que sea menoscabado en su sustancia*» (Kindhäuser. «Estructura y legitimación...» In: ______. *Teoría de las normas...*, p. 57).

que estão previstos nos arts. 308 e 311 da Lei 9.503/1997,[25] ou ainda no art. 26 da Lei 6.453/1977,[26] que punem a criação, pela direção de veículo automotor ou pelo manejo irregular de uma instalação nuclear, respectivamente, de situações de insegurança para a integridade física e patrimonial de um universo de pessoas indeterminadas – ou de um universo indeterminado de pessoas –, nas quais a evitação de lesões fica a depender da mera casualidade.

Já esta última *ratio legis* penal – o controle ou a gestão dos riscos aos bens jurídicos coletivos nos amplos contextos por esses bens qualificados – leva à previsão dos crimes de perigo abstrato. Estes, pelo menos na sua dimensão formal, são os crimes cujos tipos se configuram pela mera prática da conduta que determinam, independentemente da verificação de uma situação efetivamente crítica para o bem jurídico, resultante de tal conduta.

Por tipos assim formatados se incriminam determinadas condutas, não pela insegurança que elas venham a gerar no caso concreto para bens jurídicos, mas simplesmente porque elas subvertem os padrões de comportamento segundo os quais se considera em geral garantida, ou a salvo, a disposição desses bens jurídicos pelos seus titulares.[27] O que se pretende, pelas incriminações de perigo abstrato, é a evitação de condutas consideradas perigosas já desde uma perspectiva *ex ante*, isto é, anterior à realização delas, segundo a experiência ou com base em juízos estatísticos que se estabelecem entre uma determinada conduta – ou a prática reiterada dela por muitas pessoas – e a lesão a um bem jurídico.[28] Assim, são exemplos de crimes de perigo abstrato aqueles previstos nos arts. 39 da Lei

25. «Art. 308. Participar, na direção de veículo automotor, em via pública, de corrida, disputa ou competição automobilística não autorizada pela autoridade competente, desde que resulte dano potencial à incolumidade pública ou privada: Penas – detenção, de seis meses a dois anos, multa e suspensão ou proibição de se obter a permissão ou a habilitação para dirigir veículo automotor. [...] Art. 311. Trafegar em velocidade incompatível com a segurança nas proximidades de escolas, hospitais, estações de embarque e desembarque de passageiros, logradouros estreitos, ou onde haja grande movimentação ou concentração de pessoas, gerando perigo de dano: Penas – detenção, de seis meses a um ano, ou multa.»

26. «Art. 26. Deixar de observar as normas de segurança ou de proteção relativas à instalação nuclear ou ao uso, transporte, posse e guarda de material nuclear, expondo a perigo a vida, a integridade física ou o patrimônio de outrem. Pena: reclusão, de dois a oito anos.»

27. O conteúdo material dos crimes de perigo abstrato resta bem definido por Kinhäuser, como um dos três modos por ele apresentados de se prejudicar o valor da disposição de um bem jurídico pelos seus titulares. Segundo esse autor, que define o perigo como expressão da insegurança consciente a respeito da ocorrência do comportamento lesivo, o terceiro desses modos de depreciação do bem jurídico se dá nas situações em que «*non están garantizadas las condiciones de seguridad necesarias para una disposición racional sobre un bien. También en este caso el bien solamente se puede utilizar de manera restringida y, por ello, pierde en valor para su titular*» (Kindhäuser. «Estructura y legitimación...» In: ______. *Teoría de las normas...*, p. 53 e 57).

28. Segundo Shünemann: «*En los delitos de peligro abstracto, el mero motivo del legislador para castigar tales acciones es la evitación de un peligro, que según la experiencia, en un desarrollo posterior llevan a la puesta en peligro del bien jurídico*» (Schünemann, Bernd. La estructura de los delitos de peligro. In: ______. *et alii. Cuestiones actuales del sistema penal: crisis y desafíos*, p. 17).

9.605/1998;[29] 5.º, I, da Lei 8.137/1990,[30] art. 7.º, III, da Lei 7.492/1986;[31] e 359C do CP,[32] que punem condutas subversivas dos padrões adequados à segura manutenção e disposição do equilíbrio ambiental, da livre concorrência, da estabilidade econômica e dos recursos para o serviço público, respectivamente.

Ocorre que muito raramente se pode demonstrar o impacto de um comportamento individual para bens jurídicos coletivos, como o equilíbrio dos ecossistemas, a livre concorrência, a estabilidade econômica, a arrecadação fiscal ou a higidez das contas públicas. Assim, quando se lança mão do direito penal para protegê--los, geralmente se incriminam condutas, não pelas suas consequências, mas pela inconveniência delas para o sistema de proteção ao bem jurídico coletivo. Pune-se a violação de uma proibição ou de uma ordem estabelecida para a conformação do contexto – o ambiente, o mercado, o sistema financeiro, as finanças públicas – de um modo favorável à manutenção ou à promoção das condições valiosas (bens jurídicos) que os qualificam – o equilíbrio dos ecossistemas, a livre concorrência, o crédito e a segurança dos investimentos, a disponibilidade de recursos para atender o interesse público.

Não obstante, as incriminações de perigo abstrato empregadas para a tutela de bens jurídicos coletivos devem estar relacionadas à lesão que se pretende prevenir, quer seja pelo prognóstico de um desenvolvimento possível do comportamento proibido, quer seja pela projeção da múltipla repetição dele por outras pessoas, de tal modo que se lhe possa afirmar a incompatibilidade com a segura manutenção do bem jurídico. Essa incompatibilidade, que caracteriza e legitima o crime de perigo abstrato, pode-se explicar, assim, à luz do imperativo categórico kantiano, na sua formula geral; «age segundo a máxima, em virtude da qual possas querer ao mesmo tempo que ela se torne lei universal».[33] Pois a conduta punível como crime de perigo abstrato é aquela que, uma vez adotada como modelo geral de comportamento, ensejaria um contexto altamente lesivo ao bem jurídico que pela sua incriminação se tutela, no qual simplesmente não se poderia contar com a possibilidade da sua fruição.

29. «Art. 39. Cortar árvores em floresta considerada de preservação permanente, sem permissão da autoridade competente: Pena – detenção, de um a três anos, ou multa, ou ambas as penas cumulativamente.»

30. «Art. 4.º Constitui crime contra a ordem econômica: [...] II – formar acordo, convênio, ajuste ou aliança entre ofertantes, visando: a) à fixação artificial de preços ou quantidades vendidas ou produzidas; [...] Pena – reclusão, de 2 (dois) a 5 (cinco) anos e multa.» (Redação dada pela Lei 12.529/2011)

31. «Art. 7.º Emitir, oferecer ou negociar, de qualquer modo, títulos ou valores mobiliários: [...] III – sem lastro ou garantia suficientes, nos termos da legislação; [...] Pena – Reclusão, de 2 (dois) a 8 (oito) anos, e multa.»

32. «Art. 359-C. Ordenar ou autorizar a assunção de obrigação, nos dois últimos quadrimestres do último ano do mandato ou legislatura, cuja despesa não possa ser paga no mesmo exercício financeiro ou, caso reste parcela a ser paga no exercício seguinte, que não tenha contrapartida suficiente de disponibilidade de caixa: Pena – reclusão, de 1 (um) a 4 (quatro) anos.»

33. «*Handle nur nach derjenigen Maxime, durch die du zugleich wollen Kannst, dass sie ein algemeiness Gesetz werde*» (Kant. Immanuel. «Grundlegung zur Metaphysik der Sitten». In: ______. *Gesammelte Schriften*. Hrsg. Von der Deutschen Akademie der Wissenschaft zu Berlin. Berlin: Georg Reimer, Walter de Gruyter, 1907-1966, 24 B, B IV, p. 421 *apud* Salgado, Joaquim Carlos. A ideia de justiça em Kant: seu fundamento na liberdade e na igualdade, p. 217).

É o caso dos chamados delitos de acumulação (*Kumulationsdelikte*), que correspondem a condutas inofensivas quando isoladamente consideradas, mas cuja prática reiterada por um número expressivo de pessoas é capaz de lesar ou expor a efetivo risco o bem jurídico protegido. Essa estrutura delitiva foi inicialmente analisada e batizada por Lothar Kuhlen, em 1986, que nela reconheceu uma forma legítima do crime de perigo abstrato.[34]

O primeiro exemplo de delito de acumulação, reconhecido como tal por Kuhlen em um polêmico artigo por meio do qual ele propõe essa categoria, foi o de poluição de águas, previsto no § 324 do CP alemão.[35] Pois segundo esse autor, a interpretação majoritária e jurisprudencialmente consagrada desse tipo o consideraria concretizado pelo possuidor de uma residência localizada às margens de um rio, que nele lançasse diretamente os efluentes da sua cozinha, ainda que os detritos assim despejados n'água pudessem ser facilmente absorvidos pelos animais e plantas do rio, sem causar danos ao ecossistema fluvial. A incriminação de tal conduta se justificaria, a despeito da sua inofensividade individual, porque a sua repetição em grande escala causaria uma lesão ou um efetivo perigo para o bem jurídico, nesse caso o equilíbrio ambiental. Segundo Kuhlen, a racionalidade dessa conduta, numa perspectiva individual e excepcional, já não se verifica quando ela é repetida coletivamente. Então, o uso do direito penal seria apropriado para impor um desvalor à conduta individual e tornar, assim, racional a sua omissão.[36]

A legitimação dessa espécie dos crimes de perigo abstrato, os delitos de acumulação, que Kuhlen procurou demonstrar substituindo a ofensividade do comportamento individual pela ofensividade da prática coletiva, é objeto de viva polêmica. Em resposta às muitas críticas que lhe foram dirigidas, Kuhlen esclarece que a cumulatividade que justificaria a incriminação deve ser avaliada a partir de uma perspectiva realista.[37] Esse argumento foi posteriormente desenvolvido por Roland Hefendehl, que reconhece na ideia de acumulação um equivalente material da causalidade, capaz de legitimar determinados crimes de perigo abstrato, como são boa parte dos delitos ambientais e até, segundo ele, o crime de corrupção,[38] que afinal se configura mesmo quando o funcionário corrompido não infringe pela prática do ato negociado qualquer dever legal, nem prejudica o serviço público.

34. Greco. «Princípio da ofensividade»..., *Revista Brasileira...*, p. 128.

35. «*§ 324. Contaminación de águas. (1) Quien ilícitamente contamine aguas o de otra manera cambie sus características desventajosamente, será castigado con pena privativa de la libertad hasta cinco años o con multa. [...].*»

36. Kuhlen, Lothar. Der Handlungsserfolg der strafbaren Gewässerverunreinigung (§324 StGB). *Goltdammer's Archiv für Strafrecht*, Heidelberg, ano 133, p. 399-402, 1986 *apud* Costa, Helena Regina Lobo da. *Proteção penal ambiental*: *viabilidade – efetividade – tutela por outros ramos do direito*, p. 59-60.

37. Kuhlen, Lothar. «Umweltstrafrecht – auf der suche nach eine neuen Dogmatik». *Zeitschrift für die gesamte Strafrechtwissenschaft*, Berlim; New York, ano 43, n. 105, p. 697-726, 1993 *apud* Costa. *Proteção penal...*, p. 60.

38. Hefendehl, Roland. *Kollektive Rechtsgüter im Strafrecht. Köln*: Heymanns etc., 2002, p. 182, 183 *et seq. apud* Greco. «Princípio da ofensividade»..., *Revista Brasileira...*, p. 129-130.

Segundo Hefendehl, somente efeitos sinérgicos realmente esperáveis e não bagatelares podem ser considerados como passíveis de acumulação.[39]

Outro destacado defensor da proposta de Kuhlen, Wolfgang Wohlers considera legítimos os delitos de acumulação quando a especial relevância do bem jurídico fundamente um dever de cooperação.[40] Wohlers procura justificar os delitos de acumulação no caráter injusto do comportamento do indivíduo aproveitador (*Trittbrettfahrer*), em vez de apelar para o efeito resultante da acumulação. Por aproveitador se designa aquele que, diversamente da generalidade das pessoas, não segue as regras impostas para a tutela de um determinado bem jurídico e, dessa forma, aufere vantagens exclusivas em face dos demais, obedientes às regras, explorando-os. Desde a perspectiva de Wohlers, a negativa de participar do esforço coletivo para a manutenção do bem jurídico, quando todos os demais participam, é conferir-se um privilégio cuja tolerância contraria o princípio da igualdade.[41]

Dentre os críticos dos delitos de acumulação, Silva Sánchez reconhece que a consideração da provável repetição de uma conduta pelos intervenientes em um determinado contexto ou setor de atividade faz todo sentido sob a perspectiva da gestão desse setor, como o é o do tráfego de veículos, da posse de armas de fogo ou do despejo de resíduos.[42] Mas Silva Sánchez insiste que a incriminação de uma conduta baseada nos efeitos que pode gerar quando repetida por muitas outras pessoas é incompatível com os princípios da culpabilidade, pelo seu fundamento, e com o da proporcionalidade, pelo seu efeito. Violaria o princípio da culpabilidade porque tais crimes se fundam na prognose de uma lesão não imputável ao agente como um fato seu, mas de terceiros. E violaria o princípio da proporcionalidade porque acarreta sanção penal, em geral bem mais gravosa que as administrativas, para reprimir ou prevenir condutas que não geram por si só sequer perigo para o bem jurídico tutelado.[43]

Tais críticas se baseiam em um mesmo pressuposto; o de que a ofensividade, que caracteriza materialmente os crimes e legitima a intervenção penal, traduz-se necessariamente na lesão ao bem jurídico tutelado ou na exposição desse bem jurídico a um perigo mais ou menos iminente de lesão. Essa compreensão da ofensividade é referida por Kindhäuser como paradigma da agressão.[44] A principal

39. Hefendehl, Roland. *Kollektive Rechtsgüter im Strafrecht. Köln*: Heymanns, 2002, p. 184 *et seq. apud* Costa. *Proteção penal...*, p. 61.

40. Wohlers, Wolfgang; Hirsch, Andrew von. «Teoría del bien jurídico y estructura del delito. Sobre los criterios de una imputación justa». In: Hefendehl, Roland (Ed.). *La teoría del bien jurídico: ¿Fundamento de legitimación del Derecho penal o juego de abalorios dogmático?,* p. 299-301.

41. . Wohlers; Hirsch. «Teoría del bien jurídico...» In: Hefendehl (Ed.). *La teoría...*, p. 300.

42. Silva Sánchez. *A expansão...*, p. 152.

43. Silva Sánchez. *A expansão...*, p. 158 *et seq.* Também Roxin censura a ideia de acumulação, como fundamento de punibilidade dos crimes de perigo abstrato, apontando sua vulnerabilidade à acusação de que importaria em punibilidade do autor por comportamento de terceiros (*ex iniuria tertii*). (Roxin, Claus. «Sobre o recente debate...» In: ____. *Novos estudos...*, p. 58).

44. O conteúdo material e, portanto, a gravidade dos crimes de perigo, segundo Kindhäuser, são geral e tradicionalmente estabelecidos a partir de um esquema espaço – temporal ao qual ele se refere

dificuldade em assumir esse paradigma, realmente incompatível com os delitos de acumulação, é que a partir dele também não se explicam razoavelmente algumas incriminações tradicionais, como a da corrupção, das falsidades documentais e do tráfico de drogas, cujas condutas típicas tampouco são por si só idôneas a lesar os bens jurídicos que se pretende tutelar ao puni-las.[45]

Todavia, desde que se considere a ofensividade sob a perspectiva da segurança na manutenção do bem jurídico, que é fundamental para a disposição racional dele e, portanto, para o seu próprio valor, pode-se admitir outra forma de ofensa, além da agressão.[46] Quando se leva em conta a segurança na disposição do bem como um predicado determinante do seu valor, pode-se vislumbrar um prejuízo ao bem jurídico, e neste sentido uma ofensa, mesmo na conduta que, isoladamente, não lhe possa causar um dano. Para tanto bastará que – considerada isoladamente ou como modelo de comportamento, mas em todo caso pelas suas qualidades e circunstâncias concretas – tal conduta seja incompatível com as condições contextuais, ambientais, que asseguram a disposição do bem jurídico pelos seus titulares.[47]

---

como «paradigma da agressão». Trata-se da estratificação da agressão ao bem jurídico em diversas fases, diferenciadas no espaço e no tempo, que vão desde o planejamento até a lesão (dano) consumada. Assim, pelo paradigma da agressão, os delitos correspondentes a cada uma dessas fases serão mais graves e, portanto, mais merecedores de pena, à medida que se aproximam espaço-temporalmente da lesão ao bem jurídico, e vice-versa (Kindhäuser. «Estructura y legitimación...» In: ______. *Teoría de las normas...*, p. 47-48). A despeito de reconhecer-lhe o apelo «estético», Kindhäuser critica esse «paradigma» justamente porque ele estabelece como modelo fundamental de injusto a lesão à substância de um bem jurídico. Como bem argumenta esse autor «*el paradigma de la agresión se enfrenta al siguiente dilema: en caso de que se haya producido una lesión, para la fundamentación del injusto objetivo no es necesaria la búsqueda de estadios previos de la puesta en peligro. Cuando, en cambio, la lesión no se haya producido, tampoco hay un estadio previo a la lesión cuyo injusto objetivo se pudiera derivar de la lesión*» (Kindhäuser. «Estructura y legitimación...» In: ______. *Teoría de las normas...*, p. 50-51).

45. Como Schünemann bem observa, a delimitação negativa dos crimes de perigo a partir da ideia de lesão, como aqueles cujos tipos não contemplam nenhuma lesão do bem jurídico, só faz sentido quando os tipos em questão protejam bens jurídicos que se possam lesionar apenas pela ação de uma pessoa, ou seja; quando se manifestem em objetos reais suscetíveis de serem lesionados fisicamente. (Schünemann. «La estructura...» In: ______ *et alii. Cuestiones actuales...*, p. 13).

46. É o que esclarece Kindhäuser, ao ponderar que «*también las puestas en peligro abstractas se pueden valorar como menoscabos sui generis, pues los bienes no se pueden utilizar racionalmente como medio del libre desarrollo cuando no es suficientemente seguro que al emplearlos no serán dañados*» (Kindhäuser. «Estructura y legitimación...» In: ______. *Teoría de las normas...*, p. 56).

47. Não é outra a posição assumida por Percy García Cavero, ao enfrentar e analisar de forma abrangente a polêmica sobre a legitimidade dos crimes de perigo abstrato. Nas palavras deste autor: «*Un delicto de peligro abstracto estaría constituido por la afectación de las condiciones de disposición segura de un bien jurídico. Esta afectación produce una defraudación social que fundamenta ya la intervención del Derecho penal. Como puede apreciarse, el principio de lesividad adquiere una nueva interpretación: no se trata de lesionar bienes jurídicos, sino de defraudar expectativas normativas esenciales*» (García Cavero, Percy. *Derecho penal económico*: *parte general*, t. I, p. 123). Nesse sentido, ainda, a conclusão de Kindhäuser: «*Mientras que el delito de lesión característico tiene por objeto un conflicto individual, las intervenciones en los ámbitos de seguridad afectan a los intereses de una pluralidad de seres humanos, con la consecuencia de que, pese a que la carga para el individuo sea solamente pequeña, esa intervención se*

Dessa forma, não se questionam os delitos de acumulação em face do princípio da culpabilidade, mas apenas com base no princípio da proporcionalidade, em termos. Pois se, concretamente, a conduta contraria as condições para a manutenção segura do bem jurídico, repousa nela mesma o conteúdo material do crime, e não na sua hipotética repetição por terceiros. Não obstante, a proporcionalidade da incriminação de condutas que por si só não sejam lesivas, dependerá sempre da imprescindibilidade da pena para reprimi-las, e da imperiosidade dessa repressão. Pois em sendo suficiente para desestimulá-las, a mera sanção administrativa, não se pode mesmo considerar proporcional a intervenção penal. Uma avaliação dessa ordem, contudo, escapa ao objeto e às pretensões deste trabalho.

Entre os crimes de perigo concreto e os crimes de perigo abstrato, Schünemann fala ainda de uma terceira categoria; a dos crimes de perigo «abstrato-concreto» ou delitos «de idoneidade», nos quais reconhece o resultado de uma intuição «absolutamente genial» do legislador, posto que conciliam as vantagens político-criminais dos crimes de perigo abstrato com as dos crimes de perigo concreto.[48] Trata-se daqueles crimes cujos tipos consistem na mera prática de uma conduta determinada, e que assim se configuram independentemente da causação de um resultado concreto de perigo – isto é, independentemente da imputação ao agente daquelas circunstâncias críticas para o bem jurídico, mediante as quais a evitação da lesão se pode considerar pura obra do acaso –, mas que em todo caso exigem a apuração da idoneidade da conduta concretamente realizada para ofender o bem jurídico tutelado e, portanto, para expor-lhe efetivamente à insegurança.[49]

Como exemplar desta classe de crimes, pode-se citar no direito brasileiro, como analogamente o faz Schünemann em face do direito alemão,[50] o crime de corrupção, adulteração ou falsificação de alimentos, tal como previsto no art. 272 do CP.[51] Segundo este tipo legal, o crime se consuma desde a corrupção, adulteração ou falsificação do alimento destinado a consumo, ainda que ele não seja efetivamente vendido ou distribuído, isto é, mesmo que o alimento ou o seu simulacro não deixe o âmbito de disponibilidade do autor, que até então detém o poder de evitação do dado à saúde de um universo de anônimos. Mas em todo caso esse

---

puede convertir cumulativamente en un injusto importante» (KINDHÄUSER. «Estructura y legitimación...» In: ______. *Teoría de las normas...*, p. 57).

48. SCHÜNEMANN. «La estructurade los delitos de peligro...». In: ______ *et alii. Cuestiones actuales...*, p. 17-18.

49. Segundo Schünemann, nos crimes de perigo abstrato-concreto: «*La aptitud para la lesión del bien jurídico es el criterio decisivo, que por un lado es abstracto, porque básicamente apunta sólo a lo exceso del riesgo permitido y con ello a las reglas de la imputación objetiva, y por otro lado, el tipo es concreto en la medida en que en el examen de la extralimitación del riesgo permitido se tienen que tener en cuenta todos los detalles del hecho concreto*» (SCHÜNEMANN. «La estructurade los delitos de peligro...». In: ______ *et alii. Cuestiones actuales...*, p. 19).

50. SCHÜNEMANN. «La estructurade los delitos de peligro...». In: ______ *et alii. Cuestiones actuales...*, p. 19.

51. «Art. 272 – Corromper, adulterar, falsificar ou alterar substância ou produto alimentício destinado a consumo, tornando-o nocivo à saúde ou reduzindo-lhe o valor nutritivo: Pena – reclusão, de 4 (quatro) a 8 (oito) anos, e multa.»

tipo penal não prescinde da verificação da ofensividade do alimento corrompido, adulterado ou falsificado à saúde dos seus eventuais consumidores, de modo que a corrupção, a adulteração ou a falsificação só configuram plenamente o crime se tiverem tornado o seu objeto material efetivamente nocivo à saúde, ou pelo menos se lhe tiverem reduzido o valor nutritivo.

Todavia, no bojo de uma ordem jurídica orientada pelo princípio da ofensividade, uma classe como esta dos crimes de perigo abstrato-concreto ou de idoneidade só se justificaria para caracterizar os seus respectivos tipos legais de um ponto de vista puramente formal. Porque substancial ou materialmente, segundo esse princípio, todo crime há de ser idôneo a ofender o bem jurídico.[52] Assim, ao menos quando se tem por objeto de tutela um bem jurídico que tenha expressão físico-real, só há crime quando a conduta proibida em nome da sua proteção é idônea a ocasionar-lhe um dano ou ao menos lhe destituir das garantias de integridade.

Consequentemente, mesmo quando se classifica como de perigo abstrato um tipo penal qualquer, não se considera por isso indiferente para a tipicidade a idoneidade da conduta para lesar ou vulnerar o bem jurídico, especialmente em se tratando dos bens individuais, ou pelo menos a incompatibilidade dela com as condições que asseguram a manutenção e a disposição racional do bem jurídico, especialmente em se tratando dos bens coletivos.

Nesse sentido aponta a jurisprudência do Supremo Tribunal Federal quando, mesmo considerando de perigo abstrato o crime de porte ilegal de arma de fogo, e por isso indiferente para a sua consumação a disposição de munição pelo agente, pontua ser imprescindível à configuração deste crime a operacionalidade da arma, a ser verificada por exame pericial.[53] Nesse sentido também se afirma que, muito embora seja de perigo abstrato o crime de falsificação, corrupção ou adulteração

52. Na doutrina brasileira, alguns autores reconhecem no art. 17 do CP a consagração legislativa do princípio da ofensividade. Esta é a conclusão alcançada por José Arthur di Spirito Kalil, a partir da consideração de que por «objeto», no referido dispositivo, compreende-se não apenas o objeto material, mas também o objeto jurídico. Segundo este autor: «O reclamo à ofensividade realizado pelo art. 17 do CP reafirma a orientação de que o nosso CP adotou a teoria objetiva da punibilidade da tentativa, que considera fato punível apenas aquele capaz de provocar perigo ou dano ao objeto da tutela penal. Com efeito, a mencionada disposição legal ratifica a conclusão extraída do art. 13 do CP, segundo a qual todo crime apresenta um resultado (jurídico). Nessa ordem de ideias, o crime impossível alia-se com o princípio da ofensividade e toma como referencial imprescindível o bem jurídico protegido em cada tipo penal. Desse modo, o objeto do nosso estudo é inconciliável com a noção de delito de mera desobediência. Se esta mera desobediência à lei é insuficiente à caracterização do crime, faz-se necessária a constatação de algo além disso, que é a violação da norma imanente ao tipo incriminador. Assim, o art. 17 do CP exige a denominada "tipicidade material", condicionando a adequação típica do fato à existência de ofensa (perigo de dano) ao bem jurídico» (Kalil, José Arthur di Spirito. *Do crime impossível*, p. 132-133).

53. Brasil. STF. 2. Turma. RHC n. 97477-RJ. Relator para o acórdão o Min. Eros Grau. Acórdão de 29.09.2009. LEX Jusrisprudência do STF, vol. 31, n. 371, 2009, p. 380-390. Disponível em: <http://www.stf.jus.br/portal/jurisprudencia> Acesso em: 10.10.2012.

de produtos terapêuticos, tal como estabelecido no art. 273 do CP,[54] a nocividade à saúde ou a redução da atividade terapêutica, cosmética ou saneante do produto é imprescindível à configuração desse crime, em qualquer das suas modalidades.

Pode-se concluir ainda, para melhor ilustrar a premissa supra estabelecida, que o crime de adquirir madeira de vendedor não licenciado, tal qual previsto no art. 46 da Lei 9.605/1998,[55] só se configura quando a procedência da madeira for mesmo incompatível com o aproveitamento sustentável de tal recurso natural. Significa dizer que se por ventura, muito embora não licenciado, o fornecedor da madeira a produz observando um plano sustentável de manejo florestal, não é crime adquirir-lhe o produto, pois dessa forma não se fomenta nenhuma atividade incompatível com o equilíbrio ambiental. Faltaria, afinal, em casos como esse, a tipicidade material, que é indispensável mesmo nos crimes de perigo abstrato.

Não se ignora que alguns bens jurídicos não se concretizam em objetos sensíveis, e que a lesão a eles não tem repercussão física. Trata-se daqueles aos quais Schünemann se refere como bens jurídicos institucionais, em oposição aos bens jurídicos físico-reais, estes por sua vez passíveis de serem «lesionados fisicamente». Segundo Schünemann, os bens jurídicos institucionais são complexos de normas sociais que asseguram a satisfação de uma necessidade básica da sociedade, e cuja persistência depende de que sejam observadas pelos seus membros.[56]

A despeito de defini-los com referência às necessidades coletivas, Schünemann ressalta que os bens jurídicos institucionais não são necessariamente coletivos, podendo ser eventualmente individuais. Dentre os bens jurídicos institucionais coletivos pode-se incluir a moralidade administrativa ou, como propõe Schünemann, a confiança da população na correção ou imparcialidade da administração pública.[57] Pode-se incluir também a fé pública e o pudor público. Já como um bem jurídico institucional individual cita-se, assim como Schünemann, a honra.[58] Fala-se aqui especialmente da honra subjetiva; o decoro, que é a expectativa de respeito que a todo homem é dado nutrir em relação aos demais, pela sua dignidade indistintamente reconhecida no âmbito de uma ordem constitucional democrática.

Para esses bens jurídicos, como Schünemann bem pontua, não faz sentido falar em dano ou em perigo de dano. E, consequentemente, também não faz sentido classificar os crimes contra eles praticados a partir da dicotomia crime de

54. «Art. 273 – Falsificar, corromper, adulterar ou alterar produto destinado a fins terapêuticos ou medicinais: Pena – reclusão, de 10 (dez) a 15 (quinze) anos, e multa.»

55. «Art. 46. Receber ou adquirir, para fins comerciais ou industriais, madeira, lenha, carvão e outros produtos de origem vegetal, sem exigir a exibição de licença do vendedor, outorgada pela autoridade competente, e sem munir-se da via que deverá acompanhar o produto até final beneficiamento: Pena – detenção, de seis meses a um ano, e multa.»

56. SCHÜNEMANN. «La estructurade los delitos de peligro...» In: ______ *et alii. Cuestiones actuales...*, p. 14.

57. *Idem, ibidem*, p. 14.

58. *Idem, ibidem*, p. 14.

dano ou crime de perigo, concreto ou abstrato.[59] Com efeito, o que nega, deprecia ou enfraquece uma instituição não é uma lesão propriamente dita, mas a sua inobservância. É esta, e não a lesão ou o perigo de lesão, o conteúdo de injusto dos crimes que se praticam contra os bens jurídicos institucionais. Pois o objetivo dessas incriminações não é garantir a integridade das condições físico-reais, individuais ou coletivas, do livre desenvolvimento da personalidade, mas o respeito às instituições que se consideram também indispensáveis para assegurá-lo.[60]

No crime de corrupção passiva, por exemplo, a ofensa à moralidade administrativa não se traduz literal ou estritamente em um dano e nem tampouco em um perigo. Em verdade, o emprego corrente dessas expressões para descrevê-la se dá apenas como figura de linguagem; como metáfora. Ressalte-se que nesse sentido metafórico sequer se distingue o dano e o perigo, de modo que ambos os termos podem ser igualmente empregados para traduzir o prejuízo à moralidade administrativa determinado pelo recebimento de vantagem indevida pelo funcionário público em razão de suas funções.

Pois por dano ou por perigo para a moralidade administrativa, o que se exprime não é exatamente uma modificação no mundo exterior que lhe seja prejudicial e nem mesmo o risco de que essa modificação ocorra, mas sim a inobservância da moralidade e o consequente desprestígio para o complexo de normas que a institui. O mesmo se pode dizer sobre as condutas típicas que se praticam contra a fé pública, contra o pudor público ou mesmo contra o decoro. É que a punibilidade delas não se justifica pela lesão ou pelo perigo, indemonstráveis, a esses bens jurídicos, mas pela frustração de uma expectativa normativa, respectivamente, de respeito à verdade ou à legitimidade, de restrição do obsceno à privacidade, ou de reconhecimento da dignidade alheia, por si só considerada merecedora da proteção penal.

Todavia, não se consideram bens jurídicos institucionais os que constituem a ordem socioeconômica, em que pese serem altamente normatizados. Pois o que se protege pelo direito penal, nesse âmbito, não são apenas os complexos de normas que a determinam, mas as suas qualidades devidas segundo essas normas. Ocorre que a estabilidade econômica, a livre concorrência, a arrecadação de tributos, a segurança dos investimentos, o crédito e os recursos para os serviços públicos, dentre outras qualidades da ordem socioeconômica, são circunstâncias sensíveis da vida social, apreciáveis não apenas sob uma perspectiva ética ou jurídica, mas também contábil, sociológica, histórica, demográfica, e inclusive física, que se exprime por referência a produtos ou serviços, bens, dinheiro ou títulos mobiliários.

59. *Idem, ibidem*, p. 14.

60. Segundo Schünemann: *A través de esta reflexión se hace patente, que el objeto de números delitos contra bienes jurídicos coletivos en realidad no es una auténtica lesión, ni la distinción entre lesiones reales y meras puestas en peligro, sino el respecto a las instituciones.* (SCHÜNEMANN. «La estructura de los delitos de peligro...» In: ______ *et alii. Cuestiones actuales...*, p. 14)

Consequentemente, mesmo tendo por objeto bens jurídicos coletivos, a tutela penal da ordem econômica não se desvincula da verificação da idoneidade da conduta para lesar o bem jurídico, isto é, para alterar prejudicialmente as condições da sua fruição coletiva, ou pelo menos não prescinde da demonstração de incompatibilidade entre a conduta concreta, como modelo de comportamento, e a manutenção segura dessas condições. Justamente esse vínculo é o que diferencia a tutela penal de bens jurídicos da mera tutela de funções,[61] estabelecendo parâmetros hermenêuticos para uma aplicação legítima dos crimes de perigo abstrato, que como bem constata Schünemann,[62] correspondem à estrutura modelar do direito penal econômico.

A incriminação constante do art. 16 da Lei 7.492/1986,[63] por exemplo, segundo o qual é punível com pena de um a quatro anos de reclusão quem operar sem a devida autorização uma instituição financeira, tem substância e requisitos diversos conforme se lhe considere como objeto de tutela um legítimo bem jurídico coletivo, como é a estabilidade econômica, ou uma mera função, como é o controle administrativo da existência e do funcionamento das instituições financeiras.

Considera-se esse controle uma mera função, e não um bem jurídico coletivo, porque ele não tem valor em si, absoluto, como o tem a estabilidade econômica para o indivíduo inserido como investidor, empresário, consumidor ou trabalhador numa economia de mercado. O controle das instituições financeiras só vale *em função* da estabilidade econômica e, portanto, na medida em que seja útil para garanti-la. Ocorre que um controle ineficaz, ou desnecessário, não garante em nenhuma medida as condições comunitárias de realização social do homem, mas pelo contrário pode prejudicar essa realização. E sendo assim, o

61. A importância dessa distinção é ressaltada por Sergio Moccia, que considera fundamental «desentranhar» dentre as características desejáveis da ordem econômica, «*las situaciones que podrán dar lugar a objetos de tutela penal de las meras finalidades que, en un contexto jurídico-penal, pueden asumir correctamente la muy distinta función de rationes de tutela, por cuanto estas* (nas palabras de Winfried Hassemer) «*no son bienes jurídicos en sentido tradicional, sino objetivos de organización política, social, económica... El Derecho penal que no protege víctimas, sino funciones». El riesgo de la asunción de esquemas de tutela de funciones radica en transformar el injusto penal en un ilícito de mera transgresión que, en realidad, no cambia, tampoco si el concepto de función se sustituye por el substancialmente equivalente de "bien social", propuesto por acreditada doctrina*» (Moccia, Sergio. De la tutela de bienes a la tutela de funciones: entre ilusiones post modernas y reflujos iliberales. In: Sanchez, Jesus-Maria (ed.). *Política criminal y nuevo derecho penal*: libro homenaje a Claus Roxin, p. 118).

62. «*El segundo elemento característico de la sociedad del riesgo, es la sustitución de los contextos de acción individuales por contextos de acción colectivos, el contacto interpersonal es reemplazado por una forma de comportamiento anónima y estandarizada. Si se proyecta la misión del derecho penal, de garantizar la protección de bienes sociales y se busca en cada caso aquel punto en el que ha de apoyarse la palanca preventiva de las normas jurídicas penales, el tránsito desde el delito de resultado clásico hasta el delito moderno de peligro abstracto prácticamente deriva de la naturaleza de las cosas*» (Schünemann. «La estructura de los delitos de peligro...». In: ______ *et alii. Cuestiones actuales...*, p. 20).

63. «Art. 16. Fazer operar, sem a devida autorização, ou com autorização obtida mediante declaração (Vetado) falsa, instituição financeira, inclusive de distribuição de valores mobiliários ou de câmbio: Pena – Reclusão, de 1 (um) a 4 (quatro) anos, e multa.»

controle administrativo em si, como as funções em geral, só tem valor relativo. E pela relatividade do seu valor, não são objetos dignos da tutela penal, pelo menos enquanto esta se realiza mediante restrição de direitos humanos fundamentais, como o direito à liberdade. Pois o sacrifício de um direito individual, que tem valor absoluto, para proteger um interesse coletivo na manutenção de uma função, cujo valor é relativo, seria uma medida desproporcional, irracional, e como tal ilegítima, porque indigna do homem que a suporta.

Com efeito, quando se toma por objeto de tutela da norma incriminadora prevista no art. 16 da Lei 7.492/1986, a mera função administrativa de controle das instituições financeiras, considera-se objetivamente concretizado o seu correspondente tipo penal pelo mero exercício de alguma das atividades mencionadas no art. 1.º da mesma lei,[64] próprias ou equiparadas às de instituição financeira, sem a devida autorização.[65] Pois a função administrativa de controle é uma instituição jurídica cuja existência depende essencialmente da sua observância e que, portanto, vê-se anulada ou prejudicada pelo simples desrespeito ou burla da licença ou autorização para a atividade financeira. Mas quando se rejeita que a mera função figure como objeto jurídico do crime, torna-se igualmente indispensável para a sua configuração a inadequação da conduta aos padrões de operação do sistema financeiro, de tal modo que se lhe possa considerar, por si só ou como modelo de atuação coletiva, incompatível com o equilíbrio ou a solidez desse sistema, e por isso abstratamente perigosa à estabilidade econômica.

Assim, o administrador de um fundo constituído por caminhoneiros para suportar as despesas decorrentes de eventuais sinistros de trabalho a partir de contribuições mensais dos seus membros não pratica o crime do art. 16 da Lei 7.492/1986, a menos que sejam indeterminados os seus potenciais contribuintes segurados, e a menos que a constituição do fundo não preencha os requisitos mínimos de um seguro regular. Pois do contrário, embora contrarie o controle administrativo das instituições financeiras, tal atividade não compromete o sistema coletivo de compartilhamento dos riscos patrimoniais e, consequentemente,

64. «Art. 1.º Considera-se instituição financeira, para efeito desta lei, a pessoa jurídica de direito público ou privado, que tenha como atividade principal ou acessória, cumulativamente ou não, a captação, intermediação ou aplicação de recursos financeiros (Vetado) de terceiros, em moeda nacional ou estrangeira, ou a custódia, emissão, distribuição, negociação, intermediação ou administração de valores mobiliários.

Parágrafo único. Equipara-se à instituição financeira:

I – a pessoa jurídica que capte ou administre seguros, câmbio, consórcio, capitalização ou qualquer tipo de poupança, ou recursos de terceiros;

II – a pessoa natural que exerça quaisquer das atividades referidas neste artigo, ainda que de forma eventual.»

65. Em sentido contrário, Gustavo Henrique de Souza e Silva considera ilegítima a ampliação do conceito de instituição financeira, na forma do art. 1.º da Lei 7.492/1986, para fins de aplicação da norma penal incriminadora constante do art. 16 do mesmo diploma. Para este autor, o caráter estrito da lei penal, imposto pelo princípio da legalidade, impõe que se restrinja o conceito de instituição financeira para incluir apenas aquelas dedicadas à intermediação de recursos de terceiros, para emprestar a um tomador o recurso aplicado pelo investidor, com objetivo de lucro (Silva, Gustavo Henrique de Souza. *O princípio da legalidade e o direito penal econômico: análise sob a perspectiva do Estado Democrático de Direito*, p. 159 *et seq.*).

tampouco a gestão da estabilidade econômica, seja porque diz respeito apenas ao patrimônio de pessoas determinadas, seja porque atua dentro dos limites do risco permitido, próprio dos serviços de seguro.

Mas se, materialmente, as incriminações de perigo abstrato, voltadas para a tutela de bens jurídicos coletivos, consistem na punibilidade de determinadas condutas por sua incompatibilidade com a manutenção e disposição segura desses bens pelos seus múltiplos titulares, formalmente – como já se afirmou – essas incriminações consistem no estabelecimento de pena para a mera prática de uma determinada conduta proibida ou para a infração dos padrões mediante os quais tal conduta seria permitida.[66] Esse aspecto formal das incriminações de perigo abstrato geralmente se traduz em elementos em branco das leis penais, elementos normativos do tipo e em elementos de valoração global do fato, que vêm justamente estabelecer os fundamentos da ilicitude do comportamento punível, cumprindo nos tipos penais de perigo abstrato o papel que nos crimes de dano é desempenhado em boa medida pelo requisito da causação de um resultado naturalístico e pelos seus correspondentes critérios de imputação.[67]

Ocorre que a proteção penal de bens jurídicos coletivos e a contenção dos riscos coletivos aos bens jurídicos individuais, na sociedade contemporânea, inserem-se numa complexa teia de normas de direito administrativo, que também se encarregam desses papéis. Pois como já antes se observou, o direito penal socioeconômico é um instrumento, subsidiário em relação ao direito administrativo, da gestão estatal daqueles amplos contextos de fruição coletiva dos bens jurídicos individuais, orientado para a promoção e a manutenção das suas qualidades propícias, que são os bens jurídicos coletivos.[68] Cabe principalmente às normas

66. A relação funcional entre a tutela de bens jurídicos coletivos e as leis penais em branco é muito bem apresentada por Doval Pais, ao se manifestar sobre as matérias de regulamentação que mais frequentemente requerem o seu emprego. Assim, nas suas palavras: «*Por lo que se refiere a las materias, se trata, por una parte, de aquéllas a las que aluden bienes jurídicos cuyos conceptos se componen esencialmente por una serie de condiciones normativizadas, es decir, expresadas en otras normas jurídicas. Son, pues, bienes jurídicos altamente formalizados, cuya indemnidad se hace depender del mantenimiento de una serie de condiciones establecidas en términos de «no transgresión» de otras normas (aunque no toda vulneración de estas condiciones dé lugar automáticamente, a una afección con relevancia penal). Los bienes jurídicos de estas características son de naturaleza supraindividual o coletiva; en particular son, además, difusos y carecen, por lo general, de referente individual. Algunos ejemplos de ellos serían el orden socioeconómico, la ordenación del territorio, el medio ambiente y los recursos naturales*» (Doval Pais. Posibilidades y límites…, p. 108).

67. Não por acaso, quando pelo contrário a determinação de um ilícito penal contra bem jurídico coletivo se dá com independência do direito administrativo, o correspondente tipo legal geralmente é integrado por um resultado de dano ou de perigo concreto para o bem jurídico tutelado. Essa correspondência entre a tutela penal de bens jurídicos coletivos com independência do direito administrativo e as incriminações de dano ou de perigo concreto é mencionada também por Costa (Proteção penal..., p. 69) e Guilherme Gouvêa de Figueiredo (*Crimes ambientais à luz do conceito de bem jurídico-penal: (des) criminalização, redação típica e (in) ofensividade*, p. 200-2001).

68. O papel subsidiário do direito penal em relação ao direito administrativo na tutela do meio ambiente é destacado por Luis Greco, para quem: «está claro também, que na estratégia global de tutela ao meio ambiente que o estado tem de desenvolver, o primado é do direito administrativo, com sua rede

de direito administrativo, coordenadas em um sistema complexo de leis, decretos, regulamentos, portarias, circulares, além dos atos administrativos de eficácia individual, fixarem as pautas dessa gestão, estabelecendo obrigações, proibições e permissões de comportamentos individuais, que isolada ou coletivamente repercutem no equilíbrio ambiental, na livre concorrência, na estabilidade econômica, na segurança do tráfego automotivo, na eficiente prestação dos serviços públicos etc.

Essas normas administrativas limitam o alcance e informam o próprio conteúdo das normas penais voltadas à tutela dos bens jurídicos coletivos, como componentes que são de um mesmo sistema; o ordenamento jurídico. E como as leis penais geralmente não comportam toda a gama de variáveis determinantes da ilicitude das condutas que reprimem, segundo a sua regulação administrativa, é corriqueiro que estabeleçam os seus correspondentes tipos por meio de remissões às normas extrapenais, para as quais se prestam justamente os elementos em branco da lei, os elementos típicos normativos e os elementos de valoração global do fato.

Portanto, pode-se afirmar que a criminalização de condutas com independência de um resultado de dano ou de perigo concreto e a referência a normas extrapenais para determinar o fato punível são características peculiares da tutela penal da ordem socioeconômica, determinadas pelo caráter coletivo dos seus objetos ou pela destinação coletiva dessa tutela, as quais se relacionam como as duas faces de uma mesma moeda.

5.2.3 Acessoriedade administrativa e leis penais em branco

A dependência do direito penal em relação ao direito administrativo na tutela de bens jurídicos coletivos ou na tutela coletiva de bens jurídicos individuais, cujas razões se expuseram anteriormente, é geralmente referida pela expressão acessoriedade administrativa.[69] Essa dependência se manifesta de

---

de decretos e portarias, licenças, permissões e autorizações, cabendo ao direito penal apenas um papel flanqueador, acessório, subsidiário» (Greco. «A relação...» *Revista Brasileira...*, p. 153).

69. Cf. Greco. «A relação...» *Revista Brasileira...*, p. 159. Costa, por sua vez, prefere a grafia «assessoriedade», que conota auxílio, assistência, do direito administrativo, na elaboração dos tipos de injustos penalmente relevantes. Pois o termo «acessoriedade», segundo Costa, é tradicionalmente empregado por tributaristas e civilistas para designar a dependência «de um direito em relação ao outro», isto é; uma dependência referida ao direito subjetivo. Por tal conotação estrita, compreender-se-ia por acessoriedade administrativa do direito penal a dependência deste a uma decisão prévia da esfera administrativa (Costa. *Proteção penal...*, p. 66-67). É a dependência que ocorre, conforme reconhece a Súmula Vinculante n. 24, entre o poder dever de punir a sonegação fiscal – o direito penal em sentido subjetivo, portanto – e a decisão administrativa consistente no lançamento definitivo do débito tributário. Ocorre que, como Costa admite, sua preferência terminológica diverge da quase totalidade da doutrina (Costa. *Proteção penal...*, p. 68). Portanto, para justificar a utilização da terminologia consagrada já bastaria o argumento de que a linguagem, especialmente a linguagem técnica, é um tanto arbitrária. Mas, além disso, acredita-se que o fenômeno sob análise pode ser amplamente compreendido sob o signo da dependência, sendo desnecessário o apelo às noções de auxílio ou assistência. Pois a única diferença entre o fenômeno destacado por Costa como acessoriedade propriamente dita, e as remissões ao direito administrativo pela lei penal, a seguir

diversas maneiras. Na perspectiva das normas penais incriminadoras, isto é, do direito penal em sentido objetivo, destacam-se a acessoriedade conceitual, a acessoriedade normativa geral, ou acessoriedade ao direito administrativo, e a acessoriedade normativa individual, ou acessoriedade ao ato administrativo.

A acessoriedade conceitual se verifica quando a lei penal emprega termos ou expressões que designam institutos ou objetos de regulação do direito administrativo, apropriando-se do sentido que este lhes atribui. Um bom exemplo é a determinação do crime previsto no art. 89 da Lei de Licitações (n. 8.666/1993) por meio dos termos «dispensa» e «inexigibilidade» de licitação,[70] que são definidos respectivamente pelas hipóteses previstas nos arts. 24 e 25 da mesma lei, as quais por sua vez são objeto de complexa elaboração hermenêutica e rica jurisprudência. Pois ao mencionar a dispensa ou inexigibilidade de licitação, a norma incriminadora da omissão irregular do procedimento licitatório incorpora ao direito penal toda uma tradição conceitual administrativista, dela extraindo os seus limites próprios nessa seara. O mesmo se dá pela inclusão, no tipo penal estabelecido no art. 39 da Lei 9.605/1998,[71] do elemento «floresta considerada de preservação permanente», que é determinado pelo Código Florestal (Lei 12.651/2012), um típico diploma de direito administrativo, e seus regulamentos.

A acessoriedade ao direito administrativo, ou acessoriedade normativa geral, corresponde à determinação legal dos crimes por meio de remissão às normas gerais de direito administrativo previstas em leis, decretos, portarias, resoluções etc., que independentemente da forma não tenham por destinatários pessoas determinadas ou determináveis. Isso ocorre quando o injusto penal tem entre os seus fundamentos a infração de um imperativo – ordem ou proibição – administrativo, ou quando a própria lei penal afasta as antinomias estabelecendo a norma incriminadora, que é proibitiva, por meio de remissão às normas administrativas permissivas, que a limitam.

Essa forma de acessoriedade ocorre, por exemplo, no art. 14 da Lei 10.826/2003,[72] que incrimina, entre outras modalidades de conduta típica, o porte de arma de fogo com infração de determinação regulamentar. Ocorre também no

---

destacadas no texto, é que aquele corresponde à dependência entre direitos subjetivos e este à dependência entre direitos objetivos.

70. «Art. 89. Dispensar ou inexigir licitação fora das hipóteses previstas em lei, ou deixar de observar as formalidades pertinentes à dispensa ou à inexigibilidade: Pena – detenção, de 3 (três) a 5 (cinco) anos, e multa.

Parágrafo único. Na mesma pena incorre aquele que, tendo comprovadamente concorrido para a consumação da ilegalidade, beneficiou-se da dispensa ou inexigibilidade ilegal, para celebrar contrato com o Poder Público.»

71. «Art. 39. Cortar árvores em floresta considerada de preservação permanente, sem permissão da autoridade competente: Pena – detenção, de um a três anos, ou multa, ou ambas as penas cumulativamente.»

72. «Art. 14. Portar, deter, adquirir, fornecer, receber, ter em depósito, transportar, ceder, ainda que gratuitamente, emprestar, remeter, empregar, manter sob guarda ou ocultar arma de fogo, acessório ou munição, de uso permitido, sem autorização e em desacordo com determinação legal ou regulamentar: Pena – reclusão, de 2 (dois) a 4 (quatro) anos, e multa.»

art. 34 da Lei 9.605/1998,[73] que incrimina a violação da proibição geral, emanada da autoridade administrativa, de pescar em determinados períodos ou em determinados lugares. Ilustram os casos de acessoriedade a normas administrativas permissivas, o art. 292, *caput*, do CP,[74] que incrimina a emissão de título ao portador sem permissão legal, e o art. 22, parágrafo único, da Lei 7.492/1986,[75] que incrimina a promoção da saída de moeda ou divisa para o exterior sem autorização legal.

Quando, porém, a lei penal se refere a normas permissivas de eficácia individual, estabelecidas por atos administrativos destinados a pessoas determinadas ou determináveis, para estabelecer os limites do fato punível, dá-se a acessoriedade normativa individual, ou acessoriedade ao ato administrativo.[76] Como exemplos, podem-se citar as referências às autorizações, permissões especiais ou licenças, que funcionam como elementos negativos do tipo nas incriminações das atividades financeiras, no art. 16 da Lei 7.492/1986; do corte de árvores em floresta de preservação permanente, no art. 39 da Lei 9.605/1998; do porte de armas, no art. 14 da Lei 10.826, ou da construção em solo não edificável, no art. 64 da Lei 9.605/1998.[77]

Esta forma de acessoriedade das incriminações se presta a uma estratégia estatal de proteção ao bem jurídico por meio do controle administrativo individual das condutas que intervém ou conformam o contexto qualificado por tal bem. Assim o controle que se exerce sobre a prestação se serviços financeiros, em nome da estabilidade do sistema, sobre o corte de árvores, em nome da manutenção do equilíbrio do bioma florestal, sobre o porte de armas, em nome da incolumidade pública, sobre as intervenções arquitetônicas em áreas não edificáveis, em nome da preservação do patrimônio cultural etc.

A ocorrência, a frequência e o conteúdo da acessoriedade administrativa dependem do tipo de relação legalmente estabelecida entre o direito penal e o

73. «Art. 34. Pescar em período no qual a pesca seja proibida ou em lugares interditados por órgão competente: Pena – detenção de um ano a três anos ou multa, ou ambas as penas cumulativamente.»

74. «Art. 292. Emitir, sem permissão legal, nota, bilhete, ficha, vale ou título que contenha promessa de pagamento em dinheiro ao portador ou a que falte indicação do nome da pessoa a quem deva ser pago: Pena – detenção, de um a seis meses, ou multa.»

75. «Art. 22. Efetuar operação de câmbio não autorizada, com o fim de promover evasão de divisas do País: Pena – Reclusão, de 2 (dois) a 6 (seis) anos, e multa.

Parágrafo único. Incorre na mesma pena quem, a qualquer título, promove, sem autorização legal, a saída de moeda ou divisa para o exterior, ou nele mantiver depósitos não declarados à repartição federal competente.»

76. Considerando que por ato administrativo compreendem-se no Brasil também aqueles de eficácia geral, como os decretos, portarias, resoluções etc., Greco prefere designar a forma de acessoriedade em referência como acessoriedade ao ato administrativo individual, em oposição à acessoriedade ao ato administrativo geral (Greco. «A relação...» *Revista Brasileira...*, p. 160-161).

77. «Art. 64. Promover construção em solo não edificável, ou no seu entorno, assim considerado em razão de seu valor paisagístico, ecológico, artístico, turístico, histórico, cultural, religioso, arqueológico, etnográfico ou monumental, sem autorização da autoridade competente ou em desacordo com a concedida: Pena – detenção, de seis meses a um ano, e multa.»

direito administrativo, que pode ser, segundo classificação atribuída a Günter Heine,[78] de absoluta independência, absoluta dependência, ou dependência relativa.

A absoluta independência se caracteriza pela determinação do conteúdo da proibição pela lei penal sem remissão ao direito administrativo. Geralmente, para tanto, como bem observa Costa em relação aos crimes ambientais, torna-se imprescindível a inclusão no tipo de um resultado de dano ou de perigo concreto.[79] Pois salvo nos casos de delito acumulativo, a ofensividade característica dos crimes de perigo abstrato dificilmente se consignaria na lei à míngua de remissões normativas. No modelo legislativo de absoluta independência penal, admite-se a ocorrência da acessoriedade apenas para limitar o alcance da proibição contida na norma incriminadora, pela ressalva expressa de eventuais permissões administrativas.[80]

A absoluta dependência, por sua vez, consiste na imposição de pena para ilícitos integralmente determinados pelo direito administrativo. Corresponde a este modelo, a criminalização de condutas simplesmente pela sua desconformidade à norma administrativa e, portanto, com independência das suas características e circunstâncias concretas. São suas expressões, portanto, os crimes de mera desobediência, cujo conteúdo de injusto se resume à infração das pautas de conduta impostas pela administração em função da tutela de um determinado bem jurídico, sem que a esta infração se some uma ofensa ao próprio bem jurídico.

Trata-se de um modelo evidentemente ilegítimo de direito penal, que sacrifica direitos individuais fundamentais, como a liberdade, em nome da tutela das atividades administrativas, em geral de controle, que não são verdadeiros bens jurídicos, mas meras funções.[81] Como já se consignou, a intervenção penal, como medida extrema de proteção a bens jurídicos, não se justifica apenas pela contrariedade entre uma conduta e a norma administrativa estabelecida para a proteção de um bem, mas também necessariamente pela contrariedade entre essa mesma conduta e o próprio bem, que se manifesta como uma lesão, um perigo concreto de lesão, ou uma fundada insegurança sobre a sua manutenção ou sobre a disposição coletiva do bem, em face da conduta.

78. Cf. Costa. *Proteção penal...*, p. 68; Figueiredo. *Crimes ambientais...*, p. 199-200.

79. Costa. *Proteção penal...*, p. 68-69.

80. Cf. Figueiredo. *Crimes ambientais...*, p. 200-201; Costa. *Proteção penal...*, p. 69.

81. Figueiredo identifica com frequência na legislação penal ambiental, tipos penais correspondentes a este modelo, e os denuncia criticamente, afirmando que «concretamente, grande parte dos ilícitos típicos que compõem o núcleo do direito penal do ambiente se resumiriam a ilícitos de "mera desobediência", em dissintonia com o princípio da ofensividade e voltados para a proteção, não de autênticos bens jurídicos, mas da própria função administrativa de proteção do ambiente, enquanto instrumento político-institucional de "governo" e contenção das atividades poluentes» (Figueiredo. *Crimes ambientais...*, p. 203-204). Também Costa ressalta a ilegitimidade do modelo de dependência absoluta do direito penal em relação ao administrativo, «já que a atividade administrativa, em si, não é um bem jurídico tutelável pelo direito penal. Falta-lhe a necessária relação com a pessoa humana, sem a qual não é possível proteger penalmente o meio ambiente» (Costa. *Proteção penal...*, p. 70).

Por isso não se admite em uma ordem constitucional fundada na dignidade da pessoa humana, como a brasileira (art. 1.º, III, da CF/1988), a validade de outros crimes de mera desobediência, para além daquele previsto no art. 330 do CP, que ofende a autoridade dos agentes públicos no legítimo exercício de suas funções e, consequentemente, a própria administração pública.[82] Muito embora se constate que a desobediência aos padrões de conduta administrativamente fixados é um elemento frequente nos tipos penais que se pratica contra bens jurídicos coletivos, especialmente nos crimes de perigo abstrato não cumulativos, a desobediência por si só não deve exaurir o conteúdo de um injusto penalmente relevante, que há de envolver também a ofensividade da conduta proibida ao bem jurídico tutelado.

Uma interpretação constitucionalmente orientada dos tipos penais de mera atividade estabelecidos a partir de leis penais em branco impõe que se lhes reconheça sempre, como elemento, a ofensa ao bem jurídico.[83] E por ofensa compreende-se, então, pelo menos a insegurança gerada pela conduta, por suas características e circunstâncias concretas, para a manutenção ou disposição coletiva do bem jurídico.

Equivale a dizer, nos casos de acessoriedade normativa individual, que a falta da licença para a conduta descrita no tipo só o configura quando a conduta concretamente praticada, por suas características imanentes ou por suas peculiares circunstâncias, for incompatível com a segura manutenção do bem jurídico. Assim, um grupo de pesquisadores universitários que apanha um exemplar de ave migratória para observação em laboratório, sem antes obter a licença da autoridade competente, pratica apenas um ilícito administrativo, mas não o crime

82. A legitimidade da tutela penal da administração pública, que se reconhece com um valor atrelado à moralidade, probidade e eficiência na execução do direito público, é afirmada também por Juarez Tavares, quando se expressa especificamente sobre a administração da justiça. Segundo este autor: «*Está claro, además, que en relación con la complejidad de la vida, algunas funciones se van materializando de tal modo que sus variables pueden constituir una realidad, no solo puramente normativa, sino irreducible a simples dimensiones, cosa que las torna indispensables para la existencia del Estado o del proprio individuo. Eso ocurre, por ejemplo, con la administración de justicia, que es hoy una función indeclinable de un Estado democrático. La característica de esta función de servir, indistintamente, a todos, en el sentido de la universalidad y su vinculación con la propia estructura del Estado, le da estabilidad y la convierte en bien jurídico, porque se constituye en un valor de la persona humana*» (Tavares. *Bien jurídico...*, p. 65).

83. Por tipos penais de mera atividade se compreendem aqueles cuja consumação coincide com o último ato compreendido pela realização da conduta típica e que, portanto, não requerem qualquer resultado «separável» desta conduta (Roxin. *Derecho penal...*, p. 328). Como se vê, essa classificação pressupõe uma concepção naturalista do resultado, que o compreende como uma modificação no mundo exterior, ontologicamente distinta da conduta, que a ela se relaciona apenas pelo nexo de causalidade. Diversamente, quando se fala em crimes de dano ou em crimes de perigo, toma-se por base uma concepção normativa do resultado, então compreendido como ofensa ao bem jurídico. Neste ponto do texto, fala-se em tipos penais de mera atividade, e não em crimes de perigo, para não incorrer em uma tautologia, definindo o sujeito em função do predicado. Afinal, afirma-se que também esses crimes compreendem ofensa a um bem jurídico. Assim, por referência aos tipos penais de mera atividade estabelecidos a partir de leis penais em branco, destacam-se desde uma perspectiva exclusivamente formal, como deve ser, aqueles tipos de crime de cujo conteúdo se fala.

previsto no art. 29 da Lei 9.605/1998,[84] se pelas finalidades do experimento, pela qualificação da equipe e pelos procedimentos empregados, os cooperadores na captura preencherem todos os requisitos para a terem franqueada.

Essa orientação é justamente a que caracteriza um modelo de relativa dependência do direito penal em relação ao direito administrativo.[85] Por esse modelo, harmoniza-se o direito penal socioeconômico com a rica normatização administrativa dos contextos qualificados pelos bens jurídicos coletivos e viabiliza-se uma proteção penal desses bens aberta à ponderação de interesses, a partir da qual se valoram as condutas que repercutem sobre bens jurídicos coletivos como o meio ambiente ou a ordem econômica.

Ocorre, por exemplo, que determinadas intervenções em áreas de preservação ambiental permanente ou uma fusão de empresas que atuam em certo mercado relevante, em princípio prejudiciais ao meio ambiente e à livre concorrência, respectivamente, podem ser valiosas, pela melhoria da qualidade de vida da população ou pelo desenvolvimento econômico que acarretam. E nesses casos, incriminações totalmente indiferentes às permissões administrativas seriam intoleráveis, pois desconsiderariam a complexidade das matérias que regulam e se oporiam a conveniências legítimas e muitas vezes democraticamente consagradas. Mas ao mesmo tempo, por ser apenas relativa, a dependência entre o direito penal e o direito administrativo, preservam-se na determinação do fato punível os seus requisitos formais e materiais peculiares, dentre eles o da ofensividade.[86]

Como já se consignou, a relativa dependência entre o direito penal e o direito administrativo na tutela de bens jurídicos coletivos e a consequente acessoriedade administrativa dos tipos, bem como das normas penais para tanto concebidas, é a razão essencial da ocorrência endêmica de leis penais em branco no direito penal socioeconômico. Não obstante, nem toda manifestação formal da acessoriedade administrativa representa uma lei penal em branco. Segundo os pressupostos conceituais inicialmente estabelecidos, estas só ocorrem nos casos de acessoriedade normativa, geral ou individual, quando o injusto penal tem por requisito a infração de um imperativo; ordem ou proibição extrapenal.

84. «Art. 29. Matar, perseguir, caçar, apanhar, utilizar espécimes da fauna silvestre, nativos ou em rota migratória, sem a devida permissão, licença ou autorização da autoridade competente, ou em desacordo com a obtida: Pena – detenção de seis meses a um ano, e multa.»

85. Segundo Costa, tratando especificamente do direito penal ambiental: «o modelo de relativa dependência se vale do direito administrativo para fixar algumas condições do tipo penal, mas elas não são suficientes, isoladamente, para determinar a tipicidade objetiva. Além do descumprimento de normas administrativas, a conduta deve ser apta a colocar em perigo ou lesionar o bem jurídico meio ambiente. No plano subjetivo, não se deve olvidar que tais elementos administrativos contidos no tipo penal são elementos típicos essenciais, que precisam ser abarcados pelo dolo» (Costa. *Proteção penal...*, p. 70-71).

86. Como bem ressalta Figueiredo: «é preciso ter em conta que existem distintas formas de acessoriedade administrativa, devendo-se optar por aquela que confira ao direito penal condições de disponibilizar uma proteção destacada, capaz de satisfazer as exigências político-criminais – e também aquelas que surgem de um ponto de partida especificamente dogmático –, que distinguem o "penal" dos outros ramos do direito, especialmente do direito administrativo» (Figueiredo. *Crimes ambientais...*, p. 197).

Com efeito, a acessoriedade conceitual não acarreta elementos em branco para as leis penais, mas sim elementos normativos do tipo, de conteúdo jurídico administrativo. Afinal, o que distingue os elementos em branco das leis penais, dos elementos normativos do tipo é a referência que aqueles fazem ao conteúdo imperativo de uma norma extrapenal, legal ou regulamentar, estabelecida por ato diverso da própria lei penal, sem remissão à qual não se extrai da lei um comando dotado de sentido.

Os elementos em branco das leis penais não integram diretamente o tipo porque os preceitos aos quais se referem, sem, contudo, estabelecer, não podem ser por meio deles designados. Quando, por sua vez, um termo ou expressão legal qualquer conota um fato institucional, de modo que a remissão a outras normas se impõe apenas para determinar-lhe a precisa significação, esses termos integram por si só o tipo, que a partir deles se constrói formalmente. São, portanto, elementos normativos do tipo, e não elementos em branco da lei penal.

Também não importam em leis penais em branco os casos de acessoriedade a atos administrativos individuais permissivos. Pois como as normas individuais permissivas não estabelecem, mas apenas excepcionam a proibição, ao mencioná-las, a lei penal incriminadora não se refere ao seu conteúdo, mas apenas à sua prolação ou vigência, como uma circunstância excludente da tipicidade. Essa circunstância, plenamente designada por expressões como «permissão», «autorização» ou «licença», do órgão ou autoridade competente, integra diretamente o tipo, como um elemento normativo de caráter negativo. Pois ao contrário dos elementos em geral do tipo, sua presença exclui a tipicidade do fato.

São, portanto, elementos normativos do tipo, a falta de autorização para operar instituição financeira, no crime do art. 16 da Lei 7.492/1986;[87] de permissão para cortar árvores em floresta de preservação permanente, no crime do art. 39 da Lei 9.605/1998;[88] de licença para introduzir espécime animal no país, no crime do art. 31 da Lei 9.605/1998;[89] e também a falta de autorização legislativa para contratar operação de crédito em favor de ente público, no crime do art. 359A do CP,[90] por exemplo. E sendo assim, quem pratica as condutas descritas nesses dispositivos, supondo equivocadamente possuir autorização, permissão ou

87. «Art. 16. Fazer operar, sem a devida autorização, ou com autorização obtida mediante declaração (Vetado) falsa, instituição financeira, inclusive de distribuição de valores mobiliários ou de câmbio: Pena – Reclusão, de 1 (um) a 4 (quatro) anos, e multa.»

88. «Art. 39. Cortar árvores em floresta considerada de preservação permanente, sem permissão da autoridade competente: Pena – detenção, de um a três anos, ou multa, ou ambas as penas cumulativamente.»

89. «Art. 31. Introduzir espécime animal no País, sem parecer técnico oficial favorável e licença expedida por autoridade competente: Pena – detenção, de três meses a um ano, e multa.»

90. «Art. 359-A. Ordenar, autorizar ou realizar operação de crédito, interno ou externo, sem prévia autorização legislativa: (Incluído pela Lei n. 10.028, de 2000) Pena – reclusão, de 1 (um) a 2 (dois) anos. (Incluído pela Lei n. 10.028, de 2000)" Como esclarece Bitencourt, a autorização legislativa à qual este dispositivo legal se refere é uma norma individual e concreta, emitida pelo Poder Legislativo ao ente público, como requisito para contratação de operação de crédito, nas hipóteses em que a lei condiciona tal ato ao controle externo do Senado Federal, das Assembleias Legislativas ou das Câmaras Municipais, conforme o caso. Não se confunde, pois, com autorização legal, que "é aquela decorrente de um texto legal,

licença válida, que em verdade não lhe tenha sido concedida, atua em erro de tipo, e consequentemente sem dolo, nos termos do art. 20 do CP.

5.3 O CONTEÚDO DOS TIPOS DEFINIDOS POR LEI PENAL EM BRANCO E A NATUREZA DO ERRO QUANTO AO DEVER ESTABELECIDO PELA NORMA COMPLEMENTAR

5.3.1 O problema da substituição ou inclusão no tipo, do dever extrapenal referido pelas leis penais em branco

Como se consignou no capítulo precedente, os tipos correspondentes às leis penais em branco ganham forma a partir da integração do dispositivo legal pelas normas extrapenais que o complementam. Mas os tipos resultantes dessa leitura conjunta, a princípio e desde uma perspectiva puramente semântica, podem ou não ser integrados pelo dever estabelecido na norma complementar. Pois o conteúdo da proibição penal imposta por uma lei penal em branco, por remissão a um imperativo extrapenal que lhe complementa o sentido, pode ser traduzido por menção expressa a esse imperativo, como também exclusivamente a partir das circunstâncias da conduta que o contraria.

Por exemplo, a conduta incriminada no art. 34, *caput*, da Lei 9.605/1998 – «Pescar em período no qual a pesca seja proibida ou em lugares interditados por órgão competente» – a partir da complementação por uma das normas administrativas às quais o dispositivo se reporta, pode ser definida como desobediência à proibição do órgão competente, de pescar no Rio Araguaia entre 1.º de novembro e 28 de fevereiro, ou simplesmente como a pesca no Rio Araguaia, entre 1.º de novembro e 28 de fevereiro.

Corresponde à primeira hipótese um tipo penal no qual a desobediência caracteriza a conduta incriminada, que pode ser formulado nos seguintes termos: «Pescar no Rio Araguaia entre 1.º de novembro e 28 de fevereiro, contrariando a proibição do órgão competente». Nesse caso, como se vê, o preenchimento do elemento em branco da lei penal, para a conformação do tipo, não dispensa a menção ao comando extrapenal desobedecido, que é incorporado como elemento do próprio tipo.

Já se partimos da segunda hipótese, diríamos que o tipo penal correspondente ao artigo 34, *caput,* da Lei 9.605/1998 não incorpora o comando extrapenal infringido, mas apenas os pressupostos fáticos da sua infração. Teríamos, então, um tipo mais simples, com a seguinte configuração: «Pescar no Rio Araguaia, entre 1.º de novembro e 28 de fevereiro». Neste, a conduta nuclear, «pescar», é caracterizada apenas por elementos espaciais e temporais, de natureza descritiva; não mais pela contrariedade ao comando extrapenal. Desse modo, a conduta

---

previamente existente, com caráter genérico e permanente, não exigindo um ato específico do parlamento» (BITENCOURT, César Roberto. *Tratado de direito penal*: parte especial, vol. 5, p. 462).

punível já não é a desobediência à norma ambiental, ao defeso da pesca, mas à pesca em si, por ter sido praticada em determinado local e período.

Assim, por serem pelo menos dois os sentidos possíveis da proibição imposta por uma lei penal em branco, o mero argumento semântico não decide qual é o conteúdo do tipo que lhe corresponde, sendo indispensável para tanto recorrer às razões sistemáticas, jurídico-penais, que o informam.

Pois bem, considerando que o tipo contém todos os fundamentos positivos do ilícito penalmente relevante, como sua *ratio essendi*, e que a relevância penal de uma conduta é condicionada à sua contrariedade a um bem jurídico, pode-se afirmar que integram necessariamente o tipo as circunstâncias determinantes dessa contrariedade. E considerando que os injustos dolosos se caracterizam materialmente como uma decisão injusta do autor, contrária ao bem jurídico,[91] o conteúdo próprio dos tipos penais correspondentes às leis penais em branco incluirá o dever extrapenal infringido, desde que o conhecimento dessa infração seja indispensável para indicar ao autor a ofensividade, ou o sentido social,[92] da sua conduta.

Pode-se afirmar, portanto, que a pertinência a um tipo de injusto determinado por lei penal em branco, do dever extrapenal estabelecido pela norma complementar, dependerá da necessidade de menção à infração desse dever para que tal tipo adquira o sentido objetivo de uma ofensa ao bem jurídico. E essa necessidade varia conforme a existência, na lei penal em branco, de qualidades da conduta incriminada capazes de indicar por si só, a sua ofensividade.

Não se deve levar em conta, para tanto, as características conferidas à conduta incriminada pelas normas extrapenais complementares, por meio da leitura conjunta. Pois como o poder punitivo brota exclusivamente da lei penal (art. 1.º do CP), só nela mesma se podem encontrar os pressupostos determinantes da decisão soberana de tornar punível uma conduta. E sendo assim, embora os tipos correspondentes às leis penais em branco sejam também integrados por elementos determinados pelas normas complementares, os pressupostos fundamentais, a essência objetiva e subjetiva destes, como de todo tipo penal, são os elementos definidos pela própria lei punitiva.

Os elementos incorporados ao tipo pela norma complementar não fundamentam, mas apenas limitam o poder punitivo. Por isso é a lei penal em branco, e não as normas extrapenais complementares, que determina se o fato punível envolverá ou não uma desobediência ou insubordinação conscientes ao dever extrapenal. E sendo assim, não dependerá dos pressupostos dessa infração, estranhos ao ato legislativo, a pertinência ou não do dever extrapenal ao tipo.

Voltando ao exemplo inicial, pode-se afirmar desde logo que o caráter defeso ou a proibição administrativa da pesca é elemento do tipo penal corres-

91. Cf. Frisch. «El error...» In: _____ *et alii*. *El error...*, p. 72-73.

92. Conforme Roxin, para quem o dolo *«está concebido, desde la perspectiva del saber, como conocimiento del sentido social, no de la prohibición jurídica»* (Roxin. *Derecho penal...*, p. 463).

pondente ao mencionado art. 34, *caput*, da Lei 9.605/1998. Pois o simples ato de pescar, mencionado na lei, não significa uma ofensa ao equilíbrio ambiental e nem tampouco à fauna. Pelo contrário, pescar é uma das formas mais naturais de relação do homem com o meio ambiente. A pesca em si é um valor, tanto na perspectiva individual, da saúde, quanto coletiva, da economia.

A ofensividade que pode decorrer da pesca está relacionada a condições específicas, como a sua prática no período de reprodução dos peixes ou em lugares especialmente protegidos da atividade pesqueira, pela necessidade de excepcional proteção ambiental. Nesses casos, a pesca pode comprometer a recuperação de um ecossistema degradado, a proteção de espécies endêmicas ameaçadas de extinção, ou ameaçar a conservação das qualidades de um sítio de excepcional valor paisagístico ou ecológico. A lei penal, contudo, não menciona nenhuma dessas circunstâncias, pelo menos não ao estabelecer a forma básica do crime em referência. O *caput* do art. 34 da Lei 9.605/1998 dispõe apenas que será punível a pesca praticada no período proibido ou em local interditado pela autoridade administrativa.

Daí se conclui que o injusto típico estatuído por este dispositivo legal não é simplesmente uma determinada conduta (pesca) ofensiva à fauna aquática, mas também e preliminarmente a infração de um dever extrapenal orientado à proteção da fauna aquática. Pois embora a ofensividade seja uma condição do caráter penalmente relevante da conduta, tudo o que a lei diz sobre a pesca típica é que ela contraria uma proibição administrativa. E como apenas essa contrariedade é que indica, desde os parcos termos legais, o desvalor, o significado social ou a ofensividade da conduta incriminada, pode-se dizer que o dispositivo analisado incrimina a desobediência, ofensiva à fauna aquática, das restrições à pesca emanadas pelos órgãos de proteção ambiental.

Essa desobediência é, portanto, ao lado das suas condições objetivas, um pressuposto do fato punível previsto no art. 34, *caput*, da Lei 9.605/1998 e, como tal, um elemento constitutivo do tipo correspondente. E sendo assim, esse injusto penal requer mais do que a vontade de pescar em determinado tempo e lugar; requer a decisão de desobedecer ao defeso ou à interdição da pesca estabelecidos pelo órgão ambiental competente. Por isso, não apenas o erro quanto ao rio ou quanto à data na qual se pesca, mas também a ignorância quanto à proibição de pescar no rio Araguaia, ou o equívoco quanto aos limites temporais dessa proibição excluem o dolo, nos termos do art. 20, *caput*, do CP.

5.3.2 A função dos elementos em branco da lei penal na definição dos crimes de dano e de perigo concreto

O mesmo não se pode dizer do tipo penal correspondente ao art. 26 da Lei 6.453/1977, segundo o qual é punível com reclusão de dois a oito anos, quem «Deixar de observar as normas de segurança ou de proteção relativas à instalação nuclear ou ao uso, transporte, posse e guarda de material nuclear, expondo a perigo a vida, a integridade física ou o patrimônio de outrem». Pois a própria lei penal em branco inclui diretamente no tipo a criação de um perigo concreto para a vida, a integridade física ou o patrimônio de outrem, como consequência da manutenção de uma instalação nuclear, ou do uso, transporte, posse e guarda de material nuclear, sem as devidas precauções.

Com efeito, é dispensável a menção ao dever extrapenal infringido – as normas de proteção e segurança relativas a uma instalação nuclear – para que o tipo penal correspondente ao art. 26 da Lei 6.453/1977 conote uma ofensa à incolumidade pública. Não há mais clara ilustração de uma ofensa dessa natureza, do que a criação de um perigo concreto à vida, a integridade física ou ao patrimônio de outrem, pelo uso, transporte ou guarda de material nuclear, independentemente das demais circunstâncias, naturais ou normativas, do tipo em referência.

Também no crime de dano previsto no dispositivo legal em branco do art. 54, § 2.º, V, da Lei 9.605/1998,[93] consistente em provocar poluição ambiental por lançamento de resíduos sólidos, líquidos ou gasosos, em desacordo com as exigências estabelecidas em lei ou em regulamentos, o sentido social da conduta incriminada já é conferido pela descrição legal do seu resultado – poluição ambiental – e, portanto, independentemente de menção ao dever extrapenal infringido por quem a pratica.

Ocorre que nos crimes de perigo concreto, que se caracterizam pela exposição do bem jurídico a uma situação crítica, na qual a manutenção da sua integridade fica sujeita à mera casualidade, e também nos crimes de dano, que se caracterizam pela causação de uma lesão ao bem jurídico, a ofensividade da conduta se revela com independência da infração de uma norma extrapenal eventualmente concorrente para a composição do tipo. Pois nessas estruturas de crime, o resultado de dano ou de perigo concreto mencionados pela lei são suficientes para conferir ao tipo o necessário sentido de uma ofensa.

Quando os crimes de dano ou de perigo concreto são definidos por leis penais em branco, a infração do dever extrapenal cumpre uma função meramente limitadora, mas não fundamentadora do injusto. Nesses casos, a remissão legal à norma complementar serve apenas para preencher o sentido da proibição, determinando as circunstâncias nas quais é punível a causação do dano ou a criação do perigo concreto para o bem jurídico tutelado. E como essa função é plenamente desempenhada pelos pressupostos da sua infração, nega-se que o tipo seja integrado também pelo próprio dever extrapenal infringido.

Ora, se a lei penal em branco já contém elementos significativos da ofensividade da conduta punível, como são os resultados de dano ou de perigo concreto, há de se afastar a integração do tipo correspondente também pelo próprio dever extrapenal infringido por quem o pratica. Pois se os dois conteúdos

93. «Art. 54. Causar poluição de qualquer natureza em níveis tais que resultem ou possam resultar em danos à saúde humana, ou que provoquem a mortandade de animais ou a destruição significativa da flora: [...] § 2.º Se o crime: [...] V – ocorrer por lançamento de resíduos sólidos, líquidos ou gasosos, ou detritos, óleos ou substâncias oleosas, em desacordo com as exigências estabelecidas em leis ou regulamentos: Pena – reclusão, de um a cinco anos.»

possíveis da lei penal em branco – a incriminação de uma conduta definida em contraste com a norma complementar, ou a punibilidade da desobediência ao dever imposto pela norma complementar – exprimem igualmente a ofensividade do fato punível, o tipo corresponderá, segundo a sua função sistemática, àquele que se formula sem expressa menção ao dever extrapenal infringido.

Com efeito, o distinto tratamento conferido pelo direito brasileiro ao erro de tipo (art. 20, *caput*, do CP), em face do erro de proibição (art. 21 do CP), pressupõe a separação sistemática entre as características determinantes da incriminação de uma conduta e a valoração dessa conduta como ilícita. O Código consagra a tese de que a responsabilidade do agente pelo injusto doloso se baseia fundamentalmente na sua consciência de praticar uma conduta socialmente danosa, e por isso se impõe mesmo quando o agente desconheça a proibição de praticá-la, salvo quando esse desconhecimento lhe seja inevitável.

E sendo assim, a proibição em si da conduta incriminada só pode ser considerada elemento do tipo quando nela mesma residir a razão determinante da incriminação, isto é, quando o desvalor social dessa conduta não derivar apenas e diretamente das suas características imanentes, mas também e imediatamente da sua contrariedade a normas extrapenais, orientadas à proteção do bem jurídico. É o que ocorre, como se demonstrou, no tipo correspondente à disposição penal em branco prevista no art. 34, *caput*, da Lei 9.605/1998. Pois ali a proibição administrativa da pesca figura como o sinal que confere ao ato de pescar em determinado lugar e tempo, o significado social de uma ofensa à fauna aquática, legitimando a reprovação do pescador por ter colocado em prática uma decisão injusta, contrária ao bem jurídico.

Já as normas de segurança ou de proteção relativas à instalação nuclear, por serem dispensáveis para exprimir a ofensividade da conduta incriminada no art. 26 da Lei 6.453/1977, não integram o tipo penal correspondente. E sendo assim, quem erra sobre a existência ou o conteúdo delas incorre em mero erro de proibição. Melhor ilustrando, o desconhecimento da obrigatoriedade de um procedimento cautelar, ou o equívoco quanto à extensão do dever de cautela no manejo de material nuclear, não será relevante para excluir o dolo, mas apenas para a apreciação da culpabilidade. Só haverá erro de tipo, excludente do dolo, se o agente desconhece, por exemplo, a idoneidade da sua conduta para incrementar o risco de um acidente nuclear, ou se supõe ter tomado uma precaução obrigatória na manutenção do reator, que em verdade não foi devidamente executada. Integram, afinal, o tipo, como suas formas alternativas, as omissões das cautelas obrigatórias, mas não a obrigatoriedade dessas cautelas.

Pelas mesmas razões, integram o tipo do crime de poluição (art. art. 54, § 2.º, V, da Lei 9.605/1998), limitando o alcance da proibição, as circunstâncias fáticas da conduta que contrariam as exigências legais ou regulamentares sobre lançamento de resíduos no ambiente, mas não essas exigências em si. Então o desconhecimento, pelo agente, da obrigação administrativamente imposta de limitar a emissão de determinados gases pela sua fábrica, ou de tratar os efluentes líquidos desta, será mero erro de proibição, indiferente para o dolo. Mas haverá erro de tipo, por exemplo, quando o agente desconhecer a eficácia poluente da sua conduta ou quando ele se equivocar sobre a concentração de um determinado gás tóxico na fumaça expelida das chaminés da sua fábrica, supondo que os seus filtros estivessem funcionando adequadamente.

5.3.3 O problemático papel do elemento em branco da lei penal na determinação dos tipos de injusto de perigo abstrato

A previsão de um resultado de dano ou de perigo na lei penal em branco não é, contudo, uma condição necessária para se considerar que o dever extrapenal será alheio ao tipo correspondente. Pois a lei penal em branco, mesmo não prevendo o dano ou o perigo concreto provocado pela conduta típica, pode abarcar outras qualidades e circunstâncias desta por si só indicativas da sua contrariedade ao bem jurídico e, assim, capazes de conferir ao fato incriminado o conteúdo próprio de um injusto.

Consequentemente, o dever extrapenal infringido pelo sujeito ativo poderá ficar de fora também de alguns tipos de perigo abstrato definidos por leis penais em branco. Tal ocorre quando o objeto material, o instrumento ou outras circunstâncias típicas, por suas próprias características, conotam a relevância da conduta para o bem jurídico e os custos sociais da sua prática.

É o que se verifica, por exemplo, nos tipos dos delitos de posse ou porte ilegal de arma de fogo, previstos nos arts. 12; 14, *caput*; e 16, *caput*, todos da Lei 10.826/2003,[94] e de tráfico ilícito de drogas, previsto no art. 33, *caput*, da Lei 11.343/2006,[95] ambos definidos por leis penais em branco. Pois mesmo sendo delitos de simples atividade e de perigo abstrato, as propriedades essenciais de seus respectivos objetos materiais, «arma de fogo» e «droga», são suficientes para conferir significado social à conduta de portá-los ou vendê-los. Com efeito, os instrumentos especialmente destinados ao ataque ou à defesa, que arremessam projéteis empregando a força expansiva de gases gerados pela combustão

94. «Art. 12. Possuir ou manter sob sua guarda arma de fogo, acessório ou munição, de uso permitido, em desacordo com determinação legal ou regulamentar, no interior de sua residência ou dependência desta, ou, ainda no seu local de trabalho, desde que seja o titular ou o responsável legal do estabelecimento ou empresa: Pena – detenção, de 1 (um) a 3 (três) anos, e multa. [...] Art. 14. Portar, deter, adquirir, fornecer, receber, ter em depósito, transportar, ceder, ainda que gratuitamente, emprestar, remeter, empregar, manter sob guarda ou ocultar arma de fogo, acessório ou munição, de uso permitido, sem autorização e em desacordo com determinação legal ou regulamentar: Pena – reclusão, de 2 (dois) a 4 (quatro) anos, e multa. [...] Art. 16. Possuir, deter, portar, adquirir, fornecer, receber, ter em depósito, transportar, ceder, ainda que gratuitamente, emprestar, remeter, empregar, manter sob sua guarda ou ocultar arma de fogo, acessório ou munição de uso proibido ou restrito, sem autorização e em desacordo com determinação legal ou regulamentar: Pena – reclusão, de 3 (três) a 6 (seis) anos, e multa.»

95. «Art. 33. Importar, exportar, remeter, preparar, produzir, fabricar, adquirir, vender, expor à venda, oferecer, ter em depósito, transportar, trazer consigo, guardar, prescrever, ministrar, entregar a consumo ou fornecer drogas, ainda que gratuitamente, sem autorização ou em desacordo com determinação legal ou regulamentar: Pena – reclusão de 5 (cinco) a 15 (quinze) anos e pagamento de 500 (quinhentos) a 1.500 (mil e quinhentos) dias-multa.»

ameaçam a incolumidade pública, assim como são perigosas para a saúde as substâncias psicoativas que causam dependência.

Partindo desse pressuposto, afirma-se que os tipos do delito de tráfico de drogas e de posse ou porte ilegal de arma de fogo não comportam a própria determinação legal ou regulamentar infringida por quem pratica a conduta típica, mas apenas as circunstâncias dessa conduta, que contrariam o dever extrapenal infringido. Por exemplo, compõe os tipos da posse irregular ou ilegal de arma de fogo, a partir de uma leitura conjunta da lei penal e dos art. 14 e 16 do Dec. 5.123/2004,[96] a falta do registro de propriedade da arma possuída pelo agente. Mas não faz parte do tipo a obrigatoriedade em si do possuidor, de promover esse registro. Assim, se o possuidor supõe equivocadamente que a arma de fogo possuída esteja registrada, incorre em erro de tipo. Já se ele é consciente da inexistência do registro, mas desconhece a obrigatoriedade de promovê-lo, tem-se exclusivamente um erro de proibição.

Da mesma forma, compõe o tipo do tráfico ilícito de drogas, a partir de uma leitura conjunta da lei penal e do art. 35 da Portaria 344/1998 do Ministério da Saúde,[97] a venda de medicamento à base de substância oficialmente listada como entorpecente,[98] sem recolher a notificação de receita médica. Mas esse tipo não abarca a própria determinação regulamentar dirigida aos vendedores, de recolher a notificação de receita, ao vender medicamentos com tais características. Assim, incorre em erro de tipo o gerente da drogaria que desconhece ser o medicamento à base de morfina, ou a inclusão da morfina na lista oficial de substâncias entorpecentes, isto é, sua qualidade de droga.[99] Mas se ele tem ciência de tudo isso e desconhece apenas o dever de recolher do comprador a notificação de receita, atua com dolo, pois seu erro é exclusivamente de proibição.

96. «Art. 14. É obrigatório o registro da arma de fogo, no SINARM ou no SIGMA, excetuadas as obsoletas. [...] Art. 16. O Certificado de Registro de Arma de Fogo expedido pela Polícia Federal, precedido de cadastro no SINARM, tem validade em todo o território nacional e autoriza o seu proprietário a manter a arma de fogo exclusivamente no interior de sua residência ou dependência desta, ou, ainda, no seu local de trabalho, desde que seja ele o titular ou o responsável legal pelo estabelecimento ou empresa. (Redação dada pelo Decreto n. 6.715, de 2008).»

97. «Art. 35. A Notificação de Receita é o documento que acompanhado de receita autoriza a dispensação de medicamentos à base de substâncias constantes das listas "A1" e "A2" (entorpecentes), "A3", "B1" e "B2" (psicotrópicas), "C2" (retinóicas para uso sistêmico) e "C3" (imunossupressoras), deste Regulamento Técnico e de suas atualizações. [...] § 5.º A Notificação de Receita será retida pela farmácia ou drogaria e a receita devolvida ao paciente devidamente carimbada, como comprovante do aviamento ou da dispensação.»

98. Drogas, conforme o artigo 1.º, parágrafo único, da Lei 11.343/2006, são «as substâncias ou os produtos capazes de causar dependência, assim especificados em lei ou relacionados em listas atualizadas periodicamente pelo Poder Executivo da União.» E, segundo o art. 66 do mesmo Diploma: «Para fins do disposto no parágrafo único do art. 1.º desta Lei, até que seja atualizada a terminologia da lista mencionada no preceito, denominam-se drogas substâncias entorpecentes, psicotrópicas, precursoras e outras sob controle especial, da Portaria SVS/MS n. 344, de 12 de maio de 1998».

99. Cf. Anexo I, Lista A1, da Portaria 344/1998 do Ministério da Saúde.

O mesmo se dá no tipo correspondente ao dispositivo legal em branco constante do art. 45 da Lei 9.605/1998,[100] segundo o qual é punível com reclusão de um a dois anos, e multa, cortar madeira de lei, assim classificada por ato do Poder Público, para qualquer exploração, econômica ou não, em desacordo com as determinações legais.

Ressalte-se que tal tipo de delito, embora material, não é de dano, mas de perigo abstrato. Pois o seu objeto de tutela não é a árvore em si, da qual se extrai a madeira, mas a flora de um determinado bioma, enquanto elemento do ecossistema equilibrado. Trata-se, em verdade, de um exemplar da classe dos delitos cumulativos, que se caracterizam por uma conduta em si mesma incapaz de provocar uma ofensa juridicamente relevante, mas que são puníveis em vista das consequências que resultariam da sua prática reiterada, por um número significativo de pessoas.[101]

Ocorre que o conteúdo da proibição determinada a partir desse dispositivo penal já conota a incompatibilidade da conduta, enquanto modelo de comportamento, para a manutenção da flora, mesmo quando não se menciona a violação «das determinações legais» pelo seu autor. Pois a qualificação do objeto material, «madeira de lei, assim classificada por ato do Poder Público», é um elemento normativo do tipo que como tal deve ser alcançado pelo dolo do agente.

É certo que para tanto bastará uma «valoração paralela desde a esfera do leigo», aqui compreendida como a reprodução intelectual da proteção jurídica especial conferida à madeira, ainda que formulada por termos distintos daqueles empregados no tipo. De todo modo, a definição da conduta como corte de madeira de lei já tem sentido de ofensa à flora, independentemente das «determinações legais» de cuja contrariedade depende a sua incriminação. E, portanto, o agente que corta uma árvore consciente da especial proteção jurídica dedicada à planta abatida já dispõe de conhecimento suficiente para reconhecer o sentido social da sua conduta.

Consequentemente, só haverá erro de tipo se o agente desconhece que o objeto material do crime é «madeira de lei»,[102] ou se ele erra sobre alguma circunstância fática da conduta que, se existisse, tornar-lhe-ia conforme as «determinações legais». Já o erro sobre a existência das determinações legais administrativas contrariadas por quem pratica objetivamente esse tipo de crime é indiferente para o dolo, relevando apenas para a apuração da culpabilidade, como erro exclusivo sobre a ilicitude.

100. «Art. 45. Cortar ou transformar em carvão madeira de lei, assim classificada por ato do Poder Público, para fins industriais, energéticos ou para qualquer outra exploração, econômica ou não, em desacordo com as determinações legais: Pena - reclusão, de um a dois anos, e multa.»

101. Cf. Wohlers; Hirsch. «Teoría del bien jurídico...». In: Hefendehl (Ed.). *La teoría...*, p. 299 *et seq.*

102. Como essa expressão se consagrou na linguagem comum, frequentemente o agente que pratica o crime em referência reproduzirá por ela mesma, mentalmente, a especial proteção da árvore cortada, que tal expressão conota.

Nesses tipos de delito analisados, como se demonstrou, a relevância da conduta para o bem jurídico é indicada por seus elementos normativos. Ressalte-se que conforme os conceitos e distinções supra estabelecidos,[103] os termos ou expressões legais «arma de fogo de uso proibido ou restrito», «droga» e «madeira de lei», embora determinados em alguma medida por outras normas, não são elementos em branco da lei penal, mas elementos normativos do tipo, de conteúdo jurídico.[104]

Não obstante, a ofensa característica dos crimes de perigo abstrato, que é o prejuízo para as condições de segurança necessárias à manutenção e disposição racional de um bem jurídico,[105] nem sempre se evidencia pelas circunstâncias descritivas ou normativas determinantes da conduta típica. Muitas vezes a ofensividade dessa conduta só se revela pela consideração da sua contrariedade aos padrões de comportamento positivamente estabelecidos em nome da proteção do bem penalmente protegido. E nesses casos, a infração da norma complementar poderá ser um elemento indispensável para conferir ao tipo de injusto o sentido objetivo de uma ofensa ao bem jurídico.

Isso não significa que a ofensividade de uma conduta punível como crime de perigo abstrato decorra da sua mera proibição, ou que esses crimes se resumam à desobediência ou à violação de expectativas normativas. Mas frequentemente, em especial quando se trata de bens jurídicos coletivos, o comprometimento gerado pela conduta proibida para as condições de manutenção segura do bem jurídico só se pode compreender a partir de juízos de alta complexidade, que envolvem invulgares conhecimentos ecológicos, econômicos, financeiros etc., bem como a ponderação dos legítimos interesses sociais conflitantes com a proteção irrestrita do bem jurídico, os quais determinam os seus limites normativos.

Justamente porque são complexas as circunstâncias a partir das quais se verifica a necessidade de se omitir determinados comportamentos, ou a conveniência de proibi-los, em favor de bens jurídicos coletivos como a estabilidade econômica, o equilíbrio dos ecossistemas, a livre concorrência ou a higidez das finanças públicas, é que a lei penal muitas vezes se reporta a proibições ou ordens administrativas para determinar a conduta punível. E pelas mesmas razões, as leis penais em branco, ao estabelecerem crimes de perigo abstrato contra bens jurídicos coletivos ou contra a incolumidade pública, muitas vezes não abarcam

103. Cf. Seção 2.4.

104. Pois a conotação desses termos ou expressões é capaz por si só de conferir sentido à descrição da conduta proibida. Com efeito, a norma complementar apenas vem lhes limitar o campo denotativo, arbitrando por exemplo qual substancia causadora de dependência é considerada droga e, por exclusão, qual não é. Assim, eles compõem diretamente o tipo. Não são substituídos no tipo por uma leitura conjunta da norma complementar, ao contrário de elementos em branco como «em desacordo com determinação legal ou regulamentar». E como elementos constitutivos do tipo, a classificação da arma de fogo como de uso proibido ou restrito, a qualificação de uma substância como droga, ou de um espécime vegetal como madeira de lei hão de ser alcançadas pelo dolo.

105. Cf. Kindhäuser. «Estructura y Legitimación...». In:______. *Teoría de las normas...*, p. 57.

as circunstâncias ou características da conduta típica incompatíveis com a segura manutenção desse bem.

Consequentemente, embora a proibição extrapenal da conduta punível não seja o fundamento material *a ratio essendi*, do injusto penal de perigo abstrato determinado por leis penais em branco, ela pode ser a sua *ratio cognoscendi*, isto é o seu fundamento lógico. E nesses casos, como único indicativo do desvalor da ação, haverá de integrar o tipo, para que a sua realização voluntária se possa considerar uma decisão injusta do autor, dirigida contra o bem jurídico.

Equivale a dizer que, quando o sentido social da conduta incriminada for conferido exclusivamente pela infração à norma complementar da lei penal em branco, o tipo de injusto correspondente só poderá ser de desobediência a essa norma extrapenal. Pois nesses casos, a desobediência é que conferirá ao tipo o sentido objetivo de ofensa ao bem jurídico tutelado pelo comando infringido. A desobediência ao comando extrapenal será, então, o núcleo ou o modo de execução do tipo, ao lado da forma e das características peculiares da conduta que o contraria.

Um emblemático exemplo de tipo de delito determinado pela própria infração da norma extrapenal, e não apenas pelas características imanentes à conduta proibida, é o que corresponde à disposição penal em branco constante do art. 7.º, II, da Lei 8.137/1990, segundo a qual constitui crime contra as relações de consumo, «vender ou expor à venda mercadoria cuja embalagem, tipo, especificação, peso ou composição esteja em desacordo com as prescrições legais, ou que não corresponda à respectiva classificação oficial». Pois a lei penal não apresenta nenhuma característica da conduta típica que fundamente a sua repressão penal, para além do desacordo com as prescrições legais, da embalagem, tipo, especificação, peso ou composição da mercadoria vendida ou exposta à venda.

Como a venda ou exposição à venda de uma mercadoria qualquer não conota nenhuma ofensa às relações de consumo, mas pelo contrário é condição elementar da sua existência, a única razão legal da incriminação é a infração, pelo vendedor, de algum comando extrapenal que restrinja a liberdade de vender determinada mercadoria segundo a embalagem, o tipo, a especificação, o peso ou a composição. Essa infração, portanto, fundamenta e não apenas limita o injusto penal previsto pelo dispositivo em referência, que então tem por pressuposto a desobediência ao dever extrapenal.

Sendo assim, é elemento constitutivo desse tipo a própria desconformidade da mercadoria com as prescrições legais pertinentes à sua embalagem, peso, composição, etc., e não apenas a venda de mercadoria numa determinada embalagem, com determinado peso ou composição estabelecidos em função daquelas prescrições. O tipo estabelecido pelo art. 7.º, II, da Lei 8.137/1990 pode ser formulado, a partir da leitura conjunta dessa lei penal em branco com alguma das suas normas complementares, como «desobedecer à proibição legal de vender uma mercadoria x na embalagem y», ou como «vender uma mercadoria x não embalada da forma y determinada em lei», mas não simplesmente como «vender a mercadoria x sem a embalagem y», «com peso inferior a y», ou «com composição diversa de z». Portanto, não apenas o erro quanto à natureza da mercadoria vendida ou o desconhecimento da forma como ela foi embalada, prejudicam o dolo, mas também o desconhecimento da proibição legal de vendê-la em determinada embalagem ou com determinada composição, por exemplo.

A inclusão no tipo, da proibição extrapenal de vender determinada mercadoria com determinada embalagem, peso e etc., por meio de incriminação da desobediência é, ademais, a condição que se impõe ao legislador para reprovar a decisão do comerciante de vender uma mercadoria em geral lícita, quando por alguma qualidade especifica ela contrarie as disposições legais pertinentes. Pois assim como o legislador penal não alcança as complexas razões determinantes das prescrições legais sobre as condições de venda dos produtos em geral, tampouco se pode esperar do vendedor que reconheça na mercadoria, simplesmente pelas qualidades da sua embalagem, pelo seu tipo, especificação, peso ou composição, um risco para os consumidores cuja avaliação depende de conhecimentos altamente especializados.

O mesmo se pode dizer do tipo correspondente ao art. 1.º, XIII, do Dec.-lei 201/1967, segundo o qual é punível com detenção de três meses a três anos o Prefeito que «Nomear, admitir ou designar servidor, contra expressa disposição de lei». Esse tipo não é apenas definido pela norma complementar, mas incorpora a infringência a ela como elemento constitutivo. Afinal, para além dessa infringência, a lei não acrescenta ao tipo nenhum outro elemento indicador do desvalor da conduta incriminada. Pelo contrário, a nomeação, admissão ou designação de servidor é atribuição e ato corriqueiro de qualquer Prefeito, indispensável à administração do Município. Todo o conteúdo de injusto do fato punível é aqui informado e em boa medida decorrente mesmo da ilegalidade da nomeação, admissão ou designação. Pois a legalidade é para a administração pública um valor em si, vinculado que está à limitação e ao controle democrático do exercício do poder.

O fato punível nos termos do art. 1.º, VIII, do Dec.-lei 201/1967 não é simplesmente o ilícito administrativo consistente no ato de nomeação, admissão ou designação de servidor, viciado de ilegalidade, mas deste ilícito se distingue pelo *plus* da insubordinação do mandatário municipal à lei. O Prefeito, por não acatar conscientemente a lei, pratica uma conduta imediata e diretamente ofensiva à legalidade administrativa, à separação de poderes e à democracia, antes e independentemente da ofensa a qualquer outro valor da administração pública. Por isso o preenchimento do elemento em branco «contra expressa disposição de lei», para a determinação das condutas incriminadas por esta lei penal em branco, não pode prescindir da referência à proibição ou mandamento extrapenal infringido pelo Prefeito no ato da nomeação, admissão ou designação. E consequentemente, o erro dele sobre a legalidade do seu ato não será apenas de proibição, mas também erro sobre elemento constitutivo do tipo, excludente do dolo.

A eficácia do erro sobre a ilegalidade do ato, para excluir o dolo do crime em análise, foi reconhecida pela 1ª Turma do Supremo Tribunal Federal, ao julgar apelação criminal interposta por acusado diplomado Deputado Federal após a prolação da sentença que o condenou pelo crime previsto no art. 1.º, inciso XIII, do Decreto-lei 201/1967.[106] Segundo a denúncia, o acusado, na condição de Prefeito de Joinville, em Santa Catarina, teria nomeado sucessivamente duas pessoas para o exercício remunerado do cargo de Diretor Administrativo e Financeiro da Fundação Municipal de Vigilância, em contrariedade ao disposto no art. 2.º da Lei 4.142/2000 daquele Município. Pois segundo este Diploma, tal cargo haveria de ser ocupado pelo Diretor de Administração e Finanças da Companhia de Desenvolvimento Urbano de Joinville – Conurb, sem acréscimo de remuneração. A apelação foi provida, por maioria, nos termos do voto do relator, o Min. Luiz Fux, com fulcro no art. 386, VI, do CPP (Código de Processo Penal),[107] pelo reconhecimento de que o acusado ignorava ao tempo dos fatos a ilegalidade das nomeações que promoveu, e por isso não teria agido com dolo.

É certo que nesse acordão ainda não se veem consagradas balizas precisas sobre os efeitos do erro quanto ao elemento em branco das leis penais e nem houve convergência majoritária quanto à ausência de dolo, como fundamento para a absolvição. Com efeito, dos três votos que garantiram o provimento da apelação, o do Min. Luiz Roberto Barroso sequer examinou a tese defensiva de erro sobre a ilegalidade do ato. Pois considerou as nomeações regulares, facultativas ao Prefeito, julgando assim atípicos os seus atos, desde o plano objetivo. O voto do relator, por sua vez, busca esteio em uma concepção normativa de dolo, que inclui a consciência da ilicitude da conduta entre os seus requisitos.[108] Chega, assim, a uma solução adequada ao caso concreto, mas a partir de um fundamento

106. Brasil. Supremo Tribunal Federal. Primeira Turma. Ação penal 595 Santa Catarina. Relator: Min. Luiz Fux. Brasília, Acórdão de 25.11.2014. Publicado no *DJe* n. 27 de 10.02.2015.

107. «Art. 386. O juiz absolverá o réu, mencionando a causa na parte dispositiva, desde que reconheça: VI – existirem circunstâncias que excluam o crime ou isentem o réu de pena (arts. 20, 21, 22, 23, 26 e § 1.º do art. 28, todos do Código Penal), ou mesmo se houver fundada dúvida sobre sua existência; (Redação dada pela Lei n. 11.690, de 2008).»

108. Com efeito, seu voto assume como premissa teórica uma lição de Nilo Batista, compilada em obra de 1976, que ainda sob a vigência da versão original da Parte Geral do Código Penal de 1940 fazia coro e divulgava entre nós a tese alemã de que o erro sobre ilicitude haveria de ter relevância excludente do dolo, tal como o erro de fato. «Trata-se daquela doutrina, ainda própria de um modelo clássico de delito, cujas variações se tornaram conhecidas como teorias do dolo. Segundo Batista, no trecho acolhido no voto como razão de decidir: "Segundo a concepção normativa da culpabilidade, que é a concepção aceita pela prática judiciária brasileira, o agente culpável é aquele imputável que obrou com dolo (ou culpa), em situação na qual lhe era exigível conduta conforme o direito. E o agente obra com dolo quando obra com consciência dos elementos factuais que integrarão o tipo (bem como as qualificativas) e consciência da ilicitude, expressando uma vontade conflitante com o direito (reprovável) que alcança igualmente todos os elementos que integrarão o tipo (bem como as qualificativas). A consciência e a vontade não surgem, pois, como fenômenos estritamente psicológicos, isentos da referência normativa: a primeira é não só consciência do fato que o agente realiza, mas é também consciência da ilicitude desse fato; a segunda não é simples vontade de produzir aquele fato, mas é uma vontade significativa para o direito, é uma vontade 'má'. Se o agente não atua com a plena consciência da objetividade de sua ação, ou seja, sem a consciência do fato que realiza, atua em erro, em erro sobre o fato, que exclui o dolo na medida em que exclui um de seus componentes" (Batista, Nilo. *Decisões criminais comentadas*. Rio de Janeiro: Liber Juris, 1976. p. 72)» (Brasil. Supremo Tribunal Federal. Primeira Turma. Ação penal 595 Santa Catarina. 2014, voto do Relator, p. 15).

dogmático superado, próprio das vetustas teorias do dolo, e ademais incompatível com o disposto no art. 21 do CP.

O voto que melhor aborda o problema dogmático envolvido no caso é o da revisora, Ministra Rosa Weber, que nele reconhece um erro sobre o preceito complementador de uma lei penal em branco, a ser tratado como erro de tipo. Conforme consignado no voto em referência, «os elementos constantes do preceito complementador da norma penal em branco são, para todos os efeitos, elementos típicos e a falsa compreensão sobre esses elementos constitui erro de tipo, que exclui o dolo, nos termos do art. 20 do Código Penal».[109]

Como se vê, a Ministra admite que o próprio preceito complementador, isto é, o dever extrapenal ao qual a lei penal em branco se reporta, seja integrante do tipo. E admite que quando isso ocorre, o erro sobre a ilicitude do ato não é apenas erro de proibição, mas é também e antes erro de tipo, prejudicial ao dolo. Dessa forma, ainda que implicitamente, seu voto rejeita a tese tradicional de que a norma integradora referida pela lei penal em branco seria sempre substituída no tipo, por meio da chamada leitura conjunta, apenas pelos pressupostos fáticos da sua infração. Pois se assim fosse, o dever extrapenal infringido seria sempre alheio ao tipo, e o seu desconhecimento indiferente para o dolo, ao contrário do que supõe a Ministra.

Tais razões de decidir têm, portanto, o notável mérito de consagrar na jurisprudência brasileira novas fronteiras para o erro de tipo, revelando todo o potencial da teoria da culpabilidade para conferir soluções adequadas à reprovabilidade do erro, também quando se trata de crimes de baixíssima densidade ético-valorativa, como o do caso em análise. Não obstante, censura-se no voto a amplitude de suas premissas. Pois embora o preceito complementador da lei penal em branco possa mesmo ser um elemento do tipo correspondente, como no crime do art. 1.º, inciso XIII, do Decreto-lei 201/1967, isso nem sempre ocorre.

Como se procurou demonstrar, não há uma resposta peremptória, válida para todos os casos, sobre a pertinência ou impertinência do dever extrapenal – ou do «preceito complementador», conforme referido no voto – ao tipo determinado por uma lei penal em branco. Trata-se aqui de um problema cuja solução varia conforme o papel desempenhado pela infração deste preceito na determinação do injusto punível segundo a lei penal em branco. Afinal, só se pode dizer que tal infração seja um dos elementos constitutivos do tipo quando dela dependa o conteúdo de injusto do fato, isto é, quando for ela que confere ao tipo o sentido de uma ofensa a bem jurídico.

Ainda com base neste critério proposto, ilustrando suas consequências, conclui-se que são elementos constitutivos do tipo também a obrigatoriedade do médico de comunicar o diagnóstico de determinada doença à autoridade sanitária competente, no crime de omissão de notificação compulsória, previsto no art.

109. Brasil. Supremo Tribunal Federal. Primeira Turma. Ação penal 595 Santa Catarina. 2014, voto da Revisora, p. 12.

269 do CP;[110] a proibição da mercadoria importada ou exportada, no crime de contrabando, previsto no art. 334A, *caput*, do CP;[111] assim como o caráter «não expressamente permitido pela legislação sanitária» de determinada substância empregada no fabrico de produto destinado a consumo, no crime de emprego de processo proibido ou substância não permitida, previsto no art. 274 do CP.[112]

Com efeito, a comunicação de um diagnóstico a terceiros contraria a confidencialidade da relação entre médico e paciente. Assim, a abstinência dessa comunicação à autoridade sanitária só pode ser valorada como uma omissão, comprometedora da saúde coletiva, se contraria uma norma administrativa orientada para o controle epidemiológico. É na infração desse dever extrapenal, portanto, que descansa o sentido social da omissão de notificação compulsória. E por isso não tem dolo desse crime o médico que desconhece o dever de notificação infringido.

A proibição da mercadoria, da mesma forma, é o que comunica o desvalor da conduta de importá-la ou exportá-la, atribuindo-lhe o sentido de uma ofensa à administração pública e, mediatamente, à ordem econômica, à incolumidade pública ou ao meio ambiente.[113] Para além da referência à proibição extrapenal, restam no art. 334A, *caput*, do CP apenas condutas necessárias e benfazejas a uma economia de mercado globalizada; a importação e a exportação de produtos. Por isso o crime de contrabando é, essencialmente, um crime de desobediência à proibição do comércio de determinados produtos, por quem o importa ou exporta. E sendo assim, só atua com dolo de contrabando, quem conhece a proibição da mercadoria objeto do crime.

É também a violação da proibição extrapenal, a base do crime contra a saúde pública previsto 274 do CP, consistente na utilização de revestimento, matéria corante, gaseificação artificial ou substância «não expressamente permitida pela legislação sanitária», na fabricação de produtos destinados a consumo. Trata-se de um tipo de injusto muito semelhante àquele do art. 7.º, II, da Lei 8.137/1990, supra analisado. Embora o art. 274 do CP não a mencione, é a proibição administrativa do emprego ou utilização de determinado método ou ingrediente na

110. «Art. 269. Deixar o médico de denunciar à autoridade pública doença cuja notificação é compulsória: Pena - detenção, de 6 (seis) meses a 2 (dois) anos, e multa.»

111. «Art. 334-A. Importar ou exportar mercadoria proibida: (Incluído pela Lei n. 13.008, de 26.06.2014) Pena - reclusão, de 2 (dois) a 5 (cinco) anos. (Incluído pela Lei n. 13.008, de 26.06.2014)»

112. «Art. 274. Empregar, no fabrico de produto destinado a consumo, revestimento, gaseificação artificial, matéria corante, substância aromática, anti-séptica, conservadora ou qualquer outra não expressamente permitida pela legislação sanitária: Pena – reclusão, de 1 (um) a 5 (cinco) anos, e multa. (Redação dada pela Lei n. 9.677, de 02.07.1998).»

113. Como bem observa Fernando Galvão, «o crime descrito no artigo 334A do CP essencialmente visa proteger o bem jurídico Administração Pública ao preservar a observância da proibição da entrada ou saída do país de determinadas mercadorias. Trata-se, contudo, de crime pluriofensivo. Dependendo da natureza do bem contrabandeado, outros bens jurídicos poderão ser atingidos, como a saúde, o meio ambiente, o mercado nacional de produtos e a segurança pública» (Galvão, Fernando. *Direito Penal: Crimes contra a administração pública*, p. 337).

fabricação de um produto alimentício ou medicinal,[114] por seus efeitos nocivos à saúde do consumidor, que anima e fundamenta a incriminação prevista neste dispositivo.

Uma lei penal em branco como esta presume uma regulamentação administrativa altamente conservadora e restritiva da conduta nuclear que prevê, geralmente baseada no princípio da precaução. E por isso essa lei penal se dispõe a tutelar uma proibição genérica, a ser determinada pelas normas permissivas que a delimitam. As permissões referidas pela lei penal em branco, que excluem o crime do art. 274 do CP, correspondem em verdade a um dever extrapenal. O dever de empregar apenas os processos ou utilizar apenas as substâncias definidas pelo órgão técnico administrativo regulador, na fabricação de alimentos ou medicamentos.

De todo modo, não se pode vislumbrar nenhum desvalor, nenhum injusto, nenhuma ofensa ao consumidor, pelo mero emprego de corante, conservante, revestimento ou gaseificação artificial na fabricação de um produto alimentício ou medicinal qualquer. A produção e a tecnologia da indústria alimentícia e farmacêutica, pelo contrário, são em si valores, como condições favoráveis ao bem-estar da população e ao desenvolvimento econômico. O disposto no art. 274 do CP é, portanto, mais uma incriminação da desobediência ou insubordinação, desta vez às restrições administrativamente impostas à indústria alimentícia ou farmacêutica, em nome da saúde dos consumidores. E sendo assim, só pratica com dolo o crime de «emprego de processo proibido ou substância não permitida» (art. 274 do CP), quem conhece a proibição que infringe, no desempenho da referida atividade produtiva.

5.3.4 O elemento imperativo do tipo e o conteúdo mínimo das leis penais em branco

Como se procurou demonstrar, quando a infração à norma integradora da lei penal em branco é o que confere ao tipo o sentido objetivo de uma ofensa a bem jurídico, esta infração não é apenas o limite, mas uma das razões da repressão penal. Isso acontece especialmente quando a lei penal tutela bens jurídicos coletivos, ou bens individuais contra riscos coletivos, reforçando pela coerção penal deveres extrapenais, geralmente administrativos, estabelecidos em favor da manutenção e promoção desses bens.

114. Cezar Roberto Bitencourt confere a devida interpretação restritiva ao dispositivo, esclarecendo a partir de uma interpretação sistemática que ele não se refere a qualquer produto destinado a consumo, mas especificamente aos alimentícios, medicinais ou terapêuticos. Como argumenta este autor: «diante da má técnica do nosso legislador penal, é preciso interpretar o art. 274 levando em consideração as condutas incriminadas no art. 278. Com esse critério, no que se refere à fabricação, o art. 278 abrangeria somente a fabricação de coisa ou substância não destinada à alimentação ou ao fim medicinal, ficando o art. 274, em tese, limitado aos casos em que a fabricação com emprego de processo proibido ou substância não permitida recaísse sobre produtos alimentícios, medicinais e terapêuticos» (Bitencourt, Cezar Roberto. *Tratado de direito penal: parte especial*, p. 359).

Estabelecem-se, então, tipos de delito formalmente caracterizados pela desobediência a normas extrapenais regulamentares de condutas socialmente neutras ou até mesmo obrigatórias – como pescar, importar, fabricar, vender e exportar mercadorias, nomear funcionários públicos, ou não divulgar sigilo profissional – e materialmente condicionados pela ofensividade dessas infrações, isto é, pela incompatibilidade da conduta praticada, por suas circunstâncias e características concretas, para a segura manutenção de bens jurídicos como o meio ambiente, a ordem econômica, a probidade administrativa, ou a saúde coletiva, por exemplo.

Nesses tipos de injusto penal, de desobediência ofensiva ao bem jurídico, as proibições ou mandamentos extralegais contrariados não estão incógnitos tal como na lei que lhes comina pena. Pois como elemento do tipo e conteúdo do dolo, a proibição ou ordem extrapenal desobedecida encontra-se plenamente definida por quantas sejam as normas complementares necessárias para lhe compor o sentido. Por isso, em vez de elemento em branco, essas ordens ou proibições merecem ser designadas como elementos imperativos, que se destacam dos demais elementos normativos do tipo pelo sentido prescritivo que ostentam; pelo seu sentido de dever ser.

A estrutura modelar de tipos assim é aquela adotada no art. 268 do CP, que incrimina «infringir determinação do poder público, destinada a impedir introdução ou propagação de doença contagiosa». Esse dispositivo, em que pese fazer referência a um comando indeterminado, já exprime em boa medida a matéria de proibição e, portanto, o tipo, que é contrariar qualquer determinação do Poder Público prolatada em nome do controle epidemiológico. É um tipo de delito muito parecido com o da desobediência a funcionário público, previsto no art. 330 do CP,[115] mas em relação a ele guarda duas importantes diferenças. A primeira é que o art. 268 do CP incrimina a desobediência a uma norma que pode ser geral e abstrata, e não necessariamente individual e concreta como a ordem mencionada no art. 330 do CP. A segunda diferença, conforme se defende,[116] é que o crime de infração de medida sanitária preventiva não se configura pela mera insubordinação ao controle epidemiológico, mas requer a incompatibilidade da conduta, por suas características concretas, com a segura manutenção da saúde coletiva. Não se admite, afinal, que o objeto da tutela penal seja a própria norma administrativa infringida pelo agente, mas o bem jurídico ao qual ela se presta, qual seja; a saúde dos inúmeros sujeitos protegidos pelo controle sanitário.

É essa a forma dos tipos que devem resultar do preenchimento de leis penais em branco, quando o desvalor e o sentido social do fato por elas incriminado decorra justamente da infração de um dever extrapenal. Nesses casos, o tipo penal resultante da leitura conjunta da lei penal em branco com sua norma integradora não deve substituir a referência legal ao dever extrapenal infringido, mencionando apenas os pressupostos de sua infração. Pois a própria infração à norma comple-

115. «Art. 330. Desobedecer a ordem legal de funcionário público: Pena – detenção, de quinze dias a seis meses, e multa.»

116. Cf. seção 5.2.3 supra.

mentar e, portanto, sua existência, ao lado das qualidades essenciais da conduta que a contraria, será elemento do tipo; o seu elemento imperativo. E a infração, contrariedade ou desobediência a esse imperativo há de ser considerada pelo intérprete ou aplicador da lei penal em branco, ao preenchê-la, como o próprio núcleo do tipo correspondente, ou ao menos como o seu modo de execução.

Para além das razões sistemáticas supra-consideradas, o reconhecimento do elemento imperativo dos tipos de injusto, quando legalmente determinados pela infração de um dever extrapenal na prática de uma conduta socialmente neutra, é a única solução teórica que compatibiliza as leis penais em branco que lhes correspondem, com o princípio da legalidade e suas funções político-criminais. É essa, ainda, a única solução compatível com a tese fundamental da própria teoria da culpabilidade, de que o conhecimento da matéria da proibição é suficiente para se reprovar e punir segundo a moldura penal correspondente ao dolo, aquele que não empregou seus padrões morais, sua reflexão ou esforço consultivo possível para atingir a consciência da proibição em si.

Pois a cominação legal de penas para a infração de normas previstas em outra parte, sem a consideração das quais não se pode antever as qualidades e circunstâncias essenciais do fato punível, só cumpre sua função preventiva geral, de intimidação dos potenciais infratores, se compreendida como incriminação da própria desobediência, e não de uma conduta qualquer objetivamente determinada em contraste com a norma complementar infringida.

A desobediência pressupõe o conhecimento do comando não acatado, sem o qual não há falar em insubordinação e nem tampouco em intimidação pela sanção prevista na lei penal em branco. Assim, pela incriminação da desobediência se chega a uma solução conciliatória entre o conteúdo do injusto punível e a função preventiva geral da pena cominada pelas chamadas leis penais em branco gerais. Afinal, se o conhecimento do dever extrapenal é, nesses casos, condição da eficácia coercitiva ou intimidativa da lei penal em branco, nos crimes de desobediência ele é também pressuposto subjetivo do injusto por ela punível.

E apenas quando se considera a infração de um imperativo extrapenal como integrante do tipo correspondente a uma lei penal em branco geral e heterogênea – dessas que delegam amplamente a determinação da conduta típica às normas de fonte diversa – pode-se dizer que está na própria lei penal, e não na norma complementar, o conteúdo essencial do fato punível. Desde que se conceba esse fato como desobediência voluntária a uma norma extrapenal orientada à proteção de um bem jurídico, por meio de uma conduta incompatível com a segura manutenção de tal bem, pode-se afirmar que mesmo as leis penais em branco mais gerais determinam fundamentalmente o tipo de injusto que estabelecem, ao cominar pena para a desobediência, enquanto a norma complementar apenas concretiza a hipótese de aplicação da lei penal, ao estabelecer o preceito desobedecido.

Trata-se, como se vê, de uma solução hermenêutica que por um lado compatibiliza as leis penais em branco gerais e heterogêneas com a exigência da reserva legal, decorrente do princípio da legalidade (art. 5.º, LVII, da Constituição da

República), mas por outro restringe a sua eficácia aos sujeitos efetivamente conhecedores do dever extrapenal cuja infração se pune. Vale dizer: não se defende o emprego de leis penais em branco gerais e heterogêneas, como uma técnica adequada ou ideal de legislação penal. Pelo contrário, por se admitir o comprometimento que essa técnica legislativa gera para o princípio da legalidade, procura-se vincular-lhe uma interpretação compatível com os corolários da reserva legal e da determinação, restringindo a aplicação dessas leis quase totalmente em branco aos que, por conhecerem o seu complemento, possam divisar com segurança, no momento da ação, a matéria de proibição.

Essa restrição, por sua vez, própria dos crimes de desobediência, preserva no direito penal socioeconômico o fundamento material da teoria da culpabilidade, que sustenta as distintas consequências do erro de tipo, em face do erro de proibição. Pois a adequação das soluções oferecidas pela teoria da culpabilidade para as diferentes formas de erro pressupõe que o conhecimento dos elementos objetivos do tipo – e também da inocorrência dos pressupostos fáticos das causas de justificação, segundo a sua versão limitada – seja suficiente para reprovar a conduta no nível mais grave, correspondente ao dolo, desde que o conhecimento da proibição fosse acessível e exigível ao agente.[117]

Ocorre que a reprovabilidade do sujeito, por querer ou aceitar realizar objetivamente um tipo penal, decorre do significado social objetivo da conduta típica, isto é, da sua contrariedade a bens jurídicos. Reprova-se no nível mais alto, correspondente ao dolo, o sujeito que realiza voluntariamente um fato típico mesmo desconhecendo que assim contraria o direito, por ser razoável esperar dele que reproduzisse subjetivamente o desvalor da sua conduta e se abstivesse de praticá-la, em razão da sua ofensividade.

Mas a ofensividade ou o sentido social da conduta, que nos crimes de dano e nos crimes de perigo concreto se dá a conhecer pelo próprio resultado típico, nem sempre se revela pela natureza ou pelas circunstâncias típicas da conduta, nos crimes de perigo abstrato definidos por leis penais em branco. Nestes crimes, como se demonstrou, muitas vezes a contrariedade da conduta a um dever extrapenal é o único indício da incompatibilidade desta com a segura manutenção do bem jurídico e, portanto, do seu caráter antissocial. Quando isto se dá, há que se vislumbrar na lei penal uma incriminação da desobediência. Pois só assim se pode dizer que, reconhecendo os elementos típicos do fato, dentre os quais o dever extrapenal que contraria, a decisão do agente de praticá-lo é uma decisão contrária ao bem jurídico, em princípio reprovável e merecedora de pena.

117. Sobre os limites do dever de informação, e afinal a exigibilidade do conhecimento da proibição, como critério determinante da escusabilidade do erro de proibição, ver Leite. *Dúvida e erro...*, p. 143 *et. seq*.

5.4 CONCLUSÕES

1. É legítima a tutela penal das condições contextuais, coletivas, da fruição igualitária dos bens jurídicos individuais. Consequentemente, é legítimo o direito penal socioeconômico, que atende o homem na sua dimensão social, enquanto tutela as condições coletivas da realização autônoma de cada um.

2. A incriminação de condutas com independência de um resultado de dano ou de perigo concreto e a referência a normas extrapenais para determinar o fato punível são características peculiares e interdependentes do direito penal socioeconômico, determinadas pelo caráter coletivo dos seus objetos de tutela e pela forma coletiva da tutela que empreende de bens jurídicos individuais.

3. A insegurança na manutenção ou disposição de um bem jurídico, provocada por uma conduta que lhe é incompatível, é uma forma de ofensa que caracteriza materialmente os crimes de perigo abstrato.

4. A desobediência à norma extrapenal não é requisito suficiente dos tipos de injusto determinados por leis penais em branco, pois nenhum crime prescinde da ofensa ao bem jurídico tutelado pela norma penal que o estabelece.

5. Os tipos de injusto de perigo abstrato determinados por leis penais em branco só se configuram quando a conduta do autor, além de contrária ao comando extrapenal complementar da norma punitiva, for incompatível, por suas características ou circunstâncias concretas, com a segura manutenção ou disposição do bem jurídico.

6. O tipo correspondente a uma lei penal em branco só incluirá o dever extrapenal infringido por quem o realiza, quando essa infração for a única qualidade da conduta incriminada, dentre as atribuídas pela própria lei penal, conotativa da sua contrariedade ao bem jurídico tutelado.

7. Nos crimes de dano e de perigo concreto definidos por lei penal em branco, a ofensividade da conduta típica se revela já pelo resultado legalmente determinado e, portanto, independentemente da infração ao dever extrapenal referida pela lei.

8. A função da norma complementar das leis penais em branco que estabelecem crimes de dano ou de perigo concreto é apenas a de limitar o alcance da proibição, determinando as circunstâncias nas quais é punível a conduta causadora do dano ou criadora do perigo concreto para o bem jurídico tutelado.

9. O tipo de injusto de dano ou de perigo concreto definido por lei penal em branco não é integrado pelo dever extrapenal infringido por quem o comete, mas apenas pelos elementos descritivos ou normativos determinantes dessa infração.

10. O erro sobre o dever extrapenal complementar da lei penal em branco que incrimina a causação de um dano ou a criação de um perigo concreto para um bem jurídico é erro de proibição.

11. Os tipos de injusto de perigo abstrato definidos por lei penal em branco incluirão a contrariedade ao dever extrapenal como elemento constitutivo, quando não se puder vislumbrar desde a lei punitiva nenhuma outra qualidade da conduta incriminada indicativa da sua contrariedade ao bem jurídico, ou conotativa do seu sentido social.

12. Quando um tipo de injusto é legalmente definido apenas como infração de uma norma complementar, ou como a prática de uma conduta socialmente neutra qualificada pela infração de um dever extrapenal, tal tipo será formalmente constituído pela desobediência consciente e voluntária a este dever, e materialmente condicionado pela ofensividade dessa insubordinação ao bem jurídico tutelado pela lei penal em branco.

13. A norma extrapenal complementar infringida pelo autor de um crime de desobediência, definido por lei penal em branco, é plenamente determinada no tipo, como seu elemento imperativo.

14. O reconhecimento do elemento imperativo dos tipos de injusto de perigo abstrato definidos por leis penais em branco gerais e heterogêneas é uma imposição do princípio da legalidade e da própria teoria da culpabilidade, que fundamenta o tratamento do erro no Direito Penal brasileiro.

15. Quando todo o conteúdo de injusto do fato punível segundo uma lei penal em branco decorre da infração à norma complementar, o erro sobre a existência dessa norma é erro de tipo, prejudicial ao dolo nos termos do art. 20 do CP.

BIBLIOGRAFIA

Aftalión, Enrique R. *Derecho penal administrativo.* Buenos Aires: Ediciones Arayú, 1955.

Alemania. *Código Penal.* 15 de mayo de 1871, con la última reforma del 31 de enero de 1998. Traducción de Claudia Lopez Dias. Bogotá: Universidad Externado de Colombia, 1999. Título alemán: *Strafgesetzbuch.* 32. ed. München: Deutscher Taschenburch Verlag, des Verlages C. H. Beck, 1998. Disponível em: <http://www.juareztavares.com/textos/leis/cp_de_es.pdf> Acesso em 27.12.2011.

Almeida, André Vinícius de. *O erro de tipo no direito penal econômico.* Porto Alegre: Sergio Antônio Fabris Editor, 2005.

Amaral, Cláudio do Prado. *Princípios penais*: *da legalidade à culpabilidade.* São Paulo: IBCCrim, 2003.

Bacigalupo, Enrique. «Sistema del error sobre la antijuridicidad en el código penal». *Nuevo Pensamiento Penal.* Buenos Aires, vol. 1, n. 1, ene./abr. 1972, p. 45-72.

______. *Tipo y error.* 3. ed. Buenos Aires: Hammurabi, 2002.

______ (Dir.). *Derecho penal económico.* Buenos Aires: Hammurabi, 2004.

Bastos, Filinto Justiniano Ferreira. *Breves lições de direito penal*: *parte primeira.* Bahia: Libro-Typographia Almeida, 1933.

Batista, Nilo. *Introdução crítica ao direito penal brasileiro.* 4. ed., Rio de Janeiro: Revan, 2001.

______. *Concurso de agentes*: *uma investigação sobre os problemas da autoria e da participação no direito penal brasileiro.* 2. ed., Rio de Janeiro: Lumen Juris, 2004.

Beck, Ulrich. *La sociedad del riesgo*: *hacia una nueva modernidad.* Trad. Jorge Navarro, Daniel Jiménez e Maria Rosa Borrás. Barcelona: Paidos, 2008.

Beleza, Tereza Pizarro; Pinto, Frederico Lacerda da Costa. *O regime legal do erro e as normas penais em branco: ubi lex distinguit.* Coimbra: Almedina, 2001.

Beling, Ernst von. *Esquema de derecho penal*. Traducción del alemán por el Dr. Sebastian Soler. Buenos Aires: Depalma, 1944.

______. *La doctrina del delito-tipo*. Traducción del alemán por el Dr. Sebastian Soler. Buenos Aires: Depalma, 1944.

Biblia Sagrada. *O Evangelho segundo Lucas*. Tradução da Vulgata pelo Pe. Matos Soares. São Paulo: Edições Paulinas, 1989.

Binding, Karl. *La culpabilidad en derecho penal*. Traduccíon directa del alemán por Manuel Cancio Meliá. Buenos Aires – Montevideo: Editorial IB de F, 2009.

Bitencourt, Cezar Roberto. *Erro de tipo e erro de proibição: uma análise comparativa*. 4. ed., São Paulo: Saraiva, 2007.

______. *Tratado de direito penal: parte geral*. 13. ed., São Paulo: Saraiva, vol. 1, 2008.

______. *Tratado de direito penal: parte especial*. vol. 4. 6. ed. São Paulo: Saraiva, 2012.

______. *Tratado de direito penal: parte especial*. vol. 5. 4. ed. São Paulo: Saraiva, 2010.

Brandão, Cláudio. *Teoria jurídica do crime*. 2. ed., Rio de Janeiro: Forense, 2002.

______. *Tipicidade penal: dos elementos da dogmática ao giro conceitual do método entimemático*. Coimbra: Almedina, 2012.

Brasil. Superior Tribunal de Justiça. 5ª Turma. Recurso Ordinário em Habeas Corpus 64430 São Paulo. Relator: Min. Gurgel de Faria, Acórdão de 19.11.2015. Publicado no *DJe* de 15.12.2015. Disponível em: <http://www.stj.jus.br/SCON/jurisprudencia>. Acesso em 04.06.2016.

Brasil. STF. 2ª Turma. RHC n. 97477-RJ. Relator para o acórdão o Min. Eros Grau. Acórdão de 29.09.2009. *Lex* Jusrisprudência do STF, vol. 31, n. 371, 2009, p. 380-390. Disponível em: <http://www.stf.jus.br/portal/jurisprudencia>. Acesso em: 10.10.2012.

Brasil. Supremo Tribunal Federal. 1ª Turma. Ação penal 595 Santa Catarina. Ministério Público Federal *versus* M.A.T. Relator: Min. Luiz Fux. Brasília, Acórdão de 25.11.2014. Publicado no *DJe* n. 27 de 10..02.2015. Disponível em: <http://www.stf.jus.br/portal/jurisprudencia>. Acesso em 24.05.2016.

Brodt, Luís Augusto Sanzo. *Da consciência da ilicitude no direito penal brasileiro*. Belo Horizonte: Del Rey, 1996.

______. *Do estrito cumprimento do dever legal*. Porto Alegre: Sergio Antonio Fabris Ed., 2005.

______. «A tutela penal da ordem econômica». *O Sino do Samuel: Jornal da Faculdade de Direito da UFMG*, Belo Horizonte, ano 14, n. 94, p. 10, ago./dez. 2007.

Bruno, Aníbal. *Direito penal: parte geral*. 5. ed., rev. e atual., por Raphael Cirigliano Filho. Rio de Janeiro: Forense, t. I, 2005.

BRUZZONE, Gustavo A. «Un regresso a la distinción error de hecho y de derecho?: a propósito del estado de la discusión nacional en el ámbito del error en derecho penal». *Doctrina Penal: teoria y práctica em las ciencias penales*. Buenos Aires, vol. 15, n. 57/58, jan./jun. 1992, p. 1-16.

______. «El error sobre los elementos normativos del tipo: entre los criterios de la racionalidad final y la coherencia dogmática». *Revista de Ciencias Penales*. Montevideo, n. 4, 1998, p. 115-129.

CARRARA, Francesco. *Programa do curso de direito criminal: parte geral*. vol. 1. Trad. José Luiz V. de A. Franceschini e J. R. Prestes Barra. São Paulo: Saraiva, 1956.

CORREIA, Eduardo *et alii*. *Direito penal económico e europeu: textos doutrinários – problemas gerais*. Coimbra: Coimbra Editora, vol.1, 1998.

COSTA, Helena Regina Lobo da. *Proteção penal ambiental: viabilidade – efetividade – tutela por outros ramos do direito*. São Paulo: Saraiva, 2010.

COSTA, José de Faria. *Direito penal econômico*. Coimbra: Quarteto, 2003.

______ (Coord.). *Temas de direito penal econômico: direito penal preventivo e os crimes de perigo*. Coimbra: Coimbra Editora, 2005.

CRUZ, Flávio Antônio da. *Considerações sobre o tratamento do erro em um direito penal de bases democráticas*. Orientador: Rodrigo Sánchez Rios. 2006. 273 f. Dissertação (Mestrado em Direito) – Centro de Ciências Jurídicas e Sociais, Pontifícia Universidade Católica do Paraná, Curitiba, 2006. Disponível em: <http://www.biblioteca.pucpr.br>. Acesso em 02.02.2012.

CUNHA, Rosa Maria Cardoso da. *O caráter retórico do princípio da legalidade*. Porto Alegre: Síntese, 1979.

CURY, Enrique. *La ley penal en blanco*. Bogotá: Editorial Themis, 1988.

DEUTSCHLAND. *Strafgesetzbuch*. Disponível em: <http://www.gesetze-im-internet.de/bundesrecht/stgb/gesamt.pdf>. Acesso em: 09.06.2012.

______. *Tierschutzgesetz*. Disponível em: <http://www.gesetze-im-internet.de/tierschg>. Acesso em 10.12.2012.

DIAS, Jorge de Figueiredo; CAEIRO, Pedro. Erro sobre proibições legais e falta de consciência do ilícito (arts. 16 e 17 do Código Penal) – violação de normas de execução orçamental. *Revista Portuguesa de Ciência Criminal*. Coimbra, vol. 5, n. 2, abr./jun. 1995, p. 245-273.

______. Para uma dogmática do direito penal secundário. In: CORREIA, Eduardo *et alii*. *Direito Penal Econômico e Europeu*: textos doutrinários. vol. 1 – Problemas Gerais. Coimbra: Coimbra Editora, 1998.

______. *Questões fundamentais de direito penal revisitadas*. São Paulo: Revista dos Tribunais, 1999.

______. *O problema da consciência da ilicitude em direito penal*. 5. ed., Coimbra: Coimbra Editora, 2000.

Díaz y García Conlledo, Miguel. «Error de tipo o error de hecho.» In: Quintero Olivares, Gonzalo; Morales Prats, Fermín (coords.) *El nuevo derecho penal español*: estúdios penales en memoria del profesor José Manuel Valle Muñiz. Pamplona: Aranzadi, 2001.

______. *El error sobre los elementos normativos del tipo penal*. Madrid: La Ley, 2008.

Diéz Ripollés, José Luis. *Los elementos subjetivos del delito*: *bases metodológicas*. 2. ed., Montevideo – Buenos Aires: Editorial IB de F, 2007.

Doval Pais, Antônio. *Posibilidades e límites para la formulación de las normas penales*: *el caso de las leyes en blanco*. Valencia: Tirant lo Blanch, 1999.

España. *Código Penal – Ley orgánica n. 10, de 23 de noviembre de 1995*. 10. ed., Madrid: Tecnos, 2005.

Faria, Bento de. *Código Penal brasileiro (comentado)*: *parte geral*. 2. ed. atual., Rio de Janeiro: Record Editora, vol. 2, 1958.

Felgueras, Santiago. «El error de subsunción». *Doctrina Penal*: *teoria y práctica en las ciencias penales*. Buenos Aires, vol. 14, n. 53/54, jan./jun. 1991, p. 57-86.

Figueiredo, Guilherme Gouvêa de. *Crimes ambientais à luz do conceito de bem jurídico-penal*: *(des)criminalização, redação típica e (in)ofensividade*. São Paulo: IBCCrim, 2008.

França, Júnia Lessa; Vasconcello, Ana Cristina de. *Manual para normalização de publicações*. 8. ed. rev., Belo Horizonte: UFMG, 2009.

Frank, Reinhard. *Sobre la estructura del concepto de culpabilidad*. Segunda Reimpressión. Traducción de Gustavo Eduardo Aboso y Tea Löw. Buenos Aires: IB de F Editorial, 2004. Título original en alemán: *Über den Aufbau des Schuldbegriffs*. Giessen: Edición de Alfred Töpelmann, 1907.

Freudenthal, Berthold. *Culpabilidad y reproche en el derecho penal*. Traducción del original alemán por José Luis Guzman Dalbora. Montevideo – Buenos Aires: Editorial IB de F, 2006.

Frisch, Wolfgang. «El error como causa de exclusión del injusto y/o como causa de exclusión de la culpabilidad». In: ______ *et alii*. *El error en el Derecho Penal*. 1 reimp., Buenos Aires: Ad-Hoc, 2010, p. 11-85.

Frisch, Wolfgang *et alii*. *El error en el derecho penal*. 1 reimp., Buenos Aires: Ad-Hoc, 2010.

Galvão, Fernando. *Direito Penal*: Crimes contra a administração pública, Belo Horizonte: D'Plácito Editora, 2015.

Garcia, Basileu. *Instituições de direito penal*. São Paulo: Max Limonade, vol. 1, t. I, 1951.

García Cavero, Percy. *Derecho penal económico*: *parte general*. t. I, 2. ed. Lima: Grijley, 2007.

GERMANY. *Criminal Code*. As promulgated on 13 nov. 1998. Federal Law Gazette I, p. 945-3322. Translation provided by the Federal Ministry of Justice. Disponível em: <http://www.iuscomp.org/gla/statutes/StGB.htm>. Acesso em 31.10.2012.

GOMES, Luiz Flávio. *Erro de tipo e erro de proibição (e a evolução da teoria causal-naturalista para a teoria finalista da ação): doutrina e jurisprudência*. 4. ed., rev., atual e ampl., São Paulo: Ed. Revista dos Tribunais, 1999.

GÖSSEL, Karl-Heinz. «Reflexiones sobre la relación entre norma y tipo: el error sobre el presupuesto fáctico de una causa de justificación». *Revista de Ciências Penales*. Buenos Aires, n. 2, p. 93-106, 1999.

GRECO, Luís. «"Princípio da ofensividade" e crimes de perigo abstrato: uma introdução ao debate sobre o bem jurídico e as estruturas do delito». *Revista Brasileira de Ciências Criminais*, São Paulo: Ed. Revista dos Tribunais, n. 49, jul/ago 2004, p. 89-147.

______. «A relação entre o Direito Penal e o Direito Administrativo no Direito Penal Ambiental: uma introdução aos problemas da acessoriedade administrativa.» *Revista Brasileira de Ciências Criminais*, São Paulo, vol. 14, n. 58, jan.-fev. 2006, p. 152-194.

______. LEITE, Alaor. «O que é e o que não é a teoria do domínio do fato sobre a distinção entre autor e partícipe no direito penal». *Revista dos Tribunais*, São Paulo, vol. 933, jul. 2013, p. 61-92.

GUARAGNI, Fábio André; BACH, Marion. *Normas penais em branco e outras técnicas de reenvio em direito penal*. São Paulo: Almedina, 2014, 245p.

GUSTIN, Miracy Barbosa de Sousa; DIAS, Maria Tereza Fonseca. *(Re)pensando a pesquisa jurídica: teoría e prática*. 2. ed., rev., ampl. e atual., Belo Horizonte: Del Rey, 2006.

HEFENDEHL, Roland (Ed.). *La teoría del bien jurídico:* ¿Fundamento de legitimación del Derecho penal o juego de abalorios dogmático?. Edición española a cargo de Rafael Alcácer, María Martín e Íñico Ortiz de Urbina. Madrid: Marcial Pons, 2007.

HOLANDA, Chico Buarque de. «Passaredo.» *Meus caros amigos*. Rio de Janeiro: Philips, 1976. 1 disco de vinil, 33 rpm, estéreo, lado 2, faixa 3. (Série de luxo).

HORTA, Frederico. «Dos elementos normativos do tipo: por sua precisão conceitual». *Revista do CAAP*, n. 12, 2004/2005, p. 141-181.

HORTA, Frederico Gomes de Almeida; SILVA, Marcelo Sarssur Lucas da. «Entre *repressão e tolerância*: discursos e práticas de controle social da prostituição na década de 1950». *Revista de Estudos Criminais*, São Paulo, ano XIII, n. 57, abr. / jun. 2015, p. 99-123.

HRUSCHKA, Joachim. «¿Realmente es limitada la teoría limitada de la culpabilidad?: adiós a un debate». In: ______. *Imputación y derecho penal*: *estudios sobre la teoría de la imputación*. Navarra: Arazandi, 2005, p. 127-143.

HUNGRIA, Nelson. *Comentários ao Código Penal*. Rio de Janeiro: Revista Forense, vol. 1, t. II, 1953.

JAKOBS, Günther. *Derecho penal: parte general – fundamentos y teoría de la imputación*. Traducido por Joaquín Cuello Contreras e José Luis Serrano González de Murillo. 2. ed. Madrid: Marcial Pons, 1997. Título original: *Strafrecht Allgemeiner Teil*. Die Grundlagen und die Zurechnungslehre. 2. ed., 1991.

JESCHECK, Hans-Henrich. *Tratado de derecho penal: parte general*. Tradução de Santiago Mir Puig e Francisco Muños Conde. Barcelona: Bosch, [s.d.], vol. 1.

______; WEIGEND, Thomas. *Tratado de derecho penal: parte general*. Traducción de Miguel Olmedo Cardenete. 5. ed. renovada y ampliada. Granada: Comares, 2002. Título original: *Lehrbuch des Strafrechts*: All. Teil. 5 vollständig neubearb. u. erw. Aufl. Berlin: Dunker u. Humblot, 1996.

JIMÉNEZ DE ASÚA, Luis. *Tratado de derecho penal: el delito (primera parte)*. Buenos Aires: Editorial Losada, [s.d.], t. 3.

______. *Reflexiones sobre el error de derecho en materia penal*. Buenos Aires: Libreria «El Ateneo» Editorial, 1942.

JIMÉNEZ HUERTA, Mariano. *Derecho penal mexicano: Introducción al estudio de las figuras típicas*. México: Editorial Porrúa, t. I, 1972.

KALIL, José Arthur Di Spirito. *Do crime impossível*. Rio de Janeiro: Lumen Juris, 2007.

______. *A informação ao consumidor e o direito penal: um estudo sobre a legitimidade da intervenção penal nas relações de consumo*. 2011. (Tese de doutorado) – Faculdade de Direito da Universidade Federal de Minas Gerais, Belo Horizonte, 2012.

KAUFMANN, Armin. *Teoría de las normas*: fundamentos de la dogmática penal moderna. Tradução de Enrique Bacigalupo y Ernesto Garzón Valdés. Buenos Aires: Ediciones Depalma, 1977. Título original: *Lebendiges und totes in Bindings Normentheorie* (Normlogik und moderne Strafrechtsdogmatik). Göttingen: Verlag Otto Schwartz & Co., 1954.

KINDHÄUSER, Ürs. «Estructura y legitimación de los delitos de peligro del derecho penal.» Trad. Nuria Pastor Muñoz. In: ______. *Teoría de las normas y sistemática del delito*. Lima: Ara, 2008.

______. «Acerca de la distinción entre error de hecho y error de derecho». In: FRISCH, Wolfgang *et alii*. *El error en el Derecho Penal*. 1 reimpr., Buenos Aires: Ad-Hoc, 2010, p. 139-163.

______. «Pena, bem jurídico-penal e proteção de bens jurídicos». *Revista Brasileira de Ciências Criminais*, São Paulo, vol. 20, n. 95, mar./abr. 2012, p. 85-95.

LARENZ, Karl. *Metodologia da ciência do direito*. Trad. José Lamego. 4. ed., Lisboa: Fundação Calouste Gulbenkian, 2005. Título original: *Methodenlehre der Rechtswissenschaft*. 6. ed., reform., Berlim-Heidelberg: Springer-Verlag, 1991.

LEITE, Alaor. *Dúvida e erro sobre a proibição do direito penal: a atuação nos limites entre o permitido e o proibido*. São Paulo: Atlas, 2013.

LISZT, Franz von. *Tratado de direito penal*. Trad. José Higino Duarte Pereira. Atualização e notas Ricardo Rodrigues Gama. Campinas: Russell, t. I, 2003.

LOPES, Luciano Santos. *Os elementos normativos do tipo e o princípio constitucional da legalidade*. Porto Alegre: Safe, 2006.

______. *A relação entre o tipo legal de crime e a ilicitude: uma análise do tipo total do injusto*. Orientador: José Cirilo de Vargas. 2010. 246 f. Tese (Doutorado em Direito) – Faculdade de Direito, Universidade Federal de Minas Gerais, Belo Horizonte, 2010. Disponível em: <http://www.bibliotecadigital.ufmg.br>. Acesso em 25.11.2012.

LUISI, Luiz. *O tipo penal, a teoria finalista e a nova legislação penal*. Porto Alegre: Sergio Antonio Fabris Editor, 1987.

______. *Os princípios constitucionais penais*. Porto Alegre: Sérgio Antônio Fabris Editor, 1991.

LUNA, Everardo da Cunha. *Estrutura jurídica do crime e outros estudos*. 3. ed., Recife: Universidade Federal de Pernambuco, 1970.

MACHADO, Marta Rodrigues de Assis. *Sociedade do risco e direito penal: uma avaliação de novas tendências político-criminais*. São Paulo: IBCCrim, 2005.

MAQUEDA ABRÉU, Maria Luísa. «El error sobre las circunstancias: consideraciones en torno al artículo 6 bis a) del código penal.» *Cuadernos de Política Criminal*. Madrid, n. 21, 1983, p. 699-718.

MARQUES, Daniela de Freitas. *Elementos subjetivos do injusto*. Belo Horizonte: Del Rey, 2001.

______. *Sistema jurídico-penal do perigo proibido e do risco permitido*. Porto Alegre: Sergio Antonio Fabris Editor, 2008.

MARTINEZ-BUJÁN PÉREZ, Carlos. *Derecho penal economico: parte general*. Valencia: Tirant lo blanch, 1998.

MAURACH, Reinhardt; ZIPF, Heinz. *Derecho penal*: parte general. Teoría general del derecho penal y estructura del hecho punible. Traducción de la 7. edición alemana por Jorge Bofill Genzsch y Enrique Aimone Gibson. Buenos Aires: Editorial Astrea, de Alfredo y Ricardo Depalma, t. I, 1994.

______; GÖSSEL, Karl Heinz; ZIPF, Heinz. *Derecho penal: parte general – formas de aparición del delito y las consecuencias jurídicas del hecho*. Traducción de la 7. edición alemana por Jorge Bofill Genzsch. Buenos Aires: Astrea/Depalma, 1995.

MAYER, Max Ernst. *Filosofia del derecho*. Traducción de la 2. edición original por Luis Legaz Lacambra. Barcelona: Editorial Labor, 1937.

______. *Derecho penal: parte general*.Traducción directa del alemán por el profesor Sergio Politoff Lifschitz. Montevideo – Buenos Aires: B de F, 2007. Título de la edición alemana: *Der Allgemeine Teil des Deutschen Strafrechts*.

MENDONÇA, Tarcísio Maciel Chaves de. *Lei penal em branco*. Orientadora: Sheila Jorge Selim de Sales. 2016. 223 f. Tese (Doutorado em Direito) – Faculdade de Direito, Universidade Federal de Minas Gerais, Belo Horizonte, 2016.

MEZGER, Edmund. *Tratado de direito penal*. Nueva edición, revisada y puesta al dia por José Arturo Rodriguez Muñoz. Madrid: Editorial Revista de Derecho Privado, t. I, 1955.

______. *Tratado de direito penal*. Traducción de la segunda edición alemana (1933) e notas de derecho español por José Arturo Rodriguez Muñoz. 3. ed. adicionada y puesta al día por Antonio Quintano Ripollés. Madrid: Editorial Revista de Derecho Privado, t. II, 1957.

MOCCIA, Sergio. «De la tutela de bienes a la tutela de funciones: entre ilusiones postmodernas y reflujos iliberales». In: SILVA SÁNCHEZ, Jesús-María (ed.). *Política criminal y nuevo derecho penal*: libro homenaje a Claus Roxin. Barcelona: Bosch, 1997, p. 113-142.

MUNHOZ NETTO, Alcides. *A ignorância da antijuridicidade em matéria penal*. Rio de Janeiro: Forense, 1978.

MUÑOZ CONDE, Francisco. «Bases para una teoría del error orientada a las consecuencias». *Cuadernos de Política Criminal*. Madrid, n. 35, 1988, p. 269-290.

______. *El error en derecho penal*. Valencia: Tirant lo blanch, 2005.

______. GARCÍA ARÁN, Mercedez. *Derecho penal*: *parte general*. 6. ed., revisada y puesta al día. Valencia: Tirant ló Balnch, 2004.

NUCCI, Guilherme de Souza. *Leis penais e processuais penais comentadas*. 3. ed. São Paulo: Revista dos Tribunais, 2008.

PALLAZZO, Francesco Carlo. «Colpevolezza ed ignorantia legis nel pensiero di Francesco Carrara». *L'Indice Penale*, Padova, vol. 22, n. 3, p. 507-519, set./dez. 1988.

______. *L'errore sulla legge extrapenale*. Milano: Giuffrè, 1974.

PELLEGRINO, Bruno. «Norma penale in bianco e principio dell'inescusabilita: a proposito dell'ignoranza della consegna nei reati P. E P. Dagli Artt. I18 e 120 C.P.M.P». *Archivo Penale*, Roma, vol. 3, 1/12, jan./dez. 1973, p. 114-125.

PIERANGELI, José Henrique. *Códigos Penais do Brasil*: *evolução histórica*. 2. ed., 2. tir., São Paulo: Ed. Revista dos Tribunais, 2004.

PORTUGAL. *Código Penal*. Aprovado pelo Decreto-lei 48/1995, de 15 de março. Porto: Porto Editora, 2009.

PRADO, Luiz Regis. *Curso de direito penal brasileiro*: *parte geral*. 2. ed., rev., atual. e ampl., São Paulo: Ed. Revista dos Tribunais, 2000.

PUPPE, Ingeborg. «Error de hecho: error de derecho, error de subsunción». *Revista Brasileira de Ciências Criminais*. São Paulo, vol. 12, n. 51, p. 132-189, nov./dez. 2004.

______. «Error de hecho, error de derecho, error de subsunción». In: FRISCH, Wolfgang *et alii*. *El error en el Derecho Penal*. 1 reimp. Buenos Aires: Ad-Hoc, 2010, p. 87-138.

QUEIROZ, Paulo. *Direito penal: parte geral*. 4. ed., rev. e ampl., Rio de Janeiro: Lumen Juris, 2008.

REALE JÚNIOR, Miguel. *Teoria do delito*. 2. ed., rev., São Paulo: Ed. Revista dos Tribunais, 2000.

REPPUBLICA ITALIANA. *Codice Penale e leggi complementari*: a consultazione guidata con commento essenziale agli articoli. Napoli: Finanze & Lavoro, 2005.

______. *Codice Penale*. Disponível em: < http://libri.freenfo.net/D/D000040.html>. Acesso em: 19.07.2011.

ROSA, João Guimarães. *Sagarana*. 9. ed., Rio de Janeiro: Livraria José Olympio Editora, 1967.

ROXIN, Claus. *Teoría del tipo penal*: tipos abiertos y elementos del deber jurídico. Versión castellana del Prof. Dr. Enrique Bacigalupo. Buenos Aires: Ediciones Depalma, 1979. Título original: *Offene Tatbestände und Rechtspflicktmerkmale*. Berlin: Walter de Gruyter & Co., 1970.

______. *Derecho penal*: *parte general – fundamentos – la estructura de la teoría del delito*. Traducción y notas: Diego-Manuel Luzón Peña, Miguel Díaz y García Conlledo y Javier de Vicente Remesal. Madrid: Civitas, t. I, 2003. Título original: *Strafrecht*. Allgemeiner Teil, Band I: Grundlangen. Der Aufbau der Verbrechenslehre. 2. Auflage Beck, München, 1994.

______. *Política criminal e sistema jurídico penal*. Trad. Luís Greco. Rio de Janeiro: Renovar, 2002.

______. *Novos estudos de direito penal*. Org. Alaor Leite. Trad. Luís Greco et. alii. São Paulo: Marcial Pons, 2014. (Direito Penal e Criminologia)

SALES, Sheila Jorge Selim de. *Dos tipos plurissubjetivos*. Belo Horizonte: Del Rey, 1997.

SALGADO, Joaquim Carlos. *A ideia de justiça em Kant*: *seu fundamento na liberdade e na igualdade*. 2. ed., Belo Horizonte: Editora UFMG, 1995.

SANTOS, Juarez Cirino dos. *Direito penal*: *parte geral*. 3. ed., rev., e ampl., Rio de Janeiro: Curitiba: ICPC; Lumen Juris, 2008.

SAUER, Wilhelm. *Derecho penal*: *parte general*. Trad. Juan del Rosal y José Cerezo. Barcelona: Bosch, Casa Editorial, 1956. Titulo original: *Allgemeine Strafrechtslehre*. 3 Auflage. Berlin: Walter de Gruyter, 1955.

SCHÜNEMANN, Bernd. «La estructura de los delitos de peligro (los delitos de peligro abstracto y abstracto-concreto como modelo del derecho penal económico moderno)». Trad. Irene Molina Gonzáles. In: ______ *et alii*. *Cuestiones actuales del sistema penal*: crisis y desafios. Lima: Ara, 2008, p. 11-27.

SEARLE, John R. Social Ontology: some basic principles. *Papers 80*. p. 51-71, 2006 [on line]. Disponível em: <http://ddd.uab.es/pub/papers/02102862n80/02102862 n80p51.pdf >. Acesso em: 18.09.2013.

SERRA, Teresa. *Problemática do erro sobre a ilicitude: estudos em torno dos artigos 16.º e 17.º do Código Penal*. Coimbra: Almedina, 1991.

SILVA, Antônio José da Costa e. *Codigo Penal dos Estados Unidos do Brasil Commentado*. São Paulo: Companhia Editora Nacional, 1930.

SILVA, Gustavo Henrique de Souza e. *O princípio da legalidade e o direito penal econômico*: análise sob a perspectiva do Estado Democrático de Direito. Orientador: Luís Augusto Sanzo Brodt. II011. 199 f. Dissertação (Mestrado em Direito) – Faculdade de Direito, UFMG, Belo Horizonte, 2011.

SILVA, Pablo Rodrigo Alflen da. *Leis penais em branco e o direito penal do risco: aspectos críticos e fundamentais*. Rio de Janeiro: Lumen Juris, 2004.

SILVA, Robson Antônio Galvão da. *Do tratamento jurídico-penal do erro no direito penal socioeconômico*. 2009. (Dissertação de Mestrado) – Centro de Ciências Jurídicas e Sociais da Pontifícia Universidade Católica do Paraná, Curitiba, 2009.

SILVA SÁNCHEZ, Jésus-María. *Aproximación al derecho penal contemporáneo*. Barcelona: José Maria Bosch Editor, 2002.

______. *A expansão do direito penal: aspectos da política criminal nas sociedades pós-industriais*. 2. ed., rev. e ampl. Tradução da 2. edição espanhola por Luiz Otávio de Oliveira Rocha. Revisão Luis Flávio Gomes e William Terra de Oliveira. São Paulo: Ed. Revista dos Tribunais, 2011.

SOUSA, Suzana Aires de. *Os crimes fiscais: análise dogmática e reflexão sobre a legitimidade do discurso criminalizador*. Coimbra: Coimbra Editora, 2006.

SPOLANSKY, Norberto Eduardo. «Delito, error y excusas absolutórias». *Cuadernos de doctrina y jurisprudencia penal*. Buenos Aires, vol. 3, n. 4/5, 1997, p. 109-119.

SUAY HERNÁNDEZ, Celia. «Los elementos normativos y el error». *Revista Peruana de Ciencias Penales*. Lima, n. 5, 1997, p. 279-332.

TAVARES, Juarez. *Teoria do injusto penal*. 2. ed. Belo Horizonte: Del Rey, 2002.

______. *Bien jurídico y función en derecho penal*. Trad. Monica Cuñarro. Buenos Aires: Hammurabi, 2004.

______. *Teoria do crime culposo*. 3. ed. Integralmente revista e ampliada. Rio de Janeiro: Lumen Juris, 2009.

TIEDEMANN, Klaus. «Sullo stato della teoria dell`errore con particolare riferimento al diritto penale dell economia e alle leggi speciali: considerazioni di diritto comparato e conclusioni». *Rivista Trimestrale di Diritto Penale dell'Economia*. Padova, vol. 8, n.1, jan./mar. 1995, p. 71-88.

______. «La ley penal en blanco: concepto y cuestiones conexas». *Revista Brasileira de Ciências Criminais*. São Paulo, vol. 10, n. 37, jan./mar. 2002, p. 73-97.

______. *Derecho penal económico: introducción y parte general*. Traducido de la 2. edición alemana (2007) por Héctor Hernández Basualto, Rodrigo Aldoney Ramírez y Manuel A. Abanto Vásquez. San José: Grijley, 2009.

TOLEDO, Francisco de Assis. *O erro no direito penal*. São Paulo: Saraiva, 1977.

______. «Erro de tipo e erro de proibição no projeto de reforma penal». *Revista da Procuradoria Geral do Estado de São Paulo*, São Paulo, n. 20, jun. 1983, p. 23-38.

______. *Princípios básicos de direito penal*. 5. ed. São Paulo: Saraiva, 2000.

VARGAS, José Cirilo de. *Instituições de direito penal*. Belo Horizonte: Del Rey, t. I, 1997.

______. *Do tipo penal*. Belo Horizonte: Mandamentos, 2000.

______. *Introdução ao estudo dos crimes em espécie*. Belo Horizonte: Del Rey, 1993.

VEGA, Dulce Maria Santana. *El concepto de ley penal en blanco*. Buenos Aires: Ad Hoc S.R.L., 2000.

WARAT, Luis Alberto; VERNEGO, Roberto José. *El significado de los términos generales y sus problemas*. Buenos Aires: Cooperadora de Derecho e Ciências Sociales, 1975.

WELZEL, Hans. *O novo sistema jurídico-penal*: *uma introdução à doutrina da ação finalista*. Tradução, prefácio e notas de Luiz Regis Prado São Paulo: Ed. Revista dos Tribunais, 2003. Título original: *Das neue Bild des Strafrechtssystems. Eine Einführung in die finale Handlungslehre*. Tradução da versão espanhola anotada de José Cerezo Mir sob o título *El nuevo sistema del derecho penal: una introducción a la doctrina de la acción finalista*. Barcelona: Ariel, 1964.

______. *Derecho penal alemán: parte general*. 11. ed., Santiago: Editorial Juridica de Chile, 1976.

WOHLERS, Wolfgang; HIRSCH, Andrew von. «Teoría del bien jurídico y estructura del delito. Sobre los criterios de una imputación justa» In: HEFENDEHL, Roland (Ed.). *La teoría del bien jurídico: ¿Fundamento de legitimación del Derecho penal o juego de abalorios dogmático?*. Edición española a cargo de Rafael Alcácer, María Martín e Íñico Ortiz de Urbina. Madrid: Marcial Pons, 2007, p. 285-339.

WOLF, Erik. *Las categorias de la tipicidad*: *estudios previos sobre una doctrina general de la parte especial del derecho penal*. Trad. María del Mar Carrasco Andrino. Valencia: Tirant lo Blanch, 2005.

ZAFFARONI, Eugênio Raúl; PIERANGELI, José Henrique. *Manual de direito penal brasileiro*: *parte geral*. 4. ed. rev., São Paulo: Ed. Revista dos Tribunais, 2002.

______; BATISTA, Nilo; ALAGIA, Alejandro; SLOKAR, Alejandro. *Direito penal brasileiro*. 2. ed., Rio de Janeiro: Revan, vol.1, 2003.

______ (Dir.); TERRAGNI, Marco Antonio (Coord.). *El derecho penal del Siglo XXI*: *homenaje al Doctor Manuel Rivacoba y Rivacoba*. Mendoza: Jurídicas Cuyo, 2005.

______. *Direito penal brasileiro*. Rio de Janeiro: Revan, vol. 2, t. I, 2010.

Impressão e acabamento
(colofon da Book7)